アメリカ憲法の考え方

The Concept of Constitution of the United States

Takashi Maruta
丸田 隆

日本評論社

はじめに

アメリカは移民の国である。アメリカ大陸の発見前に北米大陸にはアメリカ先住民（Native American）以外にアメリカ国民の祖先は誰ひとりとしていなかった。アメリカの初期移民は、多様な背景や、事情や、動機や、夢を持って新世界に移って来た者か、これら移民のために労働力を提供する目的で強制的に連れて来られた者かのいずれかであった。

大西洋を船で渡ってきた者は、ハドソン川河口の「自由の女神」（Statue of Liberty）に迎えられ、近くのエリス島（Ellis Island）にある移民管理局で検疫と入国審査を受け、新しい住民となった。太平洋を渡って来た者は、サンフランシスコ沖のエンジェル島（Angel Island）にある移民局で審査を受けた。

新たにアメリカ市民となる移民は「帰化宣誓式」（Naturalization Oath Ceremony）に出席し、アメリカに対して市民としての忠誠を誓う。その際に必ず述べる宣誓の言葉は、「私は、合衆国憲法と法を支持し、国内外のあらゆる敵対する者から憲法を擁護します。（"I will support and defend the Constitution and laws of the United States of America against all enemies, foreign and domestic."）」という一節である。

アメリカの大統領もその就任にあたって一番最初に次のような宣誓をおこなう。

「私は合衆国大統領の職務を忠実に遂行し、全力を尽くして合衆国憲法を保全し、保護し、擁護することを厳粛に誓約します（もしくは確約します）。（"I do solemnly swear (or affirm) that I will faithfully execute the office of

President of the United States, and will to the best of my ability, preserve, protect, and defend the Constitution of the United States.")」

この宣誓文に明らかなように、合衆国憲法の第一の守護者は合衆国大統領である。大統領の責務はこの合衆国憲法の価値を自ら実践し、憲法を損なおうとする者に対して職務を賭けて厳しく対峙することにある。それゆえ、アメリカには憲法改正を目指して大統領になる者はいないし、大統領になったとたん自らが憲法改正を主導していくなどという者はいない。大統領に限らず、連邦政府、あるいは州政府、郡、市、町、村を問わず、アメリカにおいて公職に就く者はすべて、その就任にあたって憲法への忠誠と擁護を誓う。

なぜそうなのか。建国時のアメリカ大陸の住民は、その歴史的、社会的背景も異なっており、共通した価値観などなかった。国民は多種多様な宗教的、歴史的背景を持つ者から構成される。バラバラな価値観、社会観、宗教、伝統をひとつにまとめる共通の価値のよりどころとなるのは合衆国憲法しかなかった。憲法がこの国を構成し、維持する価値規範としてアメリカという国や国民を束ね、その共通価値となってきた。そのため具体的事件や争訟を通じて合衆国憲法が規定する権利や義務の意味が裁判所によって日々宣明され、受け入れられてゆく。したがって、日常の法的紛争が憲法的争点を含むのは必然的なこととなる。つまり法的争いは、国民の権利や政府の権限をめぐる憲法上の問題に帰結する。

というのも合衆国憲法を頂点とする連邦法も、州憲法を頂点とする州法も、それぞれの憲法的価値を体現しているはずだからである。どのような末端の法律、あるいは条例でも、それ自体が憲法理念に照らして裁判所による評価を受けるのであって、憲法問題を切り離して問題とされた個別法規の文理解釈だけに法的争点を限定することはない。憲法がいかに重要な法源となるかについては様々な生活場面で人々がその憲法上の権利を主張する姿勢にも現れている。その一例を紹介しよう。

マサチューセッツ州のボストンから北西に車で四〇分のところにある植民地時代から織物の町で有名なローエル（Lowell）市は、市条例を制定し（Lowell Code § 222-15, Ordinance to limit panhandling）、市内の道路上で「物乞い」（panhandling）することを禁止した。これにより市内での物乞いや自分の生活に対する施しを求める者たちの締め出しを行うことにした。同市は、のちに「しつこい物乞い行為」（aggressive panhandling behaviors）を規制する条項も追加した（Lowell Code § 222-15（B）(2)）。これに対し、道を往来する人々に自らの陥った不幸な境遇を訴え、同時に施しを受けていた物乞いの原告ら数人が、市の条例は彼らの合衆国憲法第一修正に規定される「表現の自由」を侵害するものであり、違憲であると訴え、この条例の差止めを求めた。

この訴えに対してマサチューセッツ州連邦地方裁判所のダグラス・ウッドロック（Douglas P. Woodlock）裁判官は、「市の物乞い禁止条例は、憲法第一修正の保護の範囲内にある物乞いの自由な言論と表現行為をとくに制限する意図を有したものである」とし、「私は当該条例が憲法に反するものであるとの当裁判所の決定に市当局が従うことを期待する」と、三九頁にわたる判決文のなかで、表現の自由について丁寧な憲法上の考察をおこない、そのうえで当該条例が違憲であるとの原告の主張を支持した。（Mclaughlin v. City of Lowell, 140 F.Supp.3d 177（D. Mass. 2015).）これは、一般的な裁判において、人々の権利が法的問題として憲法に照らされて、評価されているという一例である。

合衆国憲法は、第一編から七編において、この国の政府機関の基本的構造（議会、大統領、司法、連邦条項、憲法改正手続、連邦優位条項、及び効力発生時期）を定め、その四年後に新たに追加制定された第一修正から第十修正においてアメリカ国民の基本的人権を定めた権利章典（Bill of Rights）の部分と、とくに「再建修正条項」（Reconstruction Amendments）と呼ばれる第一三修正から第一四修正と、それ以降の修正条項を追加した修正第二六修正までの憲法修正条項から成り立つ。実際に合衆国最高裁判所にまで到達する多くの憲法問題は、憲法の第一編（議会）、二条（大統領）、三条（司法権）の三権の権限とそれぞれの相互関係、権利章典が保障する個人の自由権をめぐって展開している。

この書物では、取り扱う各章のテーマについて憲法条文の順序に関係なく、アメリカらしさを示す興味深い憲法上のテーマから書き始めている。それぞれの章において、アメリカ憲法が具体的事件を通して指し示す法的、政治的制度のあり方について、その意味理解が進むように合衆国最高裁判所の判例を中心としながらその意味や背景を紹介し、解説をおこなっている。そのため各章を初めから順次読み進めるよりも、関心のあるテーマ（章）から読み始めていただいても現在のアメリカ憲法が直面している個別の問題点を理解していただけると思う。

本文には英語原文が出てくるが、これは、私の訳語を確認していただくためでもあるし、これらの原語を手がかりに本書の記述について原文で検証ができるようにとの考えに基づく。また本書の原稿の大部分は私のアメリカ在外研究中に書いたものである。したがって、ほとんどの参考資料は、合衆国最高裁の判例とそれらに関する法律雑誌（Law Review）の論文に依拠している。他方、各テーマに関する既存の日本語文献の参照はきわめて限定的となった。

本書を通じてアメリカ憲法の考え方を知ることによってアメリカという国の法的理念を知り、同時に同じような立憲主義の国である日本の憲法が置かれている現状とその危機的状況について考えをめぐらす機会としていただければと願っている。

二〇一九年三月一九日　ニューヨーク大学（NYU）ロースクール WILF HALL 五階の研究室にて

著者

目次

はじめに　i

第1章　アメリカ合衆国憲法の生成と理念……1
1　アメリカ「独立宣言」（The Declaration of Independence）　1
2　アメリカ合衆国憲法の制定　4
3　三権分立の考え　8
4　権利章典（Bill of Rights）　10
5　合衆国憲法が抱えた問題点　12

第2章　憲法の改正手続き……15
1　憲法修正の発議と承認方法　16
2　第五編で憲法修正について厳しい要件を定めた理由　22
3　憲法修正の対象条項について　24
4　憲法修正と最高裁判所の役割　25

第3章 武器を保有し携帯する権利 …… 28
1 銃犯罪の現状 28
2 合衆国憲法第二修正とその解釈 31
3 連邦議会による銃規制法の制定 34
4 合衆国最高裁判所と第二修正 39
5 全米ライフル協会（National Rifle Association, NRA）の活動 51
6 「私たちの命のための行進」（March for Our Lives） 54

第4章 残酷な刑罰と死刑問題 …… 61
1 残酷にして異常な刑罰（Cruel and Unusual Punishment） 61
2 死刑と「残酷にして異常な刑罰」 64
3 過重な罰金（Excessive Fines） 86
4 過大な保釈金（Excessive Bali） 89

第5章 アメリカ大統領の権限 …… 99
1 大統領の憲法尊重・擁護義務 101

2 最高司令官（Commander-in-Chief） 102
3 大統領の執行特権（大統領特権）（Executive Privilege） 107
4 緊急事態宣言権限（戒厳令、マーシャル・ロー）と大統領令（Executive Orders） 116
5 日系アメリカ人の拘留に関するマーシャル・ローと執行命令
―― Korematsu v. United States, 323 U. S. 214 (1944) 122
6 第二次世界大戦終了後の執行命令 124
7 大統領の議会対策と法案拒否権 129
8 大統領の連邦行政官任命権と解雇権 132
9 外交特権（Foreign Affairs） 135
10 恩赦権限（Pardons Power of Clemency） 136

第6章 アメリカ連邦議会権限 148
1 連邦議会権限 148
2 一般的福祉課税条項（General Welfare Clause） 155
3 「必要かつ適切」な立法条項（Necessary and Proper Clause） 164

4 州際通商条項（Interstate Commerce Clause） 169
5 戦争宣言権限（War Power）と軍の維持 183

第7章 違憲審査権（Judicial Review） 200
1 違憲審査権の確立 200
2 憲法制定会議と違憲審査権 204
3 違憲審査権の対象とその拡大 206

第8章 憲法訴訟論 220
1 「事件性及び争訟性」（Cases and Controversies） 220
2 司法判断適合性（Justiciability） 221
3 当事者適格性（Standing） 223
4 紛争の成熟性（ライプネス、Ripeness） 243
5 ムートネス（Mootness，訴えの利益の消失） 247
6 政治的問題（Political Question） 254

第9章　人種差別と法的規制……278

1　合衆国憲法における奴隷制の存在　278
2　再建修正条項（Reconstruction Amendements）の制定　285

第10章　合衆国憲法第一四修正の平等条項の展開……307

1　「分離すれども平等」法理を越えて　307
2　公民権運動　316
3　一九六四年公民権法（Civil Rights Act of 1964）の制定　324
4　一九六四年公民権法（CRA1964）の Title Ⅶ（タイトルセヴン）とEEOC　329

第11章　アファーマティヴ・アクションと逆差別……341

1　アファーマティヴ・アクション（積極的差別是正措置、Affirmative Action）　341
2　アファーマティヴ・アクションと逆差別　343
3　大学と大学院入試におけるアファーマティヴ・アクションと

逆差別　345
4　雇用の場におけるアファーマティヴ・アクションと逆差別　359

第12章　第一四修正（適正手続条項）とステイト・アクション　368

1　実行性付与理論（Incorporation Theory）　368
2　ステイト・アクション（State Action，州行為）　381
3　Taking と Eminent Domain　391
4　公用収容（Eminent Domain）　400

資料　アメリカ合衆国憲法　413

索引　432

あとがきと謝辞　433

第1章

アメリカ合衆国憲法の生成と理念

1　アメリカ「独立宣言」（The Declaration of Independence）

アメリカが合衆国として独立する契機になったのは、北アメリカの領土支配をめぐる英国とフランスの戦争がきっかけであった。両国の戦いは、一七五五年から八年もの長期間に渡った。この戦争は、英国が北米大陸からフランスを追い出し、広大な植民地を手にするためであった。[1] 同時期にヨーロッパ大陸では植民地支配の覇権を争うヨーロッパ列強国間の「七年戦争」が戦われており、英国とフランスはいわゆる「第二次英仏百年戦争」（英仏植民地戦争）に明け暮れていた。その結果、両国は膨大な戦費支出による国家の財政難を抱え込んだ。英国の場合、この危機を北アメリカの植民地に対して重い諸税を課すことで切り抜けようとした。

北アメリカ植民地に対する英国の課税強化策や経済規制は、一七六四年の砂糖条例（Sugar Act）に始まり、一七六五年の印紙条例（Stamp Act）、さらにはその集大成ともいうべき一七六七年のタウンゼンド諸法（Townshend Acts）の制定であった。とくに一七七三年に茶条例（Tea Act）が発布されると植民地人の怒りは頂点に達した。

ボストン茶会事件（Boston Tea Party）はこのことを象徴する出来事であった。同年一二月一六日の夜半に、五〇人ほどの集団がボストン港内に停泊している東インド会社のビーバー号を含む貨物船を襲撃し、船に満載された積荷の茶箱をすべて海上に投げ捨てた。これに激高した英国政府は報復措置として翌年の一七七四年にボストン港の閉鎖を行い、ボストンへの英国軍の駐留を断行し、また、マサチューセッツ植民地の自治権の剥奪のための条例を含む

ボストン・ティ・パーティ記念館に復元されたビーバー号（白く浮いているのは茶箱）

「強圧的諸条例」（Coercive Acts「耐えがたき条例」とも言う）を連続して制定し、植民地に損害賠償を求めた。ボストン市民はこれを拒否し、マサチューセッツ住民や他の植民地住民も英国のこういった強硬的抑圧策に反発して大陸会議（Continental Congress）を結成し、抵抗した。

英国王ジョージ三世は北アメリカ植民地に対する高圧的な態度を崩さなかった。ついに一七七五年四月一九日に、ボストン近くのレキシントンにおいて反乱者を逮捕しようと向かった英国軍と植民地の民兵が交戦した。この出来事から一連の「アメリカ独立戦争」が開始された。

アメリカ独立戦争渦中の一七七六年五月一〇日に、第二回大陸会議が召集された。同年七月四日にはジェファソンが起案した独立宣言文を一三植民地の全会一致で承認し、同日に正式に採択し、アメリカ「独立宣言」（The Declaration of Independence）が発せられた。これにより共和政体をとっていた一三の州が一つのアメリカ合衆国として誕生した。[2] この独立宣言は、アメリカ植民地の全住民に宛てて布告され、その後直ちに諸外国に向けても伝達された。

いち早くアメリカの独立戦争に参戦したのはフランスであった。[3] 一七七九年にはスペインも英国に宣戦布告した。一七八一年にフランス海軍がチェサピーク湾の海戦で英国に勝利し、アメリカとフランス連合軍がヴァージニア植民地東岸のヨークタウンの戦いで英国軍を降伏させると実質的な戦闘は終了した。ジョージ三世はあくまでも戦争継続を望んだが、一七八二年四月に英国議会はしぶしぶ停戦を決議した。この時、英国王はすでに国内での発言力を失っており、一七八三年九月三日のパリ講和条約（Paris Peace Conference）によって独立戦争は終結し、同年一一月には英国軍がアメリカから撤退した。こうして、反乱をおこしたアメリカ植民地は英国を打ち破り、「アメリカ合衆国」として独立した。

アメリカ独立宣言は、アメリカの独立の根拠と基本的人権思想の原型を簡潔に述べている。独立宣言の冒頭部分は、次のように述べる。「すべての人間は生まれながらにして平等であり、その創造主によって、生命、自由、および幸福の追求を含む不可侵の権利を与えられている。こうした権利を確保するために、人々の間に政府が樹立され、政府は統治される者の合意に基づいて正当な権力を得る」。これは、「生命、自由及び幸福の追求」の権利の宣言である。続いて「いかなる形態の政府であれ、政府がこれらの目的に反するようになった時には、人民には政府を改造または廃止し、新たな政府を樹立し、人民の安全と幸福をもたらす可能性が最も高いと思われる原理をその基盤にし、人民の安全と幸福をもたらす可能性が最も高いと思われる形の権力を組織する権利を有する」としている。この不当な政府に対する抵抗権の考えは、アメリカ独立戦争（一七七五－一七八三）の思想的根拠でもあった。

抵抗権は、国王、あるいは統治者が人民からの信託を裏切って、人民の「固有権」を守らず、恣意的な統治を行い、人民の固有権に危害を加えるのであれば、すでにその信託は裏切られたと考え、人民には抵抗する権利があるとした。この独立宣言で表明された圧政に対する人民の抵抗権思想は英国の哲学者ジョン・ロック（John Locke）が示していたものである。植民地のリーダーたちの間にジョン・ロックらの英国政治思想が強い影響を及ぼしていたことがうかがえる[4]。

さらに、宣言の中間部分では、「現在の英国王の治世の歴史は、度重なる不正と権利侵害の歴史である」とし、英国王の植民地に対する悪政の例として、「国王は、植民地の代議院が国王による人民の権利侵害に対し果敢に断固として反対したという理由で、各代議院を何度も解散させた」ことや、「国王は、司法権を確立する法律を承認することを拒むことによって、司法の執行を妨げてきた」ことなど一三点の国王による圧制を列挙し、また国王の制定した悪法の例として、「われわれの同意なしにわれわれに課税する法律」、「多くの裁判において、陪審による裁判の恩恵を奪う法律」、「植民地の設立特許状を剥奪し、われわれの最も貴重な法律を廃止し、われわれの政府の形態を根本的に変える法律」、「植民地の立法機関を一時停止させ、いかなる事項においてもわれわれに代わって英国議会が立法を行う権限を与えられると宣言する法律」などの悪法を列挙して批判し、「専制君主の定義となり得る行為を特徴とする人格を持つ君主は、自由な人民の統治者としては不適任である」と述べた。

最後の部分では、英国王への忠誠の拒絶と独立の宣言を行った。「これらの連合した植民地は自由な独立した国家であり、そうあるべき当然の権利を有する。これらの植民地は英国王に対するあらゆる忠誠の義務から完全に解放され、これらの植民地と英国との政治的な関係はすべて解消され、また解消されるべきである」と宣言した。

独立戦争に至るまでの英国王の強硬かつ一方的な対植民地政策は、アメリカ植民地人に対し耐え難い苦渋と服従を強いるものであった。そのため植民地から英国へ幾度かの改善的対応を求める訴えが行われたが、全く聞き入れられなかった。このようなことは、英国政府に対するアメリカ植民地人の長期にわたる不満や感情の爆発の十分な動機となった。

2 アメリカ合衆国憲法の制定

アメリカ独立戦争時に、すでに一三の旧植民地（植民地はしばしば「邦」とも訳される）は、中央組織として大陸会議（Continental Congress）を構成し、相互に連絡を取り合いながら共同歩調を取っていた。[5] 各植民地代表者による大陸会議では合衆国最初の憲法ともいうべき「連合規約」（Articles of Confederation）を、まず一七七六年一一月一五日に採択し、植民地を一体化する地方分権的性格の強い緩やかな連合組織としてのアメリカ連合（United States of America）を形成した。この「連合規約」は、一七八一年にすべての旧植民地で批准され、発効した。[6] 旧植民地の統治の実質部分はそれぞれの州政府によって担われており、アメリカ連合に集まった代表者らが英国議会に代わる強力な政府を自ら樹立することにはむしろ消極的であった。そのため中央政府である連合会議（Congress）の権限は厳しく制限された。たとえば、連合会議には、課税権、通商規制権限、常備軍保持を認めず、旧植民地間のさまざまな治安上の混乱を適切に規制することができなかった。そこで、連合規約を改正して中央政府の権限をより強化することが独立後のアメリカにとって緊急の課題となった。

独立戦争が一七八三年のパリ条約によって終結すると、一七八七年にこの連合規約の改正をおこなうための憲法制定会議がフィラデルフィアで開かれた。しかし討議を重ねるうちに、既存の連合規約の修正をおこなうよりもむしろ新しい形態の政府の樹立と、それを支える基本法の制定が必要であることが明らかになった。つまり共和制のもとでの立憲的民主主義国家を支える新しい憲法典の制定へと関心が移行した。

この会議には、一二の旧植民地から五五人の代表者（ロードアイランドは不参加）が参集した。[7] 会議に出席した代表者の多くはそれまでに旧植民地での憲章の立案や州憲法の制定に関与し、憲法問題に関する経験者でもあった。[8] 彼らは新しい連邦政府のあり方に対する憲法案を持ち寄り、議論を続けた。最初に合意されたのは、やはり新政府があまり強力にならないようにするために立法府、行政府及び司法府の三権を分立し、相互に抑制と均衡を保つ政府をつくることであった。というのも、法律を制定する権力を持つ同一人物が、同時にその法律を執行する権力をも手中に収めようとすること、あるいは法の執行権限を有する者が、自らの執行権に都合に良いように立法府を動かすことは、権力欲に駆られる人物にはありがちなことであり、権力者は、自分の個人的な信条や利益に適合するように行政や立法に働きかけ扇動すると考えられていたからである。このことから、ジョン・ロックは、すでに立法権と広義の執行権との二つの権力の分立論を強く主張していた[9]。

立法府、すなわち連邦議会をどのような構成にするかについては州の代表者間でも対立が生じていた。上院と下院の二院制によって議会を構成することについては同意されていたが、各州間で代議員数をどのように割り振るかについては激しい議論が繰りひろげられた。多くの人口を有する州の代表者は人口数に基づく比例配分方法にしたがって議会両院にその代表者を送り込みたいと考えていた。他方、少ない人口の州代表者は、各州が同数の議員を有することを望んだ。南部州は多数の奴隷を有していたため、南部の政治的優位性を保つための方便として、奴隷数を議会における代表数を決めるための人口の一部として数えるべきであると主張した。しかし北部諸州はこれに強く反対した。結局、妥協案として各奴隷数を非奴隷市民の六〇パーセントとして計数する「五分の三妥協案」が認められた。その結果、下院は人口に基づき代表者を選ぶこととし、上院については各植民地から二人ずつ代表者を選ぶこととした[10]。またこれに伴い、奴隷制を有しない植民地は、新しい政府が人口を基に課税するのであれば、奴隷数が課税の対象に含まれるべきだと主張した。これには奴隷州も反対しなかった。

こうして新憲法案は一七八七年九月一七日に承認され、署名された。あとは各州による批准を受けるだけであった。各州議会の批准に委ねられた憲法草案の枠組みは、基本的に政府の権力構造の在り方についての条項を中心とするものであった。しかもこの憲法案については憲法会議で必ずしも全会一致で採択されたわけではない。憲法案をめぐっては、強力な中央集権的な国家を目指す連邦主義者（Federalist）と、できるだけ各州の権限を留保し、中央政府が大きな権限を有することに反対する反連邦主義者（Anti-Federalist）とが対立していた。各州議会での憲法案の批准をめぐって、両派はそれぞれの主張を文書にして大量に印刷し、配布した。このような憲法の採択をめぐる情宣合戦は、一般大衆のあいだに広範な憲法論議を巻き起こすという効果をもたらした[11]。つまり憲法案をめぐる議論は、州議会だけでなく、市民の間でも町のタウンホール（集会所）や教会、学校、広場、さらには路上でも繰り広げられた。

その内容は、英国王による植民地支配に対する強い反発と、それゆえの議会権限に対する強い警戒心に裏打ちされていた。議会権限を抑制し、権力の集中を避けるために議会、大統領（行政）、および司法の三権分立が不可欠とされ、これは全州の一致で受け入れられた。こうして、建国時の一三州が合衆国憲法を受け入れた。とくにこの権力の三部門のあいだの「抑制と均衡」（checks and balances）に基づく三権分立の確立については、当時のヨーロッパの政治思想、なかでもジョン・ロックとモンテスキュー（Montesquieu）が、憲法会議の代表者たちに与えた影響は大きい[12]。

ジョン・ロックは、一六六〇年代に政府と社会の関係について重要な著述を残した。彼の思想は、とくに合衆国の「独立宣言」における自然権思想と社会契約的思想に色濃く反映されていた。ジョン・ロックの自然権思想は個人主義的なものであり、個々の権利の保護のための政府責任を強調する。そのため人間としての個人と、社会生活のために望ましい民主的政府との関係の構築を求める。民主的政府は、人民の財産を保護するために設立される。このジョン・ロックの思想を受けて、合衆国憲法が前提とする共和国は、本国に対する植民地人の自由と権利の根拠を、普遍的な「自然権」の原則に求めた。またジョン・ロックによると、政府が合法的であるためには政府とその支配に服する者との間での契約が取り結ばれなくてはならない。これが社会契約である。社会契約は人々と政府間の自主的な契約である。政府は、人々が所有しているものを保護するためにつくられるが、政府による人々の行動の規制は一定の範囲に限定される。

ジョン・ロックは、社会契約に基づく立法権の意義を『市民政府論』においてつぎのように論じている。

「人々が社会契約を取結ぶ大きな目的は、その所有を平穏安全に享受することにあり、そのための大きな手段方法は、その社会で立てられた法にあるのだから、一切の国家の第一の、かつ基礎的な実定法は、立法権の樹立にある。そうして同じように、立法権自身をも支配すべき第一の、かつ基礎的な自然法は、社会及び（公共の福祉と両立し得る限り）その内部の各個人の維持にある。この立法権は、ただたんに国家の最高権であるばかりでなく、また協同体が一度それをゆだねた者の手中で神聖不易である。それ以外の者のどんな布告も、どんな形式で述べられ、どんな力に裏づけられたものにせよ、民衆が選任した立法権によって承認を得ていないものは、法としての効力拘束力を持つことができない。……彼らの権力は、その究極の限界としては、社会の公共の福祉に限定されている。それは保存のほかには何の目的も持たない権力であり、それ故、臣民を滅ぼし、隷属させ、または故意に疲弊させるような権利を、決して持つことはできない[13]」。

3　三権分立の考え

執行権（行政権）を立法権から分離し、独立すべきことについてジョン・ロックは、議会を最高権力と位置づけながらもその濫用を避けるために、その著書である『統治二論』において権力分立制度を述べていた[14]。しかし、司法権を含めた三権の分立思想に関して合衆国憲法起草者たちに強い影響を及ぼしたのは、モンテスキューであった。モンテスキューは『法の精神』（一七四八年）[15]において権力分立の理論及び抑制と均衡の重要性を次のように述べている。

「同一の人間あるいは同一の役職者団体において立法権力と執行権力とが結合されるとき、自由は全く存在しない。なぜなら、同一の君主または同一の元老院が暴君的な法律を作り、暴君的にそれを執行する恐れがあるからである。裁判権力が立法権力や執行権力と分離されていなければ、自由はやはり存在しない。もしこの権力が立法権力と結合されれば、公民の生命と自由に関する権力は恣意的なものとなろう。なぜなら、裁判役が立法者となるからである。

もしこの権力が執行権力と結合されれば、裁判役は圧制者の力をもちうるであろう。もしも同一の人間、または、貴族もしくは人民の有力者の同一の団体が、これら三つの権力、すなわち、法律を作る権力、公的な決定を執行する権力、犯罪や個人間の紛争を裁判する権力を行使するならば、すべては失われるであろう」[16]。

とくにモンテスキューは、行政権を担う者が立法権も支配してしまうことが公民の自由にとって最大の危機となるという。「執行権力が立法府から選ばれた若干の人々に委ねられるならば、もはや自由は存在しないであろう。なぜなら、二つの権力が結合され、ときとして同じ人々がそのいずれにも参加し、また常に参加しうるからである。立法府がかなりの期間召集されることがなければ、もはや自由は存在しないであろう。なぜなら、次の二つの事態のいずれかが生ずるからである。すなわち、もはや立法上の決議が存在せず、国家が無政府状態に陥るか、さもなければ、これらの決議が執行権力によって行われ、執行権力が絶対的なものとなるかである」[17]。

モンテスキューは、どのような権力であれ、権力を持つ者は限界まで行ってしまうことはもののことわりであり、権力分立なくしては、権力の濫用が容易に生じ、結局、国民の自由は保障されなくなると考えた。そのため、権力の範囲を確定し、各々の権力が、他の権力の濫用を防ぎ、抑制することが必要となる。政治的な権力部門相互間における徹底した三権分立制の確立がおこなわれることによってのみ、市民の自由を保障しうるというのが、彼の主張の本旨である[18]。

憲法制定会議においても憲法起草者たちは、政府のそれぞれの部門が自由気ままにその権限を濫用することを恐れた[19]。つまり、大統領が国王になり、強い中央政府が個人の権利に対する脅威となることに懸念を抱いていた。このような懸念を払拭するために、各部門が一方または他方の部門からの一定の監視なしには機能できないように相互に抑制しあうことの必要性については反対者がほとんどいなかった。結局、合衆国憲法において、政府の部門は、法律の制定権、法律の施行権、さらに法律に基づく審判権を担う三つに分けられ、この抑制と均衡に基づく権力分立システムで組織された。こうして、政治的権限を一人の個人または特定のグループに集中しないように政府のいかなる部門も、人々の自由に対する畏怖的存在とならないことが考えられた。

4 権利章典（Bill of Rights）

フィラデルフィアの憲法会議では合衆国市民の人権規定についてはほとんど言及されなかった。というのも代表者の多くは、新憲法の下では、憲法によって中央政府に授与されていない具体的な権限はすべて州民に留保されており、市民の基本的権利については州憲法で保障されるべきだと考えていたからである。例えば、連邦主義者のマディソンは、州政府によって個人の自由が十分に保障されるべきであるから権利章典を憲法草案に含めるまでもないという立場を取っていた。[20]

これに対して反連邦主義者は、新憲法がほとんど、あるいは何も個人の権利については言及していないことを問題視した。憲法案に個人の権利保障のないことへの批判は、連邦主義者に対する反連邦主義者の最も強力な武器となった。個人の権利保障規定を置くことで連邦権限を制約できると考えたからでもある。そのため憲法案が批准のため各州で議論されるようになると「権利章典」制定の必要性自体が大きな争点となった。たとえば、マサチューセッツ州では、反連邦主義者のサム・アダムズとジョン・ハンコックは、権利章典を憲法修正条項として盛り込む付帯決議を憲法案の批准条件とした。[21]とくにニューヨーク州では憲法案批准に反対意見が強かった。[22]アレクサンダー・ハミルトンは、この状況に危機感を持ち、マディソンらと協力しておよそ七か月の間、週刊新聞に匿名で憲法草案擁護の論文を発表し続けた。これが後にまとめられたものが『ザ・フェデラリスト・ペーパーズ』である。他の州も憲法を批准するに際して、個人の権利を保障するための修正条項を要求し、また連邦議会で修正条項が提案されるとの了解のもとに憲法を批准した州もあった。[23]

これに対し反対を貫いていた連邦主義者も、結局は、憲法が各州で批准されるのであれば、「権利章典」を憲法の修正条項として起草し、議会を通過させることに合意するとした。合衆国の憲法の批准に関する論争ののちに、反連邦主義者から、①個人の自由と権利の特別な保障、②司法および他の手続きにおける政府権限の制限、および③憲法によって議会に特に委任されないすべての権限は州または人民に留保される、という権利章典による修正条項を憲法に加えることが提案された。連邦主義者もこれを受け入れ、個人の権利を保障する修正条項について、ようやく妥協に至った。

一七八九年三月四日、第一回連邦議会がニューヨーク議事堂で開催された。同年四月三〇日にジョージ・ワシントンが満場一致で初代のアメリカ合衆国大統領に選出され、この建物のバルコニーで就任演説を行った。（そのため、現在のニューヨーク証券取引所の向かい側に位置するフェデラル・ホールの正面には演説するワシントン大統領の銅像が立っている）。[24]さらに同年九月二五日の連邦議会の冒頭においてマディソンが一〇か条からなる憲法修正条項案を提出し、採択された。

憲法修正条項案のうち第一修正は最も重要であり、信教、言論、出版の自由および請願の権利を侵害する法律の制定を禁じた。続く修正条項では、財産権の保護と刑事被告人の権利を保障した。第九修正は、とくに列挙されなかった権利を擁護する条項であり、第一〇修正では、「本憲法によって合衆国に委任されず、また各州に対して禁止されなかった権限は、各州それぞれに、あるいは人民に留保される」と「州の権限」を規定した。[25]この一〇カ条からなる修正条項について各州で批准が進み、合衆国憲法の一部となり、権利章典（Bill of Rights）と呼ばれるようになった。

合衆国憲法制定はこの権利章典の成立をもって完結した。新憲法の下でニューヨーク市が最初のアメリカ合衆国の

フェデラル・ホール（Federal Hall）

首都となり、この議事堂がフェデラル・ホール（Federal Hall）と改称され、アメリカ合衆国議会最初の議事堂となった。

5　合衆国憲法が抱えた問題点

合衆国憲法は、新生アメリカ合衆国を束ねる重要な意義を有した。とくに、アメリカ独立宣言に謳われた自由主義的思想と平等主義は、当時の世界においても先端をゆく理想的な理念であった。しかし、アメリカ独立の理念たる近代的平等思想とは根本的に矛盾する奴隷制度に関して不自然な妥協が行われ、維持されたことにより、新国家のスタートを切ったアメリカ社会に大きな不安定要因を残すことになった。

1　この戦争はアメリカ原住民の一部が英国に加担してフランスと戦闘したため「フレンチ・インディアン戦争」とも称される。
2　現在のアメリカの独立記念日とされている七月四日は第二回大陸会議（フィラデルフィア）において「アメリカ独立宣言」が正式に採択された日を記念したものである。
3　フランスは、アメリカ植民地の独立戦争に加担することによって英国にフレンチ・インディアン戦争の仕返しをすることに成功したが、増大する戦費によって経済は破綻し、数年後のフランス革命を招いてしまった。
4　ジョン・ロックは、その著書『統治二論』において社会契約説を提唱し、それに合わせて不都合な政府に対する抵抗権を提唱した。またこの思想は、後世の民主主義的な思想へと引き継がれ、アメリカ独立宣言に結実した。
5　アメリカが英国から独立した一七七六年に、一三の旧植民地はそれぞれの主権を持ち、各々の独立した統治制度と法制度を有していた。
6　アメリカ合衆国発足時の国旗では、星が一三個、赤と白の線（ストライプ）一三本からなっていた。
7　憲法を起草した五五の代表者のことを新国家の「建国の父」（Founding Fathers）と称するようになった。
8　憲法制定会議への出席者のうち四二人が大陸会議や連合会議の代表経験者だった。
9　ジョン・ロック、加藤節訳『完訳 統治二論』（岩波文庫、二〇一〇年）四六九―四七〇頁。安沢喜一郎「権力分立制の基本的研究」法律論叢三六巻一頁（一九六二年）参照。
10　ベンジャミン・フランクリンは、下院は人民を、上院は各州を代表すべきだという考えを早くから主張しており、憲法制定会議には一度も休まず出席した。
11　興味深いのは、このときに議論された統治部門の権限とその限界に関する議論が、今日もなお合衆国憲法の解釈だけでなく、アメリカがどのような国であるべきかについての政治的、法的争点を含んでいることである。
12　とくにジェームス・マディソンは、抑制と均衡に基づくバランスよい三権の権力分立システムが安定した基盤を新しい政府に提供すると信じた。
13　ジョン・ロック・前掲注9、一三五、一三七頁。
14　シャルル＝ルイ・ド・スコンダ、モンテスキュー男爵（Charles-Louis de Secondat, Baron de Montesquieu）.
15　The Spirit of the Laws（French: "L'Esprit des Lois"）『法の精神』は、一七四八年に出版された。当時このような書物は権力にとって思わしくない書物であり、しかも当時のフランスでは検閲が行われていた。そのためこの本は匿名で、しかもスイスのジュネーブで出版し、フランスに持ち込むという形をとった。
16　モンテスキュー（野田良之・稲本洋之助他訳）『法の精神（上）』二九一―二九二頁（岩波文庫、二〇一一年）。

17 モンテスキュー・前掲注16、二九九頁。

18 モンテスキューの三権分立の考えは、合衆国の憲法以外にも、各州の憲法や制定法にも影響を与えている。例えば、トマス・ジェファーソンは、ヴァージニアの刑法典の修正においてモンテスキューの思想の影響があったことを認めている。憲法会議の代表者のあいだでも、モンテスキューの著作は、「政治的な福音書」のようにとられており、会議の議論の準備のためにモンテスキューの著作を読み込んでいた。

19 代表的な連邦主義者のアレグサンダー・ハミルトン（Alexander Hamilton）、ジェームス・マディソン（James Madison）及びジョン・ジェイ（John Jay）は、憲法の支持者であった。彼らの主張は、『ザ・フェデラリスト・ペーパーズ』（The Federalist Papers）として残されている。同文書は、一九八〇年代後半にアメリカ合衆国憲法の批准を推進するために書かれた八五通の手紙からなる。そこでは、憲法案で提案されている制度が合衆国を守り、連邦政府に国益のための確固とした、また固有の利益をもたらす権限を与えると主張した。この文書は、合衆国憲法の意味を理解するのに不可欠なだけではなく、ひろく現在の憲法原理の理解に相通ずる基本的な議論が披歴されている。この文書の中で最も有名なもののうちの一つは、憲法によってつくられる共和政府がその市民の自由を保護することができるかどうかの問題について述べたジェームス・マディソンの議論である。マディソンは、新しい国家の中で党派性と派閥の持つ問題について次のように警告していた。「派閥とは、私が思うに、全体の中で多数を構成するか少数を構成するかにかかわらず他の市民の権利や共同体の永続的で集積された利益に逆らう何らかの共通の激情あるいは利益によって結集し行動する一定数の市民のことを言う」（*id.*, at 78, 訳は著者）と述べ、派閥が多人数で形成されると少数の者を圧制し、特に危険になるとした。

20 『ザ・フェデラリスト・ペーパーズ』No. 四六。

21 そのため、マサチューセッツ州では、かろうじて一八七対一六八の僅差で憲法案批准にこぎつけることができた。

22 ニューヨーク州では三〇対二七、またヴァージニア州では八九対七九など修正条項をめぐって憲法案の批准が危うい州もいくつか存在した。たとえば憲法を批准した州のうちの五州は、付け加えるべき修正条項のリストを含んでいた。

23 例えば憲法を批准した州のうちの五州は、付け加えるべき修正条項のリストを含んでいた。

24 フェデラル・ホール（Federal Hall）は、アメリカ合衆国ニューヨーク市マンハッタンのフィナンシャル・ディストリクトのウォール街二六番地、アメリカ合衆国議会旧議事堂の敷地に建つ記念館である。「連邦公会堂」と訳されることもある。

25 これらの修正条項で規定された概念は、実は、例えばヴァージニア人権宣言（Virginia Declaration of Rights）や英国権利章典（English Bill of Rights 1689）さらにマグナ・カルタ（Magna Carta, 1215）のようないくつかの過去の歴史文書の中に含まれた文言に見いだされる。

第2章 憲法の改正手続き

合衆国憲法は、憲法改正手続きについて憲法第五編でその手続きを定める。この規定の英文では、改正をAmendmentとしている。他の国の憲法とは異なり、合衆国憲法の改正は、先の条文を「修正」する「修正条項」という方式をとる。これは、憲法の改正によって旧規定に上書きをし、削除してしまうのではなく、先の条文の限界や過ちを残すために元の条文は残したまま、新しく修正条項をつけ加える方式である。したがって、以下では憲法「改正」ではなく、憲法「修正」の用語を用いることとする。このアメリカ合衆国「憲法の修正」手続きについては、以下のように規定されている。

「連邦議会は、両院の三分の二が必要と認めるとき本憲法に対する修正を発議するか、各州の三分の二の議会の請求があるときは、修正を発議するための憲法会議を召集しなければならない。いずれの場合においても、修正の全ての内容と目的は、各州の四分の三の議会による方法と四分の三の州における憲法会議による方法のうち、連邦議会の定める方法によって承認されたとき、本憲法の一部としてとして効力を有する。ただし、修正が一八〇八年以前に行われるときは第一編九節一項及び四項の規定には何ら変更を加えてはならない。また、いかなる州もその同意なしに上院における均等な投票権を奪われない」。

この規定では、憲法修正条項の発議の方法とその承認方法が述べられ、ただし書きにおいて修正の対象除外条項を定めている。

1　憲法修正の発議と承認方法

(1)　憲法修正の発議と承認について

憲法第五編は、「連邦議会の両院の三分の二」(以上の) 賛成で発議する方法と、「州議会の三分の二」(以上の) 請求があるときの二種類の発議方法を定めている。連邦議会の両院の三分の二とは、具体的に上院議員総数一〇〇名と下院議員数四三五名のうちの三分の二である、それぞれ六七名と二九一名の賛成が最低限必要ということである。他方、州議会が憲法の修正を提案する場合は、五〇州のうち三分の二、つまり三四州以上の州議会の要求を条件としている。いずれかの発議が成立すると連邦議会は憲法の修正を討議する憲法会議を召集することが必要となる。

しかし、これまで憲法修正案はすべて連邦議会の発議により提案され、州議会による憲法修正発議は出されたことがない。一七八九年以降、実際に、連邦議会には五千件以上の憲法修正条項が提起され、そのうちわずか三三件の修正条項が議会で賛成を得て、各州に批准のために送られた。

憲法修正案の承認については、憲法修正条項案が各州による「承認」(批准) 手続きに付託する手続きをとる。この州による承認には、「四分の三以上の州議会」による承認か、または「四分の三以上の州の憲法会議」による承認の二種類がある。つまり、州のうち四分の三 (つまり五〇州のうちの三八州) の州議会が修正案に賛成投票するか、または批准すると、それは憲法の一部になる。これまでに、承認のために州議会に付託された三三件の修正条項のうち、二七件が州によって批准され、二件は拒否、残りの四件は未決のままである。この承認手続きは、とくに「州の憲法会議」によることの承認を条件づけた第二一修正 (禁酒法の廃止条項の第三項で州の憲法会議のみを承認先として指定している) を例外として、すべて州議会によって承認、批准されている。

なお、州による憲法修正案の批准にあたって、州がその可否について住民投票によって決定することは可能であるか。これが争われたのが、Hawke v. Smith（一九二〇）事件[1]である。憲法の第一八修正（禁酒法）を批准した三六の州の一州であるオハイオ州議会（Ohio General Assembly）も一九一九年に同修正条項を批准した。しかし、オハイオ州憲法（一九一八年修正条項）では、州議会による批准のあと、州全体の州民投票（referendum）を批准の要件としていた。この要件に従い、オハイオ州行政長官のハービー・スミスは投票用紙を準備し、州民投票のために交付を始めた。原告のジョージ・ホークは、オハイオ州憲法が合衆国憲法第五編の「州議会による批准」としていることと矛盾すると主張し、スミスによる投票用紙の交付の差止めを求めた。しかし、同州のフランクリン郡民事訴訟裁判所（Court of Common Pleas）は、彼の主張を退けた。この決定は、フランクリン郡控訴裁判所（Court of Appeals of Franklin County）及びオハイオ州最高裁判所によっても支持された。

そこでホークはサーシオレイライ（裁量上訴受理令状、certiorari）を得て、合衆国最高裁の判断を求めた。最高裁が判断する争点は、憲法の修正案に対して住民投票を条件とするオハイオ州憲法は、憲法第五編に矛盾するかであった。最高裁は、全員一致の決定で同州最高裁の判断を覆し、州民投票規定は第五編に反するとした。ウィリアム・デイ（William R. Day）裁判官が法廷意見を書き、「（憲法第五編の批准要件は、）二つの方法に限定されている。すなわち、四分の三以上の州議会の決議によって、または同数の条件で開かれる憲法会議においてである」とし、第五編の「州の議会」という用語は「州民の代表者機関」を指し、それはオハイオ州憲法に明確に規定されている「オハイオ州議会」（Ohio General Assembly）のことであるとした。オハイオ州憲法は、何らかの立法権能を州民投票によって州民に委ねたことになるが、州による憲法修正案の批准は、立法権能の行使ではない。むしろそれは、提案された憲法修正案に対する州の同意の表明である。第五編は、この同意が州民投票によってではなく、州議会または憲法会議によることと特定しているため、オハイオ州の住民による憲法修正案の批准に関する投票要件は合衆国憲法に反する、とした。[2]

(2) これまでに行われてきた修正条項

一七九八年以降、現在までにアメリカ合衆国憲法に付け加えられた修正条項は以下のとおりである。

第一修正：信教・言論・出版・集会の自由、請願権
第二修正：武器保有権
第三修正：兵士宿営の制限
第四修正：不合理な捜索・押収・抑留の禁止
第五修正：大陪審、二重の危険、法の適正手続き、財産権の保障
第六修正：刑事陪審裁判の保障、被告人の諸権利
第七修正：民事陪審裁判を受ける権利
第八修正：残酷で異常な刑罰の禁止
第九修正：国民が保有する他の権利
第一〇修正：州と州民に留保された権限

上記の第一修正から第一〇修正は、権利章典（Bill of Right）と呼ばれ、憲法制定後の第一回連邦議会で合衆国市民の基本的人権を保障する規定として一七九一年に一括して採択された。

第一一修正：州に対する訴訟と連邦司法権（一七九五年）
第一二修正：正副大統領の選出方法の修正（一八〇四年）
第一三修正：奴隷制の禁止（一八六五年）
第一四修正：公民権、法の適正手続き、平等権（一八六八年）
第一五修正：選挙権の拡大（一八七〇年）
第一三修正から第一五修正は、合衆国再建条項（Reconstruction Amendments）と称され、南北戦争終結後に北部と南部に分かれた合衆国再統一と奴隷制を廃止するために順次批准された。
第一六修正：連邦所得税（一九一三年）
第一七修正：上院議員の直接選挙（一九一三年）
第一八修正：禁酒条項（一九一九年。なお一九三三年の修正第二一修正で失効。）
第一九修正：女性参政権（一九二〇年）
第二〇修正：正副大統領と連邦議員の任期（一九三三年）
第二一修正：禁酒条項の廃止（一九三三年）
第二二修正：大統領の三選禁止（一九五一年）
第二三修正：ワシントン特別区の大統領選挙人（一九六一年）
第二四修正：選挙権にかかわる人頭税の禁止（一九六四年）
第二五修正：大統領の職務不能と地位の継承（一九六七年）
第二六修正：投票年齢の引下げ（一九七一年）
第二七修正：連邦議員報酬の変更（一九九二年）

第二七修正は、議会が次期選挙の前に議員報酬額の増加を行うのを禁ずるという修正条項であるが、一七八九年に発議されたまま、二〇三年も経過した一九九二年にやっと批准に必要な三八番目の州としてミシガン州が承認した。この批准は、連邦議会上下両院で有効であると決議された。この修正条項を除くと、一九七一年以降は一件の修正条項も批准されていない。

(3) 憲法修正における合衆国大統領の関与

この憲法の修正の発議と承認について、合衆国大統領は憲法修正過程のどの場面においてもいかなる役割も有していない。大統領は、憲法修正会議が審議を終了し、投票を済ませるまでは憲法修正手続きを急がせたり、遅延させることはできない。議会で憲法修正条項が可決承認された場合であっても大統領の署名は必要はない。第五編の規定では、憲法を修正する権限は連邦議会と州議会が管轄するとし、原則として、大統領の関与権はないからである。

たしかに、憲法第一編七節三項は、大統領の権限として、「両議院の同意を要するすべての命令、決議または表決（休会にかかわる事項を除く）は、これを合衆国大統領に送付するものとし、大統領の承認を得てその効力を生ずる」と規定するため、憲法修正案も効力を生じさせるためには大統領の承認を受ける必要があると考えることもできる。しかしこの点については大統領にそのような権限がないことが、Hollingsworth v. Virginia 事件判決[3]で示された。合衆国最高裁のチェイス（Samuel Chase）裁判官は、上記判決文の脚注において「このことについては触れる必要もないことであるが、大統領の拒否権は、通常の立法の場合だけに適用される。すなわち、大統領は憲法の修正案の提案または採択とは無関係である」（He has nothing to do with the proposition, or adoption, of amendments to the Constitution.[4]）と、はっきりと憲法修正の発議や採択について大統領に積極的な関与権の余地のないことを明らかにした。

憲法の修正条項の提案は、先に見たように連邦議会両院の三分の二以上の絶対的多数で決定される。この三分の二以上の要件の意味は、議会提出の法案について憲法第一編七節三項が、「大統領が承認しないときは、法律案の場合について定める規則と制限に従い、議会両院の三分の二の多数をもって、再び可決される」とされているように、大統領による法案拒否権を越える場合と同じ圧倒的多数による投票（supermajority）であるという位置づけがなされている点にある。[5]

さらに歴史的にも、憲法修正条項の連邦議会による発議決定に大統領が署名をおこなわないことについて、ジョージ・ワシントン大統領は権利章典の修正条項提案の際に署名しておらず、そのときすでに大統領が署名するかまたは補正案を拒否するいかなる法的権利も有しなかったとの認識が、ワシントンだけでなくその法律顧問らにも共有されていた。[6]

また、エイブラハム・リンカーン大統領は、南北戦争終結後の合衆国再建に向けて、積極的に憲法第一三修正から第一五修正の制定を指導した大統領として知られる。しかし、彼とて南北戦争中の一八六二年九月に「奴隷解放宣言」（Emancipation Proclamation）を明らかにしたが、同修正条項の成立に大統領として職務上関与したわけではない。リンカーンは、南北戦争の最中に鋭く対立した奴隷制の問題を解決するために憲法の修正条項の成立に多くを期待したが、その時も、連邦議会による修正の発議ではなく、むしろ各州議会の請求による憲法修正条項の発議のための憲法会議（convention）を召集することを提案した。最終的に、再建修正条項は、議会による発議によって各州に送られ、批准された。

Hollingsworth 判決におけるチェイス裁判官の大統領の権限に関する確認事項が重要な意味をもつのは、リンカーンが主導した再建修正条項成立の約八〇年も前に、「大統領の法案承認権又は拒否権は憲法修正についてではなく、通常の議案だけに適用される」としたことである。このように憲法修正条項の手続きとその過程で「大統領は無関係である」ことに注意すべきであるとする考え方は多い。[7]

2　憲法第五編で憲法修正について厳しい要件を定めた理由

合衆国憲法の修正手続きは容易ではない。なぜこのような手続きを憲法に定めたのであろうか。

フィラデルフィアで憲法会議が召集される一七八七年の時点で、植民地期の一三州（または邦）のうちの八州は、その州憲法においてすでに憲法修正手続きを有していた。そのうち、三州では、修正を行う権限を州議会に委ねており、他の五州では、特別に憲法会議を構成した上でその権限が与えられていた。ところが、憲法会議のたたき台ともなった連合規約（Articles of Confederation）では、憲法の修正条項は連邦議会によって提案される一方で、その批准は全一三の州議会の一致によっておこなわれることとしていた。この修正方法では、憲法の修正は不可能とみなされていた。また、憲法制定会議で最初にたたき台として提案されたのは、ヴァージニア・プラン（Virginia Plan）であって、憲法修正の方法として連邦議会を迂回するために「連邦議会の同意は必要とすべきでない」としていた。[8]しかし、これは、のちに三分の二の州議会の要請があれば、連邦議会は憲法会議を召集することができるように変更された。マディソンは、この点に関する議論の中で、この規定では詳細さに欠けているとの懸念を表明し、後に、連邦議会が必要であると考えたときはいつでも修正を提案できるか、あるいは、州のうちの三分の二以上の同意があれば、連邦議会に要請できるようにするという提案をした。[9]しかし当然予想されたように、必要なときはいつでも連邦議会が憲法修正を提案できるとの権限を与えることには反対が生じた。ジョージ・メーソンは、「中央政府はその権限を濫用する恐れがあり、気に入らないものには同意しないことが起こるため憲法修正に中央政府の同意を得ることとすることには反対する」と述べた。彼は「もし中央政府が圧制的になるならば、適切な憲法修正は決して得られないだろう」と付け加えた。[10]

修正手続きに関する条項の草案について、一部の代表者からは、州の三分の二によって要請があった時には連邦議会は憲法修正のための会議を召集するという案では修正があまりにも容易になされるとの批判があった。しかし、アレクサンダー・ハミルトンを含む他の代表者たちは、逆にこの提案では憲法を過度に硬直化させてしまうと反論した。ハミルトンは、むしろ、連邦議会に憲法会議を開催する権限を与えないこと自体が問題だと考えた。彼は、連邦政府が憲法の修正の必要性について一番最初に認識でき、また一番敏感であるから、州はそれ自身の権限に関して必要性のある時にだけ憲法の修正を提起できるとすべきであるとした。

このように、第五編の起草委員会の提案は、双方から憲法修正があまりに簡単すぎる、あるいはあまりに困難すぎるとの批判を受けた。そこで州議会のうちの三分の二の州議会の要請で憲法会議を求める方法が提案された。メーソンはこの方法では州を保護するには不十分とした。さらなる議論の後、マディソンとハミルトンが提案した、連邦議会の上院と下院の三分の二の賛成を必要とするか、または州議会のうちの三分の二が必要であるときに、州議会が修正を提案できるとする案が認められた。この修正憲法案は、州議会または州の憲法会議の四分の三によって批准されることとした。その最終的な形として、憲法第五編は、憲法を修正する二つの方法を規定した。

修正条項発議のために全州の四分の三によって批准されなければならないという要件は、実際に憲法条項の修正について連邦議会が主導権を持つことへの大きな制約であり、批准された「憲法」が根本的に変えられるという暴走的（runaway）な制定会議を防止する。ジョージ・ワシントンは一七九六年の退任の挨拶（Farewell Address）において、次のように述べている。「われわれの政治制度の基礎は、憲法を制定し、変更する人民の権利にある。しかし、いつでも存在する憲法は、人民による明確にして確実な行為によって変えられるまでは、全てに対して神聖に義務づけられている」（But the Constitution which at any time exists, till changed by an explicit and authentic act of the whole People, is sacredly obligatory upon all.)[11]。

この修正条項でより重要なことは、発議のために連邦議会の両院の三分の二と、全州の四分の三の議会による承認という二重の圧倒的多数の要件を課していることで、そのことにより、修正条項案に関する時間をかけた広範囲にわたる議論や検討の機会を確保しながら、その一方で党派的動きや特定利益を抑制することになる。これは、「憲法」修正をたんなる議会による立法行為の一部としてではなく、根本法として「憲法」をそのものを保持するのに役立つ。

3　憲法修正の対象条項について

憲法第五編では、修正の対象外とされている憲法条項が明示されている。同条項は次のように言う。「ただし、修正が一八〇八年以前に行われるときは第一編九節一項及び四項の規定には何ら変更を加えてはならない。また、いかなる州もその同意なしに上院における均等な投票権を奪われない」。このうち、「第一編九節一項及び四項の規定」とは、奴隷の売買と課税に関する規定を指す。具体的には、第一編九節一項は「連邦議会は、一八〇八年より前においては、現に存する州のいずれかがその州に受け入れることを適当と認める人びとの移住または輸入を、禁止することはできない。ただし、その輸入に対して、一人につき一〇ドルを超えない租税または関税を課すことができる」である。また、同第四項は「人頭税その他の直接税は、この憲法に規定した人口調査または算定にもとづく割合によらなければ、これを賦課してはならない」とする。第五編はこれらの憲法規定については一八〇八年まで修正してはならないとしている。

このような修正禁止規定が置かれた背景には、憲法制定当時、奴隷が財産権の重要な一部として位置づけられていたからである。憲法の制定以前から、そして制定当時も、隷属制については所与のこととして認められていたため憲法の規定の中にもそれを容認する諸規定が見られる。合衆国憲法の批准に当たって南部州は奴隷廃止が憲法で規定されることを恐れていた。とくに奴隷廃止論者らが議会で多数を占めると憲法を修正し、隷属制を廃止しようとするのではないかとの不信感はずっと強いままであった。実際に奴隷廃止論者のクエーカー教徒が隷属の廃止を提案し、連邦議会に赴いたこともあった。南部州は憤慨し、憲法を受け入れ、批准する代わりに一八〇八年までは基本的に奴隷の売買や輸入については憲法上制限しないこと、という政治的同意を取り付けた。なお一八〇八年に国際奴隷取引禁止法が制定され、一八六五年に奴隷制廃止を定める第一三修正が成立している。また、憲法第一編九節四項については一九一三年に第一六修正で失効させている。

他方で、第五編は、「また、いかなる州もその同意なしに上院における均等な投票権を奪われない」としている。これは、憲法制定当時の比較的小さい州が、州の大きさにかかわらず各州とも上院の議員数を平等に二人ずつとするという規定が憲法の修正によって失われることを案じたことによる。[12] この上院各州二人ずつという定数規定は、「大きな妥協」（Great Compromise）と称されているが、これはコネティカット州の主導で実現したため、「コネティカット妥協」（Connecticut Compromise）とも言われている。[13]

4　憲法修正と最高裁判所の役割

アメリカ合衆国憲法の修正には、連邦議会両院の三分の二、あるいは、各州の三分の二の請求を修正発議の要件とし、その成立に各州の四分の三による州議会か憲法会議の批准を必要としている。アメリカ独立時の一三州のときであればともかく、現在のように五〇州となると、この条件は憲法の修正にはかなり高いハードルとなり、修正は容易ではない。世界的に見ても最も改正しにくい憲法のひとつであると指摘されている。[14]

憲法を修正することが困難であるということは、憲法の最終的解釈者である合衆国最高裁判所の判断の重要性を高める。憲法の修正を行う直接的な方法とは別に、憲法自体の実質的な効力を裁判所の判決で変えることも可能だからである。最高裁が判決によって憲法条文の意味を明らかにしたり、個別制定法が憲法に合致したものであると判断したりした場合、その効力はあらゆる面で憲法の一部を構成する規範的意味合いを持たざるをえない。そうすると憲法の条文を修正することなく、実際には憲法の条文そのものの意味を変えていくといういわゆる「解釈改憲」（"de facto constitutional changes" or "constitutional amendment by interpretation"）を行う機能を有していることになる。ただし、「解釈改憲」を行えるのはその権能としての裁判所だけであり、立法府や行政府にないことはもちろんである。

そうすると、改憲困難な憲法の下では、最高裁裁判官となる者の資質や憲法的感覚が思いのほか重要となる。それだけでなく、少なくとも制度的には、裁判官の個別的能力や適性以上に、裁判所が他の二権、すなわち立法府と行政府から真に独立していることはさらに重要となる。三権分権が確立していることが、「憲法の番人」としての（最高）裁判所の使命を全うする前提となっているからである。

1 Hawke v. Smith, 253 U.S. 221（1920）.

2 *See* United States v. Sprague, 282 U.S. 716（1931）.この事件では、被告人は、全国禁酒法違反の容疑で起訴され、有罪とされていたが、禁酒条項として知られる憲法第一八修正が適切に批准されなかったため有効でないと主張し、刑事訴追の棄却を求めていたが連邦議会の批准方法に関する権限が認められて、被告人の訴えは退けられた。

3 Hollingsworth v. Virginia, 3 U.S. 378（1798）.

4 *Id.* at 381 n2.

5 *See* Michael Stokes Paulsen, *A General Theory of Article V: The Constitutional Lessons of the Twenty-seventh Amendment*, 103 YALE L.J. 677, 730（1993）.

6 *See* Seth Barrett Tillman, *A Textualist Defense of Article I, Section 7, Clause 3: Why* Hollingsworth v. Virginia *was Rightly Decided, and Why* INS v. Chadha *was Wrongly Reasoned*, 83 TEX. L. REV. 1265 (2005). ワシントン大統領は、就任式での演説で、「憲法第五編によって委任された権限は、議会の権限にとどまるのであって、(大統領である)自分は、この問題に関し特定の勧告をおこなわず、議会の公益的洞察力とその追求に対する私の全信頼を賭けたい」と述べている。*See* George Washington, *First Inaugural Address in the City of New York*, in Joint Congressional Committee of Inaugural Ceremonies, Inaugural Addresses of the Presidents of the United States, S. Doc. No. 101-10, at 4 (1989).

7 *See* David M. Golove, *Against Free-Form Formalism*, 73 N.Y.U. L. REV. 1791, 1812 n.71 (1998) and Saul Zipkin, *Judicial Redistricting and the Article I State Legislature*, 103 COLUM. L. REV. 350, 368-69 and n.92 (2003)など参照。

8 *See* MAX FARRAND, THE RECORDS OF THE FEDERAL CONVENTION OF 1787 (1937), vol. 1, 22.

9 James Rogers, *The Other Way to Amend the Constitution: The Article V Constitutional Convention Amendment Process*, 30 HARV. J. L. & PUB. POL'Y 1005, 1007 (2007).

10 *Id.*

11 Matthew Spalding and Trent England, *Article V: Congress, Conventions, and Constitutional Amendments*, HERITAGE FOUNDATION, Feb. 10, 2011.

12 *See* Jason Mazzone, *Unamendments*, 90 IOWA L. REV.1747 (2005).

13 残された問題として、憲法第五編による憲法修正は憲法のどの条項についても可能なのかという点がある。換言すれば、憲法規定の中には修正が不可能な規定が存在するのかという問題である。この点に関しては、憲法学と政治学からの議論がある。また憲法第五編が定める憲法修正の要件、つまり修正の条件である連邦議会両院の決議要件や州の批准要件を憲法の修正によって緩和することは可能か。この点については、Henry Paul Monaghan, *We the Peoples, Original Understanding, and Constitutional Amendment*, 96 COLUM. L. REV. 121 (1996) 参照。

14 Donald Lutz, *Toward a Theory of Constitutional Amendment*, 88 POL. SCI. REV. 355 (1994) は、日本国憲法も改正が困難なカテゴリーに挙げられているが、その困難さは合衆国に比べてまだ容易であるとしている(困難指数 (Index of Difficulty) は、日本が3.10に対し、アメリカ合衆国は5.10である。*Id.* at 369, TABLE C-1.)。

第3章 武器を保有し携帯する権利

アメリカ合衆国は、世界で一番拳銃による犯罪と死亡者数が多い国である。しかも統計的には国民一人あたりの拳銃所持数は世界で群を抜いて多い。この一般市民が拳銃を保有し、携帯する権利については憲法の権利章典に規定されている。合衆国憲法第二修正は、銃の保有について、「規律ある民兵は、自由な国家の安全にとって必要であるから、人民が武器を保有し、携帯する権利は、これを侵してはならない」（A well regulated Militia, being necessary to the security of a free State, the right of the people to keep and bear Arms, shall not be infringed.）としている。

この憲法第二修正を根拠として、アメリカでは一般市民が自由に銃を保有し、携帯する権利を持つと主張される。一般市民による銃保有があたかもアメリカ社会の自由さの象徴であるかのように意義づけられる[1]一方で、毎年おびただしい数の銃を用いた犯罪や、自殺が発生している。

1 銃犯罪の現状

現在、アメリカには大小一八〇〇社の銃製造業者があり、毎年、約九三〇万丁の銃が製造されている。その内訳は、拳銃が約四四〇万丁、ライフル銃が約三七〇万丁、自動小銃が約八〇万丁である。同時に約五〇〇万丁の銃が外国から輸入されている[2]。民間人が所有する銃の数は、政府の統計によれば約四億丁を超えている。その数は、実に四人家族の家庭に五丁ずつ銃が保有されている計算になる。その内訳は拳銃が一億一四〇〇万丁、小銃（ライフル）が一億一千万丁、自動小銃が八六〇〇万丁である。[3]その結果、アメリカでは銃を原因とする犯罪は二〇一七年で六万一三三一件発生している。[4]銃が関係する死亡者数は約三万一千人であり、そのうち五五％は銃による自殺である。銃による殺人は一万人で四〇％、銃の事故による死亡は三％、警察官による射殺が二％である。[5]また、それ以外に七万三千人が銃で負傷している。これらは、最大の武器保有者である軍隊や州兵、さらに警察官等を除いた数字である。

銃乱射による殺人事件については枚挙にいとまがない。おもな銃乱射事件は表一に示されたとおりである。この表からの特徴として銃乱射による被害者数が年々増加していることがわかる。これは犯行に使用された銃器の殺傷能力の向上に伴うものである。銃乱射による犠牲者はその場にたまたま居合わせた者が多くなる。また高校などの学校内で発生する傾向があるため、犠牲者には生徒や高校生など未成年者が多い。この銃乱射による大量殺人事件は止まることがなく、前の乱射事件が記憶から薄れる前に、また新たな乱射事件が繰り返し発生するというのが銃社会アメリカの現状である。[6]

他方で、アメリカは、銃による暗殺や犯罪で歴史上重要な人物を失っている。表二は銃によって暗殺された代表的な人物と暗殺時の職業である。

表一　コロンバイン高校銃乱射事件以降の主な銃乱射事件

U.S. Mass Shootings, 1982–2018: Data from Mother Jones' Investigation[7]

発生年	州市	発生場所	実行者	死者数	負傷者数
一九九九	コロラド州コロンバイン	高校	男子生徒二人	一三人	二四人
二〇〇五	ミネソタ州	高校	一六歳学生	一〇人	五人

二〇〇九	ニューヨーク州	職場ビル	四一歳の男	一四人	四人
二〇〇九	テキサス州	軍施設	三九歳男	一三人	三〇人
二〇一一	アリゾナ州	スーパー	二二歳男	六人	一三人
二〇一二	コロラド州	映画館	大学院生の男	一二人	七〇人
同一二月	コネティカット州	小学校	二〇歳男	小学生二七人	二人
同六月	サウスカロライナ州	アフリカ系アメリカ人教会	白人男	九人	一人
二〇一三	ワシントン特別区	軍施設	三四歳男	一二人	八人
二〇一五	オレゴン州	短大	男	九人	九人
同一二月	カリフォルニア州	職場	男女	一四人	二一人
二〇一六	フロリダ州	ナイトクラブ	二九歳男	四九人	五三人
二〇一七	ネバダ州ラスベガス	ホテル上層階から	六四歳会社社長	五八人	五四六人
二〇一七	テキサス州	教会	二六歳男	二六人	二〇人
二〇一八	フロリダ州パークランド	高校	一九歳男	一七人	四〇人
同五月	テキサス州	高校	一七歳男	一三人	一〇人
一〇月	ペンシルヴァニア州	シナゴーグ	四六歳男	一〇人	七人
一一月	カリフォルニア州	飲食店	二八歳男	一三人	二人

表二　銃によって暗殺されたアメリカの著名人

発生年	被暗殺者	当時の職業
一八六五	エイブラハム・リンカーン	大統領
一八八一	ジェイムズ・ガーフィールド	大統領
一九〇一	ウイリアム・マッキンリー	大統領
一九三三	アントン・ケルマーク	シカゴ市長
一九三五	ヒューイ・ロング	上院議員
一九六三	ジョン・F・ケネディ	大統領
一九六五	マルコムX	政治活動家
一九六八	マーチン・ルーサー・キング	牧師
一九六八	ロバート・ケネディ	司法長官（大統領候補者）
一九七八	ハーヴィー・ミルク	サンフランシスコ市長
一九八〇	ジョン・レノン	音楽家

2　合衆国憲法第二修正とその解釈

そもそも建国時のアメリカには職業軍人は存在しなかった。英国からの独立戦争が始まった時も、上陸してきた英国軍は最新式の銃で武装していたが、植民地の独立派の装備はきわめて貧弱であり、英国軍のなすがままで、ほとんど抵抗らしい抵抗ができなかった。植民地人の使用した銃はその大部分が狩猟用であった。この独立戦争の体験を経てアメリカの建国者たちは外国の侵略から新生アメリカ合衆国を護るためには、銃によって人民が武装することが必要であることを痛感した。

他方で、アメリカ独立宣言に示されるように、強権的で抑圧的な国家権力に対して人民には抵抗する権利があるという思想の影響を受け、抵抗のためには人民の武器保有が必要であるとの主張もなされていた。この点について憲法起草者たちはひとつの基本的な前提に合意していた。つまり市民は、州と国家を守るために、民兵（militia）となる憲法上の権利を持つべきであり、民兵を存続可能にするために民兵たる市民は武器を所持する権利を有さなければならない、という前提であった。[8] とくにジェームス・マディソンは権利章典の制定時に民兵に武装権を授与する憲法第二修正条項を最初に提案した。この修正条項は、英国軍の侵攻に対して植民地人の武器の使用が認められたように、強権的政府に対抗する機会を市民に与える目的をもって提案された。この修正条項は英国王の植民地での常備軍に批判的だった建国の父たちが必要に応じて民兵を組織すべきだとの考えによって支持され、植民地からの独立という歴史的、政治的背景を強く反映した規定となった。[9]

アメリカ植民地時代においても、独立後も、民兵は、「家庭」と「土地」を守る目的でその地域の市民から編成されていた。[10] この修正条項が批准されたあと、一七九二年に連邦議会は、「統一民兵法」（Uniform Militia Act）を制定し、そのなかで一八歳から四五歳までの「健常で自由なすべての白人男性市民」を民兵を務める責務のある者として定め、資格のあるすべての市民に対して自己所有の武器や弾薬その他の備品を用意するよう呼びかけた。[11] この民兵は、有事があれば召集され、任務を終えると私人としての日常生活に戻った。そのため「銃の保有と携帯」を認めるこの条項は民兵の武装する権利を保障するものであり、民兵とならない一般市民は適用外であると解釈されてきた。[12]

銃所持は民兵という集団が持つ権利として位置づけられるため、この考えは、集団的権利（collective rights）論として構成される。民兵だけに銃保有権があるとする解釈は、第二修正の文章的構造自体からも支持される[13]。すなわち、第二修正が、「規律ある民兵」を主語とし、武器を保有する「権利はこれを侵してはならない」を述部とする規定となっていることから、文法的にも民兵でない一般市民の銃保有を認めたものではないとされる。とくに「よく訓練された民兵」（well regulated militia）の条文は、圧制的政府に対抗できる正式の民兵部隊を維持し、訓練する権利を各州に与えたものであるため、武装する権利はこれらの組織化された集団に付与されるとする。この条項によって公式の民兵だけが法的に銃を保有でき、連邦政府はこの民兵制度を廃止できないという規定だと位置づけられる[14]。この解釈は、同規定が誰でも銃を保有することを認める規定ではないとする銃規制論者によって支持されている。

しかし、他方で、第二修正の前段と後段を切り離し、前段の民兵の部分を無視して、後段の「国民が武器を保有し携帯する権利はこれを侵してはならない」の文言だけに注目することによって一般市民の銃保有の権利（individual's right to own a gun）を規定するものだとの主張がある。この個人的権利の解釈では、第二修正は決して民兵以外の一般市民の武装する権利を制限することまで意図していないとする。第二修正は、危機に直面した市民自身を守るために一般市民が銃を所有する権利（正当防衛権）を与えるものであり、それに対しては連邦政府も規則できないと考える。この解釈をとる代表者は全米ライフル協会（National Rifle Association, NRA）である。ＮＲＡは、第二修正こそがすべての一般市民に銃を保有する権利を与えている規定であるとする。

これまでは、連邦政府には私人による銃保有や携帯に対する規制権限があると考えられていた[15]。連邦議会は、実際に、誰に、どのような条件で、どのような種類の銃保有が認められるかについての銃規制法を何度も制定してきている。

3　連邦議会による銃規制法の制定

(1)　銃規制（gun control）の動き

連邦議会が、初めて制定した銃規制法は、合衆国郵政公社（USPS）を利用して拳銃を郵送することを禁止する一九二七年の「拳銃郵送禁止法」（Mailing Firearms Act, 別名 Miller Act）であった。この法にもとづき、拳銃の州間の移動を規制することによって、いわゆる「殺人のメールオーダー」（mail order murder）といわれる犯罪目的の安易な銃販売を抑制しようとした。また、この法は銃の通信販売に対する最初の連邦規制法であり、銃の通信販売大手であったシアーズ（Sears Roebuck）やバトラー・ブラザーズ（Butler Brothers）などの良く知られた販売店はその通信販売カタログから拳銃を取り除いた。しかし銃規制法としては抜け道の多い、効果の少ないものであった。

一九三四年の「全国銃制定法」（National Firearms Act）は、禁酒法時代に、ギャングによる非合法活動や銃撃事件の増加に対応するため、フランクリン・D・ルーズベルト大統領によって制定された。目的とした規制は、アメリカの街路から機関銃等を一掃することであった。規制の対象になったのは、銃身を切り落とした散弾銃やライフルに加えて、サイレンサーのような銃部品の使用、さらに杖に仕込まれた銃（firearms hidden in canes）もその対象となった。すべての銃販売業者や銃製造メーカーは、銃一丁について二〇〇ドルの税を課された[16]。また、銃購入の条件として、すべての買主は財務省の承認に従った文書への必要事項の記入を求められた。

四年後の一九三八年には、「合衆国銃器所持取締法」（Federal Firearms Act）が制定された。この法により連邦議会は、州際、または外国との武器販売や輸送に関与し、また銃販売に従事する者は誰でも、連邦の銃許可証（Federal Firearms License）を得ることを求めた。この法では、銃の譲渡に当たってはその対象者の氏名と住所の届出が求められ、特定の犯罪で有罪判決を受けたか、あるいは許可証を持たない者には銃の販売が禁止された。

第二次世界大戦中、アメリカでは兵器製造の一環として大量の銃器が生産された。大戦後もアメリカは世界各地で局地戦争を仕掛けたが、とくにベトナム戦争後にも大量の銃器が国内で生産され続けたため銃を用いた犯罪が頻発した。とくに一九六三年のジョン・F・ケネディ大統領の暗殺は、合衆国銃器所持取締法に大きな修正を余儀なくした。また一九六八年には、マーチン・ルーサー・キング・ジュニア牧師が銃で暗殺され、その二カ月後に司法長官のロバート・F・ケネディが拳銃で暗殺されるという事件が相次いだ。そのため一九六八年に銃砲規制法（Gun Control Act of 1968）が制定され、銃販売業者、銃製造者、銃砲輸入業者に対する免許の条件や届出記載事項が細かくなった。また銃の州を越えた取引の規制が強化され、同時に銃販売業者が販売できない者のリストが作られた。そのリストでは重罪で刑に服した（convicted of felonies）者、精神的な判断能力に欠ける者、薬物使用者等を含んだ。この法律の重要性は、ライフルや散弾銃の通信販売を違法としたことである。

一九七二年には、連邦政府にアルコール・タバコ及び火器局（Bureau of Alcohol Tobacco and Firearms, ATF）が設立された。これにより、銃規制法の施行は、内国歳入庁（Internal Revenue Service）内の租税局からこれまでの二倍の規模に拡充された。

一九八六年には、「警察官保護法」（Law Enforcement Officers Protection Act）が制定されたが、これは「警官殺し弾丸」（cop killer bullets）と呼ばれる防弾チョッキを透過するほどの威力のある弾丸の製造や輸入を違法とした。また同年に成立した「銃所有者保護法」（Firearms Owners' Protection Act）では、特定の犯罪に銃を使用した者、強盗または強盗未遂者が銃を使用した場合には刑の加重的理由とされた。

一九八九年一月に、カリフォルニア州ストックトンのクリーブランドの小学校で銃の乱射事件（Cleveland School massacre）が発生した。この事件の犯行者はＡＫ－47攻撃型ライフル銃によって小学生五人を射殺し、三二人を負傷させた。この事件をきっかけに連邦議会は、一九九〇年に別名「学校区域銃規制法」（Gun Free School Zones Act of 1990）と称される「犯罪規制法」（Crime Control Act）を制定し、私人が公立学校の千フィート（約三〇〇メートル）以内の学校区域（スクールゾーン）内で銃を所持するか、発射することを連邦法上の犯罪とした。これは、司法長官が「ドラッグのないスクールゾーン」を作り出したときの戦略を参考にしたものである。

しかし、この銃禁止法に対しては、すぐにＮＲＡの支援による訴訟提起が行われた。「合衆国対ロペス事件」（一九九五年）[17]では、テキサス州サンアントニオで、高校生のロペスが三八口径の拳銃と銃弾五発を持って登校した。ロペスはこの制定法に基づいて直ちに逮捕され、有罪とされた。しかし、ロペスは同法が連邦議会の越権行為によるものであり憲法に反し無効であると主張し、提訴した。これに合わせてＮＲＡを中心とする銃所持推進派も、同連邦法は州際通商条項に基づく議会の規制権限を逸脱するものであるとして違憲訴訟を提起した。

最高裁はその判断が五対四に分かれた。「学校区域銃禁止法」を違憲無効とする多数意見をレンキスト（Willam Rehnquist）首席裁判官が執筆した。最高裁は、特定の学校区域内に銃器を所有し、持ち込むことそれ自体は州際通商に影響を与える経済的活動に該当しないだけでなく、銃器所有がどのように州際通商に関連するかについて連邦政府は明示的に証明できていないとし[18]、連邦議会がその憲法上の立法権限を越えて法律を制定したもので違憲であるとし、同法の下で起訴されたテキサス州の高校生の有罪を破棄した控訴裁の判断を支持した。こうして「学校区域銃禁止法」の法的効力は失われた。

連邦議会は、一九六八年の銃砲規制法の改正法として一九九三年に「ブレディ拳銃暴力防止制定法（ブレディ法）」（Brady Handgun Violence Prevention Act（Brady Act）in 1993）を制定した。この法は、一九八一年のワシントン特別区のヒルトンホテル入口にて全国遊説中のロナルド・レーガン（Ronald Regan）大統領がジョン・ヒンクリー（John Hinckley）から狙撃を受けたときに大統領を庇ったため頭部に銃弾を受け、重傷を負った大統領補佐官ジェームズ・ブレディ（James Brady）の名前がつけられた。

この法は、全国的に銃購入希望者に対して購入日から銃入手までの五日間の「待機期間」（waiting period）を設け、その間に銃購入希望者が重罪の前科のある者でないかどうか、指名手配中の者でないか、あるいは精神的に不安定であると認定された者ではないかどうか、などの調査を行うものである。このいわゆる「背景調査」（background check）では、司法長官が全国的な銃購入者の身元調査システムの実施を州と地方自治体当局に要請した。これはＦＢＩ管轄下で、各州に対して犯罪歴のコンピューター化を促し、身元調査を容易にするための制度として補助金が提供された。

このブレディ法に対してはＮＲＡなどの銃所持推進派が猛烈な反対運動を起し、各地で違憲訴訟が提起された。一九九七年のPrintz v. United States事件[19]の原告のプリンツとマックはそれぞれモンタナ州とアリゾナ州の警察の長であった。プリンツらは、ブレディ法が州の公務員に対して連邦業務に従事することを強要しており、連邦議会の権限を越えているため違憲であると主張し、連邦地裁に提訴した。同法の反対派は、憲法上の争点として第二修正を論拠とするのではなく、同法自体が地方自治体の公務員である法執行者に身元調査の実施を義務づけている点を問題とし、これは憲法第一〇修正の州権限の侵害にあたると主張した。

連邦地裁は、ブレディ法の条項は憲法に反すると判決した。しかし、ブレディ法全体を違憲としたのではなく、当該規定だけを他の制定法条文から切り離し、任意の背景チェックシステムについては合憲であるとして、連邦政府が州や地方自治体に実施を命じている部分の効力のみを否定した。しかし、第九巡回区連邦控訴裁は地裁の判断を覆し、ブレディ法はいずれの規定も違憲であるとした。

事件は合衆国最高裁に移された。最高裁は、五対四に判断が分かれた。ブレディ法が憲法違反であるとする多数意見をスカリア（Antonin Scalia）裁判官が執筆した。[20]スカリアは、最高裁はかつてから連邦政府が州に対して連邦の規制プログラムを制定させたり、強要したりできないとしていたとした。[21] そのため同制定法の身元調査はこの判断に違反するものであるとした。連邦主義下では、州は、連邦政府から独立することを命じているのであり、連邦議会は州の主権を侵害することはできないとした。結局、ブレディ法が義務づけた銃の購入希望者に対する「背景調査」を連邦政府から州に委託した行為が、第一〇修正の州権限や州際通商条項違反であると判断した。

これに対してスティーヴンズ裁判官が反対意見を示した。スティーヴンズによれば、連邦政府が本件のような協力を州当局者に求めるのは、例えば感染症の流行に備えて州レベルで児童の大規模な接種を行うことと類似している。スティーヴンズは、憲法の通商条項が、連邦政府に拳銃の販売に関する規制権を与えており、また、憲法第一編の「必要かつ適切条項」に基づいて、あらかじめ憲法に列挙された権限を実行するためにふさわしい必要で適切な制定法であればどのような法でも制定する権限を連邦議会に与えているとした。他方、第一〇修正は、連邦権限に対して追加的な制限的権限を有しておらず、憲法によって連邦政府に与えられた権限について明確にしているだけである。スティーヴンズは国家非常事態に対応する連邦政府の能力に深い関心を有しており、「第一〇修正が、『歴史的な理解と経験においても、憲法の構造上も、あるいはこの裁判所のこれまでの法的議論においても』、州公務員に対してその対応を効果的にするための協力を得ることを禁ずるとするものは何もない」[22] とした。さらに、憲法の条文は、憲法第一編で掲げられている明白な権限の委任に従って連邦議会が制定した法規に含まれる命令を地元の警官は無視することができると解釈した多数意見の見かけの提案を支持するものではないとした。

このブレディ法と同年の一九九四年には、一般に「一九九四年攻撃型銃禁止法」（アーソルトウエポン禁止法、Assault Weapons Ban of 1994）と称される「粗暴犯規制と執行法」（Violent Crime Control and Law Enforcement Act）が制定された。この法は、従来タイプの銃よりも強力な殺傷能力を持つ攻撃型ライフルのＡＫ－47など一九種類の攻撃用銃器、セミオートマチック式の攻撃用武器（semiautomatic assault weapons）の製造、譲渡、所持について規制し、また一回の装弾で十発以上が射撃可能な弾倉装着を禁止した。またこの法ではとくに近年増加の傾向をたどっていた未成年者による銃犯罪の中で拳銃が使用される事案が増えたため一八歳未満の「未成年者」に拳銃の販売や譲渡が原則として禁止され、司法長官に対し未成年者に対する銃器所持取締法を検討することを命じた。この法は、議会での激しい議論と修正の末に一九九四年にクリントン大統領が署名して発効した。

しかしこれらの銃規制法は、一〇年の経過でその効力を失う時限法（sunset law）であった。結局、一〇年後にブッシュ・ジュニア大統領は同法の延長を求めなかったため、二〇〇四年九月に期限切れとなって失効した。その結果、同法で禁止されていた一九種類のセミオートマチック式の攻撃用武器や高性能の小銃も販売が一〇年ぶりに再開された。また、銃乱射事件でこのような攻撃型ライフル銃が頻繁に使用され、それに伴い乱射事件の犠牲となって死亡する者の数はそれ以前に比べ飛躍的に増加することとなった（表一参照）。

4　合衆国最高裁判所と第二修正

合衆国最高裁判所は、このような銃規正法をどのように判断してきたか。また、第二修正に対する解釈はどのようなものであったのだろうか。[23]

(1)　最高裁が直面した憲法第二修正の解釈に関する最初の事件
――United States v. Cruikshank（1876）事件[24]

この事件は、南北戦争後のアメリカ再建時代の最中のルイジアナ州の知事選挙に起因している。ルイジアナ州では、憲法第一五修正により市民権を得たアフリカ系アメリカ人中心の共和党（当時）と、それに対して政治的主導権を彼らに渡したくない白人から構成された民主党（当時）との間で激しい対立が生じていた。州知事は民主党員であるが、州議会選挙では共和党の優位な状況があった。これについて連邦地裁裁判官が、共和党の多数の正当性を宣言したために、とくに武器保有の権利をアフリカ系アメリカ人市民に与えることに反対したクー・クラックス・クラン（Ku Klux Klan）のメンバーが中心となって武装した白人民兵グループが、一九七三年に共和党員を次々と襲撃し、銃殺した。これがルイジアナ州コールファックス（Colfax）で生じたコールファックス大虐殺と呼ばれる事件である。この事件ではアフリカ系アメリカ人一〇五名とその支援者の白人三名が死亡した。

しかし、このような殺戮事件に対し、訴追されたのは白人の数百名の加害者のうちわずか三人だけであった。この三人の被告人は、二人以上が憲法上保障された他者の権利を奪うための謀議を禁じた一八七〇年の「合衆国執行法」（Enforcement Act of 1870）違反の容疑で起訴された。もともとこの連邦法は、各地でアフリカ系アメリカ人に対するリンチ事件を繰り返すクー・クラックス・クランの犯罪を抑制するために制定されたものであった。しかし被告人らは彼らに対する刑事訴追と有罪決定が、集会の自由を保障した憲法第一修正に違反し、また第二修正は、市民の銃による武装権を認めていると主張して、合衆国最高裁に上告した。

モリソン・ウェイト（Morrison Waite）首席裁判官が多数意見を書いた。最高裁は、憲法第一四修正のデュー・プロセス条項や平等保護条項は州の行為だけに適用されるのであり、私人間には適用されないと判示し、白人の武装民兵らの有罪判決を覆した。最高裁が依拠したのは、合衆国の政治制度における連邦政府と州政府の二元性についてであった。合衆国市民は一州の市民でもあるが、その公民権は、その所属する州によって異なる。連邦政府は、その権限の範囲内で最高であり、州に優越するが、連邦政府は州の管轄下で明示的にせよ暗示的にせよ市民の権利や特権を許諾することも、確保することもできないのであって、連邦が許諾や確保できない権利の全ては州の排他的な保護に任せられる、とした。最高裁はこのような理由づけを行い、憲法第一修正の集会権が「それ自身の市民に関する州政府の権限を制限するものではなく、連邦政府の行為について作用することを意図したものである」とし、そのため、「この目的のための権限は最初から州にあり、それはこれまで決して連邦政府に引き渡されなかった」[25]とした。

他方で、最高裁は憲法第二修正の意味については、「第二修正は（市民の）武装する権利が連邦議会によって侵害されないものとすることを意味しているのであって、……いかなる他の効果も有するものではない」[26]と述べた。最高裁は、武装する人々の権利は、憲法がそのような規定によって与えなくても存在する権利だと考えた。つまり、「（武装する権利）は、その存在のためにいかなる方法でもその証書〔憲法〕に依らない」こと、したがって個々人の武装する権利は改めて憲法によって授与される権利ではないとした[27]。

(2) 第二修正の意味の再確認――Presser v. Illinois (1886) 事件[28]

クルクシャンク判決の一〇年後に、合衆国最高裁は、プレッサー事件で憲法第二修正の意味内容に関する判断を行った。原告のプレッサーは一八七九年にシカゴ市内の大通りで総勢約四百人の民兵のパレードを主催した。この行進の参加者は全員ライフル銃を携帯し、プレッサーは馬に乗り機甲部隊剣（cavalry sword）を帯行し、この行進を指揮した。しかし彼らは州民兵としての訓練やパレードについてイリノイ州知事から許可を得ておらず、また連邦の民兵法に基づくいかなる組織でもなかった。プレッサーは、許可なく武器取り扱い業者や一部組織と協力した上で、武装した個人的グループに訓練やデモを行わせたとして州法違反で起訴された。プレッサーは無罪を主張したが、有罪とされ、罰金刑を課された。プレッサーは、彼らの有罪の根拠となったイリノイ州法が憲法第二修正に違反していると主張した。

合衆国最高裁は、「裁判所による意見」(per curiam opinion)[29]によって、州政府による一般市民の銃保有権の規制には限界があると述べ、連邦政府の民兵召集の呼びかけに対応が不可能となる程度まで武装解除することはできない、とした。他方で、最高裁は、「州憲法によって抑制されない限りは、州議会は合衆国の民兵に関する制定法によって認められた事項を除いて、州内の民兵のすべての組織や訓練とパレードを管理、規制する法規を制定できる」[30]と述べた。また、合衆国憲法第二修正は、連邦議会や中央政府による銃規制権を制限するものであって、州政府に対するものではない、とした。こうして最高裁は、州法あるいは連邦法とは無関係に民兵を集約し、訓練し、行進をする権利があるとするプレッサーの主張を拒否した。最高裁は言う。「問題とされている州制定法は、ある団体が軍事的団体に結びつくことを禁止し、法による許可なく市や町の通りで武装して訓練をしたり、パレードを行うことを禁止するものではあるが、それが武器を保有し携帯する個人の権利を侵害しないことは確かである。この修正条項を根拠に問題とされた州法による規制が許されないという主張に対しては、この修正条項が、州ではなくて連邦政府の権限だけをその制限の対象としているのであることにつきる[31]」。

プレッサー判決において、最高裁は、第二修正が、州を対象とせず連邦政府だけに限定し、作用するという前述のクルクシャンク判決を再確認した。つまり、州は個人による武器の所有と使用を自由に規制できる、ということである。その意味で、クルクシャンク判決とプレッサー判決は、第二修正をめぐる一連の訴訟において、銃を保有する個々人の権利を否定する先例的根拠とされてきたし、他方で、州や地方の市町村が銃規制のための制定法を立法することを正当化する根拠ともされていた。

(3) 第二修正における武器（arms）の意味について——United States v. Miller,（1939）事件[32]

第一次大戦を経て、最高裁判所は、再び第二修正の問題に取り組んだ。一九三九年のミラー事件で、ジャック・ミラーとフランク・レートンはその五年前に制定された一九三四年全国銃器法（National Firearms Act of 1934）の違反容疑で未登録の銃身を短く切った二連式散弾銃を携帯して州境を越えたとの理由で逮捕、起訴され、有罪とされた。これに対しミラーとレートンは、同法が憲法第二修正に違反し、彼らの武装する権限を侵害すると主張した。アーカンソー連邦地裁は、原告らの主張を認めた。上訴を受けた最高裁判所で問われたのは、憲法第二修正の銃を保有し携帯する権利の対象となる「武器」(arms) にこの銃身を切り落とした二連式散弾銃が含まれるかどうかであった。最高裁の裁判官全員一致の判決 (unanimous decision) をマクレイノルズ (James McReynolds) 裁判官が執筆した。マクレイノルズは、「『長さ一八インチ未満の筒を有する散弾銃』の保有または使用が、この時点でよく規制された民兵の維持と効率に何らかの合理的な関係があることを示す証拠がない場合には、当裁判所は第二修正がそのような武器を保有する権利を保障するものであると言うことはできない。このような武器が通常の軍事用品かどうか、またはその使用が共通した防衛に関与することができるかどうかは、もとより裁判所の認知する範囲内にはない」[33]と述べた。

このミラー判決では、最高裁が当該散弾銃に関する連邦の規制法と、議会の銃規制権限を支持し、憲法第二修正は、民兵を組織するという当初の意図に即して解釈されなければならないとした。しかし、第二修正に関するこの解釈は、ミラー判決の七〇年後の二〇〇八年に最高裁自身によって個人の銃保有権へと大きく舵を切る根拠とされた。

(4) 最高裁が初めて第二修正が個人の銃保有権を意味するとした事件
——District of Columbia v. Heller (2008) 事件[34]

まず、ヘラー (Heller) 事件では自治体による銃規制が問題とされた。ワシントン特別区やシカゴ市などの地方自治体は、独自に銃規制の実施を行おうとした。ワシントン特別区では、未登録の火器 (fire arms) の保有を禁止する一方で、その無許可携行を犯罪とし、同区の警察長官に対して一年間を上限とする銃の携行許可の承認権を付与していた。住民が合法的に保有する登録済みの火器 (登録済みのロングガンなど) は、職場に置かれる場合や合法的なレクリエーション活動に使用される場合を除いて、弾丸を抜き（unloaded）、分解（disassembled）するか、引き金作動防止装置（trigger lock）などで固定して保管しなければならない、と規定していた。この拳銃規制は個人の拳銃保有を一律に制限する全米でも最も厳しい規制となっていた。[35]

原告ヘラーは、勤務時に拳銃の携帯の許可を与えられたワシントン特別区の警官であった。ヘラーは自宅でも銃を保持する目的でワシントン特別区の条例（District of Columbia Code）に従い、一年間の銃保有の許可証を申請したが、却下された。ヘラーは、彼の自宅に許可証なしで使用可能な銃を置いておくのは第二修正上の権利であり、同条例は彼の憲法上の権利に反するとして、条例の該当部分の施行に対する差止めを求めてワシントン特別区連邦地裁に提訴した。[36]

同連邦地裁は、ヘラーの申し立てを拒否したが、控訴を受けた同区控訴裁はそれを覆し、第二修正が自己防衛の目的のために銃を自宅に置いておく権利を保護する、と判断し、自宅に置かれた銃がすぐには使用できないようにロックすることを求める同区の条例は憲法第二修正の権利を侵害するものであるとした。

上訴を受けた合衆国最高裁に示された争点は、銃を自宅に保管する場合にすぐに使用できないようにすることを義務づけるワシントン特別区の規定が第二修正に違反するかどうかであった。この判断は、五対四に分かれた。ワシントン特別区による銃規制が銃保有の自由を侵害するものだとする最高裁の多数意見はスカリア裁判官が執筆し、第二修正の個人権論の解釈を展開した。[37] スカリアは、「民兵」に言及する第二修正の条文の前段の部分は、後段の修正条項の主文を制限するものではないとした。加えて、第二修正の制定当時、軍務サービスに召集されるすべての強壮な男性（all able-bodied men）を前提としたものであったことから、「民兵」という用語は軍隊に勤める者に限定されない、ともした。[38] したがってこの条項を、軍務に従事する者だけに武装する権利を制限するものと読み込むことはできず、修正条項の文章はそれが書かれた時点で有した明白な意味に最大限の配慮を与える方法で読まれるべきである。

スカリアは、「第二修正は、民兵サービスに関係せずに銃を保有し、自宅の防衛のように伝統的に合法的目的のためにその武器を使用する個々人の権利を保護するものである」[39]と述べ、州民兵でない個人が銃で武装する権利を有するとの第二修正の解釈を示し、自己防衛目的のために使われる武器の全ての種類を含む拳銃を禁止し、自宅で銃が使用できるように命ずるワシントン特別区の条例は第二修正に違反するものである、とした。

これに対して、スティーヴンズ裁判官は反対意見を示し[40]、第二修正では州民兵に関してとくにその目的を述べているのであって、自己防衛のために個々人が銃を使用する権利について特に述べているわけではない、とした。そのことは第二修正の制定時と同じ時期に同条項に類似した州制定法に照らしてもわかることである。第二修正が批准された時点以降の歴史的な証拠によれば、植民地における制定法は自宅における銃の保管や使用について定めたことを示している。スティーヴンズは、第二修正で使用された「人々」という言葉によって州法で規制された民兵の役務の文脈を越えてその範囲が一般市民にまで拡大されるわけではない点に注意した[41]。また、同修正条項は、自己防衛権に対する政府による侵害からの個人の権利を絶対的に保護することを規定するものではない、ともした。第二修正のもっとも自然な読み方は、それがある特定の軍の目的のために武器を保有し携帯する権利を保護するものであって、武器の非軍事的使用やその保有を規制する議会権限を削ぐためではない。スティーヴンズのこのような第二修正の解釈は、州の民兵に関するその後の制定法の経緯に関連してその文脈の中で修正条項を解釈するものである。

しかし、結局、このヘラー判決によって、第二修正が個人による武器の保有と携帯を保障するものであることを合衆国最高裁が初めて明確にした。この判決をきっかけとして、アメリカでは銃規制の流れが抑制されだした。

(5)　シカゴ市による銃規制条例の違憲性――McDonald v. Chicago（2010）事件[42]

シカゴ市は市内で発生する拳銃による犯罪や殺人事件が多発していることもあって、市内における銃犯罪の減少と銃弾を受けた被害者による市立救急病院の救急救命室（ER）利用によるコスト抑制を理由として市全体で拳銃追放運動を始めた。その方策として拳銃の新しい登録を禁止し、すでに保有している銃については登録することを求め、自宅での銃保有を事実上禁じる市条例を制定した。しかし、二〇〇八年に最高裁のヘラー判決が出されるに及んで、二〇一〇年に新たな銃規制条例を可決した。新条例はシカゴ市内での銃器の販売を禁止し、銃保有者が自宅家屋外（庭や車庫など）に銃を保管することを禁じた。

原告のマクドナルドらは、家屋への侵入事件が多発する市内の治安の悪い地域に居住しており、自宅の防衛のために拳銃を購入しようとしたが、市の条例により拒否された。彼らは、この市条例が憲法第二修正に反するとして当該シカゴ条例の無効判断を求めて二〇〇八年にイリノイ州北部地区連邦地裁に提訴した。その翌日に、全米ライフル協会も歩調を合わせ、シカゴ条例とは別に銃の携帯と保有を一般に禁止し、自宅または職場でのライフル銃または散弾銃を除く他の銃の保有を禁止したオークパーク（Oak Park）市の条例が[43]、第二修正の権利を侵害するとして同じく連邦地裁に提訴し、双方の訴訟において銃保有と携帯の権利が第二修正によって個々人に保障されているとするヘラー判決に反すると主張した。この事件では、原告らは憲法第一四修正を通して権利章典の大部分の権利が州にも適用されるという最高裁の「選択的な編入」（selective incorporation）論を主張し、第二修正が州や州内の市町村の銃規制に対して適用できるかの憲法問題も提起した。

同連邦地裁は、原告らの主張を認めず、訴えを棄却した。第七巡回区連邦控訴裁判所は二つの事件を併合し、「合衆国最高裁は、第二修正を州に適用する要請を拒否している」という先例に従わざるを得ないとして、地裁の判断を支持した。

原告らのサーシオレイライが認められ、事件は合衆国最高裁に移った[44]。最高裁では、その判断が再び五対四に分かれた。シカゴ市の銃規制条例を違憲であるとする多数意見をアリトー（Samuel A. Alito）裁判官が執筆した[45]。アリトーは、ヘラー判決が正当防衛のために個人が銃を保持することは、第二修正の核心であるとしていること、それゆえ一般市民は自己防衛の目的でけん銃を使うことが認められるべきであると判断していることから、この権利が憲法修正第一四修正によって州や市町村に適用されるとした。

これに対し、スティーヴンズ裁判官は反対意見で第二修正が第一四修正によって州にも適用されるという意見に反対した。つまり個人が銃を保有することは、第一四修正のデュー・プロセス条項によって保護されている自由権的利益ではないとした。スティーヴンズ裁判官は、本判決の多数意見について、「本法廷によるこの判決の影響は、われわれの州や憲法的構造に、文字通り相当破壊的な影響を与えるだろう」[46]と述べた。同じく反対意見を表明したブライヤー裁判官は、第二修正の「条文、その歴史またはそのもとになっている理論的根拠」のどこにも第二修正について第一四修正による適用を正当化する「基本的な権利」として特徴づけるものはない[47]、と主張した。この反対意見にギンズバーグとソトマヨール裁判官が加わった。

このように、ヘラー判決とマクドナルド判決において九人中五人の同じ裁判官によってあっさりと憲法第二修正が個人の銃保有の権利を定めるものだとの解釈が示された。この判決に勢いづいたＮＲＡを中心とする反銃規制グループは巨額の弁護士費用を投入して地方自治体の銃規制法や条例に対する違憲訴訟を全国で展開していった。

⑹ 第二修正の「武器」（arms）にスタンガンは含まれるか
――Caetano v. Massachusetts（2016）事件[48]

二〇一六年には、最高裁はCaetano v. Massachusetts事件において、第二修正の個人権論を再確認した。この事件では、原告が暴力的な元ボーイフレンドから身を守るという自己防衛の目的で保有していたスタンガンが問題となった。というのも、マサチューセッツ州法は、スタンガンの保有を違法としていたからである。原告のジェイミ・カエターノ（Jamie Caetano）は、州法で禁止された武器を保有していたとして逮捕され、マサチューセッツ州裁判所で有罪判決を受けた。カエターノは、同州法が彼女の第二修正の権利を侵害するものであると主張した。上告された同州最高裁（Supreme Judicial Court of Massachusetts）はカエターノの有罪を支持し、スタンガンは第二修正の保護の範囲内にないとして同州法は第二修正に反しないとした。

サーシオレイライによって上訴を受けた合衆国最高裁は、「裁判所による意見」（per curium decision）において、ヘラーとマクドナルド判決を踏まえ、スタンガンは、まさに第二修正のもとで保護されている『保有しうる武器を憲法する全ての武器に入る』と判断した。また「第二修正の権利は州に完全に適用される」ともした。その際に、最高裁は、マサチューセッツ州最高裁の判決がこれまでの合衆国最高裁判決に反するとみなす三つの点を示した。第一に、州最高裁は、スタンガンは、第二修正の制定時には存在しないため第二修正の適用の範囲内にないとしたが、合衆国最高裁は、それは第二修正が「その制定当時に存在していなかった武器」も保護するとしたヘラー判決に反すること。第二に、州最高裁は、スタンガンが「完全に最新の発明であるため、それ自体、コモンロー上危険なものであり、しかも異常である」（dangerous per se at common law and unusual）としたが、このような見方もヘラー判決に反すること。さらに三番目に、州最高裁は、スタンガンが民兵によって「戦争に使用するために準備された」武器ではないため第二修正にいう「武器」に入らないとしたが、最高裁は、「戦時に使える武器だけ」が第二修正によって保護されるという見解についてはヘラー判決が明確に拒否している、という理由でマサチューセッツ州最高裁の議論を退けた。[49]

アリトー裁判官は、その同意意見において、「裁判所による意見」は、「不承不承」（grudging）示された判決であるとの不満を示した。アリトーは、「マサチューセッツ州最高裁の理由づけは、自己防衛の基本的な権利に対する重大な脅威（grave threat）となるものだ」[50]と第二修正の個人の銃保有権を擁護した。

(7) 公開の場で銃を隠し持つことを禁止するサンディエゴ・カウンティ（郡）の銃規制法の違憲性——Peruta v. California (2017) 事件[51]

その翌年の二〇一七年には、カリフォルニア州サンディエゴ郡とカリフォルニア州の銃規制法の違憲性が争われた。サンディエゴ郡法では、公開の場（in public）で銃を隠し持つためにはその許可申請を郡に対しておこなわねばならず、また申請者は自分が他の大多数の者とは異なる特定の脅威に直面していること、例えばドメスティック・バイオレンスの恐怖にさらされているか、そのような危険性の高い者との間で紛争状態にあるため、銃を隠し持たなければならないことを示す資料を「正当理由」（good cause）としてその申請書に添えて、提示する必要があるとし、たんに一般的な自己防衛のためという理由は正当事由とはしていなかった。[52]

原告のベトナム退役軍人の保安官のペルータは、隠した拳銃の保有に関する許可証が郡から与えられないのは、第二修正の個人の銃保有の権利を損なうものであるとして、二〇〇九年にサンディエゴ郡をカリフォルニア州南部地区連邦地裁に告訴した。また、ペルータはカリフォルニア州法が公開の場で銃を隠し持つことを禁止する規定を有していたため同法についても第二修正違反を主張した。

サンディエゴ郡では、弾丸を込めていない銃であれば公衆の前で銃を携帯することは認められていた。しかし、二〇一一年に同州のブラウン知事が、まず銃弾の込められた銃を公然と携帯することを禁止するために同州の修正法を提案し、それにより、銃弾が込められているかどうかにかかわらず、限られた状況以外では公開の場で銃を隠して携帯することを禁止した。結局、最終的には、サンディエゴ郡の銃を隠し持つことに対する規制策とカリフォルニア州の公開の場での銃保有の拒絶とが結合した銃規制となっていた。

ヘラー判決は自己防衛のために自宅に銃を使用可能なようにして保有しておくことを合憲としたのに対し、この事件では、銃を隠し持つ際の特別な申請義務の要請と、公開の場で拳銃を隠して携帯することについて州が規制権を有するかについて争われた。同地裁は、ペルタの主張を退けた。[53]

控訴された第九巡回区連邦控訴裁の判断は二対一に分かれ、まず憲法第二修正が武器を隠して携帯する権利を保護するものであるとの判断を行った。しかし、控訴裁の職権により（sua sponte）、全裁判官（en banc）による再度の審査が行われ、今度は控訴裁の「一般市民のメンバーが公然と銃を隠して携帯するというような第二修正上の権利はない」とし、カリフォルニア州の隠された武器携帯に関する許可を強化する政策に対して、州と市町村が公開の場で銃を隠して携帯することの限定、およびそれらを携帯する場所について決定する際の幅広い裁量を州は享受するとの判断を行った。[54]

この判断に不満を持った原告らは、合衆国最高裁にサーシオレイライを請求したが、二〇一七年に最高裁は、第九巡回区サーシオレイライを認めなかった。[55]

サーシオレイライを受け入れるかどうかについては、合衆国最高裁裁判官九人のうち最低四人の同意が必要である。[56]この事件でそれに同意を表明したのは、トーマス裁判官とこの判決の二カ月前にトランプ大統領によって任命されたばかりのニール・ゴーサッチ（Gorsuch）裁判官の二人だけであった。二人は、サーシオレイライ拒否決定に対する意見としては、かなり異例となる長さ八頁にわたる反対意見を示した。[57]トーマス裁判官は、ペルータ事件が、最高裁が取り扱うべき重要な問題を提起しているとした。トーマスは、第九巡回区連邦控訴裁の判決の理由づけは擁護の余地がないものであると述べた。[58]彼は、「かりにこの最高裁の他のメンバーが第二修正が公開の場で銃を隠し持つ権利を保護するということについて賛成しないとしても、この重要な問題に最高裁がいま明確に答えるべき時である[59]」と述べた。

これにより、公然と隠した拳銃を携帯することの州規制を容認する同控訴裁の判断が残された。法理論的には、この確定判決は、第九巡回区連邦控訴裁の管轄区域にある全ての州と地域に適用するものとなる。しかし、カリフォルニア州とハワイ州を除く同管轄区域内の州では、許可証なしで銃を隠して携帯することを許容しているため、訴訟として争われることはなく、結局はこの二州に適用されるだけであった。

5　全米ライフル協会（National Rifle Association, NRA）の活動

全米ライフル協会（以下ＮＲＡとする）は、アメリカで市民の銃保有を推進する私的団体である。その会員数約は五〇〇万人であり、この会員数を背景に銃器メーカーや販売店などの法人会員から多額の資金を得て銃保有の自由を守るという単一の目的のために最も効果的な活動をおこなっている。ＮＲＡは、銃販売業者や銃愛好家などにより南北戦争後の一八七一年に設立された。最初は、「ライフル射撃を科学的な根拠で奨励し、促進すること」を目的としていた。しかし一九六〇年代にアメリカ国内で銃犯罪が急増し、銃規制を支持する世論が高まると、これに反対する政治家や選挙候補者を支えるロビー活動を積極的に開始した。莫大な資金を投じて急激に組織を拡大し、保守的傾向の強い共和党とのつながりを深め、さらに民主党内部にも支持者を獲得していった。

ＮＲＡは、銃を用いた犯罪に対しては、「銃ではなく、人が罪を犯す」との立場をとり、銃規制立法の成立には徹底した反対運動を行う。その方法は、連邦議会はもとより州議会においても銃規制派の議員には地元で中傷キャンペーンを繰り広げることによって、再選阻止活動を展開し、他方、銃規制に反対する議員に対しては巨額の献金を行い、積極的な支援を行っている。[60] ＮＲＡは年間予算が約三・五億ドル以上という規模のアメリカの最強の圧力団体（ロビイスト）である。

しかし、その具体的活動は、想像の域をはるかに超える。例えば、二〇一二年一二月にコネティカット州ニュータウンでの銃乱射事件で小学生二七人が射殺された。この事件を受けて、銃規制が大きな世論となったが、ＮＲＡは、

銃規制に譲歩するどころか、それを銃販売のさらなる拡大につながるビジネスチャンスになると考えた。NRAは、小学校の教員が銃で武装し、教室での銃撃者に対し撃ち返せるように射撃の訓練も受けておくべきであると公然と主張した。全米には、公立学校が一〇万校あり、教員数を各校二〇名とすれば、すぐに二〇〇万丁の銃の需要が広まるという計算である。これによりNRA自体の活動範囲を拡大できるし、また銃器メーカーにとってもまたとない新市場を開くことになる。[62] NRAは公式的には、なお射撃会の選手や猟師や仕事上で銃を扱う者の権益を代表する団体であると主張している。しかし、実際には、NRAはニュータウンやコロラド州の映画館で使用された攻撃型ライフルのような、軍事的な武器の販売にその収益の重点を置く銃産業の利益のために活動する団体となっている。

このような攻撃型武器は、現在のアメリカの上位一五社の銃器メーカーのうち一一社が製造を行っている。攻撃型武器のうちでもっとも需要があるのは、圧倒的破壊力を誇り、アメリカ軍や警察の特殊部隊が使用しているM16ライフルの民間版とも言われるAR-15型ライフルの異型である。このライフルは、ほとんど射撃術なしに至近から中間の距離の範囲内で敵兵の命を奪うように設計されている。販売時にはこの軍事用ライフルを「最新のスポーツのライフル」(modern sporting rifles) としてスポーツ用品店や郊外のスーパーで販売している。攻撃型武器の販売拡大は、ブッシュ・ジュニア大統領への強力な働きかけで二〇〇四年に攻撃用武器禁止法 (Assault Weapons Ban) が失効したため、殺戮能力の高いマシンガンの販売の開始に再び道を開いたことも幸いした。

二〇〇五年に、NRAは念願であった製造業者、輸入業者、販売店と販売業者を民事責任から免責するための制定法の通過にその力を注入した。ブッシュ・ジュニア大統領がこの「武器合法取引保護法」(Protection of Lawful Commerce in Arms Act) の法案に署名したときに、NRAの会長は、「この法律は銃規制に反対する法律の中でも最も重大なもの」と述べた。

NRAの主たる後援企業は、二〇一一年段階のデータ(2011 analysis by the Violence Policy Center) によると、銃

器メーカー一二社である。そのうちの一二社は攻撃用銃のメーカーである。ＮＲＡの報告では、銃弾の製造で利益を得ている数十社の法人からも寄付を受けている。他方で、ＮＲＡは、「銃器または弾薬メーカー、または銃器と弾薬を取り扱う企業とは提携していない」、あるいは銃器産業の「同業組合でない」（not a trade organization）と一貫して主張している。

他方で、銃規制に対するＮＲＡの容赦のない攻撃は、銃器メーカーといえども容赦はない。スミス＆ウェッソン（Smith & Wesson）社は、一時アメリカで最大の拳銃メーカーであったが、ＮＲＡによる露骨で過激な政治工作活動に依存することをためらい、銃規制を進めているニューヨーク州知事との話し合いを進めるほうが、会社の損害を最小限にする方法だと判断し、知事と銃規制のあり方について協議することを決定した。同社は、拳銃による人的被害を求める製造物責任訴訟から免れることの対価として、より安全な銃を製造し、銃の流通機構を浄化することを受け入れた。具体的には、たとえば銃に内部ロックがかけられるようにしたり、子供によって操作されないような引き金にしたり、新しい銃は古い銃との交換ができるようにするなどの工夫を積極的に行った。しかしＮＲＡはこのような離反行為を容赦しなかった。ＮＲＡは、スミス＆ウェッソン社に直接損害を与えることを決定し、全会員に向けて同社の銃の不買運動を組織化した。

一九八七年の段階では、公開の場で市民が銃を持ち歩くことが許されていたのは一〇州だけであった。ところがＮＲＡは地方議会に対する活動と訴訟戦略により、二〇一〇年までに四〇州で市民が銃を自由に持ち歩くことを実現させている。それでも、多くの銃保有権論者にとっても、公然と銃を携帯することには懸念を抱く者もいた。銃を自己防衛のために自宅に使用可能な状態にして保有しておくことまでは合衆国最高裁は認めたが、西部開拓時代ならともかく、それは公開の場で市民が自由に銃を取り出せることは異なる。しかし、ＮＲＡはそのようなことを気にも留めない。

一三人の生徒が殺害された一九九九年のコロンバイン高校の銃撃事件（Columbine High School Shooting）では、犯行に高校生が使用した三丁の攻撃型銃はガンショー（gun show，銃器展示即売会）で入手されたものであった。ガンショーは、毎年五千回ほど各地で開催され、三三州では、外国の旅行者であっても何の質問も受けずに現金で銃を買うことができる。ここでは拳銃から攻撃用ライフルに至るまであらゆる銃器が販売される。この事件後もガンショーは最も身近な銃入手の方法の一つである。ガンショーでは、購入者の身元調査を条件づけていなかったからである。このガンショーの隙間を埋めるために急遽修正を急いだ上院議員らに対し、ＮＲＡは揺さぶり工作を始めた。上院ではうまくいかない場合、下院でその攻撃を行い、修正案は否決された。否決に票を投じた者の中には銃規制に傾きがちな民主党からも四九票もの離反票を得た。

一方で、こうしたＮＲＡの圧力に連邦議会は銃規制には常に及び腰である。銃規制を声高に叫んでいたかのように見えるオバマ大統領は、就任の二年間は民主党が上院、下院と過半数を有していたにもかかわらず、銃規制に関しては何もしなかった。[63] むしろ、他方で、アムトラックの列車内への預かり荷物の中に銃を入れることや、国立公園内に銃を隠し持つことを認める法案に署名するなど、銃保有権を拡大することを認めている。

6 「私たちの命のための行進」（March for Our Lives）

合衆国最高裁は、憲法第二修正が一般市民の銃保有を保障していると宣明し、連邦議会が、ＮＲＡの顔色を伺う議員で過半数が占められ、銃規制に消極的だとすれば、最後は、銃規制に対する世論しかない。その世論もこれまでの調査によれば四〇％は（多いときで五二％が）銃規制は必要ないとしている。これらの情況を追い風に、ＮＲＡは銃保持に関しては思い通りにこの国の方向づけをおこなっている。まさに何の銃規制もできなかったオバマ大統領の

「アメリカの国民がそれを要求しない限り、何も起こらない」[64]というつぶやきは真実をついている。このつぶやきに対しては、国民の要求を先取りし、それを実施するのが政治家ではないかという反論は可能であるが、この指摘は政治的文脈では真実である。そうすると、いったい誰が、どのような方法を掲げて銃規制の声を上げるのかということになる。

この点で、注目すべきは二〇一八年三月二五日の全米で行われた高校生たちによる銃規制要求を掲げる最大規模のデモ行進であった。これはフロリダ州パークランドのマージョリー・ストーンマン・ダグラス高校（Marjory Stoneman Douglas High School）で生徒と職員合わせて一七人が犠牲となった銃乱射事件をきっかけに、同校の生徒らが企画し、実行された。当日の参加者は、ワシントン特別区の八〇万人をはじめ、全米各都市で三千以上の高校などが呼応して行動に参加した。アメリカでの学生主導の抗議行動は、ベトナム戦争以来の大規模なものとなっており、事件を生き延びた高校生らが起こした行動が、米国全土を巻き込み銃規制強化や銃暴力反対世論を喚起することとなった。

この銃規制の集会とデモ行進は、「私たちの命のための行進」（March For Our Lives）と呼ばれ、パークランドでの悲劇を繰り返さないための銃規制の訴えだけでなく、自分たちを銃の犠牲者に二度とさせないとの決意から、銃規制に立ちはだかるＮＲＡから資金を受け取っている議員以外の候補者に改選選挙で投票するよう呼び掛けている。この点について、パークランドの高校乱射事件で生き延びた高校生のディビッド・ホッグ君は、集会でのスピーチで次のように述べた。「われわれはこのデモ行進を投票運動に結びつける。われわれはこのデモ行進をすべての州、すべての市選挙の投票運動に結びつける。政治家がこの気持ちや祈りに何のアクションも起こさないのであれば、私たちは言おう。『もうたくさんだ』（No more）と。そしてＮＲＡに支えられた政治家たち、私たちの子供や私たちの将来を殺戮し続けることを許す者に、言おう、覚悟しておくようにと」[65]。この高校生たちは、犠牲になった友人達のため

「命のための行進」でニューヨークのワシントン広場に集まった高校生たち

に、そして今後こういったことをなくすためにどうしたら良いのかを考え、銃社会を変えようと行動に出た。しかも、このような高校生の行動に対し、様々な人々や団体、企業が資金援助をし、それを支えた。パークランドの高校での銃乱射事件をきっかけとして、これだけの人を動かし、共感を集め、アメリカを本気で変えようとしている。

この高校生たちの運動が、具体的にＮＲＡから資金援助を得ている議員たちの選挙落選運動につながることになれば、アメリカの銃社会に風穴あける大きな意味を持つ可能性があるだろう。

1 *See* Kocsis, Michael, *Gun Ownership and Gun Culture in the United States of America*, 16 ESSAYS PHIL., 154, 162 (2015).

2 ATF Releases 2017 Report on Firearms Commerce in the U.S. https://www.atf.gov/news/pr/atf-releases-2017-report-firearms-commerce-ushttps://www.atf.gov/resource-center/docs/undefined/firearms-commerce-united-states-annual-statistical-update-2017/download visited Jan. 20, 2018.

3 *Id.* 司法省の統計であるhttps://www.justice.gov/doj/statistics-available-department-justice 参照。

4 https://www.thetrace.org/rounds/gun-deaths-increase-2017/ による。 https://www.thetrace.org/features/gun-violence-facts-2017/ が、わかりやすい。

5 Christine Hauser, *Gun Death Rate Rose Again in 2016, C. D. C. Says*, N. Y. TIMES, Nov. 4, 2017. https://www.nytimes.com/2017/11/04/us/gun-death-rates.html

6 丸田隆『銃社会アメリカのディレンマ』(日本評論社、一九九八年)参照。

7 https://www.motherjones.com/politics/2012/12/mass-shootings-mother-jones-full-data/ visited Feb. 28, 2018.

8 当時、憲法の修正条項の重要性は、個人の権利を保障することにあったのではなく、むしろ、州と中央政府が持つべき力の均衡をめぐる大きな議論の一部として捉えられていた(本書第一章参照)。

9 *See* Don Higginbotham, *The Second Amendment in Historical Context*, 16 CONST. COMMENT, 263 (1999); David E. Vandercoy, *The History of the Second Amendment*, 28 VAL. U. L. REV. 1007 (1994) and Robert E. Shalhope, *The Ideological Origins of the Second Amendment*, 69 J. AM. HIST. 3 (1982).

10 統一民兵法(Militia Acts of 1792)は、一七九二年の第二回連邦会議によって制定された。この制定法では、州民兵の組織について規定する一方で、緊急の侵略行為や内乱(imminent invasion or insurrection)が生じたときに州民兵に向けられる合衆国大統領の命令について規定している。一七九四年のウィスキーの反乱(Whiskey Rebellion)において大統領が民兵を召集したのは、この法に基づくものである。

11 *See* Mark Tushnet, *Interpreting the Right to Bear Arms: Gun Regulation and Constitutional Law*, 14 NEW ENG. J. MED. 1424 (2008) and Nathan Kozuskanich, *Originalism, History, and the Second Amendment: What Did Bearing Arms Really Mean to the Founders?* 10 U. PA. J. CONST. L. 413 (2008).

12 一般的に SAUL CORNELL, A WELL-REGULATED MILITIA: THE FOUNDING FATHERS AND THE ORIGIN OF GUN CONTROL IN AMERICA (2006) が参考になる。ほかに Paul Finkelman, *A Well-Regulated Militia: The Founding Fathers and the Origin of Gun Control in. America*, 15 WM. & MARY BILL RTS. J. 1237 (2007) 参照。

13 憲法第二修正条項の原文の英文の構文上（とくに分詞構文）からする同条項の解釈については、Karen Sullivan, *Being-Clauses in Historical Corpora and the U.S. Second Amendment*, 99 ENG. STUD. 325（2018）を参照。

14 銃保有に関する集団的権利論と個人権利論に関する古典的解釈対立についても、Kozuskanich, *supra* note 11 が論じている。

15 第二修正をめぐる解釈論の対立は、アメリカの世論を真二つに分けている。その一方で、この鋭く対立した意見は、結局、銃規制をめぐる具体的事件を通してその判断が裁判所に求められることになる。

16 今日の金額にすれば約二千二二五ドルの税金である。

17 United States v. Lopez, 514 U.S. 549（1995）.

18 *Id.* at 567.

19 Printz v. United States, 521 U.S. 898（1997）.

20 身元調査を違憲とする多数意見は、スカリアのほかに、レーンクイスト、オコナー、ケネディとトーマス裁判官であった。それに対する反対意見はスティーヴンズ、スーター、ギンズバーグとブレイヤー裁判官であった。

21 *Printz*, 521 U.S. at 912.

22 *Id.* at 940.

23 *See* Darrell A.H. Miller, *Guns as SMUT: Defending the Home-Bound Second Amendment*, 109 COLUM. L. REV. 1278（2009）and Michael P. O'Shea, *Modeling the Second Amendment Right to Carry Arms (I): Judicial Tradition and the Scope of "Bearing Arms" for Self-Defense*, 61 AM. U.L. REV. 585（2012）.

24 United States v. Cruikshank, 92 U.S. 542（1876）.

25 *Id.* at 555.

26 *Id.* at 553.

27 *Id.* なお、この事件は、採択されたばかりの合衆国憲法第一四修正によって、第二修正が、州政府に対して適用されるかどうかについて判断された初期の事件の一つであった（この点については本書第一二章参照）。

28 Presser v. Illinois, 116 U.S. 252（1886）.

29 「裁判所による意見」（per curiam opinion）とは、判決意見を執筆した裁判官を明示せずに裁判所全体の意見を示す判決のことである。通常、意見を示さず結論だけを示す場合に使われるが、これに限らない。

30 *Presser*, 116 U.S. at 267.

31 *Id.* at 265.

32 United States v. Miller, 307 U.S. 174（1939）.
33 *Id.* at 178.
34 District of Columbia v. Heller, 554 U.S. 570（2008）.
35 *Id.* at 574-75.
36 *Id.* at 575-76.
37 スカリアのほかにロバーツ、ケネディ、トーマス、アリトーの裁判官が多数派となった。
38 *Id.* at 596.
39 *Id.* at 577.
40 この事件で反対意見に回ったのは、ブレイヤー、スーター、ギンズバーグとスティーヴンズ裁判官であった。
41 *Id.* at 644-46.
42 McDonald v. Chicago, 561 U.S.742（2010）.
43 Oak Park, Ill., Village Code §§ 27-2-1（2007）, 27-1-1（2009）.
44 *McDonald*, 561 U.S. at 742.
45 このアリトーの多数意見にスカリア、ロバーツ、ケネディ、トーマス裁判官らが加わり多数派となった。
46 *Id.* at 911.
47 *Id.* at 913.
48 Caetano v. Massachusetts, 136 S. Ct. 1027（2016）.
49 *Id.* at 1027-28.
50 *Id.* at 1033.
51 Peruta v. California, 137 S. Ct. 1995（2017）, *cert. denied*.
52 *See* Cal. Pen. Code §§ 26150, 26155. サンディエゴ郡は、隠された武器を携帯している場合にはその「正当な理由」の要求していた。
53 Peruta v. County of San Diego, 758 F.Supp.2d 1106, 1109（S.D.Cal.2010）.
54 Peruta v. County of San Diego, 742 F.3d 1144（C.A.9, 2014）.
55 Peruta v. California, 137 S. Ct. 1995（2017）, *certi. denied*, No. 16-894.　Decided June 26, 2017.
56 アメリカ合衆国最高裁判所のホームページ、Supreme Court Procedures より。http://www.uscourts.gov/about-federal-courts/e

ducational-resources/about-educational-outreach/activity-resources/supreme-1 visited June 14, 2017.

57 *Peruta*, 137 S. Ct. at 1997.

58 *Id.* at 1997-8.

59 *Id.* at 1999.

60 一九九八年から二〇〇三年までは、俳優のチャールトン・ヘストンが会長に就任し、この時期に議会活動やメディアを積極的に活用して飛躍的な拡大を達成し、またブッシュ・ジュニア第四三代の大統領当選に大きな貢献をした。

61 ＮＲＡに関する記述は主に以下を参照した。Tim Dickinson, *The NRA vs. America: How the Country's Biggest Gun-rights Group Thwarts Regulation and Helps put Military-grade Weapons in the Hands of Killers*, The NRA vs. America, ROLLING STONE, Jan. 31, 2013.

62 トランプ大統領は、二〇一八年二月一四日に起こったフロリダ州パークランドの高校での銃乱射事件を受けて、教員が武装することを進め、そういう教員には多少なりともボーナスを弾むのはどうかとの提案を行った。*See* Julie Hirschfeld Davis, *Trump Suggests Teachers Get a 'Bit of a Bonus' to Carry Guns*, N. Y. TIMES, Feb. 22, 2018.

63 実際にオバマ大統領は、やろうとすればできたはずの拳銃の所持規制に関する大統領命令（Executive Order on Gun Control）は一通も出さなかった。

64 https://www.rollingstone.com/politics/news/the-nra-vs-america-20130131 *See* Dickinson, *supra* note 61.

65 Lisa Marie Segarra, *Here Are the Most Powerful Speeches from March For Our Lives in Washington*, TIME, March 24, 2018.

第4章 残酷な刑罰と死刑問題

アメリカは、中国、日本と並んで死刑を実施する国の一つである。現在、アメリカ五〇州のうち三〇州で死刑が実施されている。[1] この死刑制度をめぐってはたびたびその違憲性が争われてきたが、その根拠条文は、憲法の第八修正である。第八修正は、「過大な保釈金を要求したり、過重な罰金を科したり、残酷かつ異常な刑罰を科してはならない」と規定し、「過大な保釈金」(excessive bail)、「過重な罰金」(excessive fines)、そして「残酷かつ異常な刑罰」(cruel and unusual punishments) を禁止している。そこで、まず、残酷にして異常な刑罰とは何か、つづいて過重な罰金、さらに過大な保釈金について見ておこう。

1 残酷にして異常な刑罰 (Cruel and Unusual Punishments)

(1) 残酷にして異常な刑罰

合衆国憲法第八修正で規定されている「残酷かつ異常な刑罰」については、多くの州憲法に同様の規定が置かれている。[2] 残酷かつ異常な刑罰の禁止条項は、政府による野蛮で、非人間的な刑罰を禁止するだけでなく、犯した犯罪に対して厳しすぎる罰則を科すことも禁止する。

残酷かつ異常な刑罰の禁止は、一六八九年の英国の権利宣言 (English Declaration of Rights of 1689) に依拠する。[3] そこに規定された「残酷かつ異常な刑罰」の禁止宣言は、議会によって定められていない刑罰の実施を阻止するとされていた。しかし、他方で、権利宣言が出された時代にあっては、かなりひどい（dreadful）刑罰は当然のこととされてきた。例えば、重窃盗罪（grand theft）と同程度の犯罪でも死刑が科された。英国の人権宣言の目的は、野蛮で、拷問を用いた刑罰を不法とすることにあったが、残酷かつ異常な刑罰の禁止規定がアメリカで採用されたのは、英国領の植民地で軽罪の犯罪者でも水中に沈めるなどの容赦のない刑罰が繰り返された現実を、合衆国憲法の起草者たちが知っていたからである。

アメリカ植民地においては、何世紀にもわたって世界中でおこなわれてきた死刑の方法、例えば、磔刑（crucifixion）晒し刑（pillorying）、腹裂刑（disemboweling）、斬首刑（decapitation）、内臓抉り刑（drawing）、四つ裂き刑（quartering）、車裂き刑（breaking on the wheel）、石打ち刑（stoning）、火あぶり刑（burning）、鋸による切断刑（sawing）が残存しており、これらは、残酷にして異常な刑罰として禁止されるべきだというものであった。とくに、一八七八年の Wilkerson v. Utah 事件[4]において、合衆国最高裁判所は、憲法第八修正が定められた後にも存在していた公開解剖（public dissection）や火あぶり刑（burning）を、残酷かつ異常な刑罰に該当すると判断している[5]。

実際的な意味でどのような刑が「残酷かつ異常な」刑罰となるのかについては、最高裁を悩まし続けてきた。それは、一九一〇年の Weems v. United States 事件[6]における最高裁の、「何が残酷かつ異常な刑罰を構成するかは確実には決定されてこなかった[7]」という意見にも端的に表れている。

(2) 「社会の成熟度を示す品性という発展的な基準」テスト（Evolving Standards of Decency Test）——Trop v. Dulles（1958）事件[8]

何を基準として特定の刑罰を「残酷かつ異常な刑罰」とするかについて、合衆国最高裁が提起したのは、「社会の成熟度を示す品性という発展的な基準」テストである。このテストは、一九五八年の Trop v. Dulles 事件において示された。

原告のトロップ（Trop）はアメリカの市民であるが、フランス領モロッコに合衆国陸軍の隊員として出動中に脱走を図り、軍事裁判において有罪とされた。彼の帰国後、何年か後になって合衆国政府にパスポートの発給を求めたところ、戦時脱走罪の有罪と不名誉除隊を理由として拒否された。一九四〇年の国籍法（Nationality Act of 1940）によれば、任務中に兵役を放棄した場合には、合衆国の市民権は自動的に失われるものとしていた。

最高裁の判断は、五対四に割れたが、多数意見を執筆したアール・ウォーレン（Earl Warren）最高裁首席裁判官は、憲法第八修正が一六八九年の英国の権利宣言やマグナ・カルタまで遡る法的原則が直接用いられたものであるとした。そして、ウォーレンはつぎのように述べた。

「第八修正の基礎をなしている基本的概念は、人間の尊厳（dignity of man）以外の何物でもない。州が刑罰を行う権限を有すると共に、この修正条項は刑罰権が文明的な基準の範囲内で行使されることを保障するため存在している。……当裁判所には第八修正に正確な内容を与える機会がほとんどなかった、そして、我々のような進んだ民主主義において、これは驚くべきことではない。しかし、最高裁が、（Weems 判決を引用して）公文書を偽造したという犯罪のために足枷をはめられた上で、過酷で苦痛を伴う強制労働を一二年間にわたって科す刑罰に直面したとき、当裁判所はそのような刑罰がその過剰さにおいて残酷で、その性質上、異常であると宣言することに躊躇しなかった。この事件で当裁判所は、第八修正の文言が明確でなく、またその範囲が定まっていないと認識している。しかし、この修正条項は、成熟している社会の発展を示す品性という発展的な基準（evolving standards of decency that mark the progress of a maturing society）に照らしてその意味を引き出さなければならない」[9]と述べた。

その上で、最高裁は、合衆国市民が生まれながら有する市民権のはく奪刑が、「拷問よりも原始的な」刑罰であるとし、犯した犯罪に対する処罰としては明白に第八修正に反しており、違憲であるとした。[10]

他方、反対意見を示した四人の裁判官を代表してフランクファータ裁判官は、そもそも軍隊からの脱走自体が死刑相当の罪であるとし、多数意見の用いた憲法的弁証法（constitutional dialectic）は、市民権の喪失のほうが死刑よりもひどい罰であると真剣に主張するような中味のないものであると批判した。[11]

この多数意見の示した「社会の成熟度を示す品性という発展的な基準」テストを適用した場合、この基準に照らし死刑そのものが、「残酷かつ異常な刑罰」になるのかがその後問われることになる。[12]

2　死刑と「残酷にして異常な刑罰」

死刑の合憲性をめぐる議論は、第八修正の「残酷かつ異常な刑罰」条項の抽象性や曖昧性に起因する。憲法制定会議における議論でもこの条項については、さして深い議論がなされたわけではなかった。[13]この条項の議論の際には、四肢を切断するような刑が残酷かつ異常な刑に該当するとの確認はあったが、この条項が量刑の程度や拘留期間の長さに関する規定だとの認識が持たれたにとどまり、この条項と死刑そのものとの関係については憲法制定会議においてテーマとして議論されたわけではなかった。そのために、その後、合衆国最高裁もこの条項の死刑罪への適用については明言せず、死刑が刑罰制度として維持される余地を残した。

(1)　死刑の方法

アメリカにおける死刑の執行方法は、時代の進展とともに変化してきている。植民地期に行われていた絞首刑や斬首を独立後も死刑の方法として維持した州もあったが、それが、銃殺、電気椅子、ガス室、注射による処刑へと置き代えられてきた。

死刑の執行方法について第八修正の「残酷にして異常な刑罰」を理由とする違憲訴訟において、最高裁は銃殺による公開処刑、電気椅子及び注射による処刑に関してはいずれも合憲であるとしてきた。しかし、絞首刑とガス室に関する判断はない。なお、ガス室は一九二〇年代から処刑方法として存在したが、一九九九年にアリゾナ州において執行されたのがガス室による処刑の最後であった。[14]

(2)　公開の銃殺刑

死刑の執行方法について最初に争われたのは、一八七八年のWilkerson v. Utah事件[15]である。原告のウィルカーソンは第一級謀殺罪で有罪とされた。当時のユタ領地では、銃殺執行隊による銃殺のほかに、絞首刑、斬首刑が死刑の方法としてあり、死刑宣告を受けた者はそのいずれかを選択することができた。[16]ウィルカーソンは処刑方法の選択をしなかったので、ユタ領地裁判所は公開での銃殺刑にすることを決めた。植民地期や独立して間もないころは公開処刑は問題だとは考えられていなかった。彼は、一般公開の銃殺刑は不必要な苦痛を彼に対して与えるものだとして、第八修正を根拠に原審決定の無効確認を求めて提訴した。

合衆国最高裁のクリフォード（Nathan Clifford）裁判官は、原審の公開銃殺刑の決定を支持した。クリフォードは、「残酷かつ異常な刑罰が与えられてはならないと規定する憲法条項の範囲を確定する努力には困難さを伴う。しかし、言及されているように拷問や不必要な虐待と同じ性質の他のすべての刑罰が憲法の修正条項によって禁止されていることは確認できる」とした。[17]しかし、最高裁は、銃殺執行隊による銃殺が反逆罪や軍事犯に対する刑の執行方法として日常的に使われてきたとし、絞首刑以外の他の刑罰も、時にはコモンロー上で使用されてきたことや、刑の執行に恐怖心や苦痛、あるいは恥辱のような他の情況がさらに加えられていたことからも公開の銃殺刑が第八修正に反せず、また死刑も憲法に反しないとした。

(3) 電気椅子による処刑

他方、電気椅子を使った処刑（electrocution）の違憲性について最初に争われたのは、一八八〇年の *In re* Kemmler 事件[18]である。この事件において最高裁は、それが第八修正に反するという申立てに対し、死刑のための電気椅子の使用は可能であるとした。この事件の被告人のケムラーはニューヨーク州で死刑を宣告され、州法の定める電気椅子による処刑執行が決定されていた。彼は、電気椅子による処刑は第八修正のもとの残酷かつ異常な刑罰に該当するものであり。また第八修正が第一四修正によって州に対して組み込まれ、適用されると主張した。

最高裁は、まず「刑罰が、拷問あるいは死亡を長引かせる（lingering death）ような場合、それらは残酷である」ことを強調した。それと同時に「電気椅子による死刑は、憲法で使われているその用語の意味の範囲内においても残酷でない」とした。他方で、「残酷な」（cruel）の言葉の意味するところは、「非人間的で野蛮なものであり、生命のたんなる消滅を超える何か」を意味するとした[19]。最高裁はまた、「電気椅子による処刑を採用した州制定法は、そのような結論に至るまでにより人道的な処刑方法を考案する努力の中で可決されたものである」という理由を示して、ニューヨーク州憲法では第八修正条項と同じ規定を有し、また州裁判所が電気椅子による処刑を州憲法のもとで残酷かつ異常な刑罰に該当しないと判決している点に注意した。最高裁は、その判決は「明らかに公正だろう」とした。なお、最高裁は、第八修正の州への編入、つまり州への適用については認めなかった。

電気椅子による処刑については、さらに一九四七年に Louisiana ex rel. Francis v. Resweber 事件[20]において再度提起された。この事案は、電気椅子による処刑が失敗し、再度やり直すことの可否についての事例である。ウィリー・フランシス（Willie Francis）は一六歳の黒人の少年であるが、ルイジアナ州において謀殺罪で有罪判決を受け、電気椅子による死刑を宣告された。死刑執行日に、フランシスは椅子に拘束ベルトで身体を固定され、死刑執行人がスイッチを入れたところ、電流はフランシスの体を通過したものの、彼を死亡させるには不十分なものであり、彼は死亡しなかった。一方、フランシスは電気椅子の調子が悪かったとの説明を受けたが、もうすでに電気椅子による処刑は執行されたと主張して、二回目の執行に異議を唱えた。フランシスは、二回目の死刑が執行されるならばそれは第五修正が、「何人も、同一の犯罪について、重ねて生命または身体の危険にさらされることはない」とする二重の危険防止（double jeopardy）条項に違反すると主張した。つまり、すでに刑は一回執行されたのであり、処刑を二回行うことは「重ねて生命または身体の危険」に曝すことになる。またフランシスは、刑罰は犯罪に見合ったものでなければならず、二度目の処刑は第八修正の「残酷かつ異常な刑罰」に該当するとの主張を行い、加えて、憲法第一四修正に反すると主張した。第一四修正は、すべての市民に法の下の平等な取り扱いを定めており、それゆえフランシスは二度も処刑されることで平等な扱いを受けていない、というものであった。

　最高裁では、五対四に分かれた多数意見をスタンリー・リード（Stanley Reed）裁判官が執筆した。リードは、フランシスに対する死刑執行を再実施することが二重の危険防止（double jeopardy）または残酷かつ異常な刑罰をするものではないと判決した。リードは、二重の危険について「同じ政府が二回も被告人を同じ犯罪を理由として処罰するということは受け入れることができない。しかし、被告人自身が有罪決定について再審を求めている場合、再審には二重の危険防止が起こらない。有罪決定後、州が誤判を理由として再審をおこなう場合も、被告人は二度目の審理を受けることになるが、それは合衆国憲法によって禁じられている被告人に対する苦難というようなものではない[21]」とした。その理由として、「法の瑕疵のために州からの要請によっておこなわれた再審の結果として死刑が選択された再審の場合と、装置の故障のために再度おこなう処刑とには違いはない」ことを挙げた。そしてリードは、装置の故障はなんら問題ないとして、「悪意性のない事故を原因として判決の執行が妨げられた場合、引き続いておこなう刑の執行に関する手順については憲法第一四修正の法の適正手続きによる影響を受けることはない。当裁判所は、求められた刑の執行に当たって合衆国憲法上の法の適正手続きの否定となる二重の危険防止の問題はここでは存在しないと考える」[22]とした。

残酷な刑罰であるとの主張に対して、リードは、処刑の不手際による苦痛と二回目の執行に直面する耐え難い精神的な圧迫感による苦痛が、理不尽に苦痛を与えるためではなく、思いがけない、また不運な事故によるものである、とした。リードは、「フランシスが電流をすでに受けたという事実があるからといって、ほかの別な刑よりも彼に対する二度目の執行のほうが憲法的な意味においてより残酷であるということにはならない。憲法が保護しようとしているのは刑罰の執行方法に固有な残虐性のことであって、人道的に生命を消すために使用される方法から必然的に生じる苦痛についてではない。予測できない事故によって判決の迅速な執行が妨げられたという事実は、当裁判所からすると、引き続きおこなわれる処刑に対して残虐性の要素をつけ加えるものではない。提案された処刑には何らの不必要な苦痛を負わせる意図もないし、不必要な苦痛を伴うものでもない」[23]と、装置の故障は法の正当手続きの問題を提起せず、これは死刑執行の不必要な苦痛を理不尽に与えることではなく、また第八修正の残虐性は、執行方法の残虐性に関連するのであって合法的な死刑判決に伴う実際の苦痛の一部についてではない、とした。

これに対する四名の反対意見はバートン（Harold Burton）裁判官が示した。バートンは、いったいどれだけの明白にして意図的な電流を再度流せば、残酷かつ異常で、憲法に反する刑罰となるのか、と問いかけた。[24]バートンによれば、一回よりも五回の執行が、より残酷かつ異常なものとされるだろうが、本件の特徴は、二回にわたる執行が十分に憲法上禁止された「残酷で異常な」ものであることを十分に証明していることである。したがって五回の試みが「残酷で異常」であるならば、二回、三回、四回と五回の間で線引きをおこなうことは困難であるが、制定法によって定められている一回の刑の執行と、新たな別の電流の放電との間に線を引くことは困難ではない、とした。

結局、この最高裁の多数意見に基づいてフランシスに対し、翌年二度目の電気椅子による処刑が執行された。[25]

電気椅子による死刑執行に関しては、二〇〇一年にジョージア州が、[26]二〇〇八年にネブラスカ州が、それぞれの州最高裁において、電気椅子による処刑は州憲法が禁止する「残酷にして異常な刑罰」に該当するとして、違憲とされた。そのため両州では電気椅子による処刑を廃止した。その後、電気椅子による処刑を残しているのは、アラバマ、アーカンソー、フロリダ、ケンタッキー、ミシシッピー、オクラホマ、サウスキャロライナ、テネシー、とヴァージニアの九州である。しかし、このいずれの州においても、電気椅子よりも致死量の薬物の注射による死刑執行を優先するとしている。

(4) 薬物注射による死刑執行

致死量の注射による死刑執行は、死刑制度を有する州では優先的な執行方法となっている。この致死量による注射にどのような薬物を、どのような配合で使用しているかについては各州で公表されているわけではない。しかし、注射による死刑執行の違憲性を争う訴訟を通じて共通して使用されている薬物の内容が明らかになってきた。[27]注射による死刑執行の方法は、まず死刑囚を昏睡状態にするために鎮静と催眠効果を有するチオペンタールナトリウム(sodium thiopental、チオペンタールとして知られる)を静脈注射によって注入し、昏睡状態に入った段階で、呼吸停止のための長時間作用型の筋弛緩薬である臭化パンクロニウム(pancuronium bromide)の注入をおこない、続いて神経及び肉体の感覚や反射消失を伴う横紋筋の弛緩性麻痺や呼吸麻痺によって絶命させる塩化カリウム(potassium chloride)の注入がおこなわれる。とくにこの第二段階と第三段階の薬物は、完全な昏睡状態に入る前に注入された場合、激しい苦痛を伴う。そのため、死刑囚が昏睡状態に入っているかどうかの見極めが苦痛を緩和するためにも必要とされている。

この注射による死刑執行について違憲訴訟が起こされたのが、二〇〇八年の Baze v. Rees 事件[28]である。原告は、ケンタッキー州で二件の殺人罪で有罪判決を受け、死刑を宣告された死刑囚である。ケンタッキー州では、致死量の注射によって死刑執行をおこなう。ケンタッキー州の致死量の注射に関する議定書（プロトコール）では、三種類の薬物の使用を必要としている。第一薬は、死刑囚を意識不明にし、第二薬は無意識の筋肉運動を妨げ、呼吸を停止させるために投与される。第三薬は、心停止を誘発するものである。原告は同州で使用されている致死量の注射に関する議定書が誤って準拠・運用される可能性があり、しかもこれにより死刑囚に重大な苦痛を結果として生じさせる危険があるとして、同州の死刑執行議定書が第八修正条項に違反して残酷かつ異常な刑罰を科するものであると州地裁に提訴した。原告は、同州の薬物議定書による致死量注射方法でなくとも代替的な方式があることを提示した。しかしこの方法は他州では使用または採用されていなかった。そのことからケンタッキー州最高裁は、致死量の注射のためのケンタッキー議定書が第八修正条項に違反しないと決定した。

事件はサーシオレイライによって最高裁に送られた。ケンタッキー州の致死量に関する注射方式は第八修正に違反しないとする七対二の多数意見は、ジョン・G・ロバーツ（John G. Roberts）首席裁判官が執筆した。ロバーツは、注射による処刑が適正に執行されるときには「より人道的」（more humane）となることに、原告自身が同意していること、さらに、薬の誤った投与によって原告に対する残酷かつ異常な刑罰を生じさせることについて、原告は十分な証明をおこなわなかったとした。他方でケンタッキー州が、州の注射方法に代わる優れた手続きがあることを知りながら充分な正当化なく既存の方法を使用し続ける場合は、州が残酷かつ異常な刑罰の禁止に違反することがありうることを示唆した。[29]

これに対するギンズバーグ裁判官の反対意見は、「他州では死刑囚が第二薬及び第三薬の注射を受ける前に十分に意識を失っていることを確認するための基本的なチェック体制が採用されているが、ケンタッキーの議定書では、それが欠如している。私は、ケンタッキーのこれらのチェック体制の不作為によって、原告らにはなはだしく、また不必要な苦痛を負わせているかどうか、また、不都合で直ちに回避できる危険性を有するかどうかについて確認させるために、破棄したうえ原審に差し戻したいと思う」[30]と述べた。
この事件において、スティーヴンズ裁判官は多数意見に賛成しながらも、初めて死刑そのものが第八修正に反するかどうか審理すべきと述べた。[31]しかし、この判決でも執行手段の妥当性とともに、死刑そのものの違憲性の判断については持ち越された。[32]

薬物注射による死刑執行が再び問題となったのは、二〇一五年の Glossip v. Gross 事件[33]である。二〇一四年四月に、オクラホマ州は三種の薬物による致死量の注射手続きによって死刑囚のロケット（Clayton Lockett）を処刑した。ところが、ロケットは彼を意識不明にするはずであった最初の薬物の注入がうまくいかず、覚醒してしまい、次の薬物が注入された後も約四〇分過ぎまで死亡しなかった。これが問題となり、オクラホマ州はこの事件の調査が終了し、薬物の注入がより適正にされることを確信するための薬物使用議定書を採用するまでは、すべての予定していた死刑執行を停止するとした。また、新しい議定書では他の四種類の薬の組合せを認め、その一つはロケットの執行で使用した最初の薬物としてミダゾラム（midazolam）を使用することにした。

これに対して、未決の死刑囚であるチャールズ・ワーナーをはじめとする他の二〇人は、オクラホマ州の新しい議定書に最初の薬物としてロケットの死刑執行で使用したミダゾラムが認められていることは、残酷かつ異常な刑罰を禁止する第八修正に違反すると主張し、州当局者を連邦地裁に告訴した。さらにワーナーらは、オクラホマ州が、次の執行にかかることを阻止するための仮差止め（preliminary injunction）を申し立てた。連邦地裁は、原告らがその請求を基礎づける十分な証拠を提供せず、彼らが問題の薬物の「周知の、そして入手可能な」（known and available）代替物を示していないとして、差止命令を否定した。第一〇巡回区連邦控訴裁もこれを支持した。

最高裁の決定は、五対四に分かれた。多数意見を執筆したサミュエル・アリトー（Samuel Alito）裁判官は、周知の及び入手可能な代替物と比較して、執行議定書に定められた最初の薬物のミダゾラムの使用が激痛を引き起こす相当な危険性があるため第八修正に違反するとするには証拠が不十分であるとした。彼は、「当裁判所が地裁の判断を覆すためには、原告が地裁での事実認定が明らかに誤りだったということを証明しなければならない。この事件では、地裁は、医学的証言に基づいて、とくに州が執行の過程で課した確認手続きに照らしてミダゾラムの使用が相当な激痛の危険性を生じさせなかったと判断している」。その上で、「死刑が合憲であるとされてきており、また若干の苦痛を伴う危険性は死刑執行に固有のものであることからすれば、第八修正は死刑執行方法にそのような苦痛がまったく伴わないことまで求めていない。死刑執行方法に関する第八修正に基づく主張を成功裏におこなうために原告は苦痛の危険性が著しく低いことを提示できる合理的な代替物を提示しなければならない。しかしそれは示されなかった」と述べた。[34]

スカリア裁判官は、その同調意見において、明らかにブライヤー（Breyer）とギンズバーグ裁判官の強力な少数意見を意識した上で、憲法は明示的に死刑を期待していたのであるから死刑は憲法違反ではない、とした。「合衆国の歴史を通して、この裁判所はかつて一度だって死刑がはっきりと容認できないものである、と述べたことはない。理由は簡単である。憲法がはっきりと意図しているものについて違憲だと判断することは不可能なのである」。さらにスカリアは、いくつかの調査を引用して、死刑のほうが刑務所における隔離に比べてより犯罪抑止力があると述べた。「われわれ連邦裁判官は大多数のアメリカ人から離れた世界に住んでいる。仕事が終わると、われわれは穏やかな郊外の自宅か、入口に守衛のいる高層のアパートに帰る。われわれは、多くのアメリカ人が日常生活で遭遇する暴力の脅威には直面しない。死刑による抑止効果が重要とは思えないという示唆は、他の必要とする人たちに対して、『どうでもいいじゃない』（let-them-eat-cake）的な態度を明らかに反映するものと思う」とした。[35]この意見にトーマス裁判官が同調した。

ブライヤー裁判官の長文の反対意見は、社会的、法的基準からすれば死刑はもはや合憲ではないとするものであった。ブライヤーは、死刑を科されたものの実際に無実だった比率が不相応に高いことをあらわす調査を示した。[36] 加えて、研究によれば、犯罪のひどさ以外の、被告人と犠牲者の人種や性、犯罪の場所及び政治的圧力のような要因が、死刑量刑に影響しており、そのような刑罰における恣意性が憲法に反する結果となっている、とした。さらに、死刑の執行を待たされている死刑囚に対する心理的圧迫についても述べた。つまり刑罰の宣告と実際の執行の間には、しばしば長い遅延が生じ、もし執行されない場合は、それはそれ自体が残酷であり、刑罰を犯罪の抑止と懲罰という科刑の目的から分離することになる。ブライヤーは、今日、各国が死刑から一貫して遠ざかっており、そのため死刑執行は第八修正が言う、「異常」な事態になっているという。[37] このブライヤーの反対意見にギンズバーグ裁判官が加わった。

別な反対意見を述べたソトマヨール（Sonia Sotomayor）裁判官は、地裁がミダゾラムの使用によって相当な激痛を起こす危険性はないとしたことにまず誤りがあるとした。ソトマヨールは、科学的な証拠によれば、ミダゾラムが無意識を誘発する一方で、それが残りの混合剤の注入までに無意識状態を維持するには十分でないことは明らかだとした。原告は、この事件で相当な激痛が実際に生じること、州のチェック体制ではその危険を適切に軽減できないことを十分に証明したので、ミダゾラムの使用は第八修正条項の禁ずる残酷かつ異常な刑罰に反しているとした。[38] またソトマヨールは、刑執行の容赦のない方法については代替物の提示がないからといって合憲とされるものではないから、第八修正に基づく救済を得るために原告が合理的な代替物を提示する必要性はないとした。この少数意見には、ブライヤーのほか、ギンズバーグ及びケーガン裁判官が加わった。

この最高裁判決の後、オクラホマ州はチャールズ・ワーナーに対する致死量の薬物注射による死刑を執行した。

(5) 死刑制度が違憲となる場合があると初めてされた事例 ――Furman v. Georgia（1972）事件[39]

死刑制度そのものの違憲性に関して合衆国最高裁が直面した重大な事件は、一九七二年の Furman v. Georgia 事件であった。ファーマンは明け方に窃盗目的で私人宅に忍び込み家人を射殺した。ファーマンは銃の発射は意図的なものではなく偶発的なものであったと主張した。しかし、ジョージア州地裁はファーマンに死刑を宣告した。この事件のほかに強盗で私人宅に入ったところで、家人をはさみで脅して強姦した罪で死刑を宣告されたテキサス州の被告人 Jackson の事件と、カリフォルニア州で、強姦罪で死刑を宣告された被告人 Branch の三件の事件が併合して最高裁で審理された。これら三人の被告人はいずれもアフリカ系アメリカ人であった。

最高裁は、「裁判所による意見」（per curium opinion）で、強姦罪で死刑を宣告された二人の他の被告人とともにファーマンの死刑判決をくつがえし、恣意的に死刑量刑をすることは第八修正により禁止されるとした。しかし、判決は、全裁判官の意見としながらも、実際には、恣意的な死刑量刑については、五対四に分かれた。多数意見のうち三人の裁判官は、第八修正の目的は、恣意的でしかも過酷な性質の刑罰（arbitrary and discriminatory penalties of a severe nature）を禁止することであるとした。問題となったジョージア州法がアフリカ系アメリカ人と貧困層に対して差別的に「気まぐれで、予期しがたい方法」で（random and unpredictable manner）死刑としたとの意見に同意した。他の二人の裁判官は、死刑自体が憲法に反した残酷かつ異常な刑罰に該当するとした。多数意見は、同州に対して罰則が科される量刑基準を裁判官と陪審に提示するために州法を改正することを求めた。

スチュワート、ホワイトとダグラス裁判官は、現行法のもとで科された本件死刑宣告には明らかな恣意性があり、それがアフリカ系アメリカ人の被告人らに対する人種的偏見によるものであることに懸念を表明した。スチュワートは、つぎのように述べた。「死刑宣告は、雷光に打たれることが残酷かつ異常であるのと同様に残酷かつ異常である。

というのも、一九六七年と一九六八年に強姦と殺人で有罪判決を受けたすべての者のうち、……原告らは気まぐれに選択され死刑判決を科された者である。私の意見に同調する他の裁判官も、もし彼らに対して死刑宣告が選択されたことの根拠が示されるならば、それは憲法上許容できない人種に基づいたものであったということを認めざるを得ないであろう[40]」。

ブレナン裁判官は、同調意見で「残虐で異常な刑罰」の意義について、トロップ判決を踏まえ、第八修正に言う「残虐」で「異常な」刑罰は、「社会の成熟度を示す品性という発展的な基準（evolving standards of decency）からその意味を引き出されなければならない[41]」とした。また同条の基本概念は「人間の尊厳」（human dignity）と捉えられることから、刑罰がこの「人間の尊厳」に適合しない場合は「残虐で異常な刑罰」として憲法上禁止されるとした。その上でブレナンは死刑が人間の尊厳に適合するか否かを決定する四つの原則を示した。第一の原則は、「刑罰はその厳しさによって人間としての尊厳性を貶めては（degrading to human dignity）ならない」という点である[42]。第二の原則は、「まったく恣意的な方法（wholly arbitrary fashion）で行われる刑罰も厳格な刑罰になる」。この原則は、州が他の者には負わせない厳罰（severe punishment）を、理由もなくある一部の者に負わせるときに生じる。実際に、「残酷かつ異常な刑罰」というまさにその用語は、厳罰を恣意的に科すことに対する非難を意味する。第三の原則は、「厳罰は現代社会において容認されるものでなくてはならない」ということである。それゆえ社会がそのような刑罰を拒否する場合は、厳罰が人間としての尊厳にふさわしくないという強い徴候を示すことになる。第四の原則は、「厳罰は過剰であってはならない」ということである。それが無意味な苦痛を与えること以外の何物でもないときには、州が厳罰を科すことは不必要であり、人間としての尊厳にふさわしくないということである。つまり、ある犯罪に対して刑罰の目的を達成するために十分で、明らかに、より厳しくない刑罰が存在する場合、それを選択せずに厳しいほうを科すような厳罰は不必要で、したがって過剰となる。

ブレナン裁判官は、本件判決はこの四つの原則の各々の意味の「累積的な」(cumulative) 分析を含まねばならないとした。そのうえで、これらの死刑判決が人種を理由とする恣意的なものであり、本件被告人らと、これまでの死刑適用者の数を比較すると、ジョージア州の死刑執行は専断的、恣意的になされている一方で「刑の厳罰化は社会全体に明らかに、かつ完全に拒絶されている」し、「厳罰は明らかに不必要 (patently unnecessary) である」と述べた。[43]

本判決で死刑自体を第八修正に反する刑罰であるとはっきりと示したのは、ブレナンとマーシャル裁判官であった。両裁判官は、死刑がそれ自体「残酷かつ異常な刑罰」であると結論づけ、現代社会の常識の進化している基準に照らして受け入れられない (unacceptable) と結論した。

他方、バーガー首席裁判官とブラックマン、パウエル、レンキストの四人の裁判官はこれに対する反対意見を示している。[44] 彼らは、死刑は、当時、四〇州の州制定法で規定されていることから、このような刑罰法規に逆らった判断をするのは、いわゆる「常識の進化している基準」に合致するものではない、と主張した。バーガーは、憲法起草者は、この憲法条項では拷問による刑罰と同様に、法に定められていない刑罰だけを禁止するにすぎないと考えたのである、とした。[45]

このファーマン判決では、死刑がそれ自体 (per se) で憲法第八修正に反して違憲な刑罰であると判断されたわけではない。死刑制度を有している各州は、最高裁のこのファーマン判決に沿って、恣意的で人種差別のないように州の死刑量刑に関する制定法の修正を相次いでおこなった。この判決によりファーマン事件では死刑を一時的に停止した。つぎの問題は、ファーマン判決に沿って州制定法の修正をおこなうと死刑そのものは合憲となるのかということであった。

(6)　死刑は合憲な制度であるとする判決
――Gregg v. Georgia, 428 U.S. 153 (1976)[46] 事件

ファーマン判決の四年後のグレッグ判決において、合衆国最高裁は、七対二の判決で、死刑そのものは当然に憲法第八修正の「残虐で異常な刑罰」に反するものではないとの判断を示すに至った。この事件で、グレッグ（Gregg）らはヒッチハイク中に同乗させてくれた運転者二名を殺害し、金品を奪った上で死体を側溝に投げ捨てた。グレッグらは、ジョージア州法により武装強盗（armed robbery）と謀殺（murder）の罪で訴追された。陪審は、双方の犯罪で有罪と評決し、その同じ陪審が量刑判断を行い、死刑を科すことを決めた。

グレッグは、死刑判決が憲法第八修正の「残酷かつ異常な」刑罰であり、第一四修正にも違反すると主張した。グレッグの事件より前に、ジョージア州議会では、死刑が「恣意的で気まぐれ」（arbitrary and capricious）に科されているとしてそのようにして決められた死刑が憲法に違反するとした合衆国最高裁のファーマン判決を受けて、死刑量刑の際に陪審が特定の加重的要因（specific aggravating factors）の存在を認定できるように死刑に関する州法を修正していた。つまり、死刑を正当化できるように量刑の際に一四点の刑の「加重的事由」（aggravating circumstances）を定めたため、陪審は合理的疑いを越えてそのような加重的事由を考慮して評決しなければならなかった。同時に被告人は、加重的事由を克服するための刑の「軽減的事由」（mitigating circumstances）を陪審に示す機会が与えられた。これらは、被告人の年齢、警察の捜査に対する協力や犯行時の被告人の感情的な状態を含むものであった。また修正された州法では陪審が有罪か無罪かの決定を最初におこない、重罪で有罪とされた場合には、その同じ陪審が量刑審理をおこなうという二段階の審理過程を確立していた。

ジョージア州最高裁は、もし陪審が死刑の選択を余儀なくされていたのであれば、その決定は見直されねばならないとした。その決定には、陪審の感情や偏見が影響したかどうか、加重的事由の証拠が充分だったかどうか、そして

罰則が類似した他の事件や他の被告人と比較して不釣合いであるか、または過剰でなかったかどうか考慮しなければならなかった。検討した結果、ジョージア州最高裁は、武装強盗に対する死刑を取り消した上で、謀殺罪についての死刑を維持した。

被告人らは、謀殺罪に対する死刑宣告は、憲法第八修正の「残虐で異常な刑罰」に違反していると主張し、合衆国最高裁に上告した。最高裁は、七対二の多数意見においてジョージア州最高裁の決定を支持した。多数意見を示したスチュワート（Stewart）裁判官は、ファーマン判決を再検討し、二人の裁判官（ブレナンとマーシャル）だけが死刑に対して絶対的反対の立場をとったことに注意した。そのうえで、最高裁は、死刑が本質的に残酷かつ異常な刑罰ではない、と宣言した。

スチュワートは、合衆国の世論が死刑を支持しているとした。議会にもそのような世論から離れて死刑に関する制定法を修正しようとの急激な動きもないとした。スチュワートはまずファーマン判決で提起された課題を検討した。「謀殺罪に対する死刑の科刑は、長い歴史の中で合衆国とイングランド双方において受け入れられてきた。第八修正が批准された当時、死刑はどの州においても共通の刑罰であった」[47]。スチュワートは、「死刑に関する道徳的合意と犯した犯罪に対する制裁としてのその社会的有用性を評価する州議会の権限に対する敬意とともに、連邦制のことを考慮するならば、……謀殺に対する罰則として死刑を科すことは正当化できないものではなく、違憲というほどに厳しいものではないと結論づけることを当裁判所は求める」[48]とし、死刑は違憲な制度ではないと明言した。またその理由として、「疑うまでもなく、刑罰としての死刑は、その厳しさや刑罰の行使を取り消せない点で独特である。被告人の生命が問題となっているときに、裁判所はあらゆる保護的処置が遵守されることに特に敏感であった。しかし、ここでは謀殺罪のために死刑の科刑だけを考慮しているのであり、犯罪者によってある者の生命が故意に奪われるとき、われわれはその刑罰が犯罪に対して常に不釣り合いであると言うことはできない。それは極度の制裁であり、最も極度の犯罪に適している」[49]とした。
　スチュワートは、ジョージア州の制定法の基本的枠組みについて、ジョージア州の新しい死刑に関する制定法が、有罪・無罪の事実審理過程と量刑審理が別々に決定されるように分岐された審理機会を与えており、量刑にあたっても、「特定事件における死刑量刑が不釣合いなものでないことを確保するために、同じような状況におかれた被告人に科される量刑」[50]と個別量刑を比較する「特定の陪審による認定」が与えられているとした。さらに同法の量刑陪審は、いくつかの緩和的あるいは悪化的要因（aggravating or mitigating circumstances）を慎重に考慮しており、第八修正に関する厳格な審査要請にかなっている、とジョージア州の死刑量刑方式を全面的にほめたたえ、ジョージア州の死刑制定法のフームワークが合憲であるとした。
　他方、ブレナン裁判官とマーシャル裁判官は、ファーマン判決のときと同じように、州が犯罪者を死刑に処する時は過ぎ去ったと主張し、再び死刑制度に反対意見を示した。ブレナンは、「個人の尊厳が最高の価値であるとする社会が、根本的矛盾なしに社会の一部のメンバーを故意に死に至らしめる慣行を続けることができるのかどうかについてこの国は議論してきた」[51]とし、死刑にまつわる道徳性の問題を提起した。ブレナンは、社会の進歩と今日の道徳的価値からは死刑を正当化できないとし、憲法第八修正は、明確に異常で残酷な刑罰を禁止しているとした。マーシャル裁判官も死刑は過剰であるとして、第八修正の解釈に関してブレナンの考えを支持した。マーシャルは、ファーマン判決で自分がくり返し示した死刑判断に関する適切な情報が伝えられるならば、世論は「道徳的に受け入れられない」として死刑を拒絶するだろう、と述べた。[52]
　この合憲とされた州制定法と最高裁のグレッグ判決によってジョージア州では死刑執行が一九七七年に再開された。

(7) グレッグ判決以降の死刑を巡る最高裁判決

他方で、最高裁は、グレッグ判決と同じ年の一九七六年にWoodson v. North Carolina（1976）事件[53]で、ノースカロライナ州が陪審に対して量刑上の選択の余地を与えないまま死刑量刑をおこなわせているとして同州の制定法を第八修正に反して違憲だと判断した。

その翌年一九七七年には、死刑が実行された犯罪と釣り合う刑罰かどうかが問題とされている。最高裁は一九七七年のCoker v. Georgia事件[54]において、強姦罪に対する刑罰としての死刑が、「成人女性の強姦罪に対しては不釣り合いな処罰（disproportionate penalty）である」と述べ[55]、被害者の死亡が生じていない犯罪に対して死刑は不釣合となるとした。この事件の判決は、五〇州のうちジョージア州とフロリダ州だけがこのような不釣合いな刑罰を認めていたという事実に基づいて判断された。またジョージア州の陪審が強姦罪で有罪者に死刑を科すことに躊躇する傾向があるという点にも関心が向けられた。これに対しパウエル裁判官とバーガー首席裁判官の反対意見は、多数意見が「犠牲者とその愛した者に科された重大な苦痛をあまりに小さく捕らえている」[56]と反論した。

陪審が死刑量刑に当たって考慮すべきとされている、「加重的要因」（aggravating circumstances）[57]については、その制定法上の文言が適切なものかどうかについて、最高裁は一九八〇年のGodfrey v. Georgia事件で判断をおこなっている。ゴドフリーとその妻は何度かの口論をくり返していた。ゴドフリーが大量のビールを飲んだ後、ナイフで妻を脅し始め、その服を切り裂くなどしたため、妻は娘を連れて家を出て自分の母と同居を始めた。ゴドフリーは妻に戻るように電話で説得したが、妻は拒否した。妻は、ゴドフリーの暴行から身を守るための令状を得て、同時に離婚を申請した。最後に電話で会話した後、ゴドフリーはショットガンを携帯して母方まで赴き、妻とその母を殺害し、娘を銃の床尾で殴打した。彼は犯行後、保安官に電話をし、すべてを警察署で語った。彼は起訴され、公判で一時的な心神喪失（temporary insanity）を理由として無罪を主張したものの、二人の殺人と娘への暴行について有罪判決を受けた。事実審裁判官は、陪審への説示で、殺人で有罪判決を受けた者に対する量刑について、犯罪が「犠牲者に対する手ひどい暴行を含んだという点で、凶暴で恐ろしく悪質か、恐怖感があるか、または非人間的」[58]であることが「合理的な疑いを超えて」(beyond a reasonable doubt) 認定された場合に、死刑宣告をすることができる、とするジョージア州法について説明した。この制定法は犯罪の加重的要因を陪審に考慮させる法規として知られていた。評議の後、陪審はゴドフリーに死刑を宣告した。ゴドフリーは、裁判所の説示によって陪審に与えられた当該制定法の規定は概括的すぎるため、陪審がその解釈の際に恣意的判断によって彼に死刑宣告をしたとして、死刑宣言の取り消しをジョージア州最高裁に求めた。しかし、州最高裁は、陪審による制定法上の加重的要因に関する認定は証拠によって支えられており、恣意的なものではなかったとし、原判決を支持した。合衆国最高裁が、サーシオレイライを認め州最高裁の判断について審理することになった。

六対三の最高裁判決は、ジョージア州法が漠然としているために憲法に反している (unconstitutionally vague) とした。多数意見はスチュワート (Potter Stewart) 裁判官が執筆した。スチュワートは、ジョージア州法が死刑に適格な事件とそうでない事件とを適正に区別するものではないとした。また、ゴドフリーの犯罪が州法に記載されている法的要素を含んでいたという証拠も示されていないとした。[59] マーシャル (Thurgood Marshall) 裁判官は、同州法が憲法に違反しているというだけでなく、死刑刑罰の量刑のためには、もっと制限的な刑罰の宣告指針が必要であるとする同調意見を書いた。マーシャルはまた、死刑そのものが憲法第八修正と第一四修正に反するとし、この意見にはブレナン裁判官が加わった。

反対意見を書いたバーガー首席裁判官は、多数意見の決定では死刑量刑はケースバイケース (case-by-case basis) によって決められてしまうこととなり、それは現在のジョージア州法より恣意的なものになると主張した。[60] 他方、ホワイト裁判官もその反対意見で、ジョージア州最高裁が、「責任をもって、一貫して州法を解釈している」場合には、同裁判所の決定を合衆国最高裁が妨げるべきではないとして、ジョージア州法は死刑量刑が犯罪に不相応でないことを確保するために十分に厳しい要件を規定しているとした[61]。

この死刑量刑のための加重的要因については、一九八八年に最高裁が、Maynard v. Cartwright事件[62]で、殺人事件における「特に非常に悪質か、極悪であるか、または残酷」(especially heinous, atrocious or cruel)というオクラホマ州制定法の基準があまりに漠然としていると判断した。また、一九九〇年のWalton v. Arizona事件[63]において最高裁は、殺人事件における「特に非常に悪質か、残酷であるか、または堕落した」(especially heinous, cruel, or depraved)というアリゾナ州法の文言は、アリゾナ州最高裁がその意味を必要以上に解釈したので明確性に欠ける判断とした。

合衆国最高裁は、死刑に関する量刑をおこなう際に被告人の性格の特性や行動記録を検討する機会や、犯罪の量刑上の緩和(mitigate)的理由となる事由を考慮する機会を奪うことになるとして、一定種類の謀殺罪に対して強制的に死刑とする州法は違憲であるとした。ここでも、科される刑罰の重さに関しては犯された犯罪と明らかに不釣合いな刑罰であるときには「残酷かつ異常な刑罰」条項に反するとしている。

最高裁は、強姦罪に対する死刑量刑に関してもこの釣り合い性を考慮してきた。例えば、二〇〇八年のKennedy v. Louisiana事件[64]において最高裁は、児童に対する強姦に対して死刑を科すことは、「犠牲者の生命が奪われなかった場合ならば過剰である」[65]と判決した。これに対してはスカリア、アリトー、トーマス裁判官と最高裁首席裁判官のロバーツは、激しく多数意見に反対し、死刑量刑に賛成した。

最高裁は、未成年者や知的障がい者に対する死刑の適用を違憲とする傾向を重視してきた。一九八八年のThompson v. Oklahoma事件[66]において最高裁は、犯された犯罪に関係なく被告人が犯行時に一六歳未満である場合、死刑が残酷かつ異常な刑罰に該当すると判決した。さらにまた二〇〇五年のRoper v. Simmons事件[67]で、最高裁は五対四に分かれたが、犯行時に一八歳未満だった者を死刑にすることは第八修正に反するとした[68]。最高裁は、二〇〇二年のAtkins v. Virginia事件[69]において、精神障がいのある者を死刑にすることは残酷かつ異常な刑罰を構成すると宣言した。

(8) 犯罪との釣り合い原則（Rule of Proportionality）

死刑事件にかかわらず、合衆国最高裁は、問題となった犯罪に対する刑罰が「はなはだしく不釣合いか」（grossly disproportionate）かどうかという基準を示してきた。「社会の成熟度を示す品性という発展的な基準」アプローチは、個別事件における刑罰の性質だけでなく、刑罰が犯罪の性質に釣り合うかどうかをも検討する。裁判所は、犯罪が発生した州の別な犯罪の量刑傾向や、他の州における同じ犯罪に科された刑罰にも目を向けることを求めた。他州において類似性の高い犯罪に対して厳罰を与えない場合に、それとは相違する厳格な刑罰の量刑に対して、刑罰が犯罪に合っていない、つまり犯罪との釣り合いを考慮に入れていないとしている。例えば、Weems v. United States事件[70]では、ウィームズは沿岸警備隊輸送局で働いていたが、文書偽造のために有罪判決を下された。ウィームズは文書偽造に対する刑罰として懲役一五年を宣告され、また重労働も科された。最高裁は懲役の間に、「厳しく苦痛を伴う労働」を強制し、加えて永続的な公民権のはく奪を行う（cadena temporal）刑罰は犯された犯罪に対して釣り合いの取れたものでなく、残酷かつ異常な刑罰条項に違反するとした[71]。本件は、第八修正のもとでの釣り合いの原則（principle of proportionality）が明示された事案である。

一九六二年のRobinson v. California事件[72]において、ロビンソンは彼の両腕に注射痕跡があったという理由でカリフォルニア州の警察官に逮捕された。警察官はロビンソンが薬物中毒者であったと付け加えたが、この理由はあとで審理中に撤回された。しかし、ロビンソンは有罪とされ、九〇日間の拘留刑を受けた。このことに関して最高裁は、

「麻薬（narcotics）使用の常習性ある」者に対する九〇日間の拘留刑を定めているカリフォルニア州法が、麻薬の常習性は「明らかに疾患である」のにカリフォルニア州はこの疾患を理由に州民を罰しようとしているとして、第八修正に反していると判決した。その判決で最高裁は、「たしかに、九〇日の拘留刑は、抽象的には、残酷かまたは異常な刑罰ではない。しかし問題は抽象的な方法で考慮することができない。通常の風邪に罹患したことに対する一日の懲役刑も残酷かつ異常な刑罰となる」[73]と述べ、疾患が犯罪に等しいという推定により刑罰が決められたものとし、この刑罰が第八修正の残酷かつ異常な刑罰条項を完全に無視したものであると判決した。この Robinson 判決は、最高裁が第八修正が憲法第一四修正によって州に適用されるとした州への編入理論を認めた最初の判決でもあった。

刑罰の期間、つまり禁固刑の長さに関してもそれが実行された犯罪に不釣合いな場合には第八修正に関して無効とされる場合がある。たとえば、連邦控訴裁の判決であるが、一連の不渡り小切手を振り出したことに対して科された三六年の禁固刑が無効とされた事例もある。[74]

一九八三年の Solem v. Helm 事件[75]において最高裁は、拘留（incarceration）それ自体が、犯した犯罪に対して「不釣り合い」（disproportionate）である場合、残酷かつ異常な刑罰となると判断した。最高裁は、「本条項の範囲は静的（static）なものではない。……刑罰相互間の、そして刑罰と犯罪との間の不釣合いは考慮されるべき要素である」とした。その際に最高裁は、量刑が過剰かどうかを判決する際に考慮されるべき三つの要因を示した。[76] それは、第一に、「犯罪の重大性と罰則の過酷さ」（gravity of the offense and the harshness of the penalty）、第二に「同じ裁判管轄における他の犯人に科される量刑」（sentences imposed on other criminals in the same jurisdiction）、そして第三に、「量刑が他の裁判管轄での同じ犯罪に科された量刑」（sentences imposed for commission of the same crime in other jurisdictions）である。最高裁は、これらの三つの要因を考慮したうえで、銀行の口座を閉鎖したあとでその銀行の一〇〇ドルの小切手を現金化した者に対する仮釈放のない終身刑は、残酷にして異常な刑罰に該当すると判決した。

しかし、一九九一年の Harmelin v. Michigan 事件[77]で、最高裁は、この Solem の三つの要素テストから後退し、非死刑事件の量刑については、刑罰が残酷ではあるが異常とまでは言えず、したがって憲法第八修正によって禁止されるものではないとした。スカリア裁判官が五対四の多数意見を書き、六七二グラム（一・五ポンド）以上のコカイン所持の罪に対して科された仮釈放なしの終身刑罰（mandatory sentence of life without parole）を支持した。スカリア裁判官は、「第八修正は均整による保障を含まない」[78]と言い切り、それを採用した Solem 判決はたんに誤っていたということだ、と述べた。スカリアはまた、「第八修正のもとで何が『残酷で異常な』になるかは特定の犯罪を考慮することなく判決できた」[79]と述べた。

刑務官（prison officials）による暴行が第八修正に反するかについて、連邦控訴裁は、死刑囚に対する刑務官の暴力的行為について残酷かつ異常な刑罰条項が適用されるとしている。例えば、一九七七年の Newman v. State of Alabama[80]では、刑務官は、収監者から「合理的に十分な食品を含む基本的な生活必需品、衣類、収容施設、衛生面と必要な医療措置を奪うことができない」とされた。また刑務官による過剰な物理力の行使によって収監者が重傷を負ったときには、残酷かつ異常な刑罰条項違反であるとされた。[81]また一九九二年の Hudson v. McMillian 事件[82]で、最高裁は、収監者に対する過度の物理力の行使は、たとえその者が重傷を負わない場合であっても、残酷かつ異常な刑罰に該当するとしている。最高裁は、刑務官は収監者に害を及ぼすような「悪意のある、サディスティックな」（maliciously and sadistically）方法でおこなう彼らの実力行使は認められないとした。[83] Hope v. Pelzer 事件[84]において最高裁は、刑務官が規律違反行為をした死刑囚からシャツを剥ぎ取って、直射日光が当たるところで、のどの渇きの訴えを無視して、トイレにもいかせないで手錠で「つなぎ柱」（hitching post）に一度は二時間、二度目は七時間つなぎ止める罰を与えたことに対して、それは第八修正に反するとした。最高裁はまた、非人道的な刑務所の状態（prison conditions）は、第八修正のもとに許されないとしている。[85]

3　過重な罰金（Excessive Fines）

(1)　罰金額

過重すぎる罰金刑は憲法第八修正が禁止している刑罰に該当するか。過重な罰金に該当するかどうかの判断についても犯した犯罪に比べて「はなはだしく不釣合いである」（grossly disproportional）かどうかが問われることになる。

United States v. Bajakajian 事件[86]において、最高裁は合衆国を出国するときに一万ドルを上回る現金を所持していることを報告しなかったベヤカジャアンに対する罰金として彼から所持金全額である三五万七一四四ドルを没収することは憲法に違反すると判決した。[87]ベヤカジャアンはその金額をキプロスでの負債の支払いのために用意したものであった。最高裁は彼の持ち金のすべてを罰金として没収することは「はなはだしく不釣合いである」と判決した。そのうえで、刑罰を定める立法府の権限に対する司法府の敬意という文脈においては、[88]それが「はなはだしく被告人の犯罪の重さに不釣合い」でない限り、罰金が第八修正に違反しないとした。つまり何が「はなはだしく不釣合いな罰金である」かについて、最高裁は罰金刑以外の事案に関して適用された「残酷かつ異常な刑罰」条項に関する判例法に依存した。最高裁は、「当裁判所はしたがって、憲法上の過度基準を引き出す際に他の考慮に依存しなければならない。それについてはとくに二点が関連する。まず、当最高裁が残酷かつ異常な刑罰条項を解釈する事案において強調してきたことであるが、ある犯罪に対する適切な刑罰についての判断権限は、第一に立法府に帰属するということである。第二に、特定の刑罰事犯の重大さに関する裁判所の判断は本質的に曖昧であるということである。これら二つの原則の両方とも懲罰的な没収（punitive forfeiture）の総額と犯罪の重大さとの間で厳格な釣り合いを求めている。最高裁は、残酷かつ異常な刑罰条項に関する先例で精密化してきた不釣合い（disproportionality）の基準を採用する[89]」とした。このように最高裁が、刑罰について定める立法権限に対する裁判所の敬意（deference）を前提とするなかで、「被告人の犯罪の重大さに不当なほどの不釣合い」な罰金は第八修正に反するとした。

(2) 懲罰的賠償

刑事罰ではない、民事的財産没収（civil forfeiture）についてはどうか。

一九〇九年の Waters-Pierce Oil Co. v. Texas 事件[90]では、ウオーターズ・ピアス石油会社が、ニュージャージーのスタンダード・オイル社と企業結合協定（トラスト）を結んでいるとして独占禁止法違反の嫌疑で訴訟提起された。この訴訟において、同社は一日につき最低五千ドルを三〇〇日間支払わなければならないとされた。同社は、この金額が特に第八修正の過剰な罰金（excessive fine）条項に違反するものであるとし、上告した。最高裁は、同社が公判時に非常に高利益を上げていたことを認め、そのような罰金が「過剰か否か」について判断するに当たって、一定の基準を示した。この基準では、「過剰な罰金」とは、罰金が正当な法の手続きのなしの財産の奪取に相当するほどはなはだしく過剰なものであるとした[91]。最高裁は「不法行為に対する犯罪性と処罰のための刑罰を決めることは州のポリスパワー（州の権限）の範囲内にある。当裁判所は、科された罰金が正当な法的手続きなしの財産没収（deprivation of property）に相当するほどはなはだしく過剰（grossly excessive）なものであるときにそれを実行しようとする州の立法府または司法府の行為に介入できるだけである[92]」として判断を州にまかせた。

民事事件における懲罰的損害賠償額が過剰な罰金条項の適用を受けないのかどうかについても争われている。この点について最高裁は、一九九六年の BMW of North America, Inc. v. Gore 事件[93]と、二〇〇三年の State Farm v.

Campbell事件[94]において地方裁判所が認定した懲罰賠償額が高額すぎることが第一四修正の法の適正手続きに反しないかどうかの判断を行った。

ゴア判決において、最高裁は、判決された懲罰賠償額が、法の適正な手続きに反するほどの高額であるかどうかの実体的判断基準として三点の判断基準を示した。第一に被告の行為の非難可能性、第二に填補賠償額と懲罰賠償額の比率、第三に比較可能な違法行為に対する民事的な制裁、あるいは刑事的な制裁との比較である。これらは、被告が科される懲罰賠償額についてあらかじめ「明示」（フェア・ノーティス、fair notice）されていることを前提としている。その上で、四千ドルの填補賠償額に比べて、二〇〇万ドルの懲罰賠償は第一四修正に反するとした。また、State Farm v. Campbell判決では、填補賠償の一〇〇万ドルに対する懲罰賠償金の二五〇〇万ドルは、第一四修正に反するとした。[95]

他方、最高裁は、Browning-Ferris Industries v. Kelco Disposal, Inc.事件[96]において、第八修正の過剰な罰金条項自体が民事訴訟における私人の当事者に対する懲罰的損害賠償額を制限するものではないと判決している。このように、最高裁は、過剰な罰金条項に基づいて、懲罰的賠償額を民事裁判の被告に課す裁判所の権限を制限できない、とした。[97]

また最高裁は、Austin v. United States事件[98]において、過剰な罰金条項の民事的財産没収に対する適用が、それが民事であるか刑事手続きであるかどうかに依拠するのではなく、むしろ没収処分が刑罰とみなされるかどうかによる点を示した。ただし、この条項が適用されるためには、「何らかの犯罪のための刑罰としてその没収が政府に対する処分でなければならない」とし、たんに民事事件における懲罰的賠償の場合はそのような過剰罰金条項は適用されないとした。[99]

4　過大な保釈金（Excessive Bail）

合衆国憲法第八修正の過大な保釈金（Excessive Bail）条項は、古い英国のコモンローと英国権利章典（English Bill of Rights 1689）に基づくものである。英国では、歴史的に刑事事件の被疑者に保釈を与えるかどうかを保安官が決定した。保安官らがその権限を濫用する傾向があったため、議会は、保釈の可能な犯罪とそうでない犯罪を規定する制定法を可決した。しかし国王裁判官は、しばしばこの法を無視した。国王の命令によって被疑者は保釈なしで拘束できると考えられた。一六二八年の権利請願法（Petition of Right of 1628）は、国王がそのような権限を有しないとしたが、保釈可能な犯罪においても被疑者を保釈なしで収監した。

一六七九年に人身保護法（Habeas Corpus Act of 1679）が制定されたため、保釈の恣意的な対応は不可能となった。その後、裁判官は保釈保証金額の決定をおこなったが、しばしば非現実的な金額を示した。そのため一六八九年の英国権利章典は、「過大な保釈金は要求されてはならない」とした。ただし、この権利章典では保釈可能な犯罪とそうでない犯罪との線引きをしていなかった。

アメリカでは、すでに多くの植民地の憲章や邦憲法において、また一七八七年の北西部領地条例（Northwest Ordinance of 1787）や、一七八九年の裁判所法（Judiciary Act of 1789）において、被疑者や被告人の保釈権について保障する規定を有していたが、一般的には死刑に該当する犯罪に関しては保釈が認められなかった。

今日の手続きでは、保釈請求者は、保釈審理（bail hearing）を受ける権利がある。この審理では、保釈の許諾の有無と正式事実審理が始まるまでに保釈保証金額が決定される。保釈保証金が高額すぎるとの異議申し立てをする者は、減額の申立てをしなければならならず、その申立てが拒否されると上訴裁判所に控訴でき、控訴裁判所でも拒否された場合には、最高裁の担当裁判官が主宰する審判に上訴できる。また、もし被告人、またはその保釈金の立替をおこなう保釈保証代理業者（bail bond agents）は、保釈金額があまりにも高額であると思う場合には弁護人に通知しなければならない。弁護人は、公開法廷で保釈金額の引き下げについて申立てを行う。これがうまくいかない場合、弁護人は直接上級裁判所に上訴することができる。また上訴裁判所は原審の判断をいつも支持するわけではない。

この場合、何をもって第八修正が禁止する「過大な保釈金」となるのかについて、金額が高額であることが必ずしも過大というわけではない。高額のため過剰なように見えても、十分合憲となる場合もある。たとえば、収入が低額な者にとっては、一万ドルの保釈金額はその者が公判に戻るのに十分な金額であるとみなされる。しかし一年間に何百万ドルも稼ぐ者は、一万ドルの保釈金額だと公判に戻ってくるかどうかは心許ない。したがって、この二人が共同被告人として同じ重罪の犯行をしても、より裕福な者は一万ドルをはるかに上回る保釈金額を与えられることになる。

このように保釈金額が過大かどうかは主観的なものである。公正な保釈金額（fair bail）は、正式事実審理の前にその者が逃走しないことを確保するために十分合理的であるとみなされる額である。これらの金額は過剰とはいえないまでも高額のことが多い。そのためこのような場合、保釈保証代理業者は申請者の保釈を得るために必要な資金提供をしている。保釈はすべての者に保障された権利ではなく、保釈申請自体が拒否される場合もある。それは多くの場合、重罪事件のなかでも死刑または終身刑によって罰すべき犯罪の嫌疑をうけている者はほとんど保釈を与えられることがない。その根拠は、このような犯罪で訴追を受けている者が身柄拘束を解かれても正式事実審理期日に確実に戻ってくる保釈金額というものの決定が困難なためである。したがってこれらの犯罪では、裁判官は保釈を拒むことができ、第一回公判期日まで拘置所に留め置くことを命ずる。

高額の保釈金を課す理由としての「逃走の可能性」が十分な根拠を持つかどうかについて争われたのが、一九五一年のStack v. Boyle事件[100]である。この事件で、スタック（Stack）と他の一一人は、アメリカ政府を転覆させるための謀議を違法としているスミス法（Smith Act）違反で逮捕、起訴された。彼らのうち四人はスミス法で以前に有罪の前科を有していた。全員から保釈申請を受けた裁判官は、保釈金額を二五〇〇ドルから一〇万ドルの範囲の総額とすることを決定した。検察官が被告人らの保釈金額を増やすための申立てをおこなったので、裁判官は各被告人に対して保釈金を五万ドルに固定することを決定したが、この保釈金額はこれらの被告人にとっては支払い不可能なものであった。被告人らは金額の減額のための申立てをおこなった。その申立てのために、被告人らは、それぞれ、家庭の収入額、健康状態、前科と関連する財務書類を提出した上で、決定された保釈金額は、第八修正にいう過剰な保釈金であると主張した。これに対して、検察は、減額に反対したが、その根拠として四人の被告人の前科情報を提出しただけであった。被告人らの減額申立ては拒否されたので、被告人らは人身保護令状を合衆国最高裁に請求し、彼らの勾留理由開示と理由のない拘束からの身柄解放を求めた。

最高裁には、被告人らに設定された保釈金額が高額すぎるかどうか、また基準よりも高めの保釈金の設定が第八修正に違反して過剰と判断されるのかどうか、さらに、より高い保釈金の設定を正当化するために必要な要件と証拠は何かについての決定が求められた。最高裁首席裁判官のヴィンソン（Fred M. Vinson）が多数意見を述べた。「各原告に対する保釈金は通常同じような犯罪容疑に対して課されるより高額で定められている。この事件においてはまだそのような決定を正当化するための事実開示がなされていない。……このような決定は、連邦議会が当該制定法を制定する際に何よりも警戒していたまさに全体主義の原則を自分自身の政府制度に導入するようなものである[101]」と批判し、その上で「被告人らの保釈総額は、合理的に公判への被告人の出廷を確保するための額よりもより高額であり、それを課すことができない」とし、被告人らの財源不足の事実と彼らが公判前に逃亡（likely to flee before trial）しそうであるとの証拠が不十分であるとの理由により五万ドルの保釈金額が過剰であると判断した。最高裁は、基本的に異常に高い保釈金額を複数の被告人に設定する場合には、裁判所は各被告人らが「高飛びする危険性」（flight risk）があるかどうかの理由について証拠を提示することが必要だとした。そうでなければそのような保釈金額の設定は第八修正の違反となる。

連邦議会は、連邦刑事手続きにおける保釈基準を明確化するため、一九八四年に「保釈制度改革法」（Bail Reform Act of 1984）を制定した。この法では、検察がその者の身柄解放によって他者の安全が危うくなるという「明確にして納得のゆく証拠（clear and convincing evidence）」を示すことで証明できた場合、連邦裁判所が公判前に被逮捕者を勾留することを認めた。この制定法では、被逮捕者には弁護人が付与される権利を認め、弁護人を同席させた上で対審構造で証言し、証人の出廷を求め、自分自身に有利な証拠を提示することができること、また検察の証人に対する反対尋問手続きを義務づけている。

一九八七年の United States v. Salerno 事件[102]において、原告のサレルノと他の男性は、二九個の訴因によって起訴された。サレルノのアレインメント（起訴否認手続き）で、検察は、彼を「保釈制度改革法」に従って勾留する申し立てをした。この勾留に関する聴聞手続において検察はサレルノが強力な犯罪組織のコーサ・ノストラ（La Cosa Nostra）への関与が明確になったことを示した。ニューヨーク州南部地区連邦裁判所は、勾留理由として「保釈制度改革法」の定める重罪を理由として逮捕され地域社会に対する脅威を有する可能性ある者との要件について、検察は立証できたとして、彼の勾留を認めた。サレルノは彼に対する勾留理由と、保釈を認めないのは、第八修正の過大な保釈金条項に違反するとして控訴した。第二巡回区連邦控訴裁は、「保釈制度改革法」が第五修正の法の適正手続き条項に違反し、違憲であると判決した。[103]

しかし、合衆国最高裁は、サレルノの主張を拒否した。六対三の最高裁の多数意見はレンキスト首席裁判官が執筆した。レンキストは、地域社会を守るという政府の有する利益が個々人の自由を上回る、として「保釈制度改革法」の合憲性を認めた。また公判前の勾留は、「社会問題に対する緊急のありうる解決方法」だとした。同改革法は、特定の重罪に適用されるだけでなく、被逮捕者が他者に対する重大な脅威を有することについて証明する重い責任を政府に課しているが、被告人の迅速な裁判を享受する権利を損なってはいない、とした。

これに対し、マーシャルとスティーヴンズ裁判官はそれぞれ反対意見を書いた。マーシャルは、多数意見は、被疑者の勾留にさらなる道をひらくものであると批判した。そして、有罪であることが証明されるまで被告人は無実である、との推定がある限り、彼らは法の正当手続きなしで彼らの自由を奪われない、と述べ、一九八四年保釈制定法が暗に憲法に反するとした。

1　二〇一八年現在で、死刑制度を有しない州は以下の通り。（廃止した年度順）:Michigan（1846）、Wisconsin（1853）、Maine（1887）、Minnesota（1911）、Alaska（1957）、Hawaii（1957）、Vermont（1964）、West Virginia（1965）、Iowa（1965）、North Dakota（1973）、Rhode Island（1984）、Massachusetts（1984）、New Jersey（2007）, New York（2007）、New Mexico（2009）、Illinois（2011）、Connecticut（2012）、Maryland（2013）、Delaware（2016）及びWashington（2018）とコロンビア特別区（1981）。残りの州と連邦は死刑制度を存置している。

2　*See* Clint Bolick, *Brennan's Epiphany: The Necessity of Invoking State Constitutions to Protect Freedom*, 12 TEX. REV. L. & POL. 137（2007）.

3　Calvin R. Massey, *The Excessive Fines Clause and Punitive Damages: Some Lessons From History*, 40 VAND. L. REV. 1233（1987）and Matthew Silversten, *Sentencing* Coker v. Georgia *to Death: Capital Child Rape Statutes Provide the Supreme Court an Opportunity to Return Meaning to the Eighth Amendment*, 37 GONZ. L. REV. 121, 124（2002）.

4　Wilkerson v. Utah, 99 U.S. 130（1879）.

5　*Id.* at 135.

6　Weems v. United States, 217 U.S. 349（1910）.

7 *Id.* at 368.

8 Trop v. Dulles, 356 U.S. 86（1958）.

9 *Id.* at 100–01.

10 *Id.*

11 *Id.* at 125–26.

12 トロップ判決で示された「社会の成熟度を示す品性という発展的な基準」による解釈方法に対して、刑が残酷かつ異常かどうか決定する際に憲法制定者の意思を重視する「原意主義」（Originalists）の考え方もある。原意主義の考えは、憲法に反する残酷で異常な刑は、その固有の残忍性のため歴史的に容認できなかったものに限定されるべきだとする。他方で、「社会の成熟度を示す品性という発展的な基準」テストは、残酷かつ異常かどうかの評価をする際に、「世論」や社会的価値が重要とされ、この原意主義を批判し、総合的に憲法の条文や憲法全体の構造、さらに制定者の意思や判例、そして実務や理論を検討する実体的な解釈の手法をとってきた。*See* John F. Stinneford, *The Original Meaning of "Unusual": The Eighth Amendment as a Bar to Cruel, Innovation*, 102 Nw. U. L. Rev. 1739（2008）. なお、原意主義に関しては、Paul Brest, *The Misconceived Quest for the Original Understanding*, 60 B.U. L. Rev. 204（1980）, Stephen M. Griffin, *Rebooting Originalism*, 2008 U. Ill. L. Rev.1185（2008）, Thomas B. Colby, *The Federal Marriage Amendment and the False Promise of Originalisim*, 108 Colum. L. Rev. 529（2008）等参照。

13 *See* Bradford R. Clark, *Constitutional Structure, Judicial Discretion, and the Eighth Amendment*, 81 Notre Dame L. Rev. 1149（2006）.

14 Denise Grady and Jan Hoffman, *States Turn to an Unproven Method of Execution: Nitrogen Gas*, N. Y. Times, May 7, 2018. そのときアリゾナ州では死亡させるためにシアン化水素（hydrogen cyanide）が使用された。最後の死刑囚はガスのために咳込んだり、激しくえずいたりして死亡するのに一八分がかかった。

15 *Wilkerson*, 99 U.S. 130.

16 Sess. Laws Utah, 1852, p. 61; Comp. Laws Utah, 1876, 564.

17 *Wilkerson*, 99 U. S. 136–37.

18 *In re* Kemmler, 136 US 436（1880）.

19 *Id.* at 447.

20 Louisiana ex rel. Francis v. Resweber, 329 U.S. 459（1947）.

21 *Id.* at 462.

22 *Id.* at 463.
23 *Id.* at 464.
24 *Id.* at 476.
25 Dawson v. State, 554 S.E. 2d 137（Ga. 2001）.
26 State v. Mata, 745 N.W.2d. 229（Neb. Feb. 8, 2008）.
27 *See* Deborah W. Denno, *The Lethal Injection Quandary: How Medicine Has Dismantled the Death Penalty*, 76 FORDHAM L. REV. 49（2007）and Seema Shah, *How Lethal Injection Reform Constitutes Impermissible Research on Prisoners*, 45 AM. CRIM. L. REV. 1101（2008）.
28 Baze v. Rees, 553 U.S. 35（2008）.
29 *Id.* at 52.
30 *Id.* at 114.
31 *Id.* at 71-87.
32 *Id.* at 87-113.
33 Glossip v. Gross, 135 S. Ct. 2726（2015）.
34 *Id.* at 2739.
35 *Id.* at 2749.
36 *Id.* at 2757.
37 *Id.* at 2772-73.
38 *Id.* at 2792.
39 Furman v. Georgia, 408 U.S. 238（1972）.
40 *Id.* at 309-10.
41 *Id.* at 269-70.
42 *Id.* at 271.
43 *Id.* at 279.
44 これら四人の裁判官は、全員、共和党の大統領であるリチャード・ニクソン大統領によって指名された。
45 *Id.* at 380.

46 Gregg v. Georgia, 428 U.S. 153 (1976).
47 *Id*. at 176–77.
48 *Id*. at 186–87.
49 *Id*. at 187.
50 *Id*. at 198.
51 *Id*. at 228.
52 *Id*. at 231–32.
53 Woodson v. North Carolina, 482 U.S. 280 (1976).
54 Coker v. Georgia, 433 U.S. 584 (1977).
55 *Id*. at 597.
56 *Id*. at 612.
57 Godfrey v. Georgia, 446 U.S. 420 (1980).
58 原文は、the murder had to be "outrageously or wantonly vile, horrible, and inhuman"; "outrageously or wantonly vile, horrible, or inhuman in that it involved torture, depravity of the mind, or an aggressive battery to the victim." である。ジョージア州法 O.C.G.A. § 27–2534.1(b)(7)(1978).
59 *Godfrey*, 446 U.S. at 433.
60 *Id*. at 443.
61 *Id*. at 451.
62 Maynard v. Cartwright, 486 U.S. 356 (1988).
63 Walton v. Arizona, 497 U.S. 639 (1990).
64 Kennedy v. Louisiana, 554 U.S. 407 (2008).
65 *Id*. at 437.
66 Thompson v. Oklahoma, 487 U.S. 815 (1988).
67 Roper v. Simmons, 543 U.S. 551 (2005).
68 二〇一〇年の Graham v. Florida, 560 U.S. 48 (2010) において最高裁は、殺人以外の犯罪で未成年者に課された仮釈放の機会のない終身刑罰は残酷かつ異常な刑罰であるとした。またその二年後の Miller v. Alabama, 567 U.S. 460 (2012) 事件において、殺人

（homicide）で未成年に科された仮釈放のない終身刑罰は、違憲であるとした。

69 Atkins v. Virginia, 536 U.S. 304（2002）.

70 *Weems*, 217 U.S. at 349（本章の1(1)参照）。

71 *Id.* at 363-64.

72 Robinson v. California, 370 U.S. 660（1962）.

73 *Id.* at 667.

74 Faulkner v. State, 445 P.2d 815（Alaska 1968）.

75 Solem v. Helm, 463 U.S. 277（1983）.

76 *Id.* at 292.

77 Harmelin v. Michigan, 501 U.S. 957（1991）.

78 *Id.* at 965.

79 *Id.* at 978.

80 Newman v. State of Alabama, 559 F.2d 283（5th Cir. 1977）.

81 例えば、Jackson v. Bishop, 404 F.2d 571（8th Cir. 1968）事件では、アーカンソー州の刑務所内での体罰について第八修正に反し不法であるとした。

82 Hudson v. McMillian, 503 U.S. 1（1992）.

83 さらに、刑務官によって起こされる重大で悪意のある危害を加えることを禁止している。

84 Hope v. Pelzer, 536 U.S. 730（2002）.

85 Estelle v. Gamble 429 U.S. 97（1976）; Rhodes v. Chapman 452 U.S. 337（1981）.

86 United States v. Bajakajian, 524 U.S. 321（1998）.

87 United States v. Bajakajia 事件につき、Andrew M. Kenefick, NOTE, *The Constitutionality of Punitive Damages under the Excessive Fines Clause of the Eighth Amendment*, 85 MICH. L. REV.1699, 1714-23（1987）参照。

88 これは、例えば、Solem, 463 U.S. 290 や、Gore v. United States, 357 U.S. 386, 393（1958）事件で、「刑罰の厳しさに関してたとえどんな見解がもたれようとも、……これらは特に立法上の政策の問題である」とされた。

89 *Bajakajian*, 524 U.S. at 336. Solem, 463 U.S. at 288 と Rummel v. Estelle, 445 U.S. 263（1980）を引用している。

90 Waters-Pierce Oil Co. v. Texas, 212 U.S. 86（1909）.

91 *Id.* at 111.

92 *Id.*

93 BMW of North America, Inc. v. Gore, 517 U.S.559（1996）.（懲罰的損害賠償に関する判例については、丸田隆『アメリカ法入門―アメリカ法の考え方』（日本評論社、二〇一六年）第五章を参照されたい）。

94 State Farm v. Campbell, 538 U. S. 408（2003）.

95 *Id.* at 417–18.

96 Browning-Ferris Indus., Inc. v. Kelco Disposal, Inc, 492 U.S. 257（1989）.

97 *Id.* at 275.

98 Austin v. United States, 509 U.S. 602（1993）.

99 *See* Barry L. Johnson, *Purging the Cruel and Unusual: The Autonomous Excessive Fines Clause and Desert-Based Constitutional Limits on Forfeiture after* United States v. Bajakajian, 2000 U. ILL. L. REV. 461（2000）and Calvin R. Massey, *The Excessive Fines Clause and Punitive Damages: Some Lessons from History*, 40 VAND. L. REV.1233（1987）.

100 Stack v. Boyle, 342 U.S. 1（1951）.

101 *Id.* at 5–6.

102 United States v. Salerno, 481 U.S. 739（1987）.

103 *Id.* at 754.

第5章　アメリカ大統領の権限

一七八七年の憲法制定会議では、大統領権限に関する条項について比較的短時間で合意された。というのも憲法起草者たちは連邦議会の権限に関して強い関心を示したが、大統領権限についてはさほどの注意が向けられなかったためである。[1]

大統領権限については、合衆国憲法の第二編において定められている。この大統領権限とその地位に関する規定は概括的である一方、多面的でもある。憲法は大統領を、①執行府の最高責任者、②軍の最高司令官、③対外的に米国を代表する最高責任者（国家元首）、また、④立法上の指導者、と位置づけている。

現職大統領が職務遂行をすることができなくなったり、死亡するか、辞任するか、または上院での弾劾罷免判決によって失職させられるような事態が生じたときのためにその承継順位が定められている。その順位については、憲法と大統領承継法（Presidential Succession Act of 1947）に規定があり、第一承継者は副大統領、つぎに下院の議長（Speaker of the House of Representatives）、つづいて上院の仮議長（President pro tempore of the Senate）から順次重要な執行部門の十五人の閣僚のメンバー（国務長官から、財務長官、国防長官、司法長官以下）へと続く。

しかし、これらの大統領承継者全員が一堂に会しているときに、災害や戦争、テロ行為によって全員死亡するような事態が発生すると大統領承継者が全く存在しなくなる。そこで、「指定生存者」（Designated Survivor or Designated Successor）[2]が指名され、閣僚が一堂に会する場所から離れて、大統領承継者として万一の場合に備える。この「指定生存者」は、とくに一般教書演説（State of the Union addresses）や、大統領就任式（Presidential Inaugurations）には同席せず、ワシントン特別区からシークレットサービスに付き添われ、遠隔地で秘匿された安全な場所に移動させられ、軍の側近者によって通信連絡体制がとられる。この場合、いわゆる「核のボタン」（nuclear football、核フットボールという）[3]を持った側近も指定生存者と行動を共にする。この指名制度は、東西の冷戦時代にソビエト連邦が合衆国のリーダー全員が一か所に集まった時に核攻撃を仕掛け、連邦政府を一掃してしまうのではないかとの恐れの中で設けられたものである。とくに、九・一一によるテロ攻撃を受けて以来、そのような心配はずっと深刻になっていたため、大統領とその側近が相談し、誰を指定生存者にするかについて決める。たいていの場合、指定生存者は大統領承継順位のずっと下位の者である。[4]

合衆国大統領は、合衆国および政府の長（国家元首）であり、また軍隊の最高司令官である。憲法の第二編のもとで、大統領は議会によって制定される連邦制定法の施行と実行に対して責任を負う。大統領は憲法の規定に従い、連邦機関の統括責任者を指名する。副大統領となる者は大統領執行府（Executive Office of President, EOP）の一部でもある。内閣（cabinet）とそれぞれの連邦機関は、連邦法の日々の施行とその管理に対して責任を負う。これらの部門及び機関は、軍隊のメンバーを含むと四百万人以上のアメリカ人を広義の連邦公務員として使用していることになる。

連邦政府の日々の仕事は、十五の行政機関の責任者として大統領から任命された者（長官、Secretary）とそのメンバーによって実行されてゆくことになる。一五の政府機関は、他の行政機関（例えばＣＩＡや環境保護庁といった内閣のメンバーではない機関）も合わせて大統領の権限と監督下におかれる。大統領は、これらに加えて、連邦裁判官、大使および他の連邦政府機関と同様に、たとえば連邦準備制度理事会（Federal Reserve Board,FRB）や証券取引委員会（Securities and Exchange Commission, SEC）といった五十以上の独立連邦委員会の責任者（directors）も任命する。

大統領は、議会から送付されてきた法案に署名することで連邦法を実行化させるか、または議会によって立法化される議案を拒否する権限を有する。（これは、議会の両院の三分の二の再投票でこの拒否権を越えることができる）また、大統領は、他の国との外交を行い、上院と協議して条約に調印する権限を有する。（これは上院のうちの三分の二の投票によって批准されなければならない）。大統領は自ら重要と思う政策を「大統領令」（Executive Orders）（または「執行命令」ともいう）として発令することができ、それにより行政当局に指示を出すことができる。

大統領は毎年一月か二月に（大統領就任の年は除く）に議会の両院の合同会議で、一般教書演説（State of the Union Address）をおこなう。それは憲法第二編三節一項が「大統領は、随時連邦議会に対して、連邦の状況に関する情報を提供し、自ら必要かつ時宜に適すると思う施策についての審議を勧告する」という規定に基づく。

大統領は最長二期八年まで就任することはできるが、憲法上（憲法第二二修正の大統領の三選禁止）、三期目はできない。任期中の報酬は、「大統領は定時にその労務に対して報酬を受け、その額は任期中増減されない。大統領は任期中、合衆国または各州から他のいかなる報酬も受けてはならない」と憲法第二編六節に定められており、現在の大統領の報酬は年間四〇万ドルである。なお、大統領および大統領一家（First family という）は、慣行によりワシントン特別区のホワイトハウス内に住む。

1　大統領の憲法尊重・擁護義務

憲法は、「大統領は、その職務の遂行を開始するに先立って、次の宣誓や確約をなさねばならない」（憲法第二編一節）とし、新大統領はその就任にあたって以下の誓約をおこなうことになっている。

「私は合衆国大統領の職務を忠実に遂行し、全力を尽くして合衆国憲法を保全し、保護し、擁護することを厳粛に誓約する（もしくは確約する）」。（"I do solemnly swear (or affirm) that I will faithfully execute the office of President of the United States, and will to the best of my ability, preserve, protect, and defend the Constitution of the United States."）

新大統領の就任式は、大統領選挙の翌年の一月二〇日にワシントン特別区の連邦議会の西正面（West Front）で、歴代大統領夫妻、議会関係者、最高裁裁判官ら多数の関係者の立会いのもとでおこなわれる。この大統領就任式で、大統領として最初におこなう仕事が、憲法の保全と擁護に関する大統領の宣誓である。これにより大統領に対して憲法の尊重義務だけでなく、憲法を保護するという責務も担わせる。この大統領の「合衆国憲法を保全し、保護し、擁護する」という宣誓は、憲法を守り、次世代に引き継ぐという大統領と国民の間の約束ごとの確認でもある。したがって、大統領自身が現行憲法を攻撃したり、無視したり、あるいは憲法改正を目指す行動をとることは、この宣誓に違背する行為となる。

大統領による「憲法を保全し、保護し、擁護する」義務は、大統領就任時の宣誓に基づくだけでなく、大統領の職務執行上の連邦法の忠実執行義務（Faithful execution clause to faithfully execute federal law）の要請でもある（憲法第二編三節四項）。

2　最高司令官（Commander-in-Chief）

合衆国憲法二編二節一項は大統領を最高司令官であると定める。つまり、大統領は戦時下における陸海軍の統括司令官（Commander-in-Chief of Army and Navy）となる。この権限の内容と範囲については歴史的に形成されてきた。

(1)　最高司令官権限

最高司令官権限については、南北戦争時に、合衆国が戦時あるいは国家緊急事態にあるときに連邦議会がより広い権限を大統領に授与することができるかどうかについて争われた。リンカーン大統領は、南北戦争中の一八六一年四月に南部州の港湾の封鎖を宣言し、引き続いて連邦政府が南部連合の商人所有の船舶（Confederate merchant vessels）と貨物船舶を拿捕した。これらの船舶は連邦裁判所の命令で接収（seizures）されたため、船舶の所有者が最高裁にその効力を争って上告した。

このBrig Amy Warwick事件（一八六二年）[5]で問題となった法的争点は、大統領が南部州の湾口を封鎖する権限を有しているかどうかであった。最高裁は五対四の判決でその権限を認めた。多数判決を執筆したグライヤー（Robert Grier）裁判官は、「入国禁止法」（Acts of Congress of 1795 and Embargo Act of 1807）によって大統領は合衆国に対する侵害行為のある時には民兵を招集し、陸軍と海軍による対応策を講じることができ、また戦時に該当するかどうかについて議会の裁可（sanction）を得ることが求められるとしても、議会がすでに一八六一年法によって大統領の行為を承認しているのであるから、大統領による当該宣言と命令は議会の明示的承認と権限に基づくと考えられるとした[6]。

しかし、トーニー（Roger Taney）首席裁判官を含む四人の裁判官は少数意見でこのような権限は大統領にはないとした。まず、「入国禁止法」は、州に対する大統領の権限を認めていない。連邦議会が戦争宣言した後は、敵性人（public enemies）とされた一般人も戦争行為者となる。そのため、これらの市民の商事活動や財産に対する議会による接収は合衆国憲法下では容認される。しかし、それは大統領によっておこなわれるものではない。連邦議会が戦争を宣言し、しかも合衆国市民のおこなった行為が、犯罪行為あるいは戦争行為であるとされない限り、その者を罰することはできない。そのため議会による当該接収（seizures）の事後の裁可は事後法（ex post facto law）となり、無効であるとした。[7] 他方で大統領は陸海軍の最高司令官であるため、これまで議会の正式な事前承認を経ないまま紛争地に派兵をおこなってきた。議会は大統領が紛争地に派兵した場合に議会への報告を義務づけるために一九七三年に「戦争権限法」(War Powers Act)[8] を定めた。しかし、戦略上の理由から敵対国に派兵する場合は、四八時間以内に議会に報告すればよいとした。これも派兵が六〇日を超えるときは、議会の追承認を要するものとされた。長期の派兵は別の予算の執行を伴うので当然のことと考えられている。

(2) 大統領の戦時下権限と人身保護令状との関係

① Hamdi v. Rumsfeld 事件

二〇〇四年の Hamdi v. Rumsfeld 事件[9] では、議会の戦争宣言権と大統領の最高司令官権限の関係について争われた。二〇〇一年九月一一日にアルカイーダによるニューヨーク貿易センタービルの攻撃があったすぐあとに、議会は大統領に合衆国に対するテロ行為に関与する者に対する必要かつ適正な手段を講じる権限を与える、「軍事力使用認可法」(Authorization for Use of Military Force, AUMF)[10] を制定した。これを受けてブッシュ・ジュニア大統領はアフガニスタンに派兵をおこなったが、その時にタリバン兵士として逮捕、勾留されたのが原告のハムディである。アメリカ市民のハムディはタリバンの一員として合衆国に対して戦闘行為をしたとの嫌疑を受け、二〇〇二年に「敵性戦闘員」(enemy combatant) として拘束され、グアンタナモ湾 (Guantánamo Bay) にあるアメリカの海軍基地内の拘置施設 (グアンタナモ湾基地は一九〇三年に無期限にキューバから借地されたもので、キューバが「最終的な主権」を保持している) に移され、勾留された。ハムディがアメリカ市民であったことが判明すると、彼は、即座にヴァージニア州ノーフォーク、[11] ついでサウスキャロライナ州チャールストンに移送、勾留された。ハムディの父は、ハムディの「近友」(next friend) に指名されていたため、彼に代わってヴァージニア州の連邦地裁にハムディの身柄解放を求める人身保護令状（writ of habeas corpus）の申立てをした。[12]

同連邦地裁は人身保護令状の申立てを認め、またハムディのために連邦公選弁護人を指定した。同弁護人は、連邦政府が無期限に彼を勾留し、また弁護人を付けず、公判も開かないことによって彼の憲法第五修正と第一四修正の法の適正手続き権を侵害したと主張した。これに対し政府は、戦時中（during wartime）は、執行府が合衆国に対して戦う者を「敵性戦闘員」と宣告し、彼らの裁判所へのアクセス権を制限できる権限を有すると反論した。同地裁は、「敵性戦闘員」の宣告の根拠となる資料やその基準を提示するように政府に求めた。しかし、政府はこれを拒否し、第四巡回区連邦控訴裁に控訴した。同控訴裁は、権力分立によって戦時中、裁判所は自己抑制が求められるとし、その理由として「執行府及び立法府は、一定の方法で、海外における衝突行為を監督するために組織されるが、司法部はそうではない」、とした。それゆえ、司法部は、執行府の「敵性戦闘員」決定に敬意を表すべきであるとした。ハムディはサーシオレイライにより最高裁に上告した。

サンドラ・ディ・オコナー（Sandra Day O'Connor）裁判官が、八対一による複数意見（plurality opinion）を執筆した。[13]オコナー裁判官は、第五修正の法の適正手続き保障によって、敵性戦闘員として米国で拘束されている市民には、その勾留の適否を争う権利が与えられているとし、これに六人の裁判官が同意した。また裁判所の複数意見は、権力分立によって司法部がハムディの異議申立ての審理をおこなうことができないという政府の意見を拒否した。「当裁判所は、敵性戦闘員として米国で身柄拘束される市民が法の正当手続きの求めるところに従い、中立の判断者の前で当該勾留の事実的根拠について争う意味のある機会が与えられるべきだと考える」。「当裁判所が判断を求められている問題は、執行府が「敵性戦闘員」とした市民を勾留する権限を有するかどうかである。この問題については議論があるが、政府は裁判所に対してその分類基準をこれまで提供してこなかった」[14]。「当裁判所は、今日、正当な法の手続きなしで自分自身の政府による勾留から解放される市民の権利の基本的な性質を確認し、また政府権益とそのような勾留がもたらす自由の制約と比較考量する」[15]。「したがって、当裁判所は、敵性戦闘員としての分類に異議申立てをしている市民にはその決定のための分類根拠について説明を受ける機会が与えられねばならず、また、中立の審判者の前で政府の事実的断定に反論する機会を持たねばならないと考える」[16]とした。最高裁は、裁判所が具体的事例についての審査を差し控えなければならないとする立場は、権力分立の合理的な図式からは命令されるものではないとした。

② Rasul v. Bush 事件

二〇〇四年の Rasul v. Bush 事件[17]では、ラスールを含む英国およびオーストラリアの市民がパキスタンとアフガニスタンで米軍によって身柄拘束された。彼らは、グアンタナモ湾の米軍施設に勾留された。彼らの逮捕を知った家族は、コロンビア特別区連邦地裁に彼らの勾留を無効とするための人身保護令状を求め政府を訴えた。原告らの家族は、原告らが無実であるにもかかわらず起訴もされないまま勾留されており、弁護士を付与する権利も、裁判を受ける権利も奪われた状態にあり、このことは憲法第五修正の正当な法の手続条項に違反すると主張した。被告の連邦政府はこれに対して、原告らはアメリカ市民でないため連邦裁判所に管轄権がなく、しかも彼らはキューバにおいて勾留されており、そこは米国の主権の行使できない地域である、と反論した。

連邦地裁は政府の主張を認め、管轄権の欠如を理由として原告らの人身保護令状請求を拒否した。連邦控訴裁もこの地裁決定を容認した。合衆国最高裁は申立人らにサーシオレイライを認め、審理に入った。六対三の多数意見を執筆したスティーブンス（John Paul Stevens）裁判官は、グアンタナモ湾基地において米国によって勾留されている申立人らは合衆国の領土内にいないが、二〇〇一年九月一一日の後、議会は、テロリストに対する武力使用を認める大統領特権の行使によりその基地に勾留された外国人に対する嫌疑について無罪を主張している場合には、人身保護令状を本国の連邦地裁に請求する権限があるとした[18]。スティーブンスは、一七世紀中頃の英国のコモンローの先例を丹念に検討して、人身保護令状を請求する権利が「支配者の制御下にある領地で行使される」とした。グアンタナモ湾基地に関しては、米国が「完全な管轄権と制御権」を行使したのであるから、最終的な主権がキューバにあるという事実は無関係だとした。さらに、スティーブンスは、人身保護に対する権利は、請求者の市民権の如何に依拠するものではないとした。したがって、原告らは、その勾留の違憲性について争う権利を有するとし、原告らの請求権を認めた上で、地裁には人身保護令状の発給可否についてこれを審査する権限があるとして原審判決を破棄し、地裁に差し戻した。

3 大統領の執行特権（大統領特権）（Executive Privilege）

合衆国憲法第二編一節は、「執行権はアメリカ合衆国大統領に帰属する」と大統領の権限を規定する。この規定から、行政執行に関わる全てのことは、大統領一人が決定できるということになる。この大統領権限の専権的事項については、権力分立（separation of powers）の原則に基づき、他権、つまり議会や裁判所、の介入を許さない。[19] とくに大統領権限である外交や防衛に関して、大統領やそのスタッフに決定権が委ねられ、またその職務遂行に守秘義務のあることが国家の安全保障上、重要なこととして承認されている。[20] しかし、大統領自身が、議会の調査権や裁判所手続きの中で情報開示やその説明を求められた場合、資料提供や証言を拒否することができるかどうかについては、争われてきた。[21]

① 表現の自由と国民の知る権利を示す重要判決
——ペンタゴン・ペーパー新聞掲載事件[22]（New York Times Co. v. United States, 403 U.S. 713 (1971)）

ヴェトナム戦争（一九六四—七五年）が激しくなり、米軍の劣勢が明らかになり始めたころ、ヴェトナム戦争に至る経緯について国防総省（ペンタゴン）から秘密裏に入手した資料、いわゆるペンタゴン・ペーパー（Pentagon Papers）に基づき、ニューヨーク・タイムズ紙はヴェトナムへの軍事介入の内幕を明らかにする連載記事を、一九七一年六月一三日から掲載した。

事前にこのことを察知し、これを快く思わなかったニクソン大統領は、当該記事の事前の差止め（restraining order）を司法省に指示した。ニクソン大統領は、当該文書が最高機密文書であり、また盗み出されたものであることをその理由にあげた。ニクソン大統領は、当該文書の機密性が担保されない場合には当該文書の公開によって他国の信頼を失い、アメリカと他国との共同軍事行動に支障が生じるおそれがあると主張した。ニューヨーク州南部地区連邦地裁は、事前差止めを拒否した。しかし、第二巡回区連邦控訴裁は、地裁に対してこの記事の掲載が「この国の安全にとって重大で緊急の危険を提起するものかどうか」について審査をおこなうよう求めたうえで、記事掲載の一時差止めを認めた。

この控訴裁の判断に対して、ニューヨーク・タイムズ社は、記事の事前差止めは合衆国憲法第一修正の表現の自由の保障に反するとして合衆国最高裁に上告した。最高裁での争点は、戦争状態におかれた国家の安全に支障があるという理由に基づいて特定の新聞記事の事前差し止めをおこなうことは、表現の自由に反するかどうかであった。

最高裁は、六対三の判決においてペンタゴン・ペーパー情報[23]に基づく新聞報道に対する事前差止めは憲法第一修正に反するとの「裁判所意見」（per curium opinion）を示した。ブラック（Black）とダグラス（Douglas）の二人の裁判官は、同調意見（concurring opinions）において、第一修正の言語は明確であって、新聞は、どこからの情報源であれ、「検閲、差止め、あるいは事前差止めなしに」（without censorship, injunctions or prior restraints）記事を出版することができるとの見解を支持し、大統領の行為は、「目に余る、弁解の余地のない、継続的な第一修正の侵害に当たる」とした。[24]両裁判官は、新聞に対して特定の記事を控えるよう要求する権限を大統領に与えることは、「第一修正を抹消し、人民が政府に保障することを求めている基本的自由と安全を破壊するものである」とした。両裁判官は、公的政策に関する公開の議論や討議をおこなうことは、「この国の健全さにとって必要不可欠である（vital to our nation's health）」とも述べた。[25] 多数意見に賛成する六人の裁判官も、問題となっている報道の機密的性質がどのようなものであれ、差し止めや事前検閲をおこなうことは、第一修正に対する手荒い侵害である、という認識を示した。

スチュワート（Stewart）とホワイト（White）裁判官は、「警告的で、公知的で、自由な新聞（alert, aware, and free press）が第一修正の目的を最も良く働かせるものである」とし、「公知的で自由な新聞がない場合には、啓発された人民は存在しえない」とし、さらに大統領特権については、「特権には外交案件と国家安全保障に関して大規模で独占的な権限が与えられており、その権限を成功裏に行使するのに必要な国内の安全保障の程度を決定し、守るというのがその義務である」とした。[26] このように多数意見は、新聞記事の事前差止めは、第一修正のはなはだしい侵害に当たるとした。

② ウォーターゲート事件（United States v. Nixon, 418 U.S. 683（1974））

一九七二年の大統領選中、不審者が民主党の選挙対策本部全国委員会事務所があるウォーターゲート・ビル（ワシントン特別区）に侵入した。選挙対策本部に不審者が侵入したことが判明した時点で、ワシントン特別区警察は、当初、事件はたんなる物盗りの仕業であるとの見込みをしていた。しかし、この事件の真相を追求していた当時のワシントン・ポストの記者（ボブ・ウッドワードとカール・バーンスタイン）は、ウォーターゲート・ビルの民主党選挙対策本部に盗聴器が仕掛けられていたことを知り、ホワイトハウスを中心とする政治的な陰謀の存在を疑った。

共和党のニクソン大統領とホワイトハウスのスタッフは「ウォーターゲートの侵入事件と政権とは無関係」との立場を取ったが、侵入犯の五人の逮捕者のうち二人は、ニクソンが選挙戦勝利のために組織した大統領再選委員会の職

ウォーターゲート・ビルの内部

員であったことが判明した。そのため事件とホワイトハウスとのつながりがワシントン・ポストの記事によって徐々に明らかにされてきた。さらに現行犯で逮捕された一人が司法取引によってホワイトハウスの関与を告白し、また他にも同様の証言が続出したため、議会上院はウォーターゲート特別調査委員会を設置し、事件の真相究明に乗りだした。

とくに逮捕者の証言により当時のニクソン大統領がこの事件のもみ消しと隠蔽工作に関与していた疑いが濃厚となった。そこで、上院調査委員会は、そのような嫌疑の有無を調べるためにホワイトハウスの大統領執務室(oval office)に常時備え付けられている会話録音装置の録音済テープの議会への提出を求めた。また、特別検察官も刑事事件の立件のための証拠として同録音テープの提出命令をコロンビア特別区連邦地裁に求めた。同地裁は大統領執務室での会話録音テープの開示を命じた。これに対しニクソン大統領は、証拠となる文書やホワイトハウスの執務室での録音テープには軍事や外交に関する「機密情報」(confidential communication)が含まれているとし、大統領の執行特権に基づいて提出要求を拒否した。

最高裁での争点は、執行特権に基づく大統領自身に関する情報の開示拒否は、あらゆる場合、無制限、絶対的に許されるかであった。[27] 最高裁は八人の裁判官の全員一致(レンキスト裁判官はニクソン大統領に任命されたばかりであったために回避し、判断に加わらなかった)によって、「より特定された軍事上、外交上の機密保持権の必要性でなく、たんなる大統領の一般的利益だけが拒否の理由である場合は、公正な刑事裁判の遂行という具体的要請の前に大統領の権限は絶対、無制限でない」と判断し、全ての資料を特別連邦検察官に提出するように命じた。最高裁は、「三権分立の原則も高度の機密性の程度の要請も、司法的手続きからの免責という絶対的かつ無制限の大統領特権を合理化するものとはならない」[28]とし、大統領に執行特権の存することは認めつつも、そのような権限には限界があり、絶対的なものではないとした。さらに最高裁は、大統領ではなく司法権が、大統領特権の適用可能性について判断するという立場を維持した。そのうえで、大統領特権が適用可能な場合があることは認めながらも、本件においては、合衆国市民の全面開示を求める権利が大統領の秘密保持の権利を上回る、と判示した。[29]

議会下院は大統領弾劾のための調査と手続きを進めた。一九七四年七月に下院司法委員会は司法妨害で大統領に対する弾劾勧告を可決した。この後は下院本会議での弾劾裁判の発議が議決されれば、上院での弾劾裁判が始まることになった。上院で弾劾裁判の決議に賛成する議員が多数を占めることが予想され、しかも録音テープの提出が認められるに及んで同年八月九日、ニクソン大統領は辞任することを選んだ。

この事件では、最高裁は刑事事件の審理に必要な証拠提出拒否にまでは「執行特権」が及ばないという判断を示したが、のちに大統領が民事裁判の被告になった場合の大統領の執行特権が問題となった。

③　クリントン大統領のセクハラ事件（William J. Clinton v. Paula C. Jones,520 US 681（1997））

原告ポーラ・ジョーンズは、アーカンソー州の公務員をしていた一九九一年五月当時、同州知事だったビル・クリントンに不適切な性的関係を迫られ、それを拒否したところ、選挙参謀のポストを追われ、不愉快なデマを流布されたとして一九九四年クリントン大統領を相手取ってセクハラ訴訟をアーカンソー州東部地区連邦地裁に提訴した。[30]クリントンは、記者会見を開き、ジョーンズに性的関係を強要したことはないと全面否定した。他方、ジョーンズはクリントンの女性スキャンダル情報をかき集めて攻撃してきた。しかし本件裁判に伴う政治的なダメージが懸念された。とくにクリントンの支持母体である民主党が女性の支持者に支えられていることを考えると、クリントンとしてもこの問題を無視するわけにはいかなかった。クリントンが考えた戦略は、段階的に三つである。第一に裁判外の和解に持ち込み、事実関係を封印すること、第二に正式事実審理を先延ばしにして任期中の裁判を避け、事件の風化を狙うこと、そして第三に最悪の場合、裁判になったとしても和解に持ち込むことである。[31]

クリントンは、このような私訴にいちいち対応するのは大統領としての公務に影響するとして、大統領の執行特権に基づき訴えの却下を求め、さらに却下されない場合は、大統領の任期切れの二〇〇〇年一月二〇日以降まで本件訴訟を開始しないことを求める答弁書を提出した。これに対し、原審の連邦地裁のスーザン・ライト（Susan Webber Wright）裁判官[32]は、大統領が就任以前の行為に起因する私訴に従わなければならず、大統領の訴えの却下は認められないとした。そのうえで、遅滞なく手続きを進めるため正式事実審理前のディスカバリー（証拠の開示手続き）を大統領の任期中におこなうとした。この決定の理由としてライトは、大統領就任中に私訴から免れることを認める先例のないことをあげた。このような私訴を大統領任期の終了時まで延期することは、私人の迅速にして公正な正式事実審理を受ける権利を不当に制限することになるとした。[33]第八巡回区連邦控訴裁もこれを支持し、訴えの却下はできず、訴えの開始は大統領任期中であっても可能だとした（二対一の決定[34]）。

クリントンからのサーシオレイライによる上告を受けた合衆国最高裁は、九対〇の全裁判官一致の判断で高裁決定を支持し、訴訟の開始を大統領任期中におこなうこと、とした。[35]最高裁は、就任以前の時点での大統領自身の「非公式な」行為に対しては免責が認められないこと、またそのような免責は、国家安全や公的利益を守るという根拠により主張されるから、就任以前の明らかに私的なことがらが争点である時は、このような免責は認められないとした。[36]

最高裁は、①大統領には執行特権はあるが、それは連邦の公務に関わるものでなければならないこと。②本件の私訴のような非公務に関する訴えについてまで執行特権は与えられないこと。さらに、③本件訴訟を大統領任期中におこなっても大統領としての公務に影響を与えるとは考えられないことを指摘した。[37]ブライヤー裁判官が同調意見を書き、大統領特権による大統領の免責は、何らかの形で大統領に対する個人的な民事訴訟が大統領の責務の遂行を阻害するということが証明できた場合にのみに適用される、とした。

一九九八年一一月一三日、双方の弁護士は、大統領が八五万ドルの解決金を支払うこと、ポーラ・ジョーンズ側は大統領に謝罪を求めないことを骨子とする和解を成立させた。議会での大統領弾劾審理を目前に控えての和解であった。[38]しかし、ポーラ・ジョーンズによるセクハラ訴訟は、クリントン大統領の弾劾につながる致命的な事実のあることを明らかにした。

④　クリントン大統領の「不適切な関係」事件

ポーラ・ジョーンズによるセクハラ事件の審理の中で、クリントン大統領が一九九八年にホワイトハウスで実習生のモニカ・ルインスキーと「不適切な関係」(relationship not appropriate) を持ったことが表面化した。このことをクリントンは否定したが、それが偽証だとの誹りを受けた。連邦議会の要請で、元連邦裁判所裁判官のケネス・スター (Kenneth W. Starr) が特別検察官に任命され、捜査に着手した。特別検察官は、大統領府に対して、大統領とそのスタッフに対する事情聴取を求めたが、大統領自身の私的な行為に関する議会や行政当局の資料提供の申し出に対して大統領特権を根拠に拒否された。大統領が一定の情報開示を拒否できることについては、国家の安全 (national security) や公益に関しないことが明らかな場合には先例や判例により許されるとされてきた。[39]しかし、従来から大統領特権なるものが憲法上存在するのかどうかについては論争があった。

しかしこのルインスキー事件では、クリントンに大統領特権を支える具体的理由がないため、その主張は脆弱であった。というのも当該捜査は大統領自身の不法行為に関するものであり、また大統領特権を理由に特別検察官の捜査を回避すること自体が同特権の濫用だとの批判が起ったからである。コロンビア特別区連邦地裁は、合衆国対ニクソン (U.S. v. Nixon) 事件[40]の先例にならい、そこで用いられた衡量テスト (balancing test) に依拠し、特別捜査官による情報開示の要求を認めた[41]。

この裁判の過程でクリントンは、一連の出来事の中で自分との出来事については証言しないよう密かにルインスキーに要請していた。このことで困惑したルインスキーは、同僚のリンダ・トリップ（Linda Tripp）に相談を持ちかけていた。この同僚はルインスキーの相談内容を秘密裏に録音し、その会話テープを公開した。このことから、クリントンは偽証しただけでなく、ルインスキーに口止めをしていたことも発覚した。スター特別検察官はクリントンの偽証疑惑に関する捜査に着手し、大統領とルインスキーとの関係を具体的に示した「スター報告書」（Starr Report）を発表した[42]。それにより議会下院は大統領の偽証容疑による弾劾訴追を決めた。上院での弾劾裁判では、弾劾に必要とされる三分の二の投票には達しなかったため、クリントンは大統領罷免をかろうじて免れた。これは弁護士である妻のヒラリーの戦略と援護のたまものであり、合わせて所属政党の民主党の強い支持によってこの試練を乗り越えることができた[43]。

これら一連のクリントン大統領に対する法的責任追及に対しては大統領特権によっては防ぐことができず、一九九九年、アーカンソー州連邦地裁のライト裁判官は、クリントンが「故意に虚偽の」証言をおこなったとして裁判所侮辱により九万ドルの罰金を科し、クリントンがまだ州の弁護士免許を保持していたため、処分をアーカンソー州最高裁判所の綱紀委員会に委ねた[44]。同委員会は、二〇〇〇年にクリントンのアーカンソー州弁護士資格を停止した。二〇〇一年に、クリントンは弁護士資格の喪失の代わりに弁護士資格五年の停止と二万五千ドルの罰金を受け入れることにし、州最高裁における弁護士資格の剥奪を受ける前に、彼は弁護士資格を返上することを選んだ[45]。

クリントン大統領およびその妻のヒラリー・クリントンを含むホワイトハウスのスタッフは、大統領府に対する捜査やその他の情報開示を拒否するにあたって大統領特権を多用したことで知られる[46]。例えば、農務長官（Agriculture Secretary）のマイク・エスピー（Mike Espy）が業者から不正な金銭や饗応を受けた嫌疑で一九九七年に特別検察官から、大統領府にエスピーの嫌疑に関係する八四点の文書の提出を求められたが、ホワイトハウスは、大統領特権を理由にそれを拒否している。この事件で、連邦巡回区控訴裁のウォルド（Patricia Wald）裁判官は、刑事事件の立件のために文書を求めるという特別検察官の請求のほうが大統領特権を上回るとして、ホワイトハウスの大統領特権に基づく開示拒否を認めなかった。ウォルドは、決定の中で、大統領特権は一般にはホワイトハウスのスタッフと大統領との議論や文書全般を含むコミュニケーションを保護するものであるが、今回の特別検察官の請求は拒むことはできないとした。[47]

他にも、議会からの文書提出請求に対して、大統領特権を盾に拒否した事案がある。これは、合衆国の麻薬撲滅運動にかかるクリントン大統領の政策に関係するＦＢＩのフリー（Louis Freeh）長官の文書が大統領の指導性について批判したものであり、執行部内部の対立、つまり政権内の政策不一致を示すものだとして、共和党主導の委員会が調査に乗り出したことに端を発する。クリントンは、執行部の内部文書は重要な国政上の決定を含むものであり、そこで述べられたプライバシーは守る必要があるとして、大統領特権を根拠に文書の提出を拒否した。この事案は、結局開示されないで終っている。

一九九六年には、ヒラリーがホワイトハウス内の旅行事務所の職員を「不正経理がおこなわれている」という理由で解雇し、のちにこの職員に対するＦＢＩの捜査を待つとした。しかし、このスタッフを解任した理由は、その後任にクリントン大統領とヒラリーの知人を就職させようとしたためではないかとの疑念が生じた。そのため議会はこの件の調査を開始し、三千件のホワイトハウスの旅行事務所の文書の開示を求めた。ホワイトハウスは、当初これを拒否していたが、のちに一部の文書については提出が行われた。その文書の中には、「これは大統領特権を主張して機密する文書」という記載がなされていたり、その秘匿文書の対象にヒラリーとスタッフが交わした文書までが含まれていることが分かった。[48]

他の憲法上の権限と同じように、大統領特権についても保護される利益との均衡を考慮して決められる。つまり、ちょうど大統領とそのスタッフには秘匿義務の必要性があるように、議会には憲法上の調査権限を実行するために大統領府の情報にアクセスしなければならない必要性も生じる。それゆえ、大統領特権の主張は、議会自身の憲法的役割を遂行するために必要な情報を得るという議会の正当な要求との均衡を考慮して決められる。それが議会によって用いられるか、あるいは、特別検察官によってかを問わず、そのような調査権限は、もちろん絶対的というわけではない。

4 緊急事態宣言権限（戒厳令、マーシャル・ロー）と大統領令（Executive Orders）

大統領の執行特権は大統領権限の幅広い裁量権を含む。大統領は必要と判断する場合には、大統領令を自らの監督する機関に対して行使することができる。それにより大統領は、行政上の規則、規制及び指示を与えることができ、それにより、連邦議会の承認を必要とすることなく強制力ある行政的行為を実行することができる。しかしこの権限は、歴史的には国家緊急事態への対応策として行使されてきた。この大統領権限について、憲法は必ずしも明示的に規定してはいない。行政権が立法権よりも迅速に緊急的事態に対応できるという組織的理由と大統領の最高司令官性に基づいて大統領令については理解されてきた。

とくに国家の緊急事態下に発せられるマーシャル・ロー（Martial Law）は、戦時下あるいはそれに準ずる国家的危機に対応するために、国民の権利を保障する憲法や法律の効力を一部停止し、兵力を用いて一定地域や全国を戒厳令下に置くことをいう。通常、行政権や司法権の一部ないし全部の権限を軍部の権力下に移行することでもある。これが、大統領の執行特権あるいは最高司令官権限を根拠として行使できるかどうかについては、憲法は明文上明らかではないが、そのような命令が大統領から出されることについては必ずしも否定されていないというにとどまる。したがって、マーシャル・ローは、究極の最終的権限行使であり、また頻繁に発動されるのものでないと考えられている[49]。

合衆国では、南北戦争時にマーシャル・ローが発令され、第二次世界大戦時には、地域レベルで発令された[50]。全国規模レベルのマーシャル・ローは、議会が合衆国憲法第一編八節一五項の「連邦の法律を執行し、反乱を鎮圧し、侵略を撃退するため、民兵の招集に関する規定を設けること」に従って実施できるものとされる。ただし、議会はこれまで一度もマーシャル・ローを発令したことがない。他方、憲法第二編二節一項の「大統領は合衆国の陸海軍と、合衆国の軍務に服するために招集された各州の民兵の最高司令官となる」、いわゆる大統領の最高司令官規定に従う場合は、大統領に発令権限があるものとされている。

マーシャル・ローの発令には大部分が共通する一般的特徴がある。つまりマーシャル・ローが軍事力の利用とその執行を前提とする点である。マーシャル・ローの内容にもよるが、基本的には、憲法的権利を一時停止し、民事および刑事法の施行を軍当局に委ねるということである。そのため、不合理な捜査からの自由、結社の自由や移動の自由のような特定の市民的自由は一時留保されることになる[51]。

(1)　マーシャル・ローによる裁判権と人身保護令状の交付制限

①　リンカーン（Abraham Lincoln）大統領による非常事態権限（Emergency Powers）

マーシャル・ローがどこまで憲法の人権保障条項を制約することができるのかについて、とくに人身保護令状（habeas corpus）が留保され、裁判を受ける権利まで制限できるかについては、南北戦争時に争われた。リンカーン大統領は、南北戦争前後に第一六代大統領として就任した。そのため、国家分裂の真っただ中で、奴隷制の解放も含め国家的危機を理由として最高司令官権限にもとづき緊急事態宣言を何度も発した。南北戦争の当初の一八六一年の七月に、議会は、リンカーン大統領のマーシャル・ローの発令を承認していた。[52] これらのマーシャル・ローにより連邦軍（北軍）は、反北軍者の逮捕と取り調べ及び裁判権を付与されていた。[53]

一八六一年の *Ex parte* Merryman 事件[54]では、分離独立主義者（secessionist）のメリーマンが南部連合の支持活動に従事したとして、メリーランド州ボルティモアの収容所に収監された。リンカーン大統領はマーシャル・ローによりメリーマンのため人身保護令状の交付を制限した。これに対し、メリーランド州の巡回裁判所のトーニー裁判官は、メリーマンの勾留は違法であり、大統領の命令を違憲だと判断して、人身保護令状の発給を認めた。しかし、リンカーンは、最高司令官権限に基づきこの判断を無視した。リンカーンは、合衆国に対する反乱が生じているという国家の非常事態下では大統領は議会の承認を得ることなく人身保護令状の効力を停止する超法規的権限を有すると主張した。

大統領による人身保護令状の発給権の制限が大統領権限の範囲内にあるかどうかについては議会権限との軋轢を生んでいた。この点につき、最高裁は、はっきりと本判決において、議会のみが、人身保護令状の発給権の制限をおこなうことができ、大統領にはそのような権限が憲法上ないとしていた。[55] しかし、議会が、リンカーン大統領のマーシャル・ローによる人身保護令状の発給権の制限を承認した一八六三年からは、北軍は南軍の兵士と南軍への同調者を逮捕拘禁する権限が与えられたものとし、通常裁判所ではなく軍事法廷で違反者を裁いていた。

② マーシャル・ロー下の人身保護令状の停止—— *Ex parte* Milligan 事件[56]

リンカーン大統領は、北部州における南軍支持派の拡大を懸念していたこともあって、北部州のいくつかの地域を軍事的コントロール下に置き、マーシャル・ローを発令していた。これにより、北軍当局は、北軍に反するとみなした容疑者を逮捕し、起訴することを可能としていた。しかし、一方で憲法第一編九節二項は明らかに人身保護令状の請求権を保障しており、身柄釈放を求めるアメリカ市民はその発給により救済を連邦裁判所に請求することができた。

連邦軍（北軍、Union Army）は、南北戦争中の一八六四年にミリガン（Milligan）を含む四名をインディアナで逮捕した。彼らは連邦軍の武器の窃取と捕虜としていた南部連合（Confederate）の兵士の脱走を企てたとして軍事裁判で絞首刑による死刑が宣告された。しかし、彼らは、この軍法会議を無効として人身保護令状による身柄解放を求め、インディアナの連邦地裁に提訴した。これが一九六六年の *Ex parte* Milligan 事件である。このミリガン事件では、合衆国内に武力衝突があるときに、大統領はこのようなマーシャル・ローの発令権を有するかどうかが争点であった。リンカーンの命令によりこの人身保護命令の通常裁判所への請求権は停止されていたが、最高裁が審理をおこない、すでに連邦裁判所のあるところで同裁判管轄区に居住する市民を当該地裁以外の軍事法廷で裁判する権限は議会にも大統領にもないこと、戦時中であるといえ、既存の裁判所が機能している場合に軍事裁判により民間人を裁判することは違憲であると、述べた。[57]

ディビス（David Davis）裁判官によって書かれた最高裁判決は、まず、憲法が民事事件については憲法第七修正により民事陪審を権利として認め、刑事陪審を受ける権利については第六修正ですべての市民に保障されている、としたうえで、「犯罪の嫌疑をうけたときに法に従って審理され、罰されるというのはすべてのアメリカ市民に認められた生得の権利である。……そして、法による保護によって人権は保障されている」[58]、さらに「憲法起草者たちは、権利について争うすべての者に対し公正な対応がとれることを保障するためこれらの条項を置いたのであって、軍法会議は、民間の裁判所が開廷できない場合、あるいは人民が危機に瀕しているときにのみ司法権について対応できるに過ぎない。つまり、マーシャル・ローは、司法権が機能しないところでのみ機能するに過ぎないのである」とした。[59]また、「市民的自由とマーシャル・ローとは相容れないものであり、それらに抵触があるときには、そのどちらかが滅亡しなければならない。国が、心から、憲法の原理に裏付けられ、また賢明で人道的な支配者を常に有するものだと期待するのは少しも正しくない。自由に対する憎悪と法を侮蔑する邪悪な人物や権力の野心家が、かつてワシントンやリンカーンがいた場所を占めることもある。そして、このマーシャル・ローによる幅広い権限が認められた場合、人間の自由に対する脅威は考慮するにそら恐ろしいものである」[60]と述べた。

こうして最高裁は、マーシャル・ローにより、大統領が人身保護令状の発給権まで否定することはできないとした。

③ 大統領の民兵召集権限――Martin v. Mott 事件[61]

一八一二年に、ジェームス・マディソン（James Madison）大統領は、英国による侵攻の可能性が急迫していると[62]して各州に民兵を出動させるよう命じた。この執行命令は、一七九五年の民兵法（Militia Act of 1795）[63]に従ったものであり、当時の連邦議会が同年の西ペンシルヴァニアにおけるウィスキー反乱（Whiskey Rebellion）のすぐ後に示された。[64]この執行命令に従って、ニューヨーク州のダニエル・トンキンズ（Daniel Tompkins）知事は、特定の民兵集団に呼びかけ、ニューヨーク市に集合するよう命令した。ジェイコブ・モット（Jacob Mott）は、その民兵の一人であるが、集合命令を拒んだ。そこでモットの不服従に対し軍法会議（court martial）が開かれ、九六ドルの罰金刑を課した。しかし、モットはその支払いを拒んだ。合衆国執行官のマーティンは、モットの動産を差し押さえたため、モットは自己の財産を回復する民事訴訟を提起した。ニューヨーク州裁判所はモット勝訴の判断をしたため、マーティンは合衆国最高裁に上訴した。[65]他方、モットは民兵の召集権はもともと知事にあるため大統領に召集を認める一七九五年民兵法は違憲であると主張した。

最高裁の全員一致判決を担当したジョセフ・ストーリー（Joseph Story）裁判官は、議会が憲法に従って民兵の召集とそのサービスを規制する権限の有効な行使をした場合には、その時点から、緊急事態の決定権は大統領だけに属し、その決定は他の全ての者に対して最終的であるとした。このような解釈は大統領権限自体の性質から、そして議会制定法によって意図された場合に必然的に生じるとした[66]。ストーリーは、この権限が突然の非常事態に対して、また州の通常ならざる事態に、そして合衆国の存在に不可欠であるとされる状況のもとで行使され、民兵の大統領の命令への迅速で躊躇のない服従は、目的を完全に達成するために不可欠であるとした。ストーリーは、議会が、民兵を確保し、規律に従って訓練する議会権限に従って、「一七九五年議会法」（Act of February 28, 1795）[67]を可決したものであり、この法では、「合衆国が侵攻を受けるか、または外国またはインディアンからの侵攻の急迫の危険性があるときはいつでも、合衆国大統領が相当数の民兵対応をとるために至便な州あるいは危機に直面している州から民兵を召集することは合法的であり、また大統領はこの緊急事態に民兵が必要であると判断することができ、大統領が民兵の統括責任者に対し適切な命令をすることは合法的なものである」[68]とした。

他方で、最高裁は、この役務が軍事的性質を有していることからその決定に際し、軽々に行使されるべきでないことを認めていた。つまり、「この権限はそれゆえ議会によって大統領に託されたのであって、疑いなく、かなり高度で慎重な扱いが必要とされる性質を持つ。自由人は軍事力の行使に自然に用心深くなるものである。民兵を召集し、現実に任務にあたらせる権限は、確かに通常ならざる事態である」[69]とした。

こうして民兵組織は植民地時代から存在していたため、当時は本来的には州の（知事の）権限に属するとの考えが強かったのに対し、最高裁は、憲法に規定する議会権限と大統領の最高司令官性に依拠して一七九五年の民兵法を含む一連の執行法（enforcement Acts）を合憲とし、大統領には民兵を召集し実務に当たらせる排他的かつ最終的権限を有するとし、民兵の召集権を州から連邦へと移行させた[70]。

マーティン対モット判決は、南北戦争時に迅速に大統領命令を行うというリンカーン大統領の決定を結局は支持する主要な先例となった。この判決は、最高司令官として大統領に実質的な権限を与え、大統領の執行権限を広くとらえる一連の最高裁判決の初期の判決であった。[71]

5　日系アメリカ人の拘留に関するマーシャル・ローと執行命令 ――Korematsu v. United States, 323 U.S. 214 (1944)[72]

ルーズヴェルト（Franklin Roosevelt）大統領は、第二次世界大戦中の一九四二年二月一九日に、日系アメリカ人だけを対象とした強制的隔離収容を大統領執行命令[73]によって実行した。ルーズヴェルト大統領は、日本軍によるパールハーバー攻撃を機として、破壊行為と妨害行為から合衆国を守るという理由により、特定地域（アメリカ西海岸）から日系人を砂漠地に設けた収容所に強制移動させた。[74]この戦争地域と指定したカリフォルニア州からの日系アメリカ人排除については軍司令官に実行させた。大多数の日系人はこの命令に対して従順に応じたが、このような執行命令が憲法に違反したと訴える日系人も存在した。

フレッド・コレマツ（Fred Korematsu）は、日系二世のアメリカ人であり、彼自身も強制収容の対象とされたが、執行命令に従わなかったため軍事命令を拒否した市民に対する連邦制定法違反でＦＢＩに刑事訴追され、有罪とされた。コレマツは、同執行命令は日系アメリカ人だけを対象としたものであり、憲法の平等条項に反すると主張した。上告審の合衆国最高裁は、六対三の多数判決でコレマツの主張を退けた。多数意見を執筆したヒューゴ・ブラック（Hugo Black）裁判官は、大統領による日系人の隔離命令を正当化した。ブラックの取った法理論は、一定の人種的集団の公民権を制限する法的規制の合憲性は、たしかに「直ちに疑わしい」（immediately suspect）ものであって、それに対しては「最も厳格な審査」（most rigid scrutiny）で対応しなければならないというもので、この点について、「単一の人種的なグループの公民権を縮小するすべての法的規制は直ちに疑わしいものとなる。このことは、すべてのそのような規制が違憲だと言っているわけではない。これについては裁判所が最も厳格な審査をおこなわなければならないということである」[75]とした。しかし、ブラックは裁判所がこのような疑わしい制限については厳格審査しなければならないと言いながら、日系アメリカ人の隔離には公共的必要性（public necessity）があるとして、同執行命令を合憲とした。つまり日系人だけを対象にしたことには、「緊急の公的必要性」が存在するのであって、日系人の間で国家に忠実な者とそうでない者とを分類することは不可能であり、したがって、このようなグループ全体に対する排斥は、公共の危険（public dangers）の存在によって正当化される、というものであった。[76]この点については、議会が軍当局側に権限を与えていたことからも正当化され、これらの施策は人種差別に基づくものではなく、戦争の一部でもある、とした。

これに対し、マーフィ（Frank Murphy）裁判官ら三人の裁判官による少数意見[77]は、多数意見よりも長文で示され、このような執行命令が憲法第一四修正の法の適正手続きに明らかに反するものであるとした。マーフィは、軍事的な判断には大きな敬意が払われなければならないが、問題となっている日系アメリカ人の隔離は憲法的権限の限界を超えるものであり、人種差別の底なし沼に落ち入るものである、とした。[78]また人種を理由とする多数意見の分類はあまりにも概括すぎであり、他国の侵入から国を守るという目的とは合理的関連性を有さないものであり、全ての日系人が、反国家的謀議活動に関与できるとの推定は非合理的なものである、とした。また、ジャクソン（Robert Jackson）裁判官は、最高裁が憲法原理の中に人種差別主義をおこなうことを正当化したことになるだけでなく、この判決により軍の指揮者はこれからも適宜憲法違反をおこなうであろうし、軍事的理由さえ示せれば、将来誰でもそれができることになる。そのため軍事当局が必要と判断したことを何でも是認するというように合衆国憲法を歪めることはできない、とした。[79]

この事件では、コレマツの訴えは退けられたが、[80]人種的差別事案の考え方に一つの方向性を与える憲法上の判断基準を与えることとなった。それは、ブラック裁判官が、人種を理由とする差別において考慮すべき法的評価のポイントとして示した理論構成であり、一定の人種的集団を対象とする公民権の制限に関するすべての法的規制は、まず「直ちに疑わしい」分類のカテゴリーに入り、その憲法的許容性については、「最も厳格な審査」によって対応しなければならないとの「疑わしい分類」(suspect classification) の法理を示した点である。この見方は、最初に分類を疑わしい (suspect) であるかどうかを確認し、つぎにそれを厳格な審査に従わせるという二段階分析であり、立法上の違法な動機の問題に対処するためのいわば遠回しの判定方法といえる。ただし、ブラックがこの設定した基準を本件のような人種差別的事件（当時の交戦国であったドイツ系やイタリア系のアメリカ人に対する収容はなかった）に適用せず、公共的必要性で合理化したことは、のちに批判されることになる。[81]

6　第二次世界大戦終了後の執行命令

(1) 最高司令官権限による戦時下を理由とする民間工場の接収 ―― Youngstown Sheet and Tube Co. v. Sawyer 事件[82]

第二次世界大戦終了後の一九五二年に、米国鉄鋼労働者組合 (United Steel Workers of America) は、賃金安定化委員会 (Wage Stabilization Board,WSB) が提案した賃上げ額を拒否し、全国的ストライキを五日後に開始する旨の通知を使用者側に与えた。それを受けてストを決議していたヤングスタウン鉄鋼工場は、争議行為からストに打って出た。これに対抗してトルーマン (Harry Truman) 大統領はその鉄鋼工場の経営権の接収を命じる執行命令を出した。[83] この事件で、トルーマンは、当該鉄鋼工場でストライキがおこなわれた場合には、朝鮮戦争に備えた軍需物資の製造に関して深刻な影響を与え、ひいては国内経済全体に影響すると判断し、ストライキの数時間前にソーヤー

（Charles W. Sawyer）商務長官に対し朝鮮半島における戦争状態を理由として、「商務長官に対する特定の鉄鋼会社の工場や施設を接収し操業する命令」と題する大統領命令を発した。トルーマンは、「今、私は、合衆国大統領及び合衆国軍隊の最高司令官として、合衆国の憲法及び法律によって私に帰属する権限に基づき、次のとおり命令する」[84]と述べて、戦時下による最高司令官権限を根拠に大統領命令により当該鉄鋼工場を差し押さえた上、操業の継続を命じた。これは、別名、鉄鋼工場接収事件（Steel Seizure Case）として知られる。

トルーマンが接収の根拠法としたのは、タフト・ハートレー法（Taft-Hartley Act）[85]にある「国家緊急条項」[86]であった。すなわち、同法は、大統領は全国的ストライキの危険を認識したときには、まず調査委員会を設立し、その後に、必要があれば、八〇日間のストライキ差止めを命じることができるとしていた。問題は、タフト・ハートレー法は、労働紛争の解決のために接収とは別の方法を予定している点にあった。そのためこの大統領命令の合憲性が争われた。合衆国最高裁は、六対三の判決でこうした行為が議会の「立法権」に属するものであり、大統領は憲法上の権限を逸脱したとの判断を下した。大統領による接収の承認を議会自体が拒否していたという事実に基づいて大統領権限を否定したのは、多数意見を構成した六人のうち四人の裁判官（相対的多数）であった。そのため直ちにこの執行命令が違憲とされたのではなく、議会が特別の法律によって大統領の執行命令の実施を裏付けた場合と、それが存在しない場合とで異なることを示した[87]。

(2) イラン革命によるアメリカ大使館不法占拠を理由とする大統領権限

一九七九年一一月一四日に、イランで革命がおこり、多数の市民がテヘランにあるアメリカ大使館に侵入し、占拠する事件が発生した[88]。カーター（Jimmy Carter）大統領は、一九八一年二月に執行命令を発し、合衆国内のイラン人の経済活動と資金の凍結を命じた。続いて、この命令に関連するどのような訴訟も停止、無効とするとした。このような国際情勢の中で、Dames & Moore v. Regan 事件[89]では、この執行命令に起因する損害について在米のイラン人法人のデイムズとムーワが、米国財務当局を相手取って損害賠償訴訟を連邦地裁に提起した。原告らは、イランの米国内子会社が、イラン原子力団体と契約を結んでいるため、その経済的利益の三億ドルは原告らに帰属するとする民事訴訟を予定していた。

最高裁は、八対一の判決で、執行府の一連の行政行為を支持した。レンキスト裁判官は、イラン人の財産移動に関する執行命令については議会が承認を与えているものであるとし、執行特権を認めた過去の決定を参照することによって、この命令は、「国際緊急経済権限法」(International Emergency Economic Powers Act, IEEPA)[90]に基づいて付与されていると判断した。[91]最高裁は、「国際緊急経済権限法」それ自体が大統領による関連訴訟の提起を阻止させる権限を認めるものではないが、議会は、訴訟を和解させる行政当局の決定を「暗黙裡に認めていた」(implicitly approved)とし、特別な制定法がなくとも連邦裁判所に対するそれらの訴訟提起を停止することができるとした。[92]

最高裁は、当該執行命令は差し押さえ等の訴訟提起を無効とするにとどまり、財産の譲渡に関しては議会の承認を得るとしていること、[93]さらに、「国際緊急経済権限法」では、大統領が国際的危機を対処する場合の権限の範囲について明らかに示されていることから大統領は執行命令に基づき当該訴訟提起を制限できる権限があるとした。[94]

(3) トランプ大統領による特定国出身者等の入国禁止執行命令
——Trump v. Hawaii, 201 L. Ed. 2d 775 (2018)

第四五代トランプ大統領は、議会との擦り合わせや意向にはあまり配慮することなく、ホワイトハウスに入るやいなやほぼ毎日のようにこの執行命令(大統領令)を連発したことで知られるようになった。

トランプ大統領が就任早々の二〇一七年一月二七日に署名した「イスラム国出身者の入国を禁止する」大統領令（Executive Order No. 13,769, TRAVEL BAN 1.0 といわれる）は、シリア、スーダン、ソマリア、イラク、イラン、リビア、イエメン国出身者の入国を一時禁止し、シリアからの難民は無期限に、他国からの難民は一二〇日間の受け入れを禁止した。大統領令は、署名後すぐに発効することもあって米国内外の空港で出入国管理上の混乱を招き、また各地で反対のデモが起った。

アメリカ自由人権協会（American Civil Liberties Union, ACLU）などの人権保護団体は、各地の連邦地裁にこの大統領令の差止めを求める訴訟を提起した。同年一月二八日に、まずニューヨーク東部地区連邦地裁は、空港で身柄拘束された難民や移民が自国に送還されるべきではないとして、当面の大統領令の一時的執行停止を認めた。その後、シアトル、ハワイ等の連邦地裁で、同様の差止めが認められ、控訴された連邦控訴裁でもそれが認められたため、トランプ大統領は、最初のイスラム教国出身者の入国禁止について修正を加えた新たな大統領令を発し（二〇一七年三月六日の Executive Order No. 13780。これは TRAVEL BAN 2.0）、引き続いて、九月二四日に「大統領宣言」（President's Proclamation No. 9645、これは TRAVEL BAN 3.0）[95]を発した。

この入国禁止に関する大統領宣言について、ハワイ州を含む複数の連邦地裁が、これまで二〇一七年九月に発表された入国規制を差し止め、同宣言が合衆国憲法第一修正の国教条項に反して、「移民及び国籍法」（Immigration and Nationality Act, INA）のもとの大統領の権限を越えたと認定し、入国禁止の仮差止め（preliminary injunction）命令を発した。さらに控訴された第九巡回区連邦控訴裁でも地裁の判断が支持されたため、合衆国最高裁にその合憲性に関する判断が委ねられた。最高裁での争点は複数あるが、大統領令やその宣告内容についてであり、それがイスラム教国を狙い撃ちし、特定の宗教国の出身者の入国を禁止することによって憲法の国教条項（Establishment Clause）に違反するかどうかであった。

二〇一八年六月二六日に、合衆国最高裁は控訴裁判所の判断を覆し、複数のイスラム圏からの入国規制措置を支持する判決を下した。[96]最高裁は「移民及び国籍法」においても、国教条項に基づく請求についても、入国規制が合衆国の移民法や憲法第一修正で保障された宗教の自由に反することについて、原告が十分な証拠を提示できなかったとし、大統領宣言の仮差止命令を取り消し、下級裁判所に事件を差し戻した。

五対四の二つに割れた最高裁判決は、最高裁首席裁判官のジョン・ロバーツ（John Roberts）が執筆した。ロバーツは、「合理性の基準（合憲推定）」審査（rational basis review）を適用し、大統領に対する敬意（deference）を強調した。[97]ロバーツは、原告が違憲の根拠とした入国禁止について、第二次大戦中に日系アメリカ人を強制的に収容所に隔離するための大統領権限を正当化した最高裁判決であるコレマツ判決と本件宣言との比較について、「戦時中の行為は客観的に見て違法であり、大統領の権限を超えていた」としながらも「（コレマツ判決のような）不道徳な判決を、特定の外国人の入国を禁止する中立的な政策と比較するのは適当でない」とその主張を拒否した。[98]

最高裁は、当該宣言が大統領の制定法上の権限に反するものではないし、国教条項にも反していない、とした。また、二〇一七年九月の大統領宣言は、連邦移民法のもとに大統領の権限を越えるものであるとする原告のハワイ州の議論を考慮し、「移民及び国籍法」（Section 1182（f）of the Immigration and Nationality Act）のもとで、大統領は米国に非市民の入国を停止するための「幅広い裁量」（broad discretion）を有しているとした。

原告の国教条項違反の主張に対して、最高裁の多数意見は、当該宣言は、特定の宗教を支持するものでも排斥するものでもないとした。むしろ、当該宣言では、とくにイスラム教徒国が規制の対象となっていないし、またいくつかの非イスラム教徒国も規制の対象になっていることからも、この宣言が反イスラム的敵意に基づくものではないとする政府主張を裏づけるものとなるとした。

多数意見に対する反対意見の中で、ソニア・ソトマイヨール（Sonia Sotomayor）裁判官は、多数意見が、「事実を無視し、法的な先例を誤解し、当該宣言がその大部分が合衆国市民である無数の家族や個人に負わせる苦痛を見て見ぬふりをする」[99]ものだと批判した。ソトマイヨールは、最高裁のこれまでの先例がこのような事案の場合より高いレベルの審査（higher level of scrutiny）を求めているもかかわらず、多数意見が誤って審査の合理的根拠標準（rational basis standard of strutiny）を適用している、とした。ソトマイヨールは、トランプによる大統領選中のさまざまな発言を挙げ、「分別ある者ならば、この命令がトランプ氏のイスラム教への敵意による政策であると判断するだろう」と述べた。また、本判決は、第二次世界大戦中に日系アメリカ人の強制収容を支持した一九四四年の最高裁の判決と「非常に似ている」とも指摘し、多数意見が「コレマツ判決に貫徹する同じ危険な論理を転換させたものであり、たんに一つの『深刻に間違った』判決を別なものに替えただけである」[100]とした。この反対意見にルース・ギンズバーグ（Ruth Bader Ginsburg）裁判官も加わった。

7　大統領の議会対策と法案拒否権

(1)　一般教書演説（State of the Union Address）

アメリカ合衆国では、大統領が議会内で活動することは極めて限定されており、大統領といえども議会の求めがなければ議会に自由に出入りすることができない。この事情は、日本のように国会での法律案の審議が議員による政府（行政府）への質疑を中心としておこなわれ、国会における政府（行政府）の活動が重要視される制度とは異なる。法案の提出も大統領が直接おこなうことができず、大統領の「一般教書演説」によって議会に立法的対処を求めるにとどまる。

大統領は、憲法第二編三節一項の「大統領は、随時連邦議会に対して、連邦の状況に関する情報を提供し、自ら必要かつ時宜に適すると思う施策についての審議を勧告する」に基づき、国の現状に関する大統領の見解を述べ、主要な政治課題を説明し、適時適切と思う立法政策（legislative agenda）を議会に勧告するにとどまる。これが大統領の「一般教書演説」である。もっとも憲法は、この点に関する特定の行為について具体的に規定していないため、大統領は伝統にもとづいて一月か二月初めに一般教書演説をおこなうことになっている。[101]

一般教書演説は連邦議会の上院と下院の合同会議（joint session of the United States Congress）の議員を対象におこなう演説である。そのことから、議会に対する政策施行の勧告としての側面だけでなく、事実上、世論への訴えや世論形成という意味も持つ。[102] 通常、演説の行われる午後八時三〇分に両院の議員や関係者が下院議場に集合する。夜の九時過ぎに[103]下院守衛長（House Sergeant at Arms）が下院議場入口への大統領の到着を確認すると、「議長閣下、合衆国大統領です」（Mister/Madam Speaker, the President of the United States!）と大声で告げる。[104] 拍手の中を大統領が入場してくると、下院議長が「議会の皆さん、私は大いなる特権と名誉をもって合衆国大統領を皆様に紹介いたします」と両議院の議員に告げる慣わしとなっている。

(2) 法案拒否権（veto power）

議会権限との関係で重要な大統領の権限は、大統領の法案拒否権である。これにより、大統領は議会の両院が可決した法律案を一〇日以内に理由を付して議会の先議した院に差し戻す（つまり拒否する）ことができる。[105] 法案拒否権の影響は大きく、実際に頻繁に行使されるものではないが、事前にこの拒否権の行使をほのめかすことで議会審議中の法案の内容に影響を与えることができる。他方で、大統領自身が必要性を認めている法律案ではあっても議会の多数派が大統領の提案に一歩も引かないときは廃案になる可能性がある。そのような場合には、世論に向けて議会と大統領が相互に非難し合い、廃案の責任を押し付け合い、議会の機能が果たされないことが生じる。そこで大統領が議会の立法権にどこまで拒否権を行使できるかは微妙な問題である。

この点で問題になったのは、Train v. City of New York 事件[106]である。この事件では、一九七二年の「連邦水質汚染規制修正法」（Federal Water Pollution Control Act Amendments of 1972）によって、水質汚濁の防止及び規制の包括的プログラムを定めていた。しかし、ニクソン大統領は、連邦議会が州政府に対して承認したこのプログラムによる補助金の全額支出をおこなう責務はないと考え、補助金のうち相当額の支出を留保した。これが連邦議会によって追認されたことにより連邦環境保護局（ＥＰＡ）のトレイン（Russell E. Train）長官が、大統領の指示を実行した。その結果、連邦補助金を当て込んで上下水道の公共工事を計画し、補助金を業者に支払うべく予定していたニューヨーク州をはじめとして、補助金を申請していた州内の自治体は、補助金の全額支払いをすべきであるとの宣言判決（declaratory judgment）を求めてクラス・アクション訴訟を提起した。

コロンビア特別区連邦地裁は、原告が求めたサマリー・ジャッジメント（正式事実審理を経ない判断）を認めた。コロンビア特別区控訴裁は、地裁決定を支持し、一九七二年連邦水質汚染規制修正法のもとでは連邦政府は予定された補助費の全額の支出をおこなわなければならない、とした[107]。そこで、トレイン長官が合衆国最高裁に上告した。

合衆国最高裁は、議会によって授権されない限り、大統領が議会によって承認された基金を一時的に留保する権限を有しないとした。したがって議会からの授権がないのであれば、大統領は環境保護計画基金の相当部分の留保命令を出すことができず、またこのような留保をおこなうことによって議会の意思を妨げることができないとした。そもそもこのような大統領による法案の骨抜き的戦略は、一九七四年の「議会予算及び没収抑制法」（Congressional Budget and Impoundment Control Act of 1974）[108]よりも以前に提起されていたが、事件自体は、同法案が成立した後に生じた。それでも、最高裁は、大統領の留保をおこなう権限には限界があり、大統領は議会によって承認された予算権限（budget authority）の行使の目的とその範囲内でのみそのような措置をとることが許されることを示した。

もともとこの法案について大統領は実際に法案拒否権を発動したが、再び議会がそれを通過させたこともあって、環境保護計画基金の相当部分を留保する命令は出すことができないとされた。[109]

ポケット・ビート（Pocket veto）

他方で、大統領が両院可決済みの法案を一〇日以内に議会に還付しないまま議会が休会になってしまうと法案は不成立となる。これは、大統領が議会の休会を見込んで法案をポケットにしまって拒否することからポケット・ビート（放置による拒否権）という。ただし、大統領が法案を拒否しても、憲法第一編七節二項（法律制定手続き）によって再議する院がそれぞれ三分の二以上の多数で同一法案を可決すると法律となる。しかし、この手続きはハードルが高く、まためったに生じない。[110] 確かに、大統領による法案拒否権は、議会に対して十分な威嚇力を有する。他方で、議会によって推し進められる法案は、そもそも大統領府からの発案と要請に基づくことが多い。それは先に見たように大統領が両院でおこなわれる一般教書演説の中でも具体的に提案するからである。また仮に議会が、大統領の法案の発議に呼応せずに休会していても、大統領は、特別議会を招集することができる。

8　大統領の連邦行政官任命権と解雇権

合衆国大統領は、合衆国憲法第二編二節二項に基づき、いくつかの異なる指名権限を有している。そのため、次期大統領に選ばれた新大統領はホワイトハウスで執務を開始するまでに約六千名の新しい連邦行政官を指名しなければならない。これは大統領が自ら推し進めようとする政策の実行を滞りなく効率的に進めるために、政府機関の要職者や自らのスタッフについて任命権者の裁量により、専門的な政策能力や政治的忠誠心などに基づいて自らの意向で任命するという、いわゆる「政治的指名」（political appointment）が重視されているからである。官僚組織の年功序列や順送りに配慮するのではなく、自らの政策方針に従った思い切った人事や大胆な指名を可能にする。その一方で、高額の選挙資金寄付者や選挙協力者に対する論功行賞としての任命や、自分の家族や「腹心の友」を重用するという自己利益や党派性むき出しの人事が行われるという問題がある。この指名にはホワイトハウスの行政官、連邦政府の高官から、合衆国外交団のメンバーまでを対象とする。さらに大統領は、欠員の出た終身の連邦裁判所判事（Federal Court Judges）、大使（Ambassadors）と各省長官（Cabinet Ministries）の指名権を有する。これらの大統領の指名については、議会上院の助言と同意（advice and consent）が必要となる。この上院の助言と同意については、大統領と上院の多数政党が異なる場合であっても大統領の意向が一般的には尊重される。

① 解任権

大統領はまた、任命だけではなく、大統領スタッフを解任する権限を有する。しかし解任をめぐっては、議会との間に対立が生じることもある。南北戦争後の再建期において、議会は大統領の解任権を明確に制限するため、「連邦政府職員任期法」（Tenure of Office Act of 1867）[111]を成立させ、大統領が、上院の助言と承認なく意図的に政府職員を解任することを禁じた。

しかし、最高裁は、Myers v. United States 事件[112]において、大統領による連邦高官（郵政長官）の解任権を制限できないとしていた。この事件は、オレゴン州のポートランドの第一級郵便局長がウッドロー・ウィルソン（Woodrow Wilson）大統領によって罷免されたことに端を発する。「連邦政府職員任期法」によれば、大統領が郵便局長を解任するためには、上院の助言と同意（advice and consent）を得なければならないとされていた。郵便局長のマイヤーズ（Myers）は、彼に対する解雇は同法違反であり、四年間分の未払い賃金を受ける権利があると主張した。大統領は、最初に上院に相談することなく同局長の辞任を求めた。そのため大統領は上院の助言及び同意で任命された合衆国の官吏を自由に解任する排他的な権限を有するか、が争点となった。

合衆国最高裁のタフト（William Howard Taft）首席裁判官は、合衆国憲法会議の議論から始め、大統領の指名権に関する立法上および裁判上の歴史を調べ、長文の法廷意見を述べた。タフトは、憲法自体が大統領の合衆国の官吏の指名について言及している一方で、その解任に関しては言及がないこと、また憲法会議が合衆国の官吏の解任に言及していないのは、大統領が自分のスタッフを解任する排他的な権限を持つことが、憲法に内在すると信じたからであるとした。そこで、「連邦政府職員任期法」が、上院の助言と同意を受けて大統領によって指名された合衆国官吏を解任することを妨げている限りにおいて同法は行政府と立法府の間の権力分立に違反するものであり、違憲であるとした。しかしマクレイノルズ（McReynolds）裁判官は、少数意見で、先例に関する長文の検討の後に、上院による明確な抑制があるにもかかわらず、大統領が上院の同意で指名した公務員を気まぐれで解雇できるとすることを私は受け入れることができない、と述べた[113]。

大統領による連邦職員の解雇権については、Humphrey's Executor v. United States 事件[114]においても問題となった。フーバー大統領は、ハンフリーを連邦取引委員会（Federal Trade Commission, FTC）長官に指名し、上院もこれを承認した。しかし、ローズヴェルト大統領は、ハンフリー長官が保守派あり、ローズヴェルトのニューディール政策の賛意を示していないこともあって、政治的な意見の相違を理由として彼を解任した。それにもかかわらずハンフリーはその職に止まって辞めようとはしなかった。その後ハンフリーは死亡したため、彼の遺産管財人が原告となってハンフリーの失われた給料を回復するために訴訟提起した（そのため、当事者が Humphrey's Executor となっている）。

最高裁は、まず政府高官（executive officers）とそれに準じる公務員（quasi-legislative or quasi-judicial officers）とに分類し、前者については大統領の希望により奉職するものであるから大統領の裁量によって解雇できるが、後者の解雇は、議会の定める法律による手続きに従う必要があるとした。この判断は、最高裁の全員一致でなされており、連邦取引委員会長官は政府の高官ではないから、大統領によるハンフリーの解雇は正当性を持たないとした。サザーランド（Sutherland）裁判官は、憲法はこれまで大統領に「解任に関する限界のない権限」を与えてきたわけではない、とした。連邦取引委員会は準立法的及び準司法的機能を果たすために議会によって創設された組織であり、連邦取引委員会の職員解任権を制限する議会の権限を支持した上で、大統領はたんに政治的立場を理由として連邦取引委員会のメンバーたる長官を解任できないと決定した。

9　外交特権（Foreign Affairs）

合衆国憲法のもとでは、合衆国大統領は、外交（Foreign affairs）（合衆国憲法第二編七節二節）、外国とのコミュニケーション（Communicate with other nations）、外国政府の承認等（Recognize foreign government/make executive agreement）、大使の任命と統括（Control ambassadors）（ただし上院の三分の二以上の賛成による承認が必要）、および、条約の締結権（Treaty Power）（ただし上院の三分の二以上の賛成による承認が必要）を有している。

これにより大統領だけが合衆国と外国との関係に対して外交上の責任を負う合衆国の当事者となる。大統領は、上院による承認によって大使、外交官や領事を指名するだけでなく、外国からの大使および外交官を受け入れる。また大統領は外国政府とのすべての公式接触をおこなう。通常は、自ら国際会議に出席し、他国の大統領や首相と個別に会談をおこなうことができる。大統領は世界的リーダーとひざを交えて、経済及び政治問題について意見交換をおこない、合意に達することを試みる。他方、上院が出席議員の三分の二をもって条約に同意する承認権を持っており、事実上、議会の大統領の外交特権に対する強い抑制権となっている。

10　恩赦権限（Pardons Power of Clemency）

合衆国憲法では、大統領の恩赦規定がある。米国憲法第二編第二節一項は、「大統領は合衆国に対する犯罪に関して、弾劾を除いて刑の執行の延期と恩赦をおこなう権限を有する」と、刑執行の延期または恩赦を認める権限を大統領に与えている。このような大統領の恩赦と減刑権は温情（clemency）権とも称されている。大統領は、この権限によって、議会によって弾劾された者に対しては恩赦することはできないが、議会の関与なしに対象者を恩赦することができる。[115]

大統領によるこの権限は、「恩赦」（pardon）または「減刑」（commutation）によっておこなわれる。[116]恩赦は、認定された犯罪に対する公式の容赦である。いったん恩赦が下されると犯罪のためのすべての刑は放棄される。大統領は、司法省内に恩赦を求めるすべての要請を調査するための恩赦弁護士事務局（Office of the Pardon Attorney, OPA）を設置している。OPAは、大統領のこの権限の行使にあたって忠告し、援助する司法省内の機関である。これは一八五〇年代から始まった。当時、連邦議会は司法長官（Attorney General）の直近のスタッフに温情請願の処理に関する基金を与え、のちにこの恩赦弁護士事務所を司法省の中で別の組織として確立した。[117]

大部分の恩赦事案は、裁判所の見落とし、とくに連邦量刑ガイドライン（Federal Sentencing Guidelines）を考慮してもあまりにも量刑が厳しいとみなされる場合に認められる。[118]しかし、大統領による恩赦が政治的動機によるものである場合には論争の的となる。例えばウォーターゲート事件でのニクソン元大統領の刑事訴追に対するフォード大統領による恩赦は論争を呼んだ。また、ブッシュ・ジュニア大統領は、フセイン体制が大量破壊兵器を保有していというイラク戦争の正当性に疑問を投げかけた者を批難するため、その者の妻がＣＩＡのスタッフであることを暴露したことにより議会の告発によって偽証罪で有罪とされたルイス・リビーの量刑減刑を認めた。大統領の恩赦と減刑権限は、このように大統領の関係者が大統領の利益のために犯した罪から解放するために政治的な利用がおこなわれる。他方で、ジミー・カーター大統領のようにカナダに逃亡したヴェトナム徴兵忌避者全員に恩赦を授けるなど特定グループの全員を許すために包括的な恩赦を出すこともできる。

恩赦について大統領にリストに挙げる前に考慮される重要な要素は、⑴有罪を受けた後の行動、性格、および評判、⑵犯罪の重大性、⑶責任、反省および償いの受け入れ、⑷恩赦による救済が必要な特別の理由、そして⑸官職者からの推薦と当該犯罪の起訴に関与した部局からの報告書の内容、である。大統領の恩赦は、申請者の犯罪によって失われた種々の権利を回復し、有罪判決から生じた汚名をある程度少なくするが、それは申請者の有罪の記録を抹消するものではない[119]。

大統領の判断のための申請者リストは慎重に用意され、大統領は、大部分の温情申請については、伝統的に当局の推薦に依拠しておこなう。しかし誰に温情的処分を下すかは大統領の恩赦権の裁量次第である。大統領の恩赦権限は、大統領によって単独で行使されるからである。司法省またはホワイトハウスでは温情申請に対するいかなる聴聞もおこなわれない。確立した方針として、大統領による温情申立の許諾または拒否決定の具体的な理由についてもホワイトハウスや司法省は開示しない。しかも、例えば温情申請に対する大統領への推薦のような大統領の意思決定のための文書は、情報公開法のもとでも開示請求ができない。

大統領の決定については、司法省副長官と恩赦弁護士に書面で通知される。この大統領の決定に対してはどのような公式の「上訴」権もない。申立てに成功しなかった者は、猶予期間を満たした後に再度申請することができる。減刑（commutation）に関する温情申請者については、否定された場合、一年後に再志願することを許可される。恩赦の申請者は、否定された日付の二年後に再志願することが許可される。

トランプ大統領は、二〇一七年八月、不法移民に対する過剰で強引な取締りをおこなうため、不法移民と疑われる人を標的とした人種差別的取締りを中止するよう命じた裁判所の職務停止命令を無視した容疑で有罪（侮辱罪）宣告を受けていたアリゾナ州の元郡保安官ジョー・アルパイオに、恩赦を与えた。トランプ大統領は、同元保安官のことを「犯罪と不法移民のまん延から国民を守る仕事に生涯を賭けた」と称賛し、恩赦の理由を説明した。これに対しては、アリゾナ州選出の故ジョン・マケイン上院議員や、ジェブ・ブッシュ元フロリダ州知事などトランプと同じ共和党の有力者はこのような恩赦は妥当でないと批判した。[120]

また、これとは別に、二〇一六年の大統領選挙時の対立候補者であるヒラリー・クリントンに対する選挙妨害を意図する不利益情報の流布についてロシア当局の協力を得たとの疑惑、いわゆる「ロシアンゲート」に絡んで、トランプ米大統領が自分のスタッフ、弁護士、家族、側近のみならず、あるいは自分自身に対する恩赦をおこなう可能性について示唆し、問題となった。というのも、トランプ大統領自身が、ツイッターで「大統領は自らを恩赦する完全なる権限（パワー）を所有している」として、その可能性を認めたからである。しかし、大統領の恩赦権限を大統領自身に対して実行した例はない。弾劾に追い込まれて辞任したリチャード・ニクソン元大統領も、弾劾寸前まで追い詰められたビル・クリントン元大統領も自らを恩赦するということは話題にもならなかった。その恩赦の可否についての議論は学問的には存在する。これに対しては、大統領は自らを恩赦する権限を持っていないという考え方が一般的であり、その理由は、「自らの事案に関して自ら裁判官にはなれない」という論拠である。このことを見越してトランプの個人的弁護士は、「それが認められるかどうかを決めるのは合衆国最高裁だ」と述べている。[121]

1　この点については、Daniel A. Farber & Suzanna Sherry, A History of the American Constitution（3d., 2013）151–60に詳しい。また William Ewald, *James Wilson and the Drafting of the Constitution*, 10 U. Pa. J. Const. L. 901（2008）参照。

2 大統領の「指定生存者」については、テレビドラマ化されている。アメリカＡＢＣテレビ『サバイバー・宿命の大統領』（Designated Survivor），2016 TV series　参照。

3 核のフットボール（nuclear football）という核兵器のボタンは、革製のアタッシュケースに収納された核兵器発射装置のことを言う。この名称は、フットボールゲームの drop kick というボールを足元に落として遠くに蹴り飛ばすプレイの名称から来たとされている。

4 *See* Akhil Reed Amar, *Presidents, Vice Presidents, and Death: Closing the Constitution's Succession Gap*, 48 ARK. L. REV. 215（1995）and Eric A. Richardson, COMMENT: *Of Presumed Presidential Quality: Who Should Succeed to the Presidency When the President and Vice President are Gone?* 30 WAKE FOREST L. REV. 617（1995）.

5 Brig Army Warwick, et al, 67 U.S. 635（1862）.

6 *Id.* at 670.

7 *Id.* at 698.

8 一九七三年戦争法決議（War Powers Resolution）は、戦争権限法（War Powers Act）（50 U.S.C. 1541–1548）としても知られている連邦法であり、議会の権限なしに軍事力を用いた紛争に合衆国を巻き込む大統領の権限をチェックする目的で制定された。

9 Hamdi v. Rumsfeld, 542 U.S. 507（2004）.

10 軍事力使用権限法（Use of Military Force ,AUMF），115 Stat. 224は、アメリカ市民の勾留を認めるものであり、AUMF 規定の18 U.S.C.S. § 4001（a）により、当該勾留が議会による制定法に従ったものでなければならないとされている。

11 近友（prochein ami）、または訴訟後見人。未成年者等または法的に十分な能力を持たない人に代わって訴訟行為を行う人. cf. Guardian ad Litem.

12 Habeas corpus は、「身体を保持する」（you may have the body）の意味であり、ある者に対する勾留または収監が不法なものである時に、身柄拘束からの解放を求めて裁判所に救済を求める手続きである（28 U.S.C.S. § 2241）。

13 Hamdi v. Rumsfeld,　542 U.S. at 509.

14 *Id.* at 516.

15 *Id.* at 521–22.

16 *Id.* at 533.

17 Rasul v. Bush, 542 U.S. 466（2004）

18 *Id.* at 484.

19 もっとも、これとて絶対無制限な特権というわけではない。*See* Saikrishna Bangalore Prakash, SYMPOSIUM: *A Critical Comment on the Constitutionality of Executive Privilege*, 83 MINN. L. REV. 1143（1999）.

20 とくに、RAOUL BERGER, EXECUTIVE PRIVILEGE: A CONSTITUTIONAL MYTH（1974）は、ニクソン事件を分析したうえで大統領権限を限定的なものとする厳格解釈による先駆的で優れた研究書である。さらに、Prakash, *supra* note 19 も大統領権限につき厳格説に立つ。

21 Curtis A. Bradley and Trevor W. Morrison, *Presidential Power, Historical Practice, and Legal Constraint*, 113 COLUM. L. REV. 1097（2013）; Gia B. Lee, *The President's Secrets*, 76 GEO. WASH. L. REV. 197（2008）.

22 New York Times Co. v. United States, 403 U.S. 713（1971）. 参照、服部政男「国家秘密：New York Times Co., v. United States」別冊ジュリスト『英米判例百選Ｉ公法』（一九七八年）一〇八頁。

23 Majority Opinion: J. Black, J. Douglas, J. Brennan, J. Stewart, J. White, and J. Marshall. Minority Opinion: C.J. Burger, J. Harlan and J. Blackman.

24 *Id.* at 715.

25 *Id.* at 724.

26 *Id.* at 729.

27 United States v. Nixon, 418 U.S. 683（1974）.

28 *Id.* at 706.

29 *Id.* at 710.

30 Jones v. Clinton, 869 F. Supp. 690（E.D. Ark. 1994）; Jones v. Clinton, 72 F.3d 1354（8th Cir.）（1994）.

31 一九九四年五月、クリントンは、訴訟を避けるための和解策を交渉した。ここで、クリントン側が出した和解声明文の文案は次のようなものだった。「一九九一年五月八日、エクセシオール・ホテルの一室でポーラ・ジョーンズに会った記憶はない。だが、そこで会ったという彼女の主張に反論はしないし、彼女に以前会っているかもしれない。彼女がみだらな行動を取った事実はない。彼女の行動に対する、人格と名誉を損なう事実無根のいいがかりは遺憾である。私自身の行動に関する今までの発言については、これ以上のコメントを差し控える」。

32 Susan Webber Wright 裁判官は、アーカンソー大学ロースクール（University of Arkansas School of Law）で、当時のクリントン大統領の担当する不法行為法科目の履修生であった。

33 Jones v. Clinton, 869 F. Supp. 690（1994）.

34 Jones v. Clinton, 72 F. 3d 1354 (1994).

35 William J. Clinton v. Paula C. Jones, 520 US 681 (1997).

36 *Id.* at 706.

37 *Id.* at 709-10.

38 これについては、Randall K. Miller, *Special Presidential Impeachment Section Essay: Presidential Sanctuaries after the Clinton Sex Scandals,* 22 HARV. J.L.& PUB.POL'Y 647 (1999) 参照。弾劾審理を目前に控えての和解だったが、地裁の決定を受けて、以前大統領が提示していた和解案にはとらわれなかった。

39 *See* Mark J. *Rozell, Something to Hide: Clinton's Misuse of Executive Privilege,* 33 POL. SCI. & POL. 550 (1999).

40 United States v. Nixon, 418 U.S. 683 (1974).

41 Johnson 裁判官の一九九八年命令。*See In re* Grand Jury Proceedings, 1988 WL 272884 (1998) at 2.

42 このスター報告書を執筆したのは、トランプ大統領が退任したケネディ合衆国最高裁裁判官の後任として推薦した最保守派で知られるキャバナー (Brett Kavanaugh) 判事である。スターレポートについては、*see* Washingtonpost.com Special Report: *The Starr Report Narrative* https://www.washingtonpost.com/wp-srv/politics/special/clinton/icreport/6narritii.htm (visited October 10, 2016.)

43 *See* Rozell, *supra* note 39. このクリントン大統領のスキャンダルがあったため、民主党の評判が落ち、二〇〇〇年のアメリカ合衆国大統領選挙に根深い影響を与え、そのとばっちりをうけてクリントン政権で副大統領を務めたアル・ゴアが大統領選に敗北する一因ともなったともいわれている。

44 Mary Dejevsky, *Clinton Guilty of Contempt in Jones Case,* INDEP. April 12, 1999.

45 *See* Mark J. Rozell, *Executive Privilege in the Lewinsky Scandal: Giving Good Doctrine a Bad Name,* 28 PRESIDENTIAL STUD. Q. 816 (1998).

46 *Id.* at 817.

47 *In re* Sealed Case, 121 F.3d 729 (1997).

48 *See* Rozell, *supra* note 45. おもにヒラリーの知人の旅行業者を旅行業務の責任者に指名するため、現職の事務員らを解雇したものではないかとの疑いがもたれた。そのためこのスキャンダルは、ウォーターゲート事件をもじってトラベルゲートと呼ばれる。

49 マーシャル・ロー (Martial Law) については、以下参照。Amanda L. Tyler, *Suspension as an Emergency Power,* 118 YALE L.J. 600 (1998); Stephen I. Vladeck, SYMPOSIUM: *Executive Power: Exploring the Limits of Article II: The Field Theory: Martial Law,*

the Suspension Power, and the Insurrection Act, 80 TEMP. L. REV. 391（2007）and Trevor W. Morrison, *Suspension and the Extrajudicial Constitution,* 107 COLUM. L. REV. 1533（2007）.

50　それ以外では、州レベルで、大規模自然災害時や反乱や騒乱時、あるいは大規模ストライキなどが発生したときに州知事がマーシャル・ローに準じた緊急事態宣言を発令することがある。しかし、これは州内のレベルにとどまり、そのような権限については州憲法に明文で規定されていることが多い。

51　*See* Alan Clarke, *Habeas Corpus: The Historical Debate,* 14 N.Y.L. SCH. J. HUM. RTS. 375（1998）.

52　*See* Jeffrey D. Jackson, *The Power to Suspend Habeas Corpus: An Answer from the Arguments Surrounding* Ex Parte Merryman, 34 U. BALT. L. REV. 11（2004）.

53　*See* Honorable Frank J. Williams, *Lincoln's Legacy: Enduring Lessons of Executive Power: Abraham Lincoln and Civil Liberties - Then and Now: Old Wine in New Bottles,* 3 ALB. GOV'T L. REV. 533（2010）; John Yoo, *Suspending Rights to Sustain Public Safety: Wartime Suspensions of Habeas Corpus by Presidents Lincoln and Bush: Lincoln and Habeas: Of* Merryman and Milligan and McCardle, 12 CHAP. L. REV. 505（2009）.

54　*Ex parte* Merryman, 17 F. Cas. 144（1861）.

55　*Id.* at 148.

56　*Ex parte* Milligan, 71 U.S.（4 Wall.）2（1866）.

57　この判決を書いたディビス裁判官は、一八六〇年の大統領選挙時にはリンカーン大統領の選挙参謀であったし、またのちにリンカーン大統領によって最高裁裁判官に任命され、リンカーンの生涯の友人であった。しかしリンカーン大統領の大統領命令に基づくマーシャル・ローをこのように厳しく批判した。この判決によりミリガンは釈放され、二度と起訴されることはなかった。この時にミリガンを弁護した弁護士が、ガフィールド（James A. Garfield）であり、彼は、のちに第二〇代合衆国大統領となっている。

58　Milligan, 71 U.S. at 119.

59　*Id.* at 123.

60　*Id.* at 125.

61　Martin v. Mott, 12 Wheat.（25 U.S.）19（1827）.

62　民兵法（The Militia Acts of 1792）は、一七九二年の第二回合衆国議会で制定された。この法では、州の民兵組織の組織化と大統領による緊急事態または反乱（imminent invasion or insurrection）時の州民兵に対する指揮権について規定した。この大統領権限により民兵を使って、ウィスキー反乱（Whiskey Rebellion in 1794）を抑圧した。

63 Whiskey Rebellion は、ウィスキー反乱と訳されているが、ウィスキー税反乱、またはウィスキー一揆という意味である。

64 実際に一七九四年にジョージ・ワシントン大統領はこのウィスキー反乱を鎮圧するために憲法の民兵条項に依拠して州民兵を召集していた。Mott 事件と Militia Act of 1795 については、以下の論考が優れている。*See* Stephen I. Vladeck, NOTE: *Emergency Power and the Militia Acts*, 114 YALE L. JOUR. 149（2004）.

65 *Martin*, 25 U.S. at 28.

66 *Id.* at 31–32.

67 「一七九五年議会法」（Act of February 28, 1795）, 1 Stat. 424（1795）, 10 U.S.C. Sec. 332. 同法では、内戦が勃発した時に連邦政府は民兵の召集をかけることができる。この反乱を抑える権限は議会の暴動抑圧権や戦争遂行権に関するものである。なお、Mott 判決では、この議会権限を大統領が民兵を召集する権限に委ねることは合憲であるとの判断が出されている。

68 *Martin*, 25 U.S. at 29.

69 *Id.*

70 *Id.* at 31.

71 *See* Robert J. Pushaw, Jr., *Justiciability and Separation of Powers: A Neo-Federalist Approach*, 81 CORNELL L. REV. 393（1996）; Rachel E. Barkow, *More Supreme than Court? The Fall of the Political Question Doctrine and the Rise of Judicial Supremacy*, 102 COLUM. L. REV. 237（2002）.

72 Korematsu v. United States, 323 U.S. 214（1944）.

73 この執行命令（executive order）は、Franklin Roosevelt's 1942 Executive Order # 9066.

74 Civilian Exclusion Order No. 34.

75 *Korematsu*, 323 U.S. at 216.

76 *Id.* at 218–19.

77 Frank Murphy（1890–1949）, Owen J. Roberts（1875–1955）and Robert H. Jackson（1892–1954）裁判官による少数意見は、のちに連邦政府による日系アメリカ人に対する謝罪を支える根拠とされた。

78 *Korematsu*, 323 U.S. at 236–37.

79 *Id.* at 244-5.

80 なお、コレマツは敗訴したが、彼はのちに歴史的汚名をそそぐことができた。一九八三年に、訟務長官（Solicitor General）は、日系人による戦時の脅威を強調する戦時当局の報告書が誇張に富むものだとしてこれを排除し、コレマツに対して、writ of coram nobis（自己誤審令状）を発給し、コレマツの有罪を取り消した。

81 ブラックの理由付けは判決が出たころから批判が相次いだが、日系アメリカ人の政治的努力により、連邦議会が一九八三年にこの「判決は歴史的に覆されている」とし、一九八八年にロナルド・レーガン大統領が「市民の自由法」（別名、日系アメリカ人補償法）に署名した際に謝罪を表明し、二〇一一年には合衆国司法省が公式的に過ちだったことを認めた。ブラックのコレマツ事件の理由付けに対する批判としては、以下参照。Dean Masaru Hashimoto, *The Legacy of Korematsu v. United States: A Dangerous Narrative Retold*, 4 UCLA ASIAN PAC. AM. L.J. 72（1996）and Patrick O. Gudridge, ESSAY: *Remember Endo?*, 116 HARV. L. REV. 1933（2003）. なお、この判決が誤りであったことを示すパネルが合衆国最高裁の地下の廊下に掲げられている。

82 Youngstown Sheet and Tube Co. v. Sawyer, 343 U.S. 579（1952）. この判例紹介として寿田竜輔「大統領の戦時権限」ジュリスト別冊『英米判例百選（公法）』六八頁（一九〇〇年）参照。

83 Harry Truman's 1952 Executive Order # 10340.

84 *Youngstown*, 343 U.S. 591-92.

85 Labor Management Relations Act of 1947（29 U.S.C. § 401-531）は、タフト・ハートレー法（Taft-Hartley Act）（80 H.R. 3020, Pub.L. 80-101, 61 Stat. 136, enacted June 23, 1947）として知られる連邦法である。この法では、政府による労組の活動と権限の制限を認めている。

86 政府による労組の活動への介入権は、タフト・ハートレー法の「国家緊急条項」（二〇六、二〇八及び、二〇九条）が認めている。

87 *Youngstown*, 343 U.S. 244-45. この判決は、今日でも大統領による国家緊急事態宣言（national emergency）の合憲性に関する重要な先例的判決となっている。二〇一九年二月一五日、ドナルド・トランプ大統領は、メキシコ国境に壁を作る予算を執行するために国家緊急事態宣言を出して、議会の承認を得ないで割り当てられた予算の流用を試みているが、これに対し各地で違憲訴訟が提起された。

88 President Jimmy Carter's Executive Order 12170.

89 Dames & Moore v. Regan, 453 U.S. 654（1981）.

90 国際緊急経済権限法（International Emergency Economic Powers Act, IEEPA）, Pub.L. 95-223, 91 Stat. 1626 の Title II（Section 1702（a）(1) of IEEPA）は一九七七年一〇月二八日に制定され、外国による合衆国に対する異常な脅威に対して大統領が国家的緊急事態を宣言したのちに商事について規制をおこなうことを認める連邦法である。

91 *Dames & Moore*, 453 U.S. 681-82.

92 *Id.* at 680. 最高裁は、この判決の中で上記のYoungstown Sheet & Tube Co.判決で示された基準を実質的に精緻化し、同事件におけるジャクソン（Robert H. Jackson）裁判官の同調意見を模範的な権威として強固にした。*See id.* at 669.

93 国際緊急経済権限法のSection 1702（a）(1).

94 *Dames & Moore*, 453 U.S. at 678-79.

95 この宣言の正式名称は、"Presidential Proclamation Enhancing Vetting Capabilities and Processes for Detecting Attempted Entry Into the United States by Terrorists or Other Public-Safety Threats"である。

96 Trump v. Hawaii, 201 L. Ed. 2d 775（2018）.

97 *Id.* at 791

98 *Id.* at 806.

99 *Id.* at 818.

100 *Id.* at 833-34.

101 一九三四年から二〇一三年までは、一般教書演説は一月初旬から二月下旬にかけておこなわれていた。

102 両院議会における口頭報告による一般教書演説は要求されていたものではなかったが、フーバー（Herbert Hoover）大統領を例外として、ウィルソン（Woodrow Wilson）大統領以降どの大統領もおこなうようになっている。その前までは、書面で議会に報告することがおこなわれていた。現在、一般教書演説は、テレビラジオ及びインターネットで全国に同時放送されている。

103 午後九時に一般教書演説をおこなうのは、全米にテレビで中継するため（西部州は夕暮れ時である）。

104 "Joint Session of Congress Pursuant to House Concurrent Resolution 228 to Receive a Message from the President"（PDF）. Congressional Record: H415. January 27, 2010.

105 このような法案拒否権は、国連の安全保障理事会における常任理事国の拒否権や、各州知事の拒否権と類似している。

106 Train v. City of New York, 420 U. S. 35（1975）.

107 City of New York, on behalf of itself and all other similarly situated municipalities within the State of New York, and City of Detroit, Party-Plaintiff v. Train, 494 F.2d 1033,161 App. D.C. 114（1973）.

108 The Congressional Budget and Impoundment Control Act of 1974（88 Stat. 297, 2 U.S.C. §§ 601-688）は、予算に関する合衆国議会の役割について定める連邦法である。

109 *Train*, 420 U. S. at 41.

110 *See* Bands of State of Washington v. United States, 279 U.S. 655 (1929). これは「放置による拒否権事件」(Pocket Veto Case)と呼ばれており、議会会期の最終日の一〇日前に通過した法案は大統領が議会の休会前にこれに署名しなかったという理由で合衆国最高裁が法案を無効とした判断により"pocket veto"の慣行が認められた。

111 連邦政府職員任期法(Tenure of Office Act)は、アンドリュー・ジョンソン大統領による法案拒否権行使に対して一八六七年三月三日に、上院の承認なく特定の連邦政府高官を解任する大統領権限を制限する目的で制定された。上院が議会会期中に、解任を承認しない限り、上院の助言および承認で大統領によって指名された連邦公務員執行役を解任する権限を与えないとしていた(一八六七年から議会が完全に同法を廃止した一八八七年まで有効であった)。

112 Myers v. United States, 272 U.S. 52 (1926) *See* also Jonathan L. Entin, *The Curious Case of the Pompous Postmaster*: Myers v. United States, 65 CAS. W. RES. L. REV.1059 (2015).

113 *Myers*, 272 U.S. at 179.

114 Humphrey's Executor v. United States, 295 U.S. 602 (1935).

115 ただし、連邦犯罪事件に関するもののみであり、州犯罪については、その州の知事に求められる。

116 大統領の恩赦と減刑権限の歴史的な背景については、*see* William F. Duker, *The President's Power to Pardon: A Constitutional History*, 18 WM. & MARY L. REV. 475 (1977).

117 現在の大統領の温情に関する規則は、28 C.F.R. § 1.1 to 1.11 (2000) に定められている。

118 *See* mainly, Harold J. Krent, *Conditioning the President's Conditional Pardon Power*, 89 CALIF. L. REV. 1665 (2001).

119 司法省の温情処分の申請にかかる規則(28 C.F.R. §§ 1.1 et seq.)では、その者の連邦犯罪について大統領の恩赦を申請する資格を得るには、申請者は最低五年の待機期間を満たさなければならない。恩赦弁護士は、手続き的正当性を確認し、申立書に不備がないかの確認と犯罪と申請者に関連した追加的情報を得るために適切な調査を行う。これらの規則のもとに、温情申請は大統領を名宛人として適当な申込書の恩赦弁護士に請願書を出すことから始められる。この請願書には、温情が求められている者の犯罪の説明、前科、求める救済の性質、さらに申請者が温情を受けることを正当化する理由を付さなければならない。申請者の良き性格を示す最低三通以上の宣誓供述書(affidavits)が申請書に添付されなければならない。三通以上提出する場合は主要な人物であると考慮する三人の者を指定する必要がある。宣誓供述書の形式が好ましいが、推薦者の正式名、住所と電話番号、温情処分を求めている犯罪についての知識を示したうえで公証人による認証を受けた書面であれば推薦状(letters of recommendation)の形式でもよいとされている。血縁関係者や配偶者によるこれらの書面は除外されている。

120 *See* Julia Carrie Wong and Lauren Gambino, *Donald Trump Pardons Joe Arpaio, Former Sheriff Convicted in Racial Profiling*

Case, GUARDIAN (Int'l ed.), 26 Aug.17, 2017 and Stephen Dinan, *McCain Leads Criticism of Trump Over Arpaio Pardon*, WASH. TIMES, Aug. 26, 2017.

121 Greg Price, *Trump Should Pardon Flynn, Gates, Himself and Everyone in the Russian Collusion Investigation, Conservatives Say*, NEWS WK., Feb.19, 2018; Jeremy B White, *Donald Trump 'Probably Does' Have Power to Pardon Himself over Russia, Says Lawyer Giuliani*, INDEP., June 3, 2018 and Josh Chafetz, *How Long Is History's Shadow?: Congress's Constitution: Legislative Authority and the Separation of Powers*, 127 YALE L.J. 880 (2018).

第6章 アメリカ連邦議会権限

1 連邦議会権限

合衆国憲法制定会議において最も議論を呼び、論争されたのが、新しい連邦議会にどれだけの、そしてどのような権限を与えるかについてであった。新生アメリカの建国のリーダーたちは、英国議会のような強力な中央集権的議会を創設することは英国議会の悪夢の再現にほかならないと感じていた。そのため連邦議会の権限についてはアメリカ合衆国憲法のなかでこと細かに規定された。

連邦議会は、上院（Senate）と下院（House of Representatives）の二院制で構成される。憲法第一編は、連邦議会に、法律制定権、戦争宣言権、大統領の指名行政官の承認または拒絶権、及びそれらに関連した調査権を唯一与えている。

上院の議長は、副大統領が務め、下院の議長は下院議員の中から選ばれ、下院議長（Speaker of House）と呼ばれる。上院は各州からの二名の代表者の計一〇〇名で、下院は全州の人口比に応じて四三五名で構成されている。議員の任期は、上院が六年、下院は二年である。下院議員は、二五歳以上の者で、最低七年間の米国市民権を有し、代表する州の居住者でなければならない。他方、上院議員は、三〇歳以上の者で、最低九年間の米国市民権を有し、彼らが代表する州の居住者でなければならない。[1]下院議員は、全員が二年ごとに改選され、上院議員のうちの三分の一は、二年ごとに順次改選される。

憲法上、議員の任期中に議会の解散をおこなう権限は誰にも与えられていない。そのため各議員は任期満了まで公約実現に努力し、自らに課された職責を果たすことが期待されている。

連邦議会の第一義的役割は、法を制定することである。法律制定の第一段階は、連邦議会に対する法案の提出（introduction）である。法案は、誰でもそれを起草することができるが、それを連邦議会に提案できるのは議員だけである。そのため、上、下院議員は、別名、Lawmaker と称される。Lawmaker、つまり法起草者と言われるだけあって、自らの政策立案チームを使って起草者の名を冠した法案を連邦議会に提案する。[2] 実際に連邦議会の議員の法案策定能力は高く、議員の立案した多数の法案（bills）が連邦議会に提案される。[3]

新しい法案はその内容によってふさわしい委員会の審議に付託される。連邦議会には、上院に一七の委員会と七〇の小委員会があり、下院には二三の委員会と一〇四の小委員会がある。委員会は法律の効果的な検討のために必要に応じて新しい委員会が作られる。法案は小委員会で最初に検討され、受け入れられるか、訂正されるか、または完全に拒絶されることもある。小委員会のメンバーが法案の制定に同意すると、つぎに関係する各委員会に送られ、そこで、また検討が加えられる。[4]

委員会が法案の承認を票決すると、法案は議会に報告され、議会の多数党のリーダー（多数党院内総務、Majority Leader）が法案検討について決定する。法案が審議のために議会に付託されると、下院では法案についての議員一人当たりの発言時間は、二、三分間に限定され、また法案改正提案数も制約されている。しかし、上院は異なり、法案の討議時間は無制限である。このことを利用して、上院議員が法案の通過に反対する場合、法案に関する採決を遅延させるために、何時間にもわたる、時には徹夜となる演説をして着席を拒むことで議事進行妨害をおこなうことがおこなわれる（これをフィリバスター（filibuster）という）。ただし、上院で六〇票を超える多数の投票があると、法案審議の終結と投票の発議によって議事妨害を中断することができる。法案が大統領によって署名される前に、法案は連邦議会の双方を通過しなくてはならない。

憲法は、すべての立法権を連邦議会に委ねている。つまり連邦議会は新法を作るか、あるいは現行法を変更することができる唯一の権限を有している。憲法の第一編では、連邦議会の権限及び法律の制定が可能な特定の領域を掲げている。立法権行使の一部は、政府のための年間予算の決定である。連邦議会は政府の基本的なサービスを提供する目的のために一般税と関税を課すことができ、必要な資金を政府が調達できない場合は、連邦議会は金銭の借り入れができる。

(1) 連邦議会調査権（investigation）

アメリカの議会権限のなかでも重要とされているのは議会の調査権である。

連邦議会では、立法上の監視手段として公聴会（hearing）を利用し、公の政策の実施をモニターし、法律案に対する政府の対応を開示させ、点検する。この連邦議会の公聴会は、委員会が政策決定の初期段階に関係する立法上の情報を集め、分析をおこなうこともあれば、法の実施についての実情を調査するためにもおこなわれる。この連邦議会による調査権及び監視（oversight）権については憲法上の明文規定はないが、憲法第一編一節では、連邦議会が「すべての立法権限を有する」との規定しており、議会の調査権限の存在が承認されている。

連邦議会両院の有する調査権は広範囲であり、行政の不始末のみならず大統領や閣僚メンバーの不品行や違法行為にまで及ぶ。委員会では、関係者の宣誓による証言を求め、証拠や情報の開示を要請することができる。これは憲法第一編一節の、「全立法権限は、合衆国連邦議会に委ねられる」との規定に基づき、立法権の行使をおこなうためには連邦議会の調査権が不可欠であると理解されているからである。この公聴会は、将来の立法的対応のため、さらには連邦補助金プログラムを監督するためなどについておこなわれる。公聴会では、専門家、法案に賛成する代表者や反対者の任意参加を求め、宣誓の上、証言を求めることができる。それらは現実に生起している政治的、社会的問題に迅速に対処するための政策決定や法律の制定につながる。連邦議会は日々最も重要な問題や議会の注意を引く問題に関する公聴会を開く。この公聴会は、行政の実施が公益に沿っていることを確保し、立法的対応の実施効果の確認のためにおこなわれる。

とくに立法公聴会（legislative hearings）は、法律案に直接または間接的に影響を受けそうな議員、連邦議会の他の官吏、利益団体、研究者及び市民を含む多様な背景を持った関係人からの事実や意見を求める目的で開催される。そのため、議員は、所属する委員会の公聴会に臨むための準備と調査に多くの時間を費やす。これらの連邦議会が持つ自主的な権限は、連邦議会がただたんに議員の挙手によって法案を通過させる機関ではなく、積極的な調査権に基づき、議員が国民と結びついた公的チェック機能を果たすという意味合いを有している。

憲法上、大統領が行政官の指名権を行使し、任命するには、上院の「助言および同意」を得ることが必要である。そのため上院委員会では、とくに大統領の指名する政府高官や連邦裁判官に関する承認のための公聴会（confirmation hearings）を開催する（上院公聴会、Senate hearing ともいう）。これは候補者の信条、経験、適性に対するチェック機会を提供することになる。承認公聴会は大多数が問題なく進められるが、他方で何人かの候補者に対して委員の間で評価が分かれる場合もある。[5]

大統領による被指名者は委員会においても上院においても多数決によって承認される。同様に、上院は外国政府との条約の批准に同意するための公聴会を開く。条約の批准については上院の三分の二超の多数票によって承認されなければならない。この上院による承認のための公聴会は、大統領権限に対する立法府の重要なチェック機能を果たしていることになる。

(2) 監視及び調査公聴会（oversight and investigation hearings）

他方、連邦プログラムの運用方法や行政官の事務遂行に関して、あるいは公的立場で行動している公務員に不正行為の疑いがある場合に「監視および調査公聴会」（oversight and investigation hearings）が集中して開かれる。この調査権限も幅広く、これまでにも、マッカーシー事件、ウォーターゲート事件、イラン・コントラ事件などが取り上げられてきた。

連邦議会委員会における証言を求められた者は、ケーブルテレビ（C-SPAN）やインターネットによって中継されるため、公的政策に関する自己の見解をアピールする重要な機会であると考え積極的に対応する。しかし、なかには呼出を求められても出頭しない者もいる。そのような場合、委員会または小委員会は罰則付召喚令状（subpoena）[6]によって出席を要求する。委員会は、通信文書、帳簿、書類及び他の文書に関しても罰則付召喚令状により開示を求めることができる。連邦議会の罰則付召喚令状は、合衆国保安官局（U.S. Marshal's office）または当該委員会担当者によって送達される。この送達は、合衆国内であればどこでも遂行される。罰則付召喚令状は、合衆国にいる外国人にも送達される。罰則付召喚令状への応答拒否は、連邦議会侮辱の嫌疑を引き起こすことにもなり、結果として刑罰を受けることになる。

このように議会の監視及び調査公聴会は、憲法の三権分立の枠組みの中で他の二権に対し抑制と均衡における連邦議会の役割を維持している。ここで、注意したいのは、捜査当局（Federal Bureau of Investigation, FBI）による捜査との絡みである。連邦議会公聴会で取り上げられている問題に関しては刑事立件のための捜査活動が優先することもあるが、多くの場合、並行して進行することがあり、また連邦議会の調査活動の後に告発等によりおこなわれることもある。しかし、発生した問題が捜査当局の捜査対象になっているという理由によって連邦議会の公聴会による真実究明のための調査や証言が回避されたり、中止されることはない。というのも犯罪捜査はあくまでも行政権の行使であり、立法府が行政府の活動を優先させて連邦議会の調査権限を抑制したり停止することは三権分立に反するからである。そのため連邦議会の調査に積極的に証言等の協力を得るために刑事（訴追の）免責が与えられることもある。また第三者に関する情報開示がある場合などには、非公開での聴聞（closed door hearing）がおこなわれる。

(3)　合衆国憲法に列挙された連邦議会権限

旧植民地であった各州（邦）が新しい政府の連邦議会の権限をどこまで認めるかは重大な関心事であった。英国のような列強国に再び支配されることがないように、強力な中央集権的政府の樹立が必要だと考える、いわゆる連邦主義者（Federalist）に対して、これまで維持してきた植民地の自立的統治と既得権益を保持しながら、できるだけ連邦権限を制約し、その濫用を抑制しようとする反連邦主義者（Anti-Federalist）との明確な路線対立があった。憲法制定時のこの対立した見解が今日においても形を変えてなお連邦主義の理解、つまり連邦議会権限と州権限に対する基本的な考え方の差異となってアメリカ合衆国の在り方に影響を与えている。実際には、憲法制定時には、以下のように合衆国憲法（第一編八節の一項から一八項）に列挙された権限だけを連邦議会は限定的に有するという前提で出発した。

① 共同の防衛、一般福祉租税徴収権
② 合衆国の信用における金銭の借り入れ
③ 州際通商条項
④ 帰化法、破産法
⑤ 貨幣鋳造、度量衡の基準

アメリカ連邦議会の裏入口

⑥ 合衆国の証券と通貨の偽造に関する罰則制定
⑦ 郵便局と郵便道路の建設
⑧ 著作権、特許権、一定期間の独占的権利保障、学術と有用な技芸の進歩奨励
⑨ 最高裁判所の下に下級裁判所を組織
⑩ 公海における海賊行為、国際法違反犯罪の規定、罰則
⑪ 戦争宣言、陸上・海上における捕獲規則
⑫ 陸軍の徴募と維持
⑬ 陸海軍の具備と維持
⑭ 陸海軍の統括と規律に関する規則
⑮ 連邦法の執行、反乱鎮圧、侵略撃退、民兵召集規定
⑯ 民兵の編成、紀律、軍務の統括
⑰ 合衆国政府の所在地と独占的立法権
⑱ 連邦議会権限を行使するために必要かつ適切な全ての法律の制定

このように連邦議会の権限は憲法に列挙されたが、歴史的には、連邦議会権限はこれら憲法に列挙された権限を根拠として徐々に拡大の方向をたどってきた。

2　一般的福祉課税条項（General Welfare Clause）

(1)　「支出権限条項」（Spending Power Clause）と「一般的福祉条項」（General Welfare Clause）

憲法第一編八節一項は、「合衆国の州債を支払い、共同の防衛および一般の福祉に備えるため、租税、関税、間接税および消費税を賦課徴収すること」と規定する。憲法は、連邦議会が「合衆国の一般的福祉の目的のために」課税する権限を持つとしている。この条項は、「支出権限条項」(Spending Power Clause)、あるいは「一般的福祉条項」(General Welfare Clause）と称される。憲法が採択されたとき、この規定は一般的な福祉推進のためであれば連邦議会はどのような課税立法もできるとする考えと、[7]福祉目的を有しないものには課税立法権がないとする趣旨であるとする考えとが対立していた。[8]

① 一般的福祉目的の意味をめぐって——United States v. Butler（1936）事件[9]

合衆国最高裁は、一般的福祉条項の意味をめぐってバトラー事件において、同規定は国家的な福祉目的に限定されるとした。この事件は、一九三三年に連邦議会がニュー・ディール（New Deal）政策の下で制定した「農業調整法」（Agricultural Adjustment Act, AAA）[10]に関連する。この農業調整法は、フランクリン・ルーズベルト大統領が推し進めたニュー・ディール政策の一部であり、農産物の価格を操作することを目的とした。というのも、農産物価格が一九三〇年代初期に急落したからである。具体的には、収穫高の削減に同意した農民に対してその見返りとして補助金を与えることによりその目的を達成しようとした。同法では、生産調整をおこなわせる権限を農務長官に授与しており、他方、連邦議会は生産調整のための加工税（processing tax）を州内産業に課すことによってこの補助金の財源としていた。

綿花の加工業者である原告のバトラー（Butler）は、当該連邦課税は「一般的福祉条項」による「支出権限条項」の枠を超えるもので、憲法第一〇修正の州権限に反し、違憲であると主張した。これに対し、連邦政府は当該課税が憲法上の課税権と、「一般的福祉目的でそれを支出する」権限に基づくものであると反論した。したがってここでの争点は、当該制定法の補助金制度とそれに関連した課税が連邦議会の「一般的福祉目的による支出」権限の適正な行使であるかどうかであった。合衆国最高裁は、オーエン・ロバーツ（Owen Roberts）裁判官が六対三の多数意見を書き、一九三三年農業調整法を違憲とする判断を示した。ロバーツは、憲法上の連邦課税権は合衆国市民への一般的福祉を提供するために行使されるとする要件によって制限を受ける、とするアレクサンダー・ハミルトンの見解に依拠し、次のように述べた[11]。「連邦政府を樹立する際に、憲法の起草者らが州及び市民が主権を確保し、統治するように、そして合衆国によって州が侵攻されないように入念にその権限を限界づけ、定義しようとした[12]」。したがって、「一般的福祉を増進し」という言葉は、連邦議会が一般的福祉を増進するためならどのような課税立法もおこなえるとする意味ではなく、連邦議会は、連邦税とその支出をコントロールする権限があるにとどまる、とした。

これに対してストーン（Harlan F.Stone）裁判官は、連邦資金の提供にあたって連邦議会が適正な使用に関する決定権限を持つ必要があり、これを州への強制であるとする多数意見の結論には疑問が残るとの少数意見を示した[13]。

結局、最高裁は、連邦の政策誘導のための連邦法は無効としたが、翌年の一九三七年のSteward Machine Co. v. Davis事件（連邦の失業保険に関して）、さらに、Helvering v. Davis事件（連邦老齢年金）において、連邦議会が支出条項に依拠して州を連邦の政策に誘導することは合憲であるとした[14]。このようにニュー・ディール期では、補助金の交付を条件に連邦政策の施行を各州に担わせる政策が実施されたが、その憲法上の根拠とされたのが「一般的福祉」目的支出と課税条項である。しかし、これに対する評価はその時の最高裁の考え方により変化した。

②　一般的福祉（general welfare）のための連邦予算支出について——South Dakota v. Dole, 483 U.S. 203（1987）事件[15]

連邦議会は、交通安全に関連する州の法規制を促すためにしばしば高速道路補助金を使ってきた。たとえばSouth Dakota v. Dole事件では、連邦の州に対する高速道路補助金に関して、連邦政府の要請に応じない州に連邦補助金を減額するとしたことの合憲性が争われた。連邦議会は、法律上の飲酒可能年齢を二一歳に引き上げることを拒否した州に対し、高速道路補助金の交付額を五パーセント減額する許可権限を運輸長官（Secretary of Transportation）に与える「全国最低飲酒年齢法」（National Minimum Drinking Age Statute）[16]を成立させた。サウスダコタ州では、一九歳を下限としてビール等の飲酒を認めており、飲酒可能年齢を二一歳に引き上げなかったため連邦補助金の減額を受けそうになった。そこで、同州は運輸長官のDoleを相手取って、全国最低飲酒年齢法は、憲法が連邦議会に認めている支出権限（spending power）の範囲を超えており違憲であると主張して、同法の無効宣言を求めた。[17]しかし、サウスダコタ州連邦地裁は、連邦議会の当該制定法は合憲であるとした。[18]第八巡回区連邦控訴裁も同地裁判決を支持した。[19]そこでサウスダコタ州は、サーシオレイライを申請し、本件は合衆国最高裁で審理された。

最高裁は七対二の多数意見をレンキスト裁判官が書いた。同裁判官は、まず、憲法上の連邦議会の支出権限について検討をおこなった。その際に、最高裁は連邦の支出プログラムの合憲性を評価する四つのテストを示した。それは、①支出権限は一般的福祉（general welfare）のために行使されなければならないこと、②補助金の条件は明確でなければならないこと、③その条件は州のプログラムまたはプロジェクトに対する連邦の利益に関連がなければならないこと、そして④支出権限は、州に対して違憲なことの実行を誘引するためには使用できないこと、である。[20]

最高裁は、このテストに基づき、当該連邦法が州際間の高速道路の安全性を改善するという連邦の目的を有し、また全国において同一の飲酒可能年齢を確立するという目的は支出権限に関連するという理由で支持される、とした。[21]

最高裁は、そのため当該補助金がサウスダコタ州に対して法律上の飲酒可能年齢を引き上げさせるための財政的な強制というよりも、むしろ財政的な誘因になっているとした。最高裁はかつて、Steward Machine Company v. Davis（1937）事件[22]において、連邦の計画に州が従わない場合に、連邦議会が州政府に対する連邦補助金を保留できる、と判決したことがあった。最高裁は、本件で、高速道路補助金の条件付き授与は、何ら違法な行為の実行を強制するものではない[23]、として、サウスダコタ州が主張した連邦議会には飲酒年齢を規制できる憲法上の権限がないという主張も退けた[24]。

他方、オコナー（O'Connor）裁判官はブレナン裁判官との少数意見において、全国最低飲酒年齢法は、酒類の販売自体を規制する試みにほかならず、それは通商を規制する連邦議会の権限外にあるとした[25]。オコナーは、連邦議会の支出権限には制限があり、まず、それが何に対する資金援助であるかについては一般的福祉の増進に適合したものでなければならず、全国的飲酒年齢の設定との比較考慮で高速道路補助金を減額することにはその適合性がない、とした。連邦高速道路補助金の条件は、州間の移動に対する安全な高速道路を提供することであり、一九歳から二〇歳の飲酒者の州間の移動を規制することではない。飲酒年齢の引き上げは社会的な強制であり、連邦議会の支出権限の領域には入らない。連邦議会は、当該補助金がどのような目的に対して交付されるかを告げることまではできても、その州に与えられた資金をどうするべきかについて発言することはできない。高速道路の安全性は、連邦議会が承認した州による当該資金の費消の在り方には関連がない。全国最低飲酒年齢法は誰が酒を飲むことができるかに関する規制であるが、連邦議会は誰が酒を購入することができるかについて州民を規制する権限を有しない。これは州政府のみの権限である、とした[26]。

（2）医療保険改革法「オバマケア」をめぐって
――National Federation of Independent Business v. Sebelius, 567 U.S. 519 (2012) 事件[27]

合衆国では、日本のような国民健康保険制度が存在しない。[28] そこでオバマ大統領は、二〇一〇年三月に医療保険加入率を九割まで上げようという（「医療保険制度改革法」Patient Protection and Affordable Care Act, PPACA または ACA）、いわゆる「オバマケア」（Obamacare））を成立させた。[29] この医療保険改革法は、医療保険に加入できない合衆国市民の大半を、民間の医療保険に強制加入させるというものである。[30] この法の成立によって低所得者向け医療扶助制度（メディケイド）（Medicaid coverage）が拡充され、医療保険加入のための補助金制度も導入され、低所得者で保険会社と健康保険契約ができない者を対象として加入を進めようとした。

そのため、とくに同法では、原則として全国民に医療保険加入を義務づけ、加入しない者に対しては罰金を課すという条項（individual mandate, 個人強制加入条項）を定めた。連邦議会は、この個人強制加入条項は、憲法の州際通商条項に基づく連邦議会による立法権の正当な行使であるとした。また、同法は、保険加入者に対して税金を使って補助金を支出し、他方で保険会社への規制を強めることで健康保険の購入をしやすくする意図を持つ。そのための財源は連邦議会の一般的福祉目的による課税権によるとしている。

ところが、この医療保険改革法の成立後に、全米一三州（のちに二六州に増加）の州知事及び中小企業を代表する団体が、各州の連邦地裁に違憲訴訟を提起した。原告らは、保険社会福祉省（Department of Health and Human Services）長官のセベリウス（Kathleen Sebelius）を含む被告に対して、合衆国市民がそれを購入しない場合に罰則を課す「個人強制加入条項」と、この法を州政府が受け入れられない場合、州に対する既存の連邦補助金を失う危険性を持つ「医療保険拡大規定」（Medicaid expansion provision）の二つの規定が、州際通商を規制する連邦議会の権限外にあり、憲法に反すると主張した。

オバマケアに反対するグループは、「もし連邦議会があなたに健康保険を強制的に買わせることができるなら、連邦議会はあなたにブロッコリーも強制的に買わせることができることになる」との批判を拡大した[31]。つまり、オバマケアは、健康に良いという理由で市民にブロッコリー（青色野菜）を強制購入させることと同じであると批判する。（最高裁の判決文にもこの「ブロッコリー論争」が出てくる）。この点について、政府は、健康保険が健康管理のための投資であり、「個人強制加入条項」は市民の一般的危険性をカバーする手段であり、自動車やブロッコリーのようなモノの強制的購入と同一ではない、と反論した[32]。

この法律の成立に伴い、最初に違憲訴訟の旗振り役となったフロリダ州は、連邦議会が市民全てに健康保険に加入することを目的とし、加入しない場合に罰則の脅しで購入を命じる権限は、憲法上どこにも認められていない、と主張した。さらに「民間医療保険業界に対する政府の規制強化は自由市場の原則を侵害する」とし、同州北部地区連邦地裁にオバマケアが憲法違反だとしてその差止めを求めて提訴した[33]。

訴訟提起を受けた連邦地裁は、原告の主張を全面的に認め、同法を違憲だと判断した。控訴された第十一巡回区連邦控訴裁は、「個人強制加入条項」の部分は違憲としながらも、同法のその他の部分は容認できるとした[34]。ところが各州で提起されたオバマケア違憲訴訟に関する連邦控訴裁の判断は、連邦課税権に関して合憲と違憲とに二分した。そこで最高裁がサーシオレイライを認め審理した。

二〇一二年の最高裁の判断は、五対四の判決で医療保険制度改革法は合憲であるとした。しかし、それぞれの争点については裁判官の間で判断が多岐に分かれた。判決に際し、ロバーツ首席裁判官を含む五人が事実上の合憲判断を示し、四人が反対意見を示した。反対意見の四人は医療保険改革法全体を違憲とした[35]。

オバマケアの違憲訴訟では、最初に、被控訴人らによって起こされた本件訴訟が「停止命令排除法」（Anti-Injunction Act）[36]によって妨げられるかどうかという訴訟要件の問題、つぎに連邦議会が憲法の課税および支出条項に基づいて合衆国市民に健康保険を購入することを求める権限を有しているかの問題、さらに、連邦議会が合衆国市民に当該健康保険を購入させ、購入しない場合に罰金を払わせるとした強制加入条項は、州際通商条項の下の連邦議会権限の範囲内にあるのかの問題、そして、同法が低所得者向け医療扶助（メディケイド）を拡大をおこなわなかった州に連邦補助金を与えないとする規定が憲法の支出条項の下での連邦議会権限の範囲内にあったかどうかが主な争点となった。

まず、医療保険制度改革法を問題とする本件訴訟が「停止命令排除法」によって妨げられるかという点である。[37]「停止命令排除法」はその税が適切であるかどうかを問わず、「税の評価または徴収にかかわるどのような訴えも、まず、納税義務者は納税しておかねばならず、そのあと返済を求めることになる。そうでなければいかなる者よっても訴訟提起できないものとする」と定める。[38] 原告は所定額の納付をおこなう前に医療保険制度改革法そのものに挑戦した。したがって、「停止命令排除法」がこの訴えを妨げるとの反論が政府からなされた。しかし、全員一致の判断をロバーツ最高裁首席裁判官が示し、この点について、「医療保険制度改革法上の個人に対する強制加入条項に従わなかったことに対する支払いは『停止命令排除法』のいう税とみなされない。それゆえ停止命令排除法はこの訴えに適用されず、[39] したがって、当裁判所は、求められた以下の争点を判断することとする」、とした。[40]

第二点は、憲法の課税および支出条項に基づいて、連邦議会は、合衆国市民に対して健康保険の購入を求める有効な権限を有するかである。すなわち個人強制加入条項と、その不加入者に対する支払義務規定に関する論点である。これに対しては、五対四の多数で認められた。

ロバーツは、人々が健康保険の不購入によって罰金を払うことは適切に理解できるとした。つまりこの強制的罰金は、憲法の課税および支出条項のための税であり、連邦議会の権限の有効な行使であるとした。要するに、当該法は保険の購入よりも税を払うことの選択権を個人に与えたのである。この支払いは強制的というほどには厳しくなく、また不法な行為に対する罰金のような故意違反に限定されておらず、通常の方法で国税局（ＩＲＳ）によって徴収される。[41] ロバーツは、「医療保険を取得しない特定の市民に対して罰金を課すことは、合理性のある税金として位置づけられる可能性がある」とし、「憲法はこうした税を議会に認めていることから、これを禁じたり、それに関する分別や公正さについて意見を述べたりすることはわれわれ（裁判所）の役割ではない」との見解を示した。[42] ロバーツは、税の支払額が、ほとんどの場合、保険を買う費用より少額となる点に注意した。五人の裁判官は、連邦議会がその課税権限を通して、憲法第一編が規定する他の連邦議会権限のもとでは成し遂げることができない規制的目的を達成することができることを再確認した。[43]

これに対し、反対意見を示した四人の裁判官は、連邦議会が当該支払いを罰則として性格づけているのだから、それを税として性格づけるのは、当該法を書き直すことと同じになると反論した。[44]

第三点は、連邦議会が合衆国市民に当該健康保険を購入させる同法の規定が、州際通商条項に基づいた連邦議会権限の範囲内にあるかどうかである。これに対しては、判断が大きく分かれた、五人の裁判官（ロバーツ、スカリア、ケネディ、トーマス、アリトー）は、通商条項によって連邦議会は既存の通商活動を規制できても、通商活動に参加することを市民に強要することまではできない。これは、連邦議会権限に新しい領域を開くことになる、とした。[45] ロバーツは、州際通商条項によっては連邦議会に健康保険の購入に関する個人の決定権を規制するいかなる権限も与えていないとした。彼が恐れる規制のタイプの例として、政府による緑色野菜の購入の強要をあげる。この懸念は「恐怖のブロッコリー」（the broccoli horrible）と称される（ギンズバーグ裁判官のことば）。[46] この点についてロバーツは、「政府の論理に従うならば、議会はみんなに対して野菜を買うよう命令することによって食事療法問題（diet problem）に対応することができる。また人々は、それぞれの理由で自分自身に良いことや社会に良いことをおこなわないことがしばしばあり、これらの不作為は、他の類似した不作為とつながり、州際通商に相当な影響を容易に及ぼすというのである。この政府の論理によれば、政府は、市民にそうさせたいように市民に一定の行動を強要する目的で通商権限を利用することが認められることになる。しかし、これは憲法起草者が意図したことではない」、と述べた[47]。

この争点についてギンズバーグ裁判官は、反対意見で、通商条項と「必要かつ適切」条項に基づく議会の個々人に対する強制を支持した。ギンズバーグは、保険未加入者の存在が、「集団として州際通商に相当な影響を及ぼす」とした[48]。

ギンズバーグの反対意見には三人の裁判官（ブライヤー、ソトマヨール、ケーガン）が加わっている。彼らは、多数意見のいう経済的「活動」(activity) と経済的「不活動」(inactivity) の区別が不明確であり[49]、これは最高裁の先例または憲法の条文からも支持されない、と主張した[50]。

第四点は、補助金交付プログラムの一つである低所得者向け医療扶助（メディケイド）において、連邦議会が州に対して連邦補助金の提供を差控えることによって条件に応ずるよう圧力を加えることが、連邦議会の憲法上の権限を越え、連邦制度の原則に違反したものとなるかという点である。七名の裁判官（スカリア、ケネディ、トーマス、ブライヤー、アリトーとケーガンと、ロバーツ）の多数意見は、州が保険購入の拡大に賛意を示さない場合に、州に対しての連邦医療補助金を完全に止めると脅かすような権限は、連邦議会に存在しないとした。また、ロバーツは、「連邦議会は州に補助金を提供して州に対して補助金に付随した条件に従うことを求めることができる。しかし、州は連邦補助金を受け入れるどうかの真の選択 (genuine choice) を有しなければならない。しかし、本件においてそのようないかなる選択権も州は与えられていない。すなわち、州はメディケイドの本質的で、基本的な変更を受け入れなければならないか、あるいは連邦からのメディケイド資金提供のすべてを失うかの危険を冒さなければならない」とした[51]。

四人の裁判官（スカリア、ケネディ、トーマスおよびアリトー）は、医療保険制度改革法の全部が憲法に違反すると主張した。個々人に対する強制を課税及び支出条項上の税として再分類することは、当該法規の解釈からではなくて、同法を書き直すことに等しいことになる。医療保険制度改革によって、健康保険の購入を市民に強要することに同意しない州に医療補助金提供をおこなわないことは連邦議会が憲法上有している権限を越える、とした。

本判決では、多岐にわたる論点について議論されているためかなりの長文判決となっているが、憲法上の挑戦を受けたのは、このオバマケア法の強制加入（individual mandate）規定と医療保険拡大（Medicaid expansion）規定についてである。前者は、当該健康保険に加入しない者に支払いを税として課すというものであり、後者は、メディケイド対象者適格性を著しく拡大し、それを州に対して従うことを強制するものである。医療保険拡大の問題は、連邦議会の支出条項の範囲の中に入るかどうかの問題であるが、最高裁は、それを違憲とはしていない。その点、強制加入規定の方がより問題とされている。課される罰金が税であり、国税庁によって徴収されるという事実にもかかわらず、違憲を主張する者は、それが連邦議会の支出条項上の権限に基づくものというよりも、むしろ州際通商条項上の権限に基づくという点を批判した。しかし、この強制条項が、課税及び支出条項に基づくものという説明を最高裁は受け入れた。

3　「必要かつ適切」な立法条項（Necessary and Proper Clause）

合衆国憲法第一編八節の一八項は、「上記の権限およびこの憲法により合衆国政府に付与された他の一切の権限を実行に移すため、必要かつ適切なすべての法律」を制定する権限を連邦議会に与える、としている。合衆国憲法制定当時、連邦の立法権をどの範囲まで認めるかが大きな問題であったが、合衆国最高裁が本条項を広義に解釈したことが、連邦権限の発展に重要な意味をもった。この「必要かつ適切」な立法条項（Necessary and Proper Clause）では、連邦議会の立法権は、連邦議会によって達成されるべき目標に資し、また最も有効に実行しうると考えられるあらゆる適切な立法上の方策をとることを意味すると解されている。[52]

合衆国の建国以来、「必要かつ適切条項」の解釈は論争の的であった。厳格な解釈の立場をとる者は、この条項は、連邦議会が憲法に列挙された権限（enumarated power）を行使する場合だけに立法権が限定されると解釈する。他方、柔軟な解釈をおこなう者は、「必要かつ適切条項」を連邦議会の権限を憲法に列挙された権限の一つにわずかでも触れる程度であれば立法の対象を拡大することができると解釈する。その解釈は許容する解釈の幅が大きいため、ゴム紐のように自由に伸縮自在だとして、「伸縮条項」（elastic clause）と称される。[53] この条項は州際通商条項と対となって連邦議会による多様な制定法の立法化に憲法上の根拠を与えるために使われる。[54]

(1)　「必要かつ適切条項」と連邦による銀行規制――McCulloch v. Maryland 事件[55]

連邦政府は、一八一六年の連邦法に基づいて、第二合衆国銀行（Second Bank of the United States）を設立し、メリーランド州にその支店を開設した。それに反発したメリーランド州は、「同州によって認可状を与えられていない同州で営業しているすべての銀行に対して税を課す」とする制定法を制定した。この制定法は、同州発行の押印のある印刷紙（stamped paper）以外には、銀行が銀行券（bank-notes）を発行してはならないと定め、州公認の印刷紙の費用の徴収と違反に対する罰金を定めた。[56] メリーランド州は、このような税を州内で認可状を与えられていないすべての銀行券を対象とすることによって、事実上、合衆国第二銀行の活動を妨げようとした。というのも、同州法はメリーランド州で認可状を与えられていないすべての銀行に適用できるとしているが、実際には合衆国第二銀行以外には他にこれに該当する銀行はこの州に存在していなかったからである。州税を課すことによって合衆国第二銀行の州内における金融的支配力を封じ込め、州に対する連邦の優位性を抑制しようとした同州の意図は明らかであった。[57]
マカロックは、合衆国第二銀行のボルチモア支店の出納担当者であったが、当該メリーランド法に従わずに銀行券を発行した。そのため、メリーランド州はマカロックに対し同州制定法のもとで支払うべき税を納めなかったとして訴訟を提起した。他方、被告のマカロックは当該州法の合憲性を争った。同州の地裁、高裁ともメリーランド州の主張を認めたので、マカロックは、誤審令状（writ of error）に基づき合衆国最高裁に上告した。[58]

合衆国最高裁での争点は二点ある。まず、連邦議会が憲法上、合衆国銀行を設立できるのかという問題、さらに、仮に設立できるとして、メリーランド州は連邦法上有効に設立された銀行に対して課税できるかという点であった。まず第一点につき、最高裁は、連邦議会が銀行を設立する権限を認めた。[59] 法廷意見を執筆したマーシャル首席裁判官は、憲法が銀行や法人を創設する権限を明示的に列挙していないことは認めながらも、「必要かつ適切条項」に依存し、連邦議会が目的に対処しようとする場合、「それが直面する目的に合理的な関連性があり、またそれがその列挙された権限の範囲内にある場合」、銀行の創設ができるとした。[60] つまり、この「必要かつ適切条項」が連邦議会権限の列記権限の補充条項として連邦権限の拡張を可能にするという、いわゆる連邦政府の「黙示的権能」（implied powers）という考えを打ち立てた。[61] これにより、最高裁は、連邦議会が憲法上列挙された権限を実行する際に絶対的に重要（absolutely essential）となる法を制定できるにとどまるというメリーランド州の狭い解釈を退けた。

この事件の第二の争点は、メリーランド州が連邦議会によって設立された銀行への課税権を有するかであった。最高裁は、合衆国銀行がどの州においてもその支店を設立する権利を有しており、他方、州は、いかなる方法でもそれを制御する権限を有しないとし、この原則は、合衆国銀行の財産に対する固定資産税にも、当該州民がこの機関に有する所有財産に対する税金にも及ばない、とした。この点について、マーシャルは合衆国銀行に対する州の課税が、憲法第六編二節の「本憲法と、本憲法に従って制定された合衆国の法律……は、国の最高法規とする。これらが各州の憲法や法律に反対する場合でも、各州の裁判官はこれらに拘束される」とする、いわゆる最高法規性（supremacy clause）の当然の帰結として、連邦政府がその権限行使のために設立した機関の活動を州法によって妨げることはできないとした。こうしてマーシャルは、メリーランド州による州内銀行に対する課税は憲法に反すると最終的に決定した。

(2)「必要かつ適切条項」と立法権の範囲について
——United States v. Comstock, 560 U.S. 126 (2010) 事件[62]

二〇〇六年に連邦議会は、重度の性犯罪者を登録する制度によって潜在的な被害者を保護する目的で「アダム・ウォルシュ児童保護と安全法」（Adam Walsh Child Protection and Safety Act）[63]を制定した。

この法では刑期を終えた潜在的に危険な性犯罪者に対する民事上の拘禁プログラムが設けられており、連邦地方裁判所が拘留の継続を命令するとしていた。地裁は該当者に精神的疾患があり、また性的に危険な犯罪を再発することが「明確にして納得のゆく証拠」（clear and convincing evidence）によって示された場合、該当者を刑期の終わりを越えて民事的に拘留することを認めた。具体的には、その者が、①「過去に性的暴力行為または児童に対する性的虐待行為を実行したか、実行しようとした（未遂）者である」こと、②その者が「現在、重度の精神的疾患、異常性向または心神の不調を患っている」こと、そして、③その者が精神的な障がいの疾患によって他者に対して性的危険を惹起する者」であることである。[64]この制定法は、また当該者に弁護士の付与、聴聞手続き等の手続保障を定めている。連邦政府は、その者に対する裁判の裁判地か、あるいはその者の居住地である州に対してその者の引き受けと、その者の治療と監護の責任を果たすように求めることができ、州がその者を引き受けない場合には、連邦施設での入院治療に付すことができる、としている。[65]

連邦刑務所に収容されている受刑者であるグレーソン・カムストックと他の四人の連邦収容者に対する民事上の拘禁を求める請求がノースカロライナ州連邦地裁に申し立てられた。彼らは、児童ポルノおよび性的虐待に関する犯罪で有罪判決を受け、収監されている性犯罪者である。この請求に対し、彼らが原告となり、アダム・ウォルシュ児童保護安全法に基づく彼らへの不定期拘禁の申立てを退けるよう求めた。原告らは、当該制定法が憲法の「一事不再理条項」(Double Jeopardy Clause)、「事後法禁止条項」(Ex Post Facto Clause)、第六修正、第八修正と平等保護条項に反するものであると主張した。

同連邦地裁は、アダム・ウォルシュ児童保護安全法が定める受刑者のコミュニティへの危険な関与と拘留の必要性については、「明確にして納得のゆく証拠」の基準(clear and convincing evidence)よりも「合理的疑いを超えた立証」が必要であるとして原告らの民事拘禁請求を棄却した。政府からの控訴を受けた第四巡回区連邦控訴裁は、この地裁判決を容認し、「アダム・ウォルシュ児童保護安全法」では、「性的な危険性」(sexual dangerousness)だけを理由に、ある者を収監して閉じ込めることを認めており、これは連邦議会権限の範囲を超えたものだと判断した。[66]

連邦政府は、サーシオレイライによって事件を最高裁に持ち込んだ。政府は、合衆国憲法第一編八節(連邦議会の権限)の下で当該法規を制定する権限を有しているかどうかだけに争点を限定し、それにつき判断するように最高裁判所に要請した。最高裁は、七対二の多数意見をスティーブン・ブライヤー(Stephen G. Breyer)裁判官が執筆した。最高裁は、憲法の「必要かつ適切条項」が連邦議会にアダム・ウォルシュ保護安全法を制定する十分な権限を与えるものである、と判決した。最高裁は、その判決の根拠を示すために五つの考慮点を示した。[67]それは、①「必要かつ適切条項」が連邦議会に幅広い権限を与えていること、②連邦議会が受刑者に対する精神的健康の管理を長らくおこなってきたこと、③連邦議会は、受刑者が持つ危険性から近隣の共同体を保護する権限を有するためという正当な理由があったこと、④第一〇修正(州権限)は、州に対してこれらの権限をゆだねていないこと、および、⑤法規の対象範囲が狭いことである。[68] 最高裁は、当該制定法が「合法的で」、しかも憲法に違反しない政府の目的に対して「合理的に適合して」(reasonably adapted) おり、したがって、「必要かつ適切条項」で憲法的に支えられるとした。

最高裁は、「必要かつ適切条項」はその範囲が広いとしたマカラック (McCullough v. Maryland) 判決をあげて、連邦議会は、「便利か、役立つ」(convenient or useful) か、あるいは憲法に「列挙された権限の有益な行使に貢献する」(conducive to the enumerated power's beneficial exercise) 立法制定権を持つことができるとした。[69] しかし、これには「手段と目的合理性」がなければならない。最高裁は、使用された手段が憲法上望まれた目的を達成するために、「合理的に、かつ現実的に」(rationally and actually) 決定しなければならないとし、本件について「合衆国政府は、その受刑者の管理者として、当該受刑者が有する危険から近くのそして他の共同体を保護するための法を制定する憲法上の権限を有する」[70] とした。

4　州際通商条項 (Interstate Commerce Clause)

(1)　「州際通商」の解釈をめぐって――Gibbons v. Ogden (1824年) 事件[71]

合衆国憲法第一編八節三項は、連邦議会の権限として「外国との通商と各州ならびにインディアン部族との通商を規律すること」とし、いわゆる州際通商に対する規制権を認めている。州際通商とは、外国、諸州、およびインディアンの部族と間の通商のことであり、基本的には複数の州にまたがる商取引と物品の運搬や輸送を対象として、連邦議会がそれらを連邦法によって規律できるとするものである。連邦議会権限の中でも、この州際通商 (Interstate Commerce) は重要な位置を占める。[72]

この州際通商とは何かについては、Gibbons v. Ogden 事件において最高裁首席裁判官のジョン・マーシャルがその解釈を示した。この事件は、蒸気船（steam boat）による運搬事業を始めようとしていた者に対して、ニューヨーク州議会が、州内の水路における唯一の航行権を許諾したことに端を発する。この被許諾者は、ニューヨーク市マンハッタンとニュージャージー州間のハドソン川を航行する独占運行権をオグデン（Aaron Ogden）に譲渡し、それによりオグデンは、ニューヨーク州法のもとで商業的蒸気船を操業する許可書を受け取った。

他方、ギボンズ（Thomas Gibbons）は、連邦政府から連邦法である「沿岸商事漁業船舶登録許可及び同規制法」（Act for Enrolling and Licensing Ships and Vessels of 1793）[73]による許可を得て、同じルートに二隻のフェリーボートを走らせた。そこでオグデンは、ギボンズに対して、ニューヨーク州の河川で蒸気船を操業することに対する差止命令を得るためにニューヨーク大法官府裁判所（エクィティ裁判所）（New York Court of Chancery）[74]に提訴した。オグデンは、州議会がこれまで州際通商に関する事項に関する州法を制定していること、また、州は、州際通商に関する事項について合衆国連邦議会と完全に並列した権限を有すると主張した。[75]他方、ギボンズは、州政府には連邦議会の州際通商規制権のような権限は存在せず、連邦議会からの許可によって自らが排他的な権限を有していると反論した。[76]ギボンズの弁護士（ダニエル・ウェブスター）は、州政府が連邦議会の州際通商規制権を至上の権限と見做さないことによって連邦と州の混乱した規制を招いていると主張した。

ニューヨーク大法官府裁判所は、オグデンの主張を容れ、ギボンズに対し差止命令を発した。裁判ではオグデンが勝訴し、水路を進行させるための独占権を有するとされた。そこで、敗訴したギボンズは連邦政府から水路の航行認可を得たという理由に基づき、ニューヨーク州最高裁（Court for the Correction of Errors）[77]に事件を上訴したが、原審の決定が支持されたため、ギボンズは合衆国最高裁に上告した。

本件での争点は、連邦議会の州際通商規制権に影響を与える州法を州議会が制定できるかどうかであった。最高裁としては初めて合衆国憲法の州際通商条項を解釈した。ジョン・マーシャル首席裁判官は、ニューヨークとニュージャージーの河川運行に関する蒸気船の営業独占に対する連邦規制について、その「通商上の権限は絶対的に連邦議会に委ねられている」こと、また「外国との間の、そして複数の州間の通商に対する権限は絶対的に連邦議会に与えられている」との解釈を示した。[78]

マーシャルは、インターコマース（inter commerce）「州際通商」とは、複数の州が関係する通商という意味に理解するのが適切であるとし、commerce（通商）という言葉は、それが交易、商取引（traffic）や売買（buying and selling）や商品交換（interchange of commodities）に限定されず、連邦議会は州と州とのあいだの輸送手段である交通機関や通信手段についても規制することができ、河川の航行もそれに含まれる、とした。[79]「被告代理人は、通商の言葉を、交通、売買または商品の交換取引に限定し、船舶の航行はその範囲にないというが、これは多くの目的に適用可能な一般用語をその意義のうちの一つに制限するものである。通商は間違いなく交通であるが、それは時には交通以上のものを意味する。つまり交通上の交わり（intercourse）を意味し、それは船舶航行（navigation）の問題を含む」とした。[80]

マーシャルは、また、「いくつかの州の通商」（commerce among the several states）については、とくに among の用語について「混じりあったもの」（intermingled with）だと解釈した。[81] したがって、州際通商を規制する連邦権限は、「各州の境界線内にとどまる」（intra state）商事については及ばない。換言すれば、連邦議会は、その商事が単一の州内に完全にとどまる通商でない限り、当該商事を規制する権限がある、とする。最高裁は、さらに commerce は通商にとどまらず、「いくつかの州際の商事」という意味であり、直接どのような商事も発生しないような輸送目的の商事活動、すなわち純粋な航行についても州際通商の規制権に含まれるとした。[82]

ギボンズ判決の後、連邦議会は、州境を越える商事の規制権に基づいて州に対する商事活動の規制をおこなった。最高裁のこの判決は、州と州の間のどのような通商にも連邦の州際通商条項が優先し、ある州内の通商活動が他の州に「直接の影響」を与える場合には、その州内の通商活動であっても連邦の州際通商条項の効力が及ぶとし、他方で、「間接的影響」の場合には、連邦議会は規制できないという立場を取った。この時代の州際通商条項について最高裁は、連邦主義的方向性を示したものとされている。[83]

(2) 州際通商規制権による寡占規制について ――United States v. E. C. Knight Company, 156 U.S. 1 (1895) 事件[84]

一八九〇年代からの数十年間は、トラスト（企業合同形態）が増加し、大企業が市場の大きな支配力を占めていた。連邦政府は、強力なトラストが増大すれば自由市場が制限を受けるため、商品価格や供給を管理を可能とするトラストを制限し、少数の手に資本と経済力が集中することを阻止する目的で、一八九〇年にシャーマン法[85]を制定した。この連邦法は、「取引を制限するあらゆる契約、結合、または企み」と、取引または商事を独占するあらゆる州際通商を違法とし、連邦政府が競争抑止的（anti-competitive）であると判断された場合、当該事業活動を禁止する連邦規制権を認めていた。

シャーマン法の制定後まもなく、アメリカ精糖会社（American Sugar Refining Company）がペンシルヴァニア州法の下で設立され、フィラデルフィアで操業していた四つの精糖会社であるE. C. ナイト社（E.C. Knight Company）、フランクリン精糖社、スプレッケルス精糖社、デラウェア精糖社を買収し、その大部分の株式を取得した。この買収後、アメリカ精糖会社は、合衆国内の九八パーセントの砂糖製造事業を支配することになった。

連邦政府は、この契約が締結されることで被告らが結合し、いくつかの州の間や外国との精白糖の商事取引の抑制を企てており、シャーマン法に反するものだと判断した。クリーブランド（Grover Cleveland）大統領は、ただちに司法長官のオルニー（Richard Olney）にシャーマン法のもとでE. C. ナイト社を摘発するように命じた。政府の目的は、同社による同業者の株式購入を無効とし、独占を分割することであった。本件は、巨大法人企業の統合にかかわる「シャーマン法」違反の有無を問われた最初の事件であった。しかし、E.C.ナイト社は、政府がシャーマン法によって商品の「流通」については規制できるとしても、「製造」そのものについては規制権を持たず、そのような権限を連邦政府に認めているシャーマン法は憲法違反であると反論した。第三巡回区連邦控訴裁は、商品の製造とその最終的な処分とは異なるとして、E.C.ナイトの反論を支持した。連邦政府により合衆国最高裁に上告された。

最高裁での争点は、連邦議会が通商規制権を通して独占企業を分割することができるかどうかであった。最高裁の八対一の多数意見をフラー（Melville Fuller）首席裁判官が執筆した。フラーは、「連邦議会は、州間における商品の買入れ、販売や輸送を規制するのであって、一州内の製造に対してではない。E.C.ナイト社の場合、その製造活動は州内だけである。このトラストと州際通商はつながっておらず、それは「付随的に、そして、間接的に影響を及ぼすだけである」[86]とした。フラーは、州内の通商は州のポリス・パワー（行政規制権）に委ねられ、連邦議会は規制権限を欠いていたとした。最高裁は、新しく制定されたシャーマン法の適用を制限しようとした[87]。

これに対しハーラン（John Harlan）裁判官一人が長文の反対意見を述べた[88]。ハーランは、連邦議会が州際通商を規制する能力を有するのであれば州際通商への制約的行為も取り除かねばならないとした。ハーランは、E.C.ナイト社は米国内の精糖産業の九八％以上を支配したのであるから独占を形成しているとした。このような独占は、直接にすべての州市民に影響を及ぼし、最終的には州際通商に影響を及ぼすものである。したがって連邦議会が望むならば、同法に基づき州間の活動を中止することができる、とした。ハーランは、連邦議会に与えられる権限について、憲法第一編八節一八項の「必要かつ適切条項」に関して「最も人々に有益である」という最高裁首席裁判官のマーシャルの言葉を引用し、同条項を通して政府権限が今回の事件に適用されるとの立場を取った[89]。彼の少数意見の核心は、E.C.ナイト社の企業結合による自由市場の独占にあり、これが州境を超える砂糖の売買の自由を妨げる行為に他ならないという懸念にある。この懸念は、精糖の製造の独占と商品の売買との間の直接的なつながりの存在を明確に示すものだとした。

E.C.ナイト社事件では、連邦の州際通商による規制権限の範囲を分析する際に、規制対象となった活動が「通商的か、製造的か」(commerce versus manufacture)、商事の流れの内側にあるか外側にあるか、当該活動が「ローカルか、または州際か」(local versus interstate)、あるいは州際通商に関する活動の効果が「直接的か、間接的か」(direct versus indirect) という問題に焦点が当てられた。[90] その上で、最高裁は、本件において商品の製造自体は本質的にローカル(local, 地方的)な活動であり、それ自体が州の境界線を越えるまでそれは「州際通商」でないとした。事業そのものは州から州へ移動せず、実際の製造プロセスも一つの州内にとどまり移動しないからである。

このようにニュー・ディール期に先立つ数十年前には、最高裁は通商条項の範囲をより狭く解釈し、州市民の保護を目的とする法律であってもそれを違憲とする事例が見られた。[91] たとえば一九三五年のA.L.A. Schechter Poultry Corporation 事件[92]において、最高裁は、州際通商における危険食品の移動を防止する目的の連邦制定法を無効とし、それが純粋な州内の事業活動を妨げるものとした。

(3) 州際通商権限による州内商事活動の規制の可否
—— A.L.A. Schechter Poultry Corp. v. United States, 295 U.S. 495 (1935) 事件

一九三五年に、フランクリン・D・ルーズベルト大統領は、全国産業復興法(National Industrial Recovery Act, NIRA)[93] によって鶏肉産業を規制しようとした。同法の関連部分は、「非衛生的な」ひな鶏の最終的な販売と同様に、ひな鶏の価格を規制した。原告のシェクター家禽社は、ニューヨーク市ブルックリン区で食肉処理場を経営していたところ、この法規制の下で生鶏肉規定(Live Poultry Code, LPC)[94] に違反し、不衛生なひな鶏を販売したとして一八

の訴因で告発された。また全国産業復興法の第三条では、毎週の労働時間と賃金や従業員の最低年齢の規制権を大統領に与えるものとしていた。この規定はその違反者に対して刑事罰で臨んでいた。そのためシェクターは、ニューヨークの小売業者に売り渡される鶏肉製品の品質問題以外に、従業員の労働時間や賃金に関しても刑事訴追され、ニューヨーク州東部地区連邦地裁において有罪とされた。

シェクターは第二巡回区連邦控訴裁に控訴した。シェクターは、連邦議会にシェクターの州内活動を規制する権限はないと反論し、法によって授権された大統領は、生鶏肉規定を承認または拒否する憲法上の決定権を有していないとした。控訴裁は、原審の有罪決定を維持する一方で、シェクターの不正な労働基準に係る共謀罪と二つの訴因についての有罪を覆した。控訴裁は、当該規定について大統領が容認されていない立法権能を行使したとした。[95]

シェクターのサーシオレイライが認められ、事件は合衆国最高裁で審理された。争点は、連邦議会が、全国産業復興法によって、地方および私人の取引団体の規制についてその権限を大統領に委任することができるかどうかであった。全員一致による判決を首席裁判官のチャールズ・ヒューズ（Charles E. Hughes）が書いた。最高裁は、州際通商上の連邦政府の権限の一部として、生鶏肉規定（ＬＰＣ）による労働時間、賃金および販売手続きのような広範囲の問題の規制権は認められているが、本件事業は州の内部で起っており、それゆえ連邦の管轄外であるとした。最高裁は、「当裁判所は、州内事業（intrastate business）における被告の従業員の労働時間と賃金を固定させるような同法による試みが連邦権限の有効な行使でなかったとの意見を持つ」[96]こと、また、「問題となっている鶏肉に関する限り、州際通商の流れは止まっている」とし、また規制の「間接的対直接的」（indirect versus direct）な性質について検討し、それがより間接的なものだったと認めた。[97]ここでも最高裁は、州際通商への「直接的な」影響に関する規制は連邦議会に与えられる一方で、州際通商の「間接的な」規制は、州に留保されていることを強調した。

最高裁は、「全国産業復興法は、大統領に委任された権限が限定されておらず、とりとめのない（unconfined and

vagrant）ものであった」と述べ、憲法に違反するとした。[98]

しかし、二〇世紀になると、アメリカのビジネスは、州境を超えて展開することが普通となる。そこで、州際通商条項についての合衆国最高裁の解釈も、物資の輸送やサービス活動などの州境を超える一般的なビジネス活動に対して徐々に、州際通商条項の規制権限を拡張する方向へと転換した。

(4) 州際通商条項による規制権と労働関係 ——NLRB v. Jones & Laughlin Steel Corp., 301 U.S. 1 (1937) 事件[99]

連邦議会は憲法の州際通商条項に基づき労使関係を規律する連邦法である全国労働関係法（National Labor Relations Act of 1935, 通称ワグナー法［Wagner Act］）を一九三五年に制定した。[100] 同法のもとで連邦公正労働慣行基準（fair labor practice standards）を施行するための全米労働関係委員会（National Labor Relations Board）（NLRB）が設置された。それは、種々の不当労働行為を禁止し、労働者組合の組合結成権と団体交渉権を保護する目的を持った。

米国内最大の鉄鋼生産業であったジョーンズ・アンド・ラフリン社（Jones & Laughlin Steel Corp.）は、ペンシルヴァニアの工場において組合を組織しようとした一〇人の労働者を解雇した。全米労働関係委員会は調査を実施し、ワグナー法によって雇用と在職中の差別や不当威圧、そして従業員の団結権への介入を含む違反行為を認定した。同委員会は、同社に対し法違反のすべての活動を中止すること、また同違反で解雇された従業員の復職を命じた。同社はこれを拒否したため、同委員会は命令を強制するための訴訟を提起した。しかし、同社は同委員会が憲法に違反して州際通商権限を行使したと主張して反訴した。

被告会社は、自社工場内の状況が州際通商に影響を及ぼすことはなく、従って連邦議会の規制の対象とはならない、と反論した。被告は、ワグナー法そのものが州際通商を規制する連邦議会の権能を超えるものであり、違憲であると主張した。これに対し同委員会は第五巡回区連邦控訴裁にその命令の施行を求めた。しかし、同控訴裁は、当該命令が連邦権限の範囲外にあったとして拒否したため、事件は合衆国最高裁に移された。

最高裁の判決は、五対四に分かれ、かろうじてワグナー法を合憲とした。多数意見をヒューズ（Charles E. Hughes）首席裁判官が執筆した。ヒューズは、規制された活動の州際への影響が「あまりに間接的である」との被告会社の反論を退け、ペンシルヴァニア鉄鋼プラントで労働組合を組織した従業員の復帰を命じた同委員会の命令を支持した。ヒューズは、つぎのように述べた。「労働争議によるこれらの（製造）業務の停止は、州際通商に重大な影響を及ぼすものであり……従業員が労働組合を結成し、団体交渉のため自ら選んだ代表者を持つ権利を認めることが、しばしば労使関係の和平のための必須条件となることを示す事例が過去に数多く見られる。」[101]従業員の解雇自体は州内の活動であるが、当該解雇の影響は州際通商に著しく影響を及ぼす可能性がある、とした。

最高裁は、鉄鋼産業自体がミネソタ州やミシガン州の鉄鉱山からペンシルヴァニア州の製鉄プラントにまで及ぶ州際の活動の網を形成しているため鋼鉄の製造に通商条項が適切に適用されるとした。[102]つまり、商事活動が、「著しく」州際通商に影響を与える場合は、州際通商条項による規制権に服するとし、経営に関する労働争議と労使関係はこの権限に入る。最高裁は、被告会社がペンシルヴァニア州外で重大な事業を展開しており、その大部分の製品は州外で販売されたと認定し、[103]実際の製鉄業がローカル（地方的）なものであっても、その製造された商品（鉄工品）が州際通商に「相当な影響を与える」（substantially affect）限りは、連邦の規制権限に服するとし、その労使関係を規制するワグナー法は合憲であると判断した。[104]

これは、「直接的対間接的」テストから、「実質的な影響」テストの方向へ転換するものであった。[105]法律の規制対象が州内活動であっても、それが州際通商に「密接かつ実質的な関係」（close and substantial relationship）を有し、それに対する規制が州際通商に対する負荷や妨害を排除するために必要で、適切である場合には、州際通商条項に基づく連邦議会の規制権限は肯定される。こうして合衆国最高裁が全国労働関係法の合憲性を支持することによって、連邦政府によるより広範な商事規制権の下地を作った。

(5) 州際通商条項による規制権と小麦の収穫量規制――Wickard v. Filburn, 317 U.S. 111 (1942) 事件[106]

一九三〇年代の大恐慌中に、民主党のフランクリン・ルーズベルト大統領がリードする連邦議会は、合衆国の弱体化した経済状況を改善するための「ニュー・ディール」計画を策定した。連邦議会は、その計画の一つとして一九三八年に、「農業調整法」（Agriculture Adjustment Act of 1938,AAA）[107]を制定した。同法の目的は、小麦の市場価格を安定させることにあった。農務長官は、農業調整法に従ってバランスのとれた小麦供給を実現するために農民が生産できる小麦の年間の割当て量を示した。違反者には処罰を課した。オハイオの小規模経営の農民であるフィルバーン（Filburn）は、農務省指令のもとに小麦の作付面積を割当てられたが、フィルバーンは、その割当てを上回って小麦を作付し、収穫した。彼は、小麦の割り当て部分を販売し、残余は家畜の肥料を含む自己の消費のために使用した。

農務長官のヴィッカード（Wickard）は、フィルバーンに対して農業調整法による割当小麦作付面積を超えたことに対し一一七ドルの罰金を課した。フィルバーンは罰金の支払いを拒み、自分自身の使用のためにそれを栽培したのであり、過剰な小麦生産は商事行為とは無関係だと反論した。彼は、過剰な小麦が自分自身の個人消費のためのものであって商事の流れに入るものではなかったため、連邦議会が同法により必然的にローカル（地方、州内）で消費される生産物について規制しようとしており、同法は連邦議会権限の範囲を超えるものであり違憲であるとして、オハイオ州南部地区連邦地裁に同法の施行差止め、農業調整法が憲法違反であるとの宣言判決を求めた。同地裁は、フィルバーンの申し立てを認めた。そこで、事件は合衆国最高裁に上訴された。

最高裁は、全員一致の意見をロバート・ジャクソン（Robert Jackson）裁判官が執筆した。最高裁は、その活動が「州際通商に関して相当な経済影響を及ぼす」（exerts a substantial economic effect on interstate commerce）限り、それは連邦議会によって規制されうるとした[108]。フィルバーンの生産量は些細であっても、多くの農場の些細な製造をすべて合算すると市場に相当な影響を及ぼすとした。連邦議会の州際通商規制権は、物価全体とその価格に衝撃を与えるすべての並列の活動の規制権を含む[109]。そのため、通商条項は、明確に連邦議会に小麦の価格を規制する権限を与える。これは、需要を増やすか、または市場への供給を減少させることによって達成することができる。生産割当ての効果は、小麦の供給を制御して、それを求める需要を維持することである。最高裁は、連邦議会の通商条項に基づく規制権限は、州際通商に相当な衝撃または影響を及ぼす活動を含むことを示した。農民が自分自身の家庭のニーズを満たすために小麦を生産するという点で小麦の需要は影響を受ける[110]。その影響が州際の公開市場に波及するため、連邦議会は個人や家庭の消費のための小麦生産を適切に規制することができる。最高裁は、同法を支持した上、経済活動はその性質に関係なく、当該活動が「州際通商への相当な影響がある」場合、その経済活動は連邦議会によって規制される、とした[111]。農業調整法による小麦割当てとそれに付随する罰則は、それが商事の目的で生産された場合でも、自身の消費のための小麦生産に適用される場合でも、連邦議会の通商権限の範囲内にある。州際通商規制権は、それらに影響を及ぼしている物価と商事慣行を規制する権限を含む。農業調整法の効果は、市場のために生産された小麦と自分自身の必要性のために市場に出荷することを回避する生産小麦の範囲額を制限することにある[112]。

このように最高裁は、個々の利用が蓄積することによって州際通商に及ぼす影響に注目した。家庭内での消費のためのであれ、小麦生産は集積されると大きなボリュームとなり、それは物価状況に相当な影響を及ぼす。つまり、市場価格が高くなると、どのような小麦でも市場に流入し、かくして市場価格は上昇する[113]。つまり州際通商に対する「相当な影響力」を認定するために、個々の効果を結合するという、農業の「最終的な集合的効果」（final aggregate effect）[114]を判断の根拠とした。[115]

(6) 州際通商条項による規制権と銃所持権限をめぐって——United States v. Lopez, 514 U.S. 549 (1995) 事件[116]

連邦議会による通商条項権限の範囲の拡大は、通商条項権の範囲を狭くする一九九五年の Lopez 事件によって大きな反転がもたらされた。

連邦議会は、「学校区域銃規制法」（Gun Free School Zones Act of 1990）[117]を定め、公立学校の一〇〇〇フィート以内での銃の所持を連邦法上の犯罪とした。これに対し、銃所持推進派から違憲訴訟が提起された。ロペス（Alfonzo Lopez）は、テキサス州サンアントニオの高校生であった。一九九二年、ロペスは拳銃を隠し持って登校した。この銃は装填されていた。ロペスは学校当局と警察に対して銃を携帯して登校したことを認めたため、同規制法違反で刑事訴追を受け、有罪判決を下された。しかし、ロペスは、連邦議会が基本的に公立学校区内を規制するような法を制定することは許されないとして、学校区域銃規制法が違憲であると主張し、彼に対する刑事処分の停止を求めた。

テキサス州西部地区連邦地裁は、連邦議会が米国中で学校教育に影響を及ぼすような活動を規制するための権限を備えていると決定し、ロペスの主張を受け入れなかった。[118]彼は、第五巡回区連邦控訴裁に控訴した。同控訴裁は、学校区域銃規制法が憲法に違反するとの主張を認め、ロペスに対する刑事訴追と、その法そのものが議会権限を越えたものであるとして、ロペスに対する有罪判決を覆した。[119]連邦政府は、最高裁判所に上告した。

最高裁において、連邦政府は生徒による拳銃の教育施設への持ち込みは、粗暴犯（violent crime）につながり、粗暴犯は学校の教育環境や人々の福祉（well being）に最終的に影響を及ぼすものである、と反論した。このため、連邦政府は、通商条項による規制が認められるべきというものであった。しかし、最高裁は、州際通商条項の下で連邦議会が法を制定する広い権限を有するが、その権限には制限があり、ロペス事件の領域には及ばないとし、高裁の判断を支持した。

首席裁判官のレンキストは、五対四と二つに割れた多数意見の判決を書いた。レンキストは、これまで最高裁が連邦制の維持と必然的に矛盾がないように一貫して通商条項による権限を限定的に解釈してきたことを強調し、通商条項に基づく議会権限については、「州際通商のチャネル」(channels of interstate commerce)、「州際通商の手段」(instrumentalities of interstate commerce)、および「州際通商に対する実質的な関係性」(substantial relation to interstate commerce) について検討してきた、とした。レンキストは、問題の銃禁止法はこの第三のカテゴリーに該当し、これまで最高裁がとった最も幅広い通商条項の解釈を用いても、ロペス事件では、いかなる意味でも「経済企業」に接続する活動ではないとした[120]。レンキストは、学校での粗暴犯によって教育制度が弱体化し、さほど生産的の高くない市民を創出し、経済を麻痺させ、粗暴犯による費用支出が全国的に負担させられるという州際通商への影響についての政府の理由づけを拒否し[121]、通商条項をそのように希薄化されたつながりで適用しようとするのは権限の拡張であり、議会が学校の近くで銃所有を規制することは、いかなる感覚においても経済活動ではないし、そのような政策は基本的には、州政府が伝統的に責任を持つべき種類のものである、とした[122]。

最高裁は、特定の学校区内に銃器を所有し、持ち込むこと自体が州際通商に影響を与える経済的活動であると言えないだけでなく、当該連邦法では、銃器の所有がどのように州際通商に関連するかについて、明示的な基準を示していないとし、連邦議会がその憲法上の立法権限を越えて法律を制定するもので、学校区域銃規制法は違憲であるとした[123]。

このロペス判決は、連邦政府による州際通商条項による規制権の拡大的な適用の流れを大きく変えるものとなった。

(7) 州際通商条項による規制権と特定犯罪に対する規制件——United States v. Morrison, 529 U.S. 598 (2000) 事件[124]

連邦議会は、女性に対する暴力が社会全体に対し重大な経済的影響を与えるとして州際通商条項に基づいて、一九九四年に、「女性に対する暴力禁止法」(Violence Against Women Act 1994, VAWA)[125]を制定した。同法は、女性に対する性犯罪や家庭内暴力について、その被害者が刑事訴追を求めなかった場合でも民事的救済を求めることができると規定した。

その同じ年、ヴァージニア工科大学(Virginia Tech)の一年生の女性、クリスティ・ブゾンカーラ(Christy Brzonkala)は、大学のフットボール選手であったモリソンとクロフォードによって強姦されたと主張した。クリスティは、同工科大学の性的暴行指針(Sexual Assault Policy)に従い大学当局に両名に対する申し立てをおこなった。聴聞会がおこなわれた後、モリソンが性的暴行で有罪であるとして二学期間の即時停学を宣告された。他方、クロフォードは処分されなかった。モリソンが求めた再審査で、彼に対する大学の制裁が逆に「過剰である」と認定され、モリソンに対する有責決定は破棄された。クリスティは自分の性被害の主張が大学当局に聞き入れられなかったことから退学し、刑事告訴を試みたが、州の大陪審は証拠不十分で起訴決定をしなかった。

クリスティは、「女性に対する暴力禁止法」の性暴力の犠牲者を民事的に救済するための規定に基づき、モリソンとクロフォードに加えて同工科大学に対して民事訴訟をヴァージニア州西部地区連邦地裁に提起した。他方、被告らは同法の民事的救済規定が、連邦議会の通商条項権限の違憲な行使であるとして訴えの棄却を申し立てた。同地裁は、同法の制定の基礎としている州際通商条項のもとでは同法の規定は根拠を欠くと判断し、クリスティの申し立てを棄却した。[126]また、第四巡回区連邦控訴裁も地裁の決定を支持したので、[127]合衆国最高裁に上告された。

首席裁判官のレンキストが、五対四に分かれた多数意見を執筆した。[128]レンキストは、ロペス事件を引用して一九九九四年の女性に対する暴力禁止法（ＶＡＷＡ）に関する事案においても、性に動機づけられた暴力犯の規制が、規制された活動と州際通商への影響との間の希薄性からして州際通商に含まれる手段、経路または商品に向けられたものではないと結論した。[129] レンキストは、連邦議会がこの事件において性に動機づけられた暴力によって州間の移動を阻害し、国の生産性を減少させ、医療費増をもたらしたという特定の所見に基づいて正当化した場合であっても、連邦議会は、「真に全国的であることと、真にローカル（地方的）であること」を区別しなければならないとし、通商条項の下の権限は全国的な場合にだけに適用されるとした。[130]

レンキストは、「経済的 対 商事的」（economic/commercial）、と「非経済的 対 非商事的な」（non-economic/non-commercial）ものとの区別が、連邦主義の原則とローカル（地方的）の一般的ポリス・パワー（州の行政権限）の原則を維持するために重要だとした。[131] この二つを区別しないならば、連邦議会は基本的に何でも規制する無制限の権限を有することになる。というのも種々の集積された影響が商事に間接的な影響を及ぼすと考えるならば、ほぼ何でも通商に影響を及ぼすということができるからである。最高裁は、州内活動は、活動自体が性質上経済的な場合だけ集積的（aggregate）であるという点から、ヴィッカード（Wickard）判決で示された「集積された効果テスト」（aggregate effects test）の内容を明確化した。[132] したがって、本法による救済規定は州際通商条項に基づく連邦議会の権限の範囲外のものとした。[133]

5　戦争宣言権限（War Power）と軍の維持

⑴　戦争宣言権限

憲法第一編八節八項では、連邦議会は、「戦争を宣言し、捕獲免許状（戦時敵国の船舶の拿捕を許可する書面）を付与し、陸上と海上における捕獲に関する規則を設けること」、と連邦議会の戦争宣言権を規定する。それに加えて、同一二項では、「陸軍を徴募しこれを維持すること。但し、その使用のための歳出予算は二年より長期にわたってはならない」、こと、同一三項では、「海軍を具備しこれを維持すること」と、同一四項では、「陸海軍の統括と規律に関する規則を定めること」、同一五項では、「反乱を鎮圧し、侵略を撃退するため、民兵の招集に関する規定を設けること」、さらに同一六項では、「民兵の編成、武装および紀律、ならびに合衆国の軍務に服する民兵の一部についての統括に関する規定を設けること」、として、連邦議会の軍の維持に関する規定がおかれている。

　戦争を宣言するのは連邦議会の権限であり、軍の予算を決定するのも連邦議会である。連邦議会は、軍隊を設立し他国船の拿捕免許状を与え、軍の支援をおこなう。この軍の支援にかかる予算支出は二年以上にわたっておこなうことができない。この規定は憲法起草者たちが平和時にシビリアン・コントロールを越えた常備軍が設立されることを恐れたために挿入されたものである[134]。

　しかし、歴史的には、連邦議会による戦争宣言がないまま大統領の判断で他国に軍事介入する例が増加したため、軍事力の行使に関する連邦議会と大統領の権限関係が重大な憲法問題となっていた[135]。大統領による無制約な軍事介入を危惧して、連邦議会は、「戦争権限法」(War Power Resolution of 1973)[136]を成立させた。これは、大統領に対し、敵対国への軍事介入に際して、連邦議会と協議し、報告することを義務づけ、さらに議会は報告を受けた後、一定期間内に連邦議会が戦争を宣言するなどしない限り、大統領は介入を停止することを要求したものであった[137]。

(2) USA愛国者法（USA PATRIOT Act: Uniting and Strengthening America by Provide Appropriate Tools Required to Intercept and Obstruct Terrorism Act of 2001）

ＵＳＡ愛国者法[138]は、二〇〇一年九月一一日に発生した「同時多発テロ」を契機に、ブッシュ・ジュニア大統領によって制定された。これまでは合衆国内でテロ関連の傍受活動をおこなう場合、捜査当局が一九七八年の「外国諜報活動偵察法」（Foreign Intelligence Surveillance Act, FISA）[139]に基づき専門管轄を有する裁判所に令状の発行を求める必要があった。しかし、USA愛国者法の下でFBIがテロ捜査のために必要だと判断すれば、「国家安全保障書簡」(National Security Letters, NSLs、以下「NSL書簡」とする)[140]と呼ばれるNSL書簡を発行することにより、私人のインターネットや電話の通信記録を入手できることになった。この種のNSL書簡を受けとった企業や組織は、調査対象になったことだけではなく、NSL書簡を受けたこと自体も秘匿することが義務付けられた。

ブッシュ・ジュニア大統領は、国家安全保障局（NSA）[141]による傍受が合衆国憲法第二編の軍の最高司令官性と、九・一一テロ攻撃直後の連邦議会決議によって認められた対テロ対応のための「大統領権限」の範囲内だとの認識を示した。NSAによる盗聴活動は「対テロ戦争の最も重要で効果的な道具の一つであり、強固な法的根拠に基づいている」とし、「合衆国が敵の脅威に直面している限り」監視を継続する方針を再確認した。[142]

連邦議会は二〇〇三年一一月に同法の修正案を可決し、NSAによる傍受プロジェクトの監視対象を拡大した。これによってFBIや諜報機関の監視の対象が、私人の業務文書や取引記録、銀行取引履歴、図書館の検索記録、閲覧書籍から、旅行代理店、インターネット・オークションの「イーベイ」での取引に至るまで広範囲に拡大された。また、「金融機関」及び「金融取引」には、保険会社、不動産会社、米郵政公社（USPS）、旅行代理店、カジノ、質屋、インターネット・サービス・プロバイダ（ISP）、自動車のディーラー、そのほか、犯罪、税金に関連して利用されやすい現金取引をおこなうすべての事業が含まれた。

同修正法では、疑惑ある取引に関するチェックと報告義務を各州の公務員に課している。[143]これにより、広汎な傍受活動を進め、情報源を確保している。これまでにNSAの傍受対象は国内と国外を結ぶ海外通話に限定されていたが、一般市民を含む合衆国から海外へ発信された電話や電子メールについても傍受している。また政府の傍受活動に協力したソーシャルネットワークや通信会社が民事、刑事の訴訟の対象とならないように免責事項が盛り込まれている。この法の適用範囲の拡大の根拠は、憲法の州際通商条項である。[144]

このＮＳＬ書簡によって裁判所の命令なしでＦＢＩが電話、電子メールや財務記録を収集できることから、従来の裁判所への令状請求を回避できるかなり至便な方法として利用されている。[145] 一方で、人権侵害の可能性も高まる。そのためＦＢＩによるＮＳＬ書簡の使用については米国自由人権協会（American Civil Liberties Union, ACLU）などから厳しく批判されていた。実際にＦＢＩは、何万通ものＮＳＬ書簡を出すことにより、膨大な量のアメリカ一般市民の預貯金事情、与信情報、雇用契約や個人の健康診断記録までも入手していた。[146]

そこでＡＣＬＵは二〇〇四年九月にＮＳＬ書簡の合憲性に挑戦した。ＡＣＬＵは匿名のインターネット・サービス・プロバイダに代わって連邦政府を告訴した。この Ashcroft v. American Civil Liberties Union 事件[147]において、ＡＣＬＵは、ＮＳＬ書簡によって憲法第一修正の表現の自由が侵害され、また第四修正の不合理な押収・捜索に該当するとの主張をおこなった。ニューヨーク州南部地区連邦地裁のビクター・マレロ（Victor Marrero）裁判官は、ＵＳＡ愛国者法におけるＮＳＬ規定を無効とした。同連邦地裁は、ＮＳＬ書簡罰則付召喚令状の受取人が法廷においてこれに対する異議申し立てができないのは憲法違反であるとした。[148] また連邦地裁は、ＮＳＬ書簡を受け取った者に対してその事実を他者に漏らしてはならないとしているが、このような口外禁止規定も違憲であり、当該制定法が、裁判所に対してこのような口外禁止に関して意味のある審査請求ができないとしているのは、権力分立の原則にも反するものであるとした。[149]

これに対し連邦政府は、ＮＳＬ書簡に異議申立て手続きを付け加える修正を急ぎ、ＮＳＬ書簡の司法審査を許容するために同法を改正した。同時にＮＳＬ書簡に対する地裁による無効判決の取消しを求めて第二巡回区連邦控訴裁判所に控訴した。控訴裁は、連邦議会が「ＵＳＡ愛国者法改正及び再授権法」（USA PATRIOT Improvement and

Reauthorization Act of 2005）によって問題となった二七〇九項を改正したとして、控訴を却下し、他方で改正内容についてさらなる検討を加えることを求め連邦地裁に差し戻した。[150] 二〇〇七年に連邦地裁のマレロ裁判官は、改正によっても非開示規定を削除しなかったことから、改正法によって与えられた司法審査はなお限定的であり、合衆国憲法下の権力分立の原則と憲法第一修正の違反であると決定し、改正されたＮＳＬ書簡規定を再び違憲とした。[151][152]

他方で、二〇〇五年には、ＦＢＩによるＮＳＬ書簡の使用に対する違憲訴訟がコネチカット州の公立図書館の四人の司書たち（「コネチカット四人の司書」（Connecticut Four）と称される）によって提起された。[153] ＦＢＩは、「国家安全保障書簡」に基づいて当該司書を含む図書館関係者に対し、公立図書館の利用期間を特定して、その期間中に図書館のコンピュータをオンラインで使用した図書館利用者をリストにして提出するように求め、また、その開示要求に対しては司書らに対して箝口令を強要した。これによりその期間に図書館のコンピュータを使用したすべての利用者の利用情報がＦＢＩによって収集されることになった。

「コネチカット四人の司書」は、これは図書館利用者の調査研究内容に関する令状なしの捜査であると主張し、ＡＣＬＵとともに訴訟を提起した。司書らはこのＮＳＬ書簡に関する訴訟提起によって同法違反として刑事罰を受ける可能性があった。そのため原告の名称は、ジョン・ドウまたはジェーン・ドウという仮名を使用する必要があった。この訴訟にはコネチカット州の二七図書館の非営利的コンソーシアムの図書館連絡会（Library Connection）も加わった。しかしほぼ一年後に、連邦政府は図書館に対する開示要求を取り下げ、ＮＳＬ書簡を受けたことの開示を許容した。

また、ニューヨーク自由人権協会（ＮＹＣＬＵ）とＡＣＬＵは、二〇〇七年に同区連邦地裁に、「ＵＳＡ愛国者法改正及再授権法」の改正法が権力分立の原則と憲法第一修正に違反し司法当局の権限を狭めるもので違憲だとして提訴した。同地裁のマレロ裁判官は、改正法のＮＳＬ書簡規定を無効としたため、[154] 連邦政府は第二巡回区連邦控訴裁に抗告した。控訴裁は、政府の上訴を却下して非開示命令を無効とする地裁の決定を支持した。[155]

しかし、連邦政府はそれにもかかわらず情報収集の権限の拡張を図った。ＦＢＩは図書館利用者が訪問したインターネットドメイン先や、図書館利用者によってクリックされた他のウェブサイト、さらに電子メールが送付された時間、そのサイズ、添付資料のタイプや、メールの見出し（subject line）などの電子メールのメタデータの収集を図り、さらにインターネット検索の時間や長さといった取引記録の提供を求めるようになった。[156]

1　アメリカ合衆国憲法第一編二節（下院）及び三節（上院）。

2　したがって法案には、法案の起草者の名前が付される（たとえば、二〇一〇年のウォール街改革・消費者保護法は、ドッド＝フランク法（Dodd-Frank Wall Street Reform and Consumer Protection Act）と称されている）。合衆国連邦議会で議員により提案される法案は、年間約五〇〇〇件であり、そのうちの五パーセントの約二五〇件は連邦法として実際に成立している。もちろんこの点は、日本の立法権行使のように法案の立案自体を行政省庁に所属する官僚たちに委ね、すり合わせと称して各省庁との調整の上に委員会での票決対象の草案が準備される（これ自体、立法府の権限を実質的に行政府が支えているというにきわめておかしな構造となっている）実情とは大いに異なるところである。

3　一年間の会期で、最近の平均では約六千―七千件の法案が提案される（そのうち実際に法案になるのは、五パーセント前後の五〇〇件前後である）この点日本の国会では、衆議院で提案された法案は四六本、参議院では二九本であり、一〇〇件に満たない（第一八六国会）そうすると少なくとも日本の議員を lawmaker と称するのには躊躇を要するだろう。

4　*See* Josh Chafetz, Congress's Constitution: Legislative Authority and the Separation of Powers (2017) 27-44. 松橋和夫「アメリカ連邦議会上院の権限および議事運営・立法補佐機構」レファレンス（国立国会図書館）二〇〇三年四月号四四頁（二〇〇三年）、同「アメリカ連邦議会上院における立法手続」レファレンス（国立国会図書館）二〇〇四年五月号七頁（二〇〇四年）。

5　最高裁判所裁判官に関していえば、一九八六年のレンキスト裁判官の首席裁判官への承認に関する上院司法委員会の審査は三か月もかかったし、ボーク裁判官の承認は、上院司法委員会での公聴会の後、拒否されたし、トーマス裁判官の任命に関しては、彼のＥＥＯＣ勤務中のセクハラが問題とされた。二〇一八年九月には、トランプ大統領指名のブレッド・キャバナー（Brett Kavanaugh）判事の最高裁裁判官の承認について、上院司法委員会で大きな問題となった。最高裁裁判官としての資質をめぐって激しい議論の末、賛成五〇対反対四八という史上最低のぎりぎりの投票で承認された。

6 罰則付召喚令状（issuance of a subpoena）（Rule XXVI, paragraph 1）.

7 連邦議会の課税立法権に関する Alexander Hamilton の見解につき、*see* David E. Engdahl, *The Spending Power,* 44 DUKE L. J. 1（1994）at 5-16.

8 上記 Engdahl の論文の他に、*see* Alison L. Lacroix, *The Shadow Powers of Article I,* 123 YALE L. J. 2044（2014）. 連邦議会の課税立法権に関する James Madison の見解につき、*see* Engdahl, *id.* at 2-9.

9 United States v. Butler, 297 U.S.1（1936）.

10 「農業調整法」（Agricultural Adjustment Act）はニュー・ディール期の連邦法であり、供給を制限することによって農産物価格の上昇を目的とした。連邦政府は、農家の家畜を買い取り、その見返りに作物の収穫を減らすための補助金を与えた。この補助金は、農産物を加工する企業への課税をもってまかなわれた。この法により合衆国農業省（U.S. Department of Agriculture）の下に、新しい農業調整委員会（Agricultural Adjustment Administration）を設置し補助金に執行をおこなわせた。

11 最高裁は、課税権限についてハミルトンの見解に無条件の支持を与えた。ロバーツ裁判官は、「この国の設立当初からこの条項の本当の解釈に関してはっきりした意見の違いが存続した。マディソンは、それが同節の引き続く条項においてあげられた他の権限を参照するだけにとどまると主張した。つまり、合衆国は限定され、列挙された権限を持つ政府であるため、一般の国家福祉に対する課税および支出権限の授与が、連邦議会にゆだねられた立法上の分野に限定されなければならない」とした。297 U.S. 1（1936）. *See* also Cleveland v. United States, 323 U.S. 329（1945）.

12 *Butler*, 297 U.S. at 77-78.

13 *Id.* at 81, 83.

14 Steward Machine Co. v. Davis, 301 U.S. 548（1937）and Helvering v. Davis, 301 U.S. 619（1937）.

15 South Dakota v. Dole, 483 U.S. 203（1987）.

16 「全国最低飲酒年齢法」（National Minimum Drinking Age Statute） 23 USCS 158.

17 サウスダコタ州は、また、当該連邦法は、憲法第二一修正二節の「州、合衆国の領土、属領の法律に違反して、右地域内での引渡しや使用のために酒精飲料を右地域内へ輸送や移転することは、ここに禁止する」という憲法規定にも反すると主張している。

18 *Dole*, 483 U.S. at 205.

19 South Dakota v. Dole, 791 F.2d 628（8th Cir. May. 1986）.

20 *Dole*, 483 U.S. at 207, 208, 210.

21 *Id.* at 208.

22 Steward Machine Company v. Davis, 301 U.S. 548, 590（1937）.

23 *Dole*, 483 U.S. at 211.

24 *Id.* at 206–07.

25 *Id.* at 212–13.

26 *Id*, at 218

27 National Federation of Independent Business v. Sebelius, 567 U.S. 519（2012）. 参照、辻雄一郎「〈論説〉最近の州際通商条項についての憲法学的考察」筑波法政、六〇号一一一、一二六以下（二〇一五年）。

28 二〇一〇年時点で四六〇〇万人が民間の医療保険に加入できない無保険者のままであり、年間四万四千人が医療保険未加入により医者にかかれず死亡していた。

29 「医療保険制度改革法」（Patient Protection and Affordable Care Act, PPACA）.（Pub.L.111-148, 124 Stat. 119）. は、合衆国議会下院で、賛成二一九対反対二一二で可決された。ただし、既往症を理由に保険会社が保険加入を拒否する事は禁じられる一方で、オバマ政権と民主党指導部が当初目指した公的保険制度の創設は見送られた。改革法では子どもが二六歳まで両親の保険を利用できるようにする条項や子どもの保険加入を拒否できない条項などは施行されている。

30 これによって政府は今後一〇年間で九四〇〇億ドル（約八四兆六千億円）を支出する予定で、現在四千万人以上いる無保険者のうち、三二〇〇万人が保険加入し、保険加入率は八三%から九五%に上昇することになる。国民皆保険法は、幾人もの歴代大統領が試みては挫折してきた社会改革法案であり、オバマ大統領の主要な政策の一つであった。同法の内容について、参照、関ふ佐子「アメリカにおける医療保障改革――公私混在システムの苦悩」論究ジュリスト（二〇一四年秋号）一一号七三頁、とくに七六頁以下参照。

31 *See* Florida v. United States HHS, 648 F.3d 1235, 1357（11th Cir. 2011）.

32 *Sebelius*, 567 U.S. at 557–58.

33 *See Health Care Debate Overrun with Hypocrisy*, CHI. DAILY HERALD, Oct. 15, 2010,（News）at 1; *No Benefit to Voters from False Debate on Medicare; Both Parties Should be Competing on How They Can Cut Program*, PALM BEACH POST, Aug. 19, 2012,（A Section）at 19A.

34 *Sebelius*, 567 U.S. at 540–41.

35 当初、中立系と見られていたケネディ裁判官は反対に回り、逆に共和党のブッシュ・ジュニア大統領によって任命され、違憲判断を示すと見られていたロバーツ最高裁首席裁判官が合憲判断に回った。

36 「停止命令排除法」（Anti-Injunction Act), 2 U.S.C. 7421 (a)

37 *Sebelius*, 567 U.S. at 543–46.

38 *See* 26 U.S.C. §7421 (a)

39 *See* §§ 5000A (b) (g) (2). Sebelius, 567 U.S. at 543.

40 *Sebelius*, 567 U.S. at 546.

41 *Id.* at 522.

42 *Id.* at 574.

43 *Id.* at 563, 567–8.

44 *Id.* at 663.

45 *Id.* at 557.

46 *Id.* at 615.

47 *Id.* at 554.

48 *Id.* at 603.

49 *Id.* at 555.

50 *Id.* at 612.

51 *Id.* at 588.

52 *See* Randy J. Beck, *The New Jurisprudence of the Necessary and Proper Clause,* 2002 U. ILL. L. REV. 581 (2002).

53 この elastic clause のことばは、McCulloch v. Maryland (1819) 事件におけるジョン・マーシャルの判決で示された。

54 BARBARA A. SCHMIDT, MACK C. BARDES, STEFFEN W. SHELLEY, AMERICAN GOVERNMENT AND POLITICS TODAY: THE ESSENTIALS, Cengage Learning, (2011–2012).

55 McCulloch v. Maryland, 17 U.S. 316 (1819). 本判決については勝田卓也「連邦の黙示的権能と州の課税権」別冊ジュリスト「アメリカ法判例百選」二四頁（二〇一二年）参照。

56 McCulloch v. Maryland, 17 U.S. at 318–19.

57 *See* R. Kent Newmyer, *John Marshall,* Mcculloch v. Maryland, *and the Southern States' Rights Tradition,* 33 J. MARSHALL L. REV. 875 (2000) and Martin S. Flaherty, SYMPOSIUM: *The Legacy of Chief Justice John Marshall: John Marshall,* Mcculloch v. Maryland,

and "We the People": Revisions in Need of Revising, 43 WM. & MARY L. REV. 1339 (2002).

58 誤審令状（writ of error）は、法の適用の過ちがあるかどうかについて検討をおこない、ある場合にはそれを正すために（上位の）裁判所に裁判記録の一件書類を送付するように（下級の）裁判所に指示するコモンロー上の令状のことである。

59 *McCulloch*, 17 U.S. at 353.

60 *Id.* at 353-54.

61 *Id.* at 358-59.

62 United States v. Comstock, 560 U.S. 126 (2010).

63 「アダム・ウォルシュ児童保護と安全法」（Adam Walsh Child Protection and Safety Act of 2006）（8 U. S. C. §4248）では、犯罪態様に従って性犯罪者を三つのクラスに組織した。そして、最も深刻なクラスである第三層の犯罪者を、生涯その所在を登録し、三ヵ月毎に更新することを求めた。第二層の犯罪者は、六ヵ月毎にその所在を更新し、それを二五年間おこなわなければならず、第一層の犯罪者は、その所在を毎年登録、更新し、一五年間それをおこなわなければならないとした。この情報更新の不履行は重罪とされた。州は、第二及び第三層の犯罪者の情報を公表することが求められた。同法はまた、性的に危険な者に対する民事上の拘禁規定を含んだ。この法によって、全米性犯罪者登録制度を作成し、各州及び地域にインターネットで犯罪者の名前、住所、生年月日、勤務先、写真、その他の犯罪者データを掲示するための同一の基準を適用するように指示している。同法は、フロリダ・ショッピングセンターから誘拐されて、後で殺害されたアメリカの少年のアダム・ウォルシュの名をとって名づけられたものである。司法省によれば、二〇一四年四月からは一七州の三地域と六三人の住民組織がアダム・ウォルシュ法の要件を実質化したとしている。

64 18 U.S.C. § 4248. §§ 4247 (a)(5)-(6), *Comstock*, 560 U.S. at 130.

65 *Comstock*, 560 U.S. at 130-01.

66 On remand at. Motion granted by United States v. Comstock, 2010 U.S. App. LEXIS 16976 (4th Cir. June 8, 2010). On remand at. Remanded by, Decision reached on appeal by United States v. Comstock, 627 F.3d 513 (4th Cir. Dec. 6, 2010). On Writ of Certiorari to the United States Court of Appeals for the Fourth Circuit. United States v. Comstock, 551 F.3d 274 (4th Cir. N.C., 2009)

67 *Comstock*, 560 U.S. at 149.

68 *Id.*

69 *Id.* at 133-34.

70 *Id.* at 127.

71 Gibbons v. Ogden, 22 U.S. 1（1824）.

72 この通商条項（commerce clause）の解釈方法については、Randy E. Barnett, *The Original Meaning of the Commerce Clause*, 68 U. CHI. L. REV. 101（2001）が大変参考になる。

73 「沿岸貿易及び漁場使用される船及び船舶で登録し許可し統制する法」（Act for enrolling and licensing ships and vessels to be employed in the coasting trade and fisheries, and for regulating the same）は、連邦法である「一七九三年沿岸商事漁業船舶登録許可及び同規制法」と「沿岸貿易及び漁場使用される船及び船舶の登録許可及び統制法」からなる。

74 ニューヨーク大法官府裁判所（New York Court of Chancery）とは、エクィティ（衡平法）裁判所のことである。同裁判所は、植民地時代の一七〇一年八月二八日に設立され、植民地総督が大法官（Chancellor）を務めた。一七七七年のニューヨーク州憲法においてもこの裁判所は維持されたが、大法官には法律家が宛てられるものとした。一七七七年以降、同州におけるエクイティ事件に関する管轄権を有していたが、一八四七年に同州地方裁判所（New York State Supreme Court）の判断を審査する控訴裁判所としての役割を果たし、廃止された。

75 *Gibbons*, 22 U.S. at 7.

76 *Id*. at 3-4.

77 ニューヨーク州最高裁判所（Court for the Correction of Errors）は、一七七七年に同州憲法により設立された。当時、同裁判所は、副知事（Lieutenant Governor）、大法官、同州地裁裁判官および州上院議員で構成されていた。特徴的な管轄権として、同州連邦議会で弾劾された州公務員の弾劾審理と、最終審としての役割があった。つまり、同州地裁や大法官裁判所の判決について法的根拠を示すことなく覆すことができた。というのも、この裁判所は法的判断を下すことは求められておらず、政治的、道徳的、倫理的あるいはその他の主観的判断基準に基づいて判断を下した。同裁判所は一八六四年の同州憲法によりに廃止され、下級審からの上訴は同州控訴裁判所（New York Court of Appeals）で法に基づいて判断されることになった。

78 *Gibbons*, 22 U.S. at 197.

79 *Id*. at 195-97.

80 *Id*. at 84, 100-02.

81 *Id*. at 241.

82 *Id*. at 243-46.

83 *See* generally, THOMAS H. COX, GIBBONS v. OGDEN, LAW, AND SOCIETY IN THE EARLY REPUBLIC（2009）and Norman R. Williams, *The Dormant Commerce Clause: Why* Gibbons v. Ogden *Should be Restored to the Canon*, 49 ST. LOUIS L.J. 817（2005）.

84 United States v. E. C. Knight Company, 156 U.S. 1（1895）.

85 シャーマン反トラスト法（The Sherman Antitrust Act, Sherman Act）26 Stat. 209, 15 U.S.C. §§ 1-7. 同法は、連邦政府の監査機関が競争的であるとみなす特定の事業を許容しながらも、企業結合（トラスト）を調査し、捜査し、是正を勧告する歴史的に画期的な連邦制定法。

86 *E. C. Knight*, 156 U.S. at 12.

87 *Id.* at 17.

88 *Id.* at 18.

89 *Id.* at 39.

90 *See* Larry Kramer, *Understanding Federalism*, 47 VAND. L. REV. 1485, 1497（1994）and John F. Manning, *Federalism and the Generality Problem in Constitutional Interpretation*, 122 HARV. L. REV. 2003（2009）.

91 通商条項権限は、ニュー・ディール期とフランクリン・Ｄ・ルーズベルト（ＦＤＲ）大統領までは連邦議会によってそれほどは用いられなかった。とくにルーズベルトはその任期中にこれまで連邦政府によっては意識されなかった多くの連邦権限を主張し、その拡大を試みた。

92 A.L.A. Schechter Poultry Corp. v. United States, 295 U.S. 495（1935）.

93 「全国産業復興法」（National Industrial Recovery Act,（NIRA）は、労働法であると同時に消費者関連法であり、合衆国大統領に景気回復を刺激するために適正賃金や市場価格について産業を規制する権限を与えた。同法の下で、公共事業局（Public Works Administration, PWA）が設立され、国家公共事業プログラムを確立した。しかし、ＮＩＲＡは、この最高裁判決によって違憲とされ、その後、改正法は制定されなかった。

94 生鶏肉規定（Live Poultry Code, LPC）の完全な名称は、「ニューヨーク市の都心部及び市内の鶏の生肉産業公正競争規定」（Code of Fair Competition for the Live Poultry Industry of the Metropolitan Area in and about the City of New York）である。

95 *A.L.A. Schechter Poultry Corp.* 295 U.S. at 520.

96 *Id.* at 550.

97 *Id.* at 546.

98 *Id.* at 541.

99 National Labor Relations Board v. Jones & Laughlin Steel Corp., 301 U.S.1（1937）.

100 「全国労働関係法」（National Labor Relations Act）は、一九三五年にアメリカ合衆国において労働者の権利を保護する目的で制定された。起案した民主党の上院議員ロバート・ファーディナンド・ワーグナーに因んで、「ワグナー法（Wagner Act）」と呼ばれる。

101 *Jones & Laughlin Steel Corp.*, 301 U.S. at 42.

102 *Id.* at 28.

103 これに対する四人の裁判官の反対意見は、当該従業員の解雇の問題はあまりに州際通商とかけ離れており、連邦議会による規制権限を正当化できないとするものであった。

104 *Jones & Laughlin Steel Corp.*, 301 U.S. at 40.

105 *See* Bradford C. Mank, *Protecting Intrastate Threatened Species: Does the Endangered Species Act Encroach on Traditional State Authority and Exceed the Outer Limits of the Commerce Clause*, 36 GA. L. REV. 723,785（2002）

106 Wickard v. Filburn, 317 U.S. 111（1942）.

107 この「農業調整法」（Agriculture Adjustment Act of 1938, AAA）（Pub.L. 75-430, 52 Stat. 31, enacted February 16, 1938）は、違憲とされてしまったニューディール期の以前の「一九三三年農業調整法」（Agricultural Adjustment Act of 1933）の代わりに、農業助成金政策のために制定された連邦法である。同法は、法による財政支出が合衆国政府によって与えられるという例外規定により、以前の農業調整法の規定を復活させ、土壌保全の継続と一九三六年の「国内割当法」（Domestic Allotment Act）への対応として実施された（なお、本章注10参照）。

108 *Wickard*, 317 U.S. at 125.

109 *Id.*

110 *Id.* at 127.

111 *Id.*

112 *Id.* at 128.

113 *Id.*

114 Wickard v. Filburn 判決で示された州際通商条項の考え方は、「集合的理論」（aggregation theory）または「集合的原則」（aggregation principle）として知られる。

115 Wickard, 317 U.S. at 133.

116 United States v. Lopez, 514 U.S. 549（1995）.

117 「学校区域銃規制法」（Gun-Free School Zones Act, GFSZA）は、学校区域に許可なく拳銃を所持して入り込んだ者に刑事罰を科す連邦法である。この学校区域（school zone）の定義も18 U.S.C. § 921(a)(25) に示されている。この法は当時デラウェア州上院議員であったジョー・バイデン（Joseph R. Biden Jr.）副大統領によって一九九〇年に導入されたものである。

118 *Lopez*, 514 U.S. at 551–52.

119 *Id.* at 552.

120 *Id.* at 556–57. ここでは Wickard v. Filburn, 317 U.S. 111（1942）事件を検討している。

121 *Lopez*, 514 U.S. at 564.

122 *Id.* at 567.

123 *See* Jonathan L. Entin, *The New Federalism after* United States vs. Lopez-*Introduction*, 46 CAS. W. RES. L. REV. 635（1996）

124 United States v. Morrison, 529 U.S. 598（2000）.

125 42 USC § 13981（Violence against Women Part. C-Civil Rights for Women）.

126 Brzonkala, v. Virginia Polytechnic and State University, 935 F. Supp. 779（1996）.

127 Brzonkala, v. Virginia Polytechnic and State University, 169 F. 3d 820（1998）.

128 *Morrison*, 529 U.S. at 598.

129 *Id.* at 610.

130 *Id.* at 617–18.

131 *Id.* at 644–45.

132 *Id.* at 613, 641.

133 *See* Diane McGimsey, *The Commerce Clause and Federalism after* Lopez *and* Morrison: *The Case for Closing the Jurisdictional-Element Loophole*, 90 CAL. L. REV. 1675（2002）.

134 *See* Kenneth B. Moss, *Information Warfare and War Powers: Keeping the Constitutional Balance*, 26 FLETCHER FOREIGN WORLD AFF. 239（2002）.

135 20世紀以降、アメリカ合衆国は世界で一番戦争行為をおこなっている国である。連邦議会の戦争宣言を受けて戦争行為を始めたのは、War of 1812, Mexican-American War, the Spanish-American War, World War I and World War II. である。上記以外にも世界各地での軍事的介入や空爆などの戦争行為を連邦議会の戦争宣言なしにおこなってきている。（たとえば朝鮮戦争、ベトナム戦争、グラナダ侵攻、湾岸戦争など。）

136 「戦争権限法」（War Powers Resolution, War Powers Resolution of 1973 または War Powers Act としても知られる）（50 U.S.C.

1541–1548）は、合衆国議会の承認なしにおこなった合衆国の戦闘への加担に関する大統領の権限について議会がチェックする趣旨の連邦法である。この決議は、アメリカ議会上院下院の「両院合同決議」（joint resolution）に基づくものである。この法では、大統領は、議会による戦争宣言 declaration of war によってのみ、軍隊を海外の紛争地に派遣でき、緊急の場合もこの法に定める手続きに従うことを求めている（本書第五章２の⑴注８参照）。

137　Public Law 93–148, 18 USC2 516.

138　「ＵＳＡ愛国者法」（PATRIOT: Uniting and Strengthening America by Provide Appropriate Tools Required to Intercept and Obstruct Terrorism Act of 2001）（H.R.3162 USA）は、「テロリズムの阻止と回避のために必要な適切な手段を提供することによりアメリカを統合し強化する二〇〇一年法」と呼ばれ、正式名称の頭文字を取って米国愛国者法、あるいは単に「愛国者法」（Patriot Act）と称される。

139　「外国諜報活動偵察法」（Foreign Intelligence Surveillance Act of 1978, FIS）（Pub.L. 95–511, 92 Stat. 1783, 50 U.S.C. ch. 36）は、それは、「外国勢力」（foreign powers）と「外国勢力の工作員」（agents of foreign powers）間のスパイ活動またはテロリズムの疑いをかけられた「外国の諜報活動情報」の身体検査及び電子機器による秘密情報収集に対する手続きを規定する連邦法である。この法により連邦捜査当局および情報部による諜報活動偵察令状請求を監督するための「外国諜報活動偵察裁判所」（Foreign Intelligence Surveillance Court, FISC）を設置した。これについては批判が起きたため、九・一一の攻撃以来繰り返し訂正された。

140　「国家安全保障書簡」（National Security Letters, NSLs）これについては Andrew E. Nieland, NOTE: *National Security Letters and the Amended Patriot* Act, 92 CORNELL L. REV. 1201（2007）が詳しい。NSL 書簡については、ACLU, Fact Sheet: National Security Letters（NSLS）https://www.aclu.org/files/pdfs/safefree/cia_nsl_factsheet.pdf visited April 20, 2017 も参考になる。

141　合衆国家安全保障局（National Security Agency, NSA）とは、国防総省に所属する合衆国の主要情報機関である。大規模な通信傍受網「エシュロン」などを使い、世界的規模で電話や無線通信の盗聴、インターネットの傍受、その解読・分析をおこなっている。ＮＳＡは、合衆国のコミュニケーションネットワークや情報システムの保護についてもその責務が与えられている。ＮＳＡはその使命を達成するための様々な手段に依存するが、それ活動内容は守秘されている。

142　大統領にはテロ行為を補助、実行、承認、計画した外国、団体、個人に対して、またそれらの団体や個人をかくまった個人や団体に対し、合衆国に対する次のテロ攻撃を予防するために、全ての必要で適切な武力を使う権限が与えられた。

143　*See* Dan Eggen, *Bush Authorized Domestic Spying,* WASH.POST, Dec.16, 2005.

144　これを受けてブッシュ大統領は、テロの脅威のもと、現在、米国は国家非常事態にあるとの認識を示し、投資銀行のＭ＆Ａなどの資金調達にかかる資金の流れを定期的に連邦政府に報告させ、マネーロンダリング（資金洗浄）など一定の疑惑ある資金そのものについては、大統領がその運用を凍結させ、資金そのものをいったん直接保管できるとする大統領命令を、憲法の規定（Commander in Chief）に基づいて、出すことを決定した。

145 *See* generally, Peter P. Swire, *The System of Foreign Intelligence Surveillance Law*, 72 GEO. WASH. L. REV. 1306（2004）.

146 *See* "Four Librarians Finally Break Silence in Records Case," N.Y.TIMES, May 31, 2006.

147 Ashcroft v. American Civil Liberties Union, 542 U.S. 656（2004）. *See* Richard S. Dunham, *The Patriot Act: Business Balks*, BUS. WK., Nov. 10, 2005. この実態について参考になるのは、合衆国国家安全保障局（ＮＳＡ）および中央情報局（ＣＩＡ）の元局員であるエドワード・スノーデン（Edward J. Snowden）が、ＮＳＡで請負仕事をしていた時に、システム分析官として、アメリカ合衆国連邦政府による情報収集活動に関わった事例である。彼はロシアに逃亡中であるが、その際の傍受活動を描いたノンフィクションの書籍『スノーデンファイル 地球上で最も追われている男の真実』（LUKE HARDING, THE SNOWDEN FILES : THE INSIDE STORY OF THE WORLD'S MOST WANTED MAN, 2014, Vintage Books）を映画化したのが、オリバー・ストーン監督、ジョセフ・ゴードン＝レヴィット主演の、『スノーデン』（Snowden）（二〇一六年公開）である。

148 John Doe v. Ashcroft, 334 F.Supp.2d 471（S.D.N.Y. 2004）. この訴訟は、まず American Civil Liberties Union が Ashcroft を相手取ってニューヨーク南部地区連邦地裁に提訴した事案である。

149 *Id.* at 526–27.

150 二〇〇五年七月に合衆国議会上院は、もとのＵＳＡ愛国者のいくつかの条項の実質的変更をおこない、「ＵＳＡ愛国者法改正及び再授権法」（USA PATRIOT Improvement and Reauthorization Act of 2005）を可決した。ただし下院の方は、大部分の文言についてそのまま留保していた。結局上院の修正案について再検討がおこなわれ、元の法律の大幅な修正なしに二〇〇六年三月に議会を通過しブッシュ・ジュニア大統領によって承認された。

151 「ＵＳＡ愛国者法改正及び再授権法」の第二七〇九項については、ＡＣＬＵが、この法について違憲訴訟を提起した（American Civil Liberties Union v. Ashcroft）。ＡＣＬＵは、ＮＳＬ書簡が憲法第一及び第四修正に違反しているとの議論をおこなった。というのも、同法の二七〇九項が、電話ないしインターネット会社がＮＳＬ書簡による召喚を受けたときに裁判所でそのことを争う法的手続きについて規定していなかったためである。ＡＣＬＵは、また同法の第二七〇九項がＦＢＩからＮＳＬ罰則付召喚令状の受取人が受け取ったことを開示するのを禁止していることを問題とした。この件については、連邦地裁裁判官が修正法のＮＳＬ規定は憲法に反すると判断している。

152 Doe and ACLC v. Gonzales, 500 F. supp. 2d 379（2007）.

153 Doe I v. Gonzales, 449 F.3d 415（2d Cir. 2006）.

154 Federal Court Strikes Down National Security Letter Provision of Patriot Act" (Press release). American Civil Liberties Union. September 6, 2007.visited following site, on July 15, 2017 https://web.archive.org/web/20071106074840/http://www.aclu.org/safefree/nationalsecurityletters/31580prs20070906.html

155 Barbara M. Jones, *Librarians Shushed No More: The USA Patriot Act, the 'Connecticut Four,' and Professional Ethics,*" 58 NEWSL. INTELL FREEDOM 195, 221-23 (2009).

156 John Doe v. Ashcroft, 334 F. Supp. 2d 471 (S.D.N.Y., 2004).

157 John Doe I, John Doe II, ACLU, ACLUF v. Gonzales, 449 F.3d 415 (2006).

158 *See* Nieland, *supra* note 140.

第7章 違憲審査権（Judicial Review）

1 違憲審査権の確立

アメリカ合衆国政府の統治機構の三部門のうち、司法権は、立法権や行政権に比べてその存在は比較的小さいものであった。この点、モンテスキューは、『法の精神』において、「これまで述べた三つの権力の中で、司法権はある意味で無きに等しい」[1]と述べていた。歴史的にも、強大な国家の政治権力は、立法権と執行権を独占していたため（絶対王政）、この二つの権力を切り離すことが市民革命の目標であり、司法権の独立はそのあとに議論された。英国の例を見ても、国王からいかに法の制定権を取り上げるかが課題であって、名誉革命後も、司法権は貴族院など議会の一部に属していた。英国では、議会主権の確立に比べ司法権の独立は喫緊の政治的課題とはならなかった。アメリカでも三権分立の原則に基づき、司法権に立法権や行政権に対する抑制と均衡の役割が期待された。しかし、憲法第三編の条文構成から見ても明らかなように、その規定はもっぱら裁判権の範囲を述べるにとどまり、立法権や行政権に対する実質的抑制権限は明確ではなかった。

ところが違憲審査権を確立することによって、司法権が名実ともに立法権や行政権に対する抑制権としての機能を備え、三権分立の一角を占めるに至った。このことの憲法的意義はかなり重要である。

連邦制定法及び州制定法、行政決定、地方自治体の条例や決定が、合衆国憲法に適合するかどうかの審査権が連邦裁判所にあるという法理は、一八〇三年のマーベリー対マディソン事件（Marbury v. Madison, 5 U.S.（1Cranch）

137）において、ジョン・マーシャル合衆国最高裁首席裁判官（Chief Justice John Marshall）が生み出したものである。つまり、合衆国憲法に明文の規定のない司法審査権の法理は、憲法の最高法規性や合衆国最高裁の憲法遵守義務規定に基いてマーベリー事件判決において解釈学的に構成されたものである。この法理の確立によって、合衆国最高裁は、三権分立を明確にし、他の二権、つまり立法権や行政権と、対等あるいは優位に立つことになった。

⑴　違憲審査権（Judicial Power）確立の背景

一八〇〇年一一月の大統領選挙において連邦主義者（Federalist）のジョン・アダムス（John Adams）大統領は、反連邦主義者（Anti-Federalist）のトマス・ジェファソン（Thomas Jefferson）に敗れた。アダムス大統領の国務長官はジョン・マーシャルであった。アダムス大統領は、自分の残された任期中にまず空席になった第四代合衆国最高裁首席裁判官に現職の国務長官であるマーシャルを任命した。マーシャルは翌年一月に最高裁首席裁判官に着任し、国務長官と兼任することになった。

選挙に敗れたアダムス大統領は、自派（連邦派）の勢力を連邦裁判所内に残すために任期切れの直前の一八〇一年二月一三日に、「一八〇一年裁判所法」（Judiciary Act of 1801）[2]を通過させた。この法によって、ワシントン特別区の治安判事職を含む五八の新たな連邦裁判官のポストを増設し、自派の候補者四二名を指名した。議会ではアダムス大統領の連邦派が多数を占めていたため上院の同意と任命承認手続きが進められた。この任命は徹夜の作業でおこなわれたため、「真夜中の任命」（midnight appointment）と称されている[3]。

議会上院による連邦裁判官の任命の承認ののち、同年三月三日に辞令が用意されたが、遠隔地にいる被指名者の一七名に対しては辞令が未公布のままとなってしまった。翌三月四日には、新大統領の大統領就任式（Inauguration）がおこなわれ、新大統領に反連邦派のジェファソンが就任した。ジェファソン大統領の国務長官にはジェイムズ・マディソン（James Madison）が任命された。反連邦派のジェファソン大統領は国務長官のマディソンに対して一七名の辞令の交付を見合わせるように指示した。そのため、内定者のうちの一四名は連邦裁判官就任を諦めた。しかし、マーベリー（William Marbury）ら三名の被任命者は、一七八九年裁判所法一三条（Judiciary Act of 1789, Article 13）[4]にもとづいて、新国務長官のマディソンを相手として辞令交付のための職務執行令状（writ of mandamus）の発給を求めて、合衆国最高裁判所に提訴した。これは一七八九年裁判所法の一三条が、職務執行令状の発給権限が最高裁判所にあると規定していたからである。[5]

マーベリーらからの合衆国最高裁判所に対する提訴について判断をおこなったのは最高裁首席裁判官となったばかりのジョン・マーシャルであった。

(2) マーベリー対マディソン事件の争点と判断

本件の争点は、①原告のマーベリーらに職務執行令状の請求権が存するか否か、②原告らの請求権に対する法的救済手段が存在するか否か、そして、③本件での救済が職務執行令状の発給によって達成できるかどうか、であった。

これに対するマーシャル首席裁判官による本件の判決は、①については、原告らへの辞令交付の保留は既得権の侵害となるとし、②について、権利侵害があれば常に法的保護を受けることができるとした。しかし、争点の③に関しては、(a)職務執行令状の性格、及び(b)合衆国最高裁判所の有する権限の二点を考察する必要があるとした。[6]

マーシャルは、まず、(a)職務執行令状の性格について、一七八九年裁判所法の条文から判断すると、職務執行令状発給の請求権は被告が国務長官であるという理由で妨げられることはなく、それゆえ本件において職務執行令状は発給されるべきであるとした。しかし、(b)について、合衆国最高裁が当該職務執行令状を発給できるかどうかについては問題が存するため、まず「合衆国最高裁は何をする権限があるのか」を検討する、とした。[7]

マーシャルは、合衆国の司法権について、憲法第三編二節二項によれば、合衆国最高裁は、一州と他州が当事者となる争訟、及び外交問題が争われている場合には第一審裁判管轄権を有するが、それ以外の全ての事件は上訴裁判権を有することになっている、とした。そのうえで、（ここから違憲審査権に向けた理論構成がおこなわれる）、「最高裁判所が職務執行令状を発給するためには、それが『上訴裁判管轄権』（上訴事項）に含まれるか、あるいはその上訴権の行使に必要性がなければならない」とした。[8]

マーシャルは、「職務執行令状を発給すべきかどうかの審査に最高裁が入るのは、その効果において第一審として文書について裁判するのと同じことであり、憲法上の上訴事項には該当しない」ため、本件の場合、合衆国最高裁が第一審として職務執行令状の発給について審査することになる、とした。ところが、合衆国憲法は、職務執行令状について第一審事項としての裁判権限を合衆国最高裁に与えていない。そうであれば、合衆国憲法に定めのない権限を合衆国最高裁が行使できるかどうかが問題となる。そこで合衆国憲法と連邦制定法との上下関係を考察すると、憲法起草者たちは、憲法を国家の至上法（憲法第四編二節の「憲法の最高法規性」Supremacy clause）として起草したのであり、それに反する法律は無効ということでなければならない。つまり、憲法に反した法律は無効である。[9]

では、誰がそれを宣言するのか。換言すると、立法の違憲性を判断する権限は三権のうちどこに所属すると考えるべきか。それは、憲法上、[10]①何が法律であるかを述べるのは司法部の領域に属し（憲法第三編二節一項の「裁判管轄」（Jurisdiction）による）、②二つの法律が衝突する時は、それぞれの効果につき裁判所が判断しなければならない、そして、[11]③憲法を尊重し、憲法を適用するのは合衆国最高裁判所である（憲法第四編三節の「憲法の順守義務」（Support oath）による）。したがって、違憲性の判断をおこなう権限は最高裁判所に属する。そうすると、連邦法である一七八九年裁判所法の第一三条について判断するに、同法の同条項は合衆国憲法に規定されていない権限を合衆国最高裁に授与するものであるから、違憲であり、マーベリーらには訴えの根拠がないことになる。

結局、マーベリーらの訴えは退けられ、マディソンが勝訴した。つまり、最高裁首席裁判官のマーシャルは反連邦派の顔を立てたことになる。

2　憲法制定会議と違憲審査権

実際に合衆国憲法は、違憲審査権を定めた明文規定を持たない。それは、マサチューセッツ植民地のように当時の一三邦の植民地のうち半数においては、すでに裁判官による違憲審査の権限行使を認めていたという事情も反映している。[12]この時、憲法起草者たちが、三権分立の原則に基づき、司法権に違憲審査権が存するのは明白であり、とくに明文でそれを規定する必要はないと考えたためである。

しかし、憲法起草者たちが、違憲審査権について全く議論しなかったわけではない。[13]合衆国憲法が成立する前の一七八七年までには、一三の邦（州）のうちの最低七つの邦（州）裁判所は司法審査権を有していた。[14]アレクサンダー・ハミルトン及びエドモンド・ランドルフ（Edmond Randolph）を含む憲法会議の代表者のうち少なくとも七名は、司法審査に関係する邦（州）裁判所の訴訟にかかわった弁護士、または裁判官であったため、司法審査権に関する個人的経験を有していた。他の代表者たちも、これらの州における司法審査の事案について憲法会議の席上、言及していた。[15]

憲法起草者たちは憲法会議の議論で司法審査権の概念についてさまざまなものを参照したが、大きな影響を与えたのは、ヴァージニア案（Virginia Plan）[16]として知られるものであった。ヴァージニア案では新しく提案された制定法に対して審査をおこなったうえで法として承認するか、拒否するかを決める、いわば今日の大統領の法案拒否権に類似した「修正評議会」（Council of Revision）の設置を含んでいた。[17]そのため連邦裁判官が立法に対する審査権を有するという考えは憲法会議の議論のなかでも、明らかにされていた。例えば、ジェームス・マディソンは、「人民自身によって設立された合衆国憲法に違反している法は、裁判官によって無効とされる」と述べ、ジョージ・メーソン（George Mason）も連邦裁判官は「憲法に反する法を無効であると宣言することができる」とした。[18]九つの邦からの十五名の代表者たちは、制定法の合憲性を検討する権限が連邦裁判所にあることについて言及し、二人を除く全員が連邦裁判所が司法審査権限を有するという考えを支持した。司法審査制を置くことに反対した二人は、ディキンソン（John Dickinson）とマーサー（John Mercer）であったが、とくにそれを禁止すべきであるとの提案をしたわけでもなかった。[19]そのため彼らは自分の所属する邦に戻って憲法案を批准する邦（州）会議においても、裁判所が司法審査権を有するかどうかについて取り立てて問題にするようなことはしなかった。[20]

憲法の批准を促進するために一七八七年から一七八八年に発行された『ザ・フェデラリスト』（連邦派の新聞）は、司法審査権限についていくつかの言及をおこなっている。たとえば、ハミルトンは、『ザ・フェデラリスト』の七八篇において連邦裁判所が司法審査の権限を有する、と明確に述べている。[21]ハミルトンは、「憲法は制定法の解釈の基準となるべきものであり……制定法に明らかな憲法違反があるときには制定法は憲法に譲歩しなければならない」と、憲法のもとで連邦裁判所が制定法を憲法に反すると宣言する権限を有する、と述べた。[22]ハミルトンは、この点についてつぎのようにも述べている。「裁判所は、人々と議会の中間の組織体であるように構成されており、とりわけ、それは議会を付与された権限の範囲内に保つためである。法の解釈は、裁判所の適切で、特有の職務の範囲にある。憲法は、事実上基本法であるし、そうであると裁判官によってみなされなければならない。……換言すれば、憲法は制定法に優先しなくてはならず、人民の意思は行政官の意思に優先しなくてはならない。この結論は、司法権が立法権に優越するということではない。それは人々の権限が司法権や立法権よりも勝るということである。そして制定法によって宣言された議会の意思は、憲法で宣言された人々の意思に反する場合には、裁判官は制定法よりもむしろ憲

合衆国最高裁判所の地下にあるジョン・マーシャルの像

法によって支配されるべきである。裁判官らは、基本法でない制定法によってではなく、基本法である憲法によってその決定をおこなうべきである……」[23]。「したがって、特定の法規が憲法に違反するときはいつでも、憲法を支持し、前者を無視することは裁判所の義務である……」[24]。「裁判の使命は立法的侵害（encroachments）に対する立憲的憲法の堡塁（bulwarks）と考えられなければならない」[25]。

このように司法審査権はフェデラリストによって積極的な支持を受けていた。したがって、違憲審査権は、マーベリー事件において唐突に出てきたものではなく、すでに裁判所の固有の、また憲法上の権限として一定の認識が待たれていた。ジョン・マーシャル最高裁首席裁判官は、それを合衆国憲法の条文の規定の中から解釈学的に構成し、確固たる裁判所の権限として確立した[26]。

3　違憲審査権の対象とその拡大

これ以降、マーシャルの最高裁は、違憲審査権の対象を拡大し、つぎつぎと違憲判決を出すことでアメリカの政治権力における司法権の優位性を確立した。違憲審査権の範囲は、当初は、連邦政府内の立法権と行政権の二権を対象とするものと考えられていたが、マーシャルはその適用範囲を州立法や州裁判所の判断にまで徐々に拡大した[27]。

マーベリー事件から七年後の一八一〇年に合衆国最高裁は、Fletcher v. Peck 事件[28]において、不動産取引を規制するジョージア州法を憲法第一編一〇節一項の「契約条項」に反して違憲であると違憲審査権を行使した。この判決もマーシャル最高裁首席裁判官によって執筆されている。この判決は、先にも指摘したように、州議会が制定した州立法に対してその効力を合衆国最高裁が認めないという違憲審査権の行使を初めておこなった事案である。

(1)　州の制定法に対する違憲審査権の行使

①　Fletcher v. Peck 事件

この事件は、ジョージア議会で承認されたいわゆる「ヤズー土地法」（Yazoo Land Act of 1795）による無償に近い土地払下げについて争われた。ジョージア州議会が、現在のアラバマ州とミシシッピ州にまたがるヤズー川周辺の広大な地域を含む州面積の三分の一ほどの広大な土地（ヤズー地（Yazoo lands）として知られていた三五〇〇万エーカーの土地）を四分割にし、一エーカーにつき一.五セントの契約価格で民間の四人の投機家に割譲する立法を州議会がおこなった。

この民間への払下げ行為自体が相当醜悪なものであったが、マサチューセッツ州のジョン・ペックは、四人の投機家からこの土地の転売を受け、ニューハンプシャー州のロバート・フレッチャーに再転売した。しかし後に州議会によるこのヤズー地の払下げを認める州法は、議員らの贈収賄によるものであることが判明した。ジョージア州議会のほとんどすべての議員が買収され、一エーカーにつき二セント未満という無償に近い土地販売を認めたものであった。買収されなかった一人の議員だけが当該州法に反対の投票をした。大部分の議員は州民の怒りを買って次回選挙で落選した。新しい議員で構成された州議会は、一七九五年法を「不当威圧」（undue influence）を理由として当該法の下での契約を無効とし、当該州法を廃止する法を一七九六年に制定した。[29]

しかしこの土地の購入者は善意取得者に転売し大きな利益を得ていた。原告のロバート・フレッチャーは、一八〇三年に被告のジョン・ペックから一万五千エーカーを三千ドルで購入したものである。購入したペックは、土地譲渡証書に、当該土地の所有権は今後のいかなるジョージア州の行為によっても本質的に損なわれない、との条項を記載していた。しかし、フレッチャーは当該土地の購入が州法によって無効にされたことを知り、ペックに対する損害賠償請求訴訟をマサチューセッツ地区合衆国巡回裁判所（United States Circuit Court for the District of Massachusetts）[30]に提起した。同裁判所は土地取引を無効とするジョージア州法を支持し、フレッチャーの請求を退けたため、フレッチャーは合衆国最高裁に上訴した。

フレッチャーは、一七九六年の無効取り消し州法の合憲性、すなわち先の法のもとで確立した財産権をのちに否定する後法は憲法の「契約条項」に反することを確認するためにペックを訴えた。最高裁に求められた法的判断は、土地譲渡を認めた一七九五年州法を無効とする翌年の州法が、憲法第一編一〇節に違反するかどうか、さらに、いったんジョージア州が最初の土地販売を終えたときに、同州は後にその販売を実質的に無効にすることができるかどうかであった[31]。

最高裁は、首席裁判官のジョン・マーシャルが多数意見を執筆し、当該ジョージア州法は合衆国憲法の契約条項に反すると判断した。最高裁は、ペックは最初の譲渡人に土地の購入代金を支払っており、また、フレッチャーへの土地売却も適正になされているとした。またペックは、ジョージア州議会が取消そうとした最初の詐欺的譲渡に当事者として含まれていなかったことから、ペックが二つの有効な契約を締結した善意の第三者であるとした。

マーシャルは、「当該州法がその性質として契約に関するものであり、その契約のもとで絶対的権利が帰属したときに当該法の廃止によりその契約上の権利を奪うことはできない[32]」とし、したがって最初の法のもとに合意された契約は効力を有すると認められなければならないとした。というのも立法者が初期の法を制定した際の動機は、裁判所によっては考慮できず、当該法に従った善意取得者に責任はなかったからである。最高裁は、州議会が前の議会の制定した法や決定をのちに無効とすることができることは認めながらも、しかしまだ先の法律が有効な間に取り結ばれた契約を無効とするような議会の立法は認められないとした。最高裁は、一七九六年法は、無償に近い形で払い下げられた土地であっても各州が憲法上禁じられている契約上の債務を損なうような法律を制定できない、とする「契約条項」に反し、また善意取得者を罰しようとした憲法に反する事後法（ex post facto law）であるとした。[33]

こうしてマーシャルは、無償譲渡は拘束力のある契約であり、憲法第一編一〇節一項の「契約条項」に従えば、契約が不法な原因の結果なされた場合であっても、州法によって当該契約行為を無効とすることができないとした。当該契約を無効とすることは、正直にそれを得た人々から補償なしに財産を没収するものであるとも述べた。マーシャルは、権力分立の原理に基づいて、ジョージアが合衆国憲法から独立している完全に独立した州であったとしても、取消しを認める州法が効力を有するとみなされるかどうかは疑問だとした。[34]

この事件は、合衆国最高裁が憲法に反する州法を無効とした初めての事案となった。この判決によって「契約条項」の合法的な契約の神聖さと重要性に関する先例を作り上げたというだけでなく、州議会が制定した州立法についてもその効力を合衆国最高裁が認めないという違憲審査権の行使を初めておこなったことに大きな意義がある。というのも、一八〇〇年代にはまだ連邦政府よりも各州のほうが（ジョージア州はとくに）はるかに大きな政治的実力を持っていたからである。

一八一九年のDartmouth College v. Woodward事件[35]においてマーシャル首席裁判官は、ダートマス大学の憲章に変更を加えるニューハンプシャー州法に対して州法を無効とする違憲審査権の行使をおこない、合衆国最高裁が、州議会の制定した制定法について、合衆国憲法に照らした上での判断権を持つことを確固たるものとした。

②　Dartmouth College v. Woodward 事件

ダートマス大学は一七六九年に英国王ジョージ三世から大学設立認可状（Charter）を授かり、私立大学としてニューハンプシャー州に設立された。この認可状は、大学の設置目的を述べ、その経営主体の法人理事を決め、また土地を大学に譲渡することを定めていた。ニューハンプシャー州はダートマス大学に土地を譲渡し、同大学は同州で高等教育を提供する役割を引き受けた。しかし、一八一六年にニューハンプシャー州は州法によってダートマス大学認可状を改正し、同大学の理事会定員を拡大し、新しい理事会の設立によって公立大学として法人化し、新理事の任命権を同州が持つとした。

これに対し既存の理事者たち（原告）は、新しい大学認可状のもとで事務・財務責任者に再任されたウィリアム・ウッドワード（William Woodward）を相手として、大学の運営にかかる文書や公印等の引き渡しを求める動産侵害訴訟（action of trover）[36]を提起した。原告らは、ニューハンプシャー州が合衆国の憲法に反して、権限もなしに元の認可状で取り決められた契約の義務履行を損なうような州法を通したことを問題とした。彼らは、国王が発布した認可状は英国議会でさえ無効にすることができないものであり、ニューハンプシャー州がそれを無効にすることは法的に認められず、認可状により設立された法人は民間法人ではないため、公的には所有されないこと、また当該大学法人は受託者に帰属し、その受託者が任命した者に帰属すると主張し、それを否定する州法は憲法の「契約条項」に反すると主張した。同大学の卒業生であるダニエル・ウェブスターは、原告らに賛成して、法人から財産を奪い取ることは没収行為にあたると指摘し、それは州立法府ができることではないと述べた。他方、ジョン・ホームズは、ニューハンプシャー州に賛成し、認可状が私的機関に対するものではなく公的な性質をもつものであると反論した。

最高裁判所首席裁判官のマーシャルが法廷意見を書き、「ダートマス大学への設立認可状による責務は、今回問題となっている州法によって損なわれることは否定できない。法人の名称、構成、その統治と認可状の授与者の目的は、完全に変えられてしまう。この認可状によって創立者の財産が教育のために一二人の理事に託された。……この州法によって財産と特権は新しい者に移されるが、それは設立者の意図したことではない。端的に言うと、これらの州法の効力は古い法人を廃止し、新しい法人をつくることであることは最も明白である。」とした。[37]

結局、マーシャルは、同大学に対する認可状がその文言及び精神から英国王と理事者の間の契約であるとし、この契約はその有効性を失っておらず、それを憲法に違反することなく違法とされたり、侵害されたりすることはできないとして州議会の決定を翻した。最高裁が同州法を無効としたため、ダートマスは私立大学としてとどまることができた。[38]

この判決で示されたことは、将来、州が大学または準公共的な性質を持つ施設に認可状を与える場合には、州は認可状において後の時代に州議会が改正する権利を留保していることを明示すべきということであった。たしかに後の時代において公的政府の管理で運営される民間施設と公的教育機関の差異はますます曖昧になっており、本判決においてマーシャル裁判官によって示された明確な識別は困難になった。しかし、こうした論点とは別に、連邦裁判所が州議会の制定した州法を無効としたことはマーシャルによる違憲審査権の州立法への拡大の一例としての意味を持つ。[39]

合衆国最高裁の違憲審査権は、州立法府を対象とするだけでなく、州の最高裁判所の判決にまでも及んだ。

(2)　州の最高裁判所判決に対する違憲審査権の行使

①　州最高裁判決に対する審査権——Martin v. Hunter's Lessee 事件[40]

トーマス・フェアファクス卿（Thomas Lord Fairfax）は、アメリカの独立戦争の前に北ヴァージニアで三十万エーカーの土地を所有していた。一七八一年に彼は死亡し、その甥である英国人であるデニー・マーティン（デニー・フェアファクス）がフェアファクス卿から当該土地の遺贈を受け、当該土地を占拠した。デニー・マーティンが一八〇三年に死亡したことに伴い、その相続人である原告トーマス・マーティン（Thomas Martin）が当該土地を相続する予定であった。しかし、独立戦争中に、ヴァージニア準州（Commonwealth of Virginia）は、英国体制支持者の財産を没収する権限を同準州に与える法律を制定した。それにより当該土地がヴァージニア準州によって接収されたあと、被告ハンターは、同準州からNorthern Neck Proprietaryとして知られた土地の譲渡を受けた。

そこでマーティンは、独立戦争終了後に英国と結ばれたジェイ条約（Jay Treaty）[41]によって英国体制支持者の土地請求権を保護し、当該土地の権原を原告に授与することになっているとして、当該土地の不動産回復訴訟（action of ejectment）[42]をヴァージニア準州事実審裁判所に提起し、権原（title）に基づく占有剥奪を請求した。ヴァージニア州事実審裁判所は、それらを考慮の上、一七九四年にフェアファクスとマーティンが適正な所有者であると決定し、被告勝訴の判断をした。この判断を不服としてマーティンは、ヴァージニア州上訴裁判所（Court of Appeals of Virginia、ヴァージニア州の最高裁判所にあたる）に上訴したが、同裁判所はハンターが当該土地の適正な所有者であると決定した[43]。

この判決について、マーティンは合衆国最高裁に上訴した。最高裁は、英国との条約は州の制定法に優先するとして、ヴァージニア州上訴裁判所の決定を翻し、条約に従って当該土地はフェアファクスとマーティンが所有するとの判断をおこない、マーティン勝訴とするように事件を差し戻した。最高裁は、連邦裁判官と同じように州裁判官も合衆国憲法及び連邦法に拘束され、英国との条約がヴァージニア州に適用されるとした。

しかし、差し戻されたヴァージニア州上訴裁判所では、全員一致の判決で、独立した州の州裁判所が提起された連邦法上の事件の最終決定権限を有しており、合衆国憲法は、合衆国最高裁が州最高裁の決定を審査する権限を明文で与えていないとし、合衆国最高裁の決定に従うことを拒んだ。

再度の上訴では、合衆国最高裁が連邦法に対する判断を含む州裁判所の判決に対して上訴管轄権を有するかどうかが争点となった。最高裁の意見を執筆したストリー裁判官は、合衆国最高裁に条約と憲法を含む連邦法に関する州裁判所の判決に対する審査権限がある、と判決した。ストリーは、憲法では二つの事件の種類が述べられ、区別されているとし、第一の事件の種類は、大使、その他の政府高官と領事に影響を及ぼす事件や海事と海洋管轄権についての事件であり、司法権がこれらの表明されたすべての事件（all case）に及ぶこと、第二は、合衆国憲法及び連邦法と条約の下に生じる事件に関してである。「ここでは、州裁判所は、通常は直接的管轄権を備えることができない。当該事件に対する州裁判所の管轄権は憲法の採択前においても存在しなかったし、憲法採択後も直接与えられていない」[44]、とした。

ストリーはまた、「（憲法の）文言では、『司法権（それは、控訴の権限を含む）はすべての事件に及ぶものとする、云々』となっており、それに続いて『先に述べたすべてのその他事件において、最高裁判所が控訴権限を有する』としている。管轄権を与えるのは事件（case）ではなく裁判所（the court）である。司法権が事件に及ぶのであれば、どの裁判所になるかという特定性を憲法の文言の中に捜すことは無駄となる」[45]。それゆえ「もし州裁判所が憲法の規定する全て、あるいはいくつかの事件について制御のない（連邦裁判所との）競合的管轄を行使できるとすれば、合衆国の上訴管轄権の一部は、憲法の明確な意図に反して、いかなる実体も持たなくなってしまう。これは憲法の明確な意図に反することである。……この解釈は、議会のこれまでの制定法において意図されたよりはるかに当該裁判所の管轄権を奪うことになるだろう」[46]。ストリーは、「合衆国憲法は、州の独立した権能に基づいて州によってではなく、憲法前文が宣言するように、断固として合衆国の人民によって制定され確立したのである」[47]として、連邦権限は、合衆国市民によって直接委ねられているのであって、州によってではないとした。それにより、最高裁は、州裁判所の管轄上の独立性に関する主張を拒否した。

結局、ストリーは、合衆国憲法によれば州は連邦政府から全面的な独立を保障しないこと、また事実上、州権限は制約を受けているとした。こうして合衆国最高裁は、州最高裁判所の判断を覆し、連邦法の問題は、連邦裁判所の管轄内にあり、それゆえ、憲法解釈の問題に関する優越性を有する、とした。[48]

② 州裁判所による刑事事件上訴に対する合衆国最高裁管轄権——Cohens v. Virginia（一八二一）事件[49]

この事件は、福引き（lottery）の作成とその実施を承認したワシントン市会（コロンビア特別区になる前のCity of Washington）の制定法をめぐって生じた。コーエン兄弟（Pau & Samuel）は、ヴァージニア準州においてワシントン市でつくった福引きの販売を始めた。しかし福引きの販売はヴァージニア準州（ヴァージニア州になる前のCommonwealth of Virginia）では違法とされていた。そのためヴァージニア準州当局はコーエン兄弟を起訴し、裁判所は有罪判決を下し、罰金の支払いを命じた。同準州裁判所は、福引の作成と実施を許容したワシントン市会制定法にもかかわらず、福引を禁止したヴァージニア準州法が適用されるとした。[50]コーエン兄弟に対する有罪はヴァージニア準州の最高裁判所でも支持されたことから、原告らは福引きの販売は連邦議会によって保護されている、と主張し、また準州裁判所判決によって彼らに保障された合衆国上の権利侵害があったとして準州最高裁判決を不服として誤判令状（Correction of Errors）に基づき合衆国最高裁に上告した。

この訴訟の主要な問題は、合衆国最高裁が準州裁判所によって決定された刑事事件の上訴に対する管轄権を有するかであった。ヴァージニア準州は、合衆国憲法が準州裁判所による刑事事件の判断に関していかなる上訴管轄権をも最高裁判所に与えていないと主張した。ヴァージニア準州は、その裁判所の決定が最終的であり合衆国最高裁にはそれを審査する管轄権はいかなる意味でもないと信じていた。[51]

最高裁首席裁判官のジョン・マーシャルは、「(憲法は）人間の作り出した制度がそれを使用できるのと同程度に不朽性（immortality）があるように作られているが、その道筋はいつも平穏（tranquil）ではない。それが嵐や暴風雨にさらされ、……将来遭遇するであろう危難に対して自己保存ができるように設計されていないとすれば憲法起草者たちは賢明とは言えない政治家だったということになる。どのような政府であってもその組織内で毎日発生する危険性に対して法の施行ができないというような欠陥をそれ自身の中に含むべきではない。裁判所による裁判は最も通常に使用される手段である。そして、政府が、他のものではなく、それ自身の裁判所を信頼していることを期待するのは合理的なことである」[52]。

マーシャルは、合衆国憲法について以下のように言う。「われわれの憲法が形成された状況やその歴史的時点において、州に対する確固たる信頼が明白すぎるがゆえに彼らに任せるべきであるとか、彼らの裁判所に彼らの法の形成を通じて合衆国の正当な行為に抵抗したり、または打ち負かす権限を残すという意見を正当化したり、それを形成するものは何もなかったことは明確である。アメリカ連合規約の下の議会による要請は、現在の議会によって制定された法と同様に憲法上の義務である。つまりそれらが習慣的に（準州によって）無視されることはどこから見ても評判の悪い事実そのものである」。「準州の裁判所に、彼らがあらゆる場合において最終的な判断者として合衆国の憲法や法を解釈し、その判決によってあらゆる違反行為から免じるというような権限を授与することは全くありそうもない」[53]。「ヴァージニアの弁護人は、彼らが示唆する危険性が架空のものでないとしても、不可避であること、合衆国憲法が彼らに反対する規定も定めていないこと、さらに、それゆえ、その文書を解釈する際には当裁判所の考察対象から除外されるべきであると主張することによって、このような意見を取り除くよう努めたにすぎないのである」。州最高裁の連邦法判断に対して合衆国最高裁にいかなる上訴もできないとなると、州はそれを拒否することで合衆国政府を終わらせてしまうことになるとした[54]。

こうして、マーシャルは、憲法第三編二節に依拠し、連邦裁判所はいかなる事件（any case）に関しても上訴管轄権を有し、この管轄権に対しては当事者が準州であっても例外はないとした[55]。しかし、連準州法によっては、議会がワシントン市外での福引販売を許可することを認めていないため、福引を禁止しているヴァージニアとの間にはいかなる抵触も存在しなかったとして、最高裁判所はコーエン兄弟の有罪判決を支持した[56]。

1 原文は、"Des trois puissances dont nous avons parlé, celle de juger est, en quelque façon, nulle. である。Confer "MONTESQUIEU, DE L'ESPRIT DES LOIS, tome 1（éd. Nourse,1772） Livre XI.Chapitre VI.（De la Constitution d'Angleterre）.

2 「一八〇一年裁判所法」（Judiciary Act of 1801）2 Stat. 89による裁判官増員は、深夜に裁判官指名がおこなわれたので、別名、The Midnight Judges Actとも称される。

3 *See* mainly Kathryn Turner, *The Midnight Judges,* 109 U. PENN. L. REV. 494（1961）.

4 「一七八九年裁判所法」一三条（Judiciary Act of 1789, Art. 13）（ch. 20, 1 Stat. 73）は、一七八九年九月二四日に合衆国最初の議会（first session of the First United States Congress）において採択された。

5 一七八九年裁判所法一三条は、「最高裁判所は……法の一般原則と慣例により認められる場合、合衆国の権限の下に設置された裁判所または官職を奉ずる者に対し、職務執行令状（writ of mandamus）を発給する権限を有する」と規定していた。

6 Marbury v. Madison, 5 U.S.（1 Cranch）137, 168–9.（1803）.

7 *Id.* at 174.

8 *Id.* at 175–76.

9 *Id.* at 179–80.

10 *Id.* at 180.

11 *Id.*

12 憲法公布前の憲法会議における違憲立法審査権の議論については、以下の文献を参照した。とくにSaikrishna B. Prakash and John C. Yoo, *The Origins of Judicial Review,* 707 U. CHI. L. REV. 887（2003）が詳しく参考になる。ほかに、Frank Melvin, *The Judicial Bulwark of the Constitution,* 8 AM.POL.SCI. REV. 167, at185, 195（1914）; MAX FARRAND, THE RECORDS OF THE FEDERAL CONVENTION OF 1787. 2.（1911）at 430.; Charles Burr, *Unconstitutional Laws and the Federal Judicial Power,* 60 U. PENN. L. REV.624（1912）; JONATHAN ELLIOT, DEBATES IN THE SEVERAL STATE CONVENTIONS ON THE ADOPTION OF THE FEDERAL CONSTITUTION. 2.［1836］（1863）; and William Michael Treanor, *Judicial Review before* "Marbury", 58 STAN. L. REV. 455（2005）.

13 一七八七年の憲法会議におけるマディソンのノートによる。マディソンのノートは、以下で参照することができる。*See* Mr. Jon Roland of The Constitution Society, National Heritage: Center for the Constitutional Studies, http://www.nhccs.org/mnotes.htm visited Sept. 30, 2016. これによれば、憲法制定会議（Constitutional Convention）において、五五名の代議員のうち一一名は何らかの形で違憲立法審査権について意見を述べていた。また、そのうち九名は違憲立法審査権に賛成し、三名は反対していた。マディソンによると、ジェイムス・ウィルソン（James Wilson）は、裁判所は、連邦法だけでなく州法が不正と思われる場合にはいつでも無効とできる幅広い権限を持つべきだと主張していた。

14 *See* Prakash and Yoo, *supra* note12 at 982.

15 *See* William Ewald, *James Wilson and the Drafting of the Constitution*, 10 U. PA. J. CONST. L. 901（2008）.

16 ヴァージニアプランは、マディソンによって起草された。この案は、憲法会議の包括的討議のたたき台としての役割だけでなく、とくに議会における市民代表制に高い比重を置いた提案としても知られている。詳しくは Kurt T. Lash, *"Resolution VI": The Virginia Plan and Authority to Resolve Collective Action Problems under Article I, Section 8*, 87 NOTRE DAME L. REV. 2123（2012）参照。

17 *See* MAX FARRAND, *supra* note12 at 78.

18 *Id.*

19 *See* Prakash and Yoo, *supra* note12 at 952.

20 *Id.* at 943.

21 Alexander Hamilton, FEDERALIST PAPERS, No. 78（June 14, 1788）.

22 *See* also Alexander Hamilton, FEDERALIST PAPERS, No. 81（June 28, 1788）.

23 Alexander Hamilton, FEDERALIST PAPERS, No. 80（June 21, 1788）.

24 *Id.*

25 Alexander Hamilton, FEDERALIST PAPERS, No. 82（July 2, 1788）.

26 *See* Theodore W. Ruger, *A Question Which Convulses a Nation: The Early Republic's Greatest Debate about the Judicial Review Power*, 117 HARV. L. REV. 826（2004）; Michael Stokes Paulsen, SYMPOSIUM: *Judging Judicial Review:* Marbury *in the Modern Era: The Irrepressible Myth* of Marbury, 101 MICH. L. REV. 2706（2003）; Arthur E. Wilmarth, Jr., SYMPOSIUM: *Judicial Review Before John Marshall: Elusive Foundation: John Marshall, James Wilson, and the Problem of Reconciling Popular Sovereignty and Natural Law Jurisprudence in the New Federal Republic*, 72 GEO. WASH. L. REV.113（2003）and Barry Friedman, *Dialogue and Judicial Review*, 91 MICH. L. REV. 577,（1993）.

27 *See* Barry Friedman, *The Politics of Judicial Review*, 84 TEX. L. REV. 257（2005）; Maeva Marcus, SYMPOSIUM: *Judicial Review before John Marshall: Is the Supreme Court a Political Institution?* 72 GEO. WASH. L. REV. 95（2003）and Lynn A. Baker and Ernest A. Young, *Federalism and the Double Standard of Judicial Review*, 51 DUKE L.J. 75（2001）.

28 Fletcher v. Peck, 10 U.S.（6 Cranch）87(1810). 本判決の紹介については、会沢恒「州立法に対する連邦最高裁の司法審査権」別冊ジュリスト「アメリカ法判例百選」六頁（二〇一二年）参照。

29 *Fletcher*, 10 U.S. at 88.

30 マサチューセッツ地区合衆国巡回裁判所（United States Circuit Court for the District of Massachusetts）は、九月二四日（一七八九年）につくられた。巡回区合衆国控訴裁判所制度は、「一八〇一年裁判所法」（Judiciary Act of 1801）により根本的に見直され、現在の連邦控訴裁判所制度となった。それに伴い、マサチューセッツ地区合衆国巡回裁判所を解散した。

31 *Fletcher*, 10 U.S. at 128-29.

32 *Id.* at 135.

33 *Id.* at 138.

34 *Id.* at 135.

35 Dartmouth College v. Woodward, 17 U.S.（4 Wheat.）518（1819）.

36 動産侵害訴訟（action of trover）とは、個人動産の不法な入手に対する損害賠償をおこなうためのコモンローの訴訟形式である。この訴訟形式は、不法な動産簒奪に対する救済の一種であり、簒奪された財産が何であれその価値の回復がなされるだけであって、その点、当該財産自体を取り返す（例えば action of replevin）ものではないことが特徴的である。

37 *Dartmouth College*, 17 U.S. at 664.

38 *See* R. Kent Newmyer, SYMPOSIUM: *John Marshall as a Transitional Jurist:* Dartmouth College v. Woodward *and the Limits of Omniscient Judging*, 32 CONN. L. REV. 1665（2000）.

39 *See* David P. Currie, *The Constitution in the Supreme Court: State and Congressional Powers, 1801-1835*, 49 U. CHI. L. REV. 887（1982）and Michael J. Klarman, How Great Were the "Great" Marshall Court, 87 VA. L. REV. 1111（2001）.

40 Martin v. Hunter's Lessee, 14 U.S.（1 Wheat.）304（1816）.

41 ジェイ条約（Treaty of Amity, Commerce, and Navigation, Between His Britannic Majesty and the United States of America. 通常、Jay's Treaty と称される）は、一七九五年の合衆国と大英帝国とで締結された条約であり、戦争の回避を保証し、一七八三年のパリ条約（Treaty of Paris of 1783）以降残された争点について解決を図り、フランス革命のさなかに両国間で一〇年間の平和的交易を実行化するという内容のものであった。

42 立退き訴訟（Action of Ejectment）とは、不動産の所有回復のための古い訴訟形式である。もともとは、イングランドにおける土地の所有権は他者に当該土地の現実の所有をおこなわせることのみで譲渡できた。

43 Martin v. Hunter's Lessee, 14 U.S. 304 at 323-24.

44 *Id.* at 334-35.
45 *Id.* at 338.
46 *Id.* at 339.
47 *Id.* at 324.
48 最高裁判所首席裁判官ジョン・マーシャルはその在任期間中に大部分の最高裁判所意見を書いたにもかかわらず、この事件では、法廷意見を書かなかった。マーシャルは自分自身をこの事件の判断から忌避した。というのも、彼には財政的利益相反があったからであり、それは、彼自身と兄弟のジェームズが問題となった土地を購入するための契約をマーティンと交わしていたからである。
49 Cohens v. Virginia, 19 U.S. 264（1821）.
50 *Id.* at 424.
51 *Id.* at 358-59.
52 *Id.* at 387-78.
53 *Id.* at 388.
54 *Id.* at 389.
55 *Id.* at 396-67.
56 Judgment *aff'd.* [19 U.S. 264.] *Id.* at 448.

第8章 憲法訴訟論

合衆国政府または州政府に対して訴訟を提起するにはどのような法的要件が必要とされるか。これはとくに市民が行政決定や行政処分の取消しや行政に義務付けをおこなう訴訟を提起する時に問題となる。

1 「事件性及び争訟性」(Cases and Controversies)

まず、合衆国憲法に基づく市民の法的権利や義務に関する訴訟及び連邦制定法に関する訴訟は、州裁判所ではなく、連邦裁判所において審理される。どのような訴訟を連邦裁判所の審判の対象とするかについて、合衆国憲法第三編二節は、「司法権は、……条約、及び本憲法と合衆国の法律……のもとで生じるコモンロー上またはエクイティ上のすべての事件、大使その他の外交使節……に関するすべての事件、海事……におけるすべての事件、合衆国が当事者である争訟、……州籍を異にする市民の間……の争訟に対して及ぶ」(Judicial power shall extend……to all cases and all controversies……)と定めている。このいわゆる「事件性及び争訟性」(cases and controversies)の要件は、連邦裁判所が持つ裁判権管轄権が及ぶ範囲を、州裁判所の裁判管轄と区別するための限定的な規定と考えることができる。[1]

では、連邦裁判所はどのような事件について判断できるのであろうか。[2] 連邦裁判所の審判の対象については、第三編二節一項に列挙されている。[3] それに加えて、連邦裁判所で事件について審判を受けるには、憲法が規定する「事件性及び争訟性」の要件を備えなければならない。提訴された事件がこの要件を具備していることを司法判断適合性

（justiciability）という。

2 司法判断適合性（Justiciability）

司法判断適合性[4]のある「争訟」や「事件」は、明確で、具体的でなければならない。また相対立する利益を有する当事者間の「法的」利益に関係する必要がある。そのため「争訟」や「事件」は、仮定的な事実や問題について法がどうあるべきかの助言的意見を求める事件とは明確に区別される。[5]連邦裁判所は、まず事件の司法判断適合性を検討し、事案の審理を開始することになる。この検討では事件の実際の争点（本案の争点）に対してではなく、具体的な審理に入ってよいかどうかについていくつかの審査（テスト）をおこなう。この最も単純な審査は四点あり、それは、(1)原告（plaintiff）の存在、(2)当事者間（adversity）の法的問題の存在、(3)事件の争点の内容（substance）、および(4)事件を提起する適時性（タイミング）と、裁判所による事件の審理中もその問題が存続しているかどうか、である。訴訟実務的には、訴訟提起がなされると、被告が訴状に対する答弁書（answer）において司法判断適合性の欠如を理由として原告の訴えを棄却するように求める主張が提起されるのが一般的である。しかし、当事者間に司法判断適合性に関する主張がない場合でも、裁判所がその審判権を行使することのできる事件かどうかの判断権限は裁判所にある。

(1)の「原告の存在」は「当事者適格」（standing）の問題として扱われる。[6]「当事者適格」について、裁判所は、審判を求めている当事者の法的資格を問題とする。訴訟を提起する者が「当事者適格を有する」といえるためには、当事者が裁判所による審判を求める法的権利を有していることが必要となる。つまり、訴訟提起者には、①自らが「現実の損害を受けたか、あるいは損害を受ける差し迫った可能性」（actual or threatened injury actual or threatened injury）のあること、②この損害（およびその恐れ）と被告の行為との間に十分な関連性（因果的な結びつき）のあること、③この損害が裁判所の判決によって救済されるものであること、そして④第三者を代位しておこなう訴訟提起ではないこと、の立証が義務づけられる。

(2)の当事者間（adversity）の法的問題の存在とは、紛争が対立する当事者の間に生起するものでなければならないということである。つまり事件に関して法的紛争を有する対立する当事者が存在しなければならない。

(3)の事件の争点の内容（substance）では、実際の紛争（actual dispute）の争点が「現実的で実質的なもの」（real and substantial）であることが求められる。裁判所の審査する事件が具体的な法的紛争になる前の仮定的段階の問題や、抽象的な問題に関して裁判所は公式の言明ができない。さらに、純粋に政治的問題に向けられた事件は、裁判所の判断権限を越えるため受理できない。裁判所はそのような判断を立法および行政部門の裁量に委ねることによって権力分立の均衡を支えている。

(4)の事件を提起する適時性（timing）については、事件の成熟性（ripeness）が問題となる。つまり、まだ事件性を具備していない事案（no premature case）は、裁判所の審判の対象とはなりえない。この事件の「成熟性の法理」については、「主張されている危害が裁判所の介入を必要とするほど十分に成熟した（matured sufficiently）状態にある」場合が司法判断に適合すると考えられている。他方、裁判所による事件の審判中に法的問題が解決済みか、解消している場合は、事件のムートネス（mootness）が問題となる。つまり、法的問題がすでに終了している法的争点について裁判所は判断をすることができない。

実際には、裁判所はこれらの法理について幅広い判断権を有しており、裁判所が自ら事件を取り上げることが司法権の行使にとって重要であるとみなす場合、その裁量の範囲内で裁判権を行使することがある。これは、裁判所の「司法判断適合性」についての自由裁量によるものである。この裁判所の自由な裁量的役割は、しばしば司法判断適合性に関する「慎重配慮的構成」（prudential component）要素と称されている。この慎重配慮的構成要素は、[7] 以下に見るように、とくに当事者適格性を検討する際に柔軟な司法権の対応を考えるうえで重要である。

3　当事者適格性（Standing）

司法判断適合性のカテゴリーの中で第一の、そしておそらく最も広く議論されるテーマは当事者適格の問題である。[8] 当事者適格とは、訴えの提起者がその目的とする司法判断を得ることについて十分な法的資格を有していることである。したがって当事者適格を欠いているという判定は、裁定のために裁判所の前に問題を提起する当事者としての法的資格のないことを意味する。

当事者適格に関しては、憲法的当事者適格（Constitutional standing）と慎重配慮的当事者適格（prudential standing）がある。[9] 憲法的当事者適格は、憲法第三編で定められた司法権の審判対象に基づく。そのため、議会がこの「憲法的当事者適格」を変更する立法をおこなうことは憲法に反することになる。他方で、「慎重配慮的当事者適格」は、裁判所の裁量で当事者適格を認め、本案審理に入ることができることをいう。この場合、議会は裁判所による当事者適格の認定を否定する制定法を立法したり、あるいは裁判所によって当事者適格が認められなかった事件に当事者適格を認める制定法を通したりすることができる。この「慎重配慮的当事者適格」の要件については、これまでの判例によって一定のルールが形成されてきている。その一つは、原告が侵害されたと主張している利益が憲法の規定や問題となっている連邦法によって保護された「利益の範囲」（zone of interests）内にあることである。[10] 何がこの「利益の範囲」に入るかは、それゆえ裁判所の裁量的判断に委ねられる。原告の請求がこの「利益の範囲」に入る場合は法的保護の対象とされる。[11]

(1) 他人の法的権利の主張

当事者適格の原則で、わかりやすいのは、当事者でない者が他人のために提起する訴訟である。まず、誰も他人の法的権利のために訴訟提起することができない。これは、第三者のための当事者適格（third party standing）は認められないということである。

たとえば、McGowan v. Maryland（1961）事件[12]では、大規模ディスカウント店経営のマクゴワン（McGowan）とほかの六人の原告は、メリーランド州の日曜日閉店法（Sunday Closing Shop Act）[13]に違反して開店し酒類を販売したことにより刑事訴追された。彼らは、日曜日の酒類販売を禁止する州法は、国と教会の分離を求める憲法第一修正の信教の自由（Separation of Church and State and Establishment Clause）に反し違憲であると州を訴えた。つまり日曜日はキリスト教徒の安息日であり、土曜日はユダヤ教徒の祭日であるため、酒類販売者がユダヤ人であれば憲法に反した州法によって日曜日の一律の酒類販売禁止がおこなわれることにより彼らの営業権と信仰の自由が侵害されるという主張である。事件は、合衆国最高裁に上告された。最高裁での争点は、他者の権利ために憲法訴訟を提起する場合、当事者適格を欠くか、ということであった。

合衆国最高裁は、アール・ウォーレン（Earl Warren）首席裁判官が八対一の多数意見を書き、メリーランド州法は違憲ではないとして訴えを棄却した。その理由は、原告自身がキリスト教徒であり、日曜日閉店法は彼の宗教生活に何ら悪影響を及ぼしていない、ということである。つまり原告は権利侵害があったと主張する他の誰か（本件の場合、ユダヤ教徒）に代わってその者の利益のために訴えを提起できない。実際に、ユダヤ教徒からは本法を違憲とする訴えは提起されていなかった。この点について、最高裁は、「上告人は、自分自身への経済的損害だけを主張している。彼らは日曜日の閉店による彼ら自身の信教の自由へのいかなる侵害も主張しておらず、また、彼らの宗教的な信条が何であるかについては記録上主張されていない[14]」とした。最高裁は、「訴訟当事者は自分自身の憲法上保障された権利または免除を主張することができるだけ、というのが一般的ルールである。そのため当裁判所は、上告人がこの主張を提起するためのいかなる原告適格も有しないと考える」と述べた。[15] さらに訴えの提起のためには原告は、「直接的な経済的損害」（direct economic injury）を受けていなければならない、とした。[16]

では、親が自分の未成年者の子に代わって訴訟を提起することは第三者のための訴訟になるか。Elk Grove Unified School District v. Newdow（2004）事件[17]では、公立学校に通っていた娘に代わって父親が訴えを提起できるかどうかが争点となった。この事件で、原告は娘の通う公立学校でおこなわれる特定の宗教的行事は、憲法上の政教分離の原則に反しており違憲であると主張した。合衆国最高裁は事件については審理しなかった。[18] 最高裁は、他の制限能力者である訴訟当事者（例えば未成年の子または精神的な障がいを有する者）の場合、その者に代わって特定の人（例えば親または後見人）に訴訟提起が認められる「近友」（next friend）[19]には当事者適格があることは認めたが、本件では父親が実際に娘の養育をおこなう者ではなかったとして、この事件には近友原則が適用できないとした。[20]

(2)　納税者（taxpayers）としての立場に基づく原告適格

子供に対する親の身分ではなく納税者として子供が在籍する公立学校の教育方針やプログラムの憲法適合性を問う場合はどうか。Doremus v. Board of Education（1952）事件[21]では、原告の父親は納税者としての立場に基づいて子の通学する公立学校に対して訴訟提起した。

問題とされたのは、ニュージャージー州が、州法によって州内の公立学校で授業開始前に毎朝、旧約聖書を読みあうことを求めていた点である。原告らは、同州法が国教の樹立を禁止した憲法第一修正に反しているとして、公立学校に子供を就学させている納税者として、同法の差止めを求めた。州当局は、原告には納税者による訴訟に求められる「事件性」あるいは「争訟性」を構成するための「直接的な特定利益」が存在しないため、訴訟提起はできないと反論した。ニュージャージー州最高裁は、同州法は合衆国憲法に違反しないとした。そこで原告らは合衆国最高裁に上告した。

ジャクソン（Robert H. Jackson）裁判官が六対三の多数意見を書いた。同裁判官は、まず、この訴訟で主張されている苦情（grievance）は、宗教上のものであり、直接的な金銭上の損害ではないことは明らかであるとした。これまでに最高裁が合衆国財務省の金銭支出に対する納税者利益について、「それがあまりに不確定で、遠隔すぎて、不明確で、間接的すぎる場合には、財務省の支出方法に対する裁判所の防止的権限（preventive powers）を求める根拠とならない、としてきた」、と述べた。[22] 最高裁は、納税者に直接的な金銭的損害を生じるような政府の行為の抑制を求める救済請求でない場合は、審査することができないとした。しかし原告が、争訟に必要とされる特別な損害（special injury）を立証したのであれば、「彼の主たる訴訟の動機が、宗教的であろうと金銭的であろうと問題ではない」[23]としつつ、本件では、被告の公立学校の憲法に反する行動によって原告が損害を受けるか、あるいはそのような損害を受ける可能性が差し迫っているという財政上の利益（financial interest）がなければならず、この事件では、直接的なまたは特定された財政的利益を認定することができない、とした。[24]

他方、ダグラス裁判官の反対意見は、公立学校に児童を預けている両親ほど公立学校の活動に対する利益を持つグループはないとし、納税者と親の双方に当事者適格性があるとした。[25] ダグラスは、利益の衝突が現実に存在し、またそれが堅固なものである場合には、憲法第三編の「事件性あるいは争訟性」があるとの意見を述べた。

政府の一般歳入の支出に関して争う場合に、納税者による当事者適格が認められるかについての指導的判例となったのが Frothingham v.Mellon（1923）事件である。[26] この事件で、原告らは、母子の死亡率を減少させる目的で制定された「母子健康保護法」（Maternity and Infant Hygiene Act）[27]による予算支出に対して、原告のフロシンガムらは同法による連邦予算の支出は、原告らの将来の税負担を増加させることになり、憲法の定める法の適正手続きによらずに原告の財産を奪うものであるとして、納税者の立場から差止め訴訟を提起した。コロンビア特別区連邦地裁は当事者適格を否定したのに対し、連邦控訴裁がそれを認めたため、被告政府が合衆国最高裁に上告した。[28]

最高裁は、州や市などの地方自治体の公費支出について、その住民が納税者として有する利害関係は直接的であり、また緊密なものである、とした。しかし、連邦政府に対する納税者の場合は異なる。連邦財務省の財源の一部は課税によって、一部は他の財源から得られる。財務省の金銭支出に対する納税者の利益は何百万人もの他者の利益と共有されており、個々の納税者に対する影響は比較的微小で、確定できず、そして、その財源からの支出による将来の課税に対するいかなる影響についても遠隔すぎ、変動的で、不確定すぎるため、衡平法（equity）裁判所の差止め権限に訴えるための「直接的侵害」について十分な根拠を提供できていない、とした。[29]最高裁は連邦の一般歳入に不正支出があったという観念的な主張だけでは納税者による当事者適格の十分な基礎づけとはならないとして、納税者としてのフロシンガムらの当事者適格を否定した。[30]

しかし、Flast v. Cohen（1968）事件[31]では、連邦納税者としての地位にもとづく公金支出に対する当事者適格が認められた。一九六五年に連邦法である「初等中等教育法」（Elementary and Secondary Education Act of 1965）[32]が制定され、それに基づいて低所得者家族の教育のために地方教育委員会に連邦補助金が支出された。ところが、当該補助金が私立の宗教学校の教材や備品の購入にも充てられることが分かったため、納税者であるフラストら原告七名は、同連邦資金が、憲法第一修正の国教樹立禁止条項（Establishment Clause）に違反して宗教的な学校を支援するために用いられていると主張し、連邦の保健教育福祉長官のコーエンを相手取って支出の差止めをニューヨーク州南部地区連邦地裁に求めた。同連邦地裁は、フロシンガム判決に従い、原告らは納税者としての当事者適格を欠くとして、訴えを却下した。[33]そこでフラストらは、合衆国最高裁に飛躍上告した。

最高裁は、ウォーレン首席裁判官が八対一の多数意見を書いた。最高裁は、公金支出に対する納税者の当事者適格を承認するために、本件と四五年前に納税者の当事者適格を否定したフロシンガム事件との区別（distinguish）を試みた。最高裁は、原告らの当事者適格について、フロシンガム判決で示された連邦納税者の身分と請求との間の「論理的つながり」（logical nexus）の有無に関するテストを用いた。その第一は、連邦納税者が、憲法第一編八節の「課税及び財政支出権」（taxing and spending power）条項下での議会権限の行使について適切な当事者かどうか、第二は、連邦納税者の身分と憲法違反との間の論理的つながりがあるかの問題である。最高裁によれば、フロシンガム判決は、連邦納税者の当事者適格のために必要な「直接の侵害」が原告らによって示されていない、と判断したが、本件は連邦政府が第一修正の国教樹立禁止条項に反して金銭支出おこなったものであるとして、フロシンガム判決とは区別した。

これに対するダグラス裁判官の同調意見での示唆は興味深い。彼は、「納税者は、用心深い私的法務長官（private attorney general）となりうる。彼らの訴訟の結果への関与は、財政的な基準からは大きくはない、しかし、特定の憲法上の委任の観点からすれば相当大きなものとなる。……私は、それゆえ私的法務長官に一般的な当事者適格を与えるのに躊躇しない」[34]と述べて、納税者訴訟における納税者は、一般民衆の利益を擁護する私的法務長官であり、納税者には、憲法で保障されたすべての権利の侵害に関し当事者適格が与えられるべきであるとした。このダグラスの納税者イーコール私的法務長官という位置づけの法的評価は別として[35]、連邦政府の金銭支出に関して違憲であると主張する場合、納税者による当事者適格（taxpayer standing）は重要だとの位置づけがこのフラスト事件判決で示されたことは注意に値する。

しかし、フラスト判決で認められた納税者による当事者適格は、一九八二年の Valley Forge Christian College v. Americans United for Separation of Church and State 事件[36]では再び拒否された。この事件では、原告らは政府が国教条項に反して違憲な支出をおこなったと主張し、納税者として提訴した。問題とされたのは一九四九年の「連邦財産および行政サービス法」(Federal Property and Administrative Services Act)[37]である。同法では、税の免除を受けた非営利的な教育機関に対して余剰国有財産(surplus government property)を譲渡するか、または貸与する許可権限を保健・教育・福祉局(Health Education Welfare,HEW)長官に与えていた。ヒュー(Hew)長官は、余剰国有財産の利用によって生みだされる利益を考慮した上で、当該財産の譲渡価格の割引額を決定することが求められていた。本件では、納税者の税金を支出して改善を加えた土地が政府から私的宗教的施設に譲渡された。具体的には、一九七六年に、ヒューは、余剰国有財産の土地をバイブル研究やキリスト教義と神学を専門とする大学に譲渡した。他方、原告の「政教分離のための全米連合」(アメリカン・ユナイテッド)とその理事は、当該譲渡を無効にする確認と、差止命令を求める訴えを提起した。この原告らは、市民および連邦納税者として、当該譲渡が憲法第一修正の国教条項に違反し、税金の公正かつ合憲的な使用を阻害するものであると主張した。

ペンシルヴァニア州東部地区連邦地裁は、訴えを退け、当該譲渡が憲法上の「課税及び支出条項」(taxing and spending clause)からではなく「財産条項」(property clause)に基づいた法律に従って遂行されたことから、原告らが資産譲渡に異議申し立てをする納税者としての当事者適格を欠いていると判断した[38]。しかし、第三巡回区連邦控訴裁は原審判決を破棄し、差し戻した。同控訴裁は、原告が納税者としての当事者適格を欠いているが、市民としての当事者適格があるとした。控訴裁は、この当事者適格が、特定宗教の樹立はできないとされている政府に対する原告らの「共有された個人的権利」(shared individuated right)への事実上の損害(injury in fact)に基づくものであるとした[39]。

合衆国最高裁の判断は五対四に分かれた。最高裁は控訴裁の判断を覆し、原告のアメリカン・ユナイテッドには連邦納税者としても市民としても当事者適格が認められないとした[40]。最高裁のレンキスト裁判官が多数意見を書いた。レンキストは、訴訟当事者が連邦司法権に訴えるためには少なくとも被告の行為から生じる個人的損害を示すことが必要である、とした。[41] レンキストは、最初に納税者による当事者適格に関する原告の主張について述べ、フラスト判決で示された「充分な個人的関与」のための、いわゆる二段階の「つながり」テストが本判決では満たされていないとした。[42] 彼は、フラスト判決において歴史的に個々の納税者に課されてきた厳格な当事者適格要件が緩和されたのは、連邦納税者が第一修正の国教条項に違反した「課税及び支出条項」(spending clause) による議会予算支出に対してのみ異議を申し立てる当事者適格を有すると判決したものであって、本件では、「連邦財産及び行政サービス法」のもとにおこなわれた譲渡は、「課税及び支出条項」によってではなく、むしろ憲法の「財産条項」(property clause) に従った措置であるとした。財産条項に基づいて議会が権限行使をする場合、納税者には当事者適格が認められないとした。[43]

他方、市民による当事者適格 (citizen standing) の概念に関して、レンキストは、控訴裁が、各々の市民に国教条項にもとづいて訴訟提起をおこなう場合には当事者適格が認められるとした理由づけを拒否した。彼は、国教条項による請求はいかなる優先的取り扱いを要求するものでなく、また当事者適格にいかなる例外も与えるものでないとした。[44]

他方、ブレナンら三人の裁判官の少数意見は、「本件の連邦納税者は、憲法違反であるとの理由を提示して、連邦政府の気前のよい譲渡行為に異議を唱えたものであり、『連邦裁判所の管轄権に訴える適切で妥当な当事者』たりうる」と述べた。[45] ブレナンらの少数意見は、フラスト判決の解釈に基づき、原告のアメリカン・ユナイテッドに納税者としての当事者適格が認められるとした。また多数意見が、フラスト判決との区別の理由を、本件が支出権限条項よりはむしろ財産条項権限の行使を含むものであるとしている点について、そのような特徴づけは有効とはいえない、と批判した。ブレナンらは、「施設を建設するための現金補助の形であるか、あるいはすでに建設された施設を含む財産贈与の性格を持つものであるかについてはそれら同じものに他ならない」とした。[46]

この納税者の当事者適格については、連邦納税者としての立場から連邦予算支出の内容の非開示についてその違憲性を争った事件がある。憲法第一編九節七項では、連邦予算執行の内容について「一切の公金の収支に関する正式の決算書を随時公表しなければならない」と規定し、半年毎の一〇月と二月に公表を義務づけ、一般人による閲覧を可能としている。しかしＣＩＡ法（Central Intelligence Agency Act of 1949、CIAA）[47]は、ＣＩＡの公費支出の内容を非開示としていた。United States v. Richardson（1974）事件[48]では、原告らは政府機関には予算執行の公表義務があるにも関わらずＣＩＡの予算執行の明細につき公表することを免じていることを問題とした。原告らは、違憲な法によって納税者の権利（tax payers' right）が侵害されたと主張し、納税者としてＣＩＡによる憲法に違反した政府行為への税金使用の差止めを求めるとともに、ＣＩＡ法が違憲であることの宣言判決を求めてコロンビア特別区連邦地裁に提訴した。

同連邦地裁は、原告らが当事者適格を欠くだけでなく、本件の争点が「政治的問題」（political question）であるとして原告の請求を破棄した。これに対し、第三巡回区連邦控訴裁は、フラスト判決の二段階テストの、①原告が、憲法第一編八節「課税及び財政支出権」条項の下での制定法に関して異議を申し立てており、憲法違反を主張する適切な当事者たりうるかどうか、また②原告の納税者としての地位と、課税と財政支出権に関する憲法上の特定された制限との間の「つながり」（nexus）について検討をおこなった。そのうえで、リチャードソンらの納税者としての資格と、憲法第一編八節の議会の「課税および財政支出権」に関する憲法上の制限である憲法第一編九節七項との十分なつながりのあることとの要件が満たされているため納税者としての当事者適格があると判断した。[49]

被告の連邦政府がこれを不満とし、合衆国最高裁にサーシオレイライを申立て、受理された。最高裁のバーガー首席裁判官（Chief Justice Burger）は、フロシンガム判決とフラスト判決を丁寧に分析、考察したうえで、原告らの納税者たる地位とＣＩＡの予算執行との間には何らの実質的なつながりがないこと、さらにＣＩＡが予算執行の報告をしなかった事実があったからといって直ちに原告らに何らかの直接的被害（direct injury）を与えたとは考えにくく、また原告らは何らかの具体的被害（any concrete injury）を受けたことも証明していないとし[50]、裁判所を政府行為に関する論争の場としては利用できず、原告らは当事者適格性を欠く（no standing）、と判断した[51]。

(3)「事実上の損害」(injury in fact)

訴訟提起者が裁判所で当事者適格を認定されるための要件は、原告に「事実上の損害」（injury in fact）のあることである。「事実上の損害」とは、訴訟を提起している当事者が何らかの具体的な危害によって法的救済を必要とする損害を受けていることを意味する。このような原告のことを「損害を受けた原告」（injured plaintiff）という。原告が「事実上の損害」を受けたという要件は、裁判所の当事者適格性判断の鍵となる。

当事者適格の範囲は、原告が被告と敵対的な紛争関係にあり、また当該の紛争がどう解決されるかについて個人的利害関係を有し、十分に絞られた争点形成ができるほどの真摯な関わりのある者かどうかを問題とする。これは判例上確立している。たとえば、政府行為によって「直接的な損害を被り、あるいは損害を被る恐れが直ちにある」ことが必要である。この損害は現実のもの（actual）でなければならず、仮定的なものであってはならない。原告が実際に損害を受けたか者か、または「明確な損害」（distinct injury）を受ける可能性が高い者か、または少なくともそれが差し迫って（imminent）いる者でなければならない。

この点、原告の「事実上の損害」の法的性質をどのように考えるかについて、一九二〇年代の合衆国最高裁は、「法的権利」（legal interest）の侵害、すなわちコモンロー上の権利（不法行為、契約、財産法などにおいて保護された法的利益）や、制定法によって法的に授与された権利を侵害された者に対してのみ、「事実上の損害」があるとしていた[52]。ところが、以下の Sierra Club v. Morton（1972）事件[53]において、合衆国最高裁は、「事実上の損害」はコモンロー上の権利や制定法上の法的権利にとどまらず、「法的に保護された利益」であるとしている。[54] これは、経済的損害にとどまらず、非経済的損害も包含するものであり、環境権訴訟における当事者適格の拡大に大きく道を開いた。その結果、「事実上の損害」は、原告が争われている政府行為を原因として（因果関係）、経済的か、非経済的損害か、を問わず「事実としての損害を被る」[55] 者であり（損害の存否）、さらに勝訴判決によってその損害から救済される者であること（救済可能性）を意味する。

しかし、「非経済的な利益の損害」（non-economic interests injury）がまだ発生しておらず、差し迫った段階にとどまるものである場合には、事件はより困難になり、当事者適格を認めるかどうかを決定することが問題となる。

(4)　環境権訴訟と「非経済的な利益の損害（non-economic interests injury）」

損害の性質は、具体的で、現実的な紛争かどうかに照らして判断されるため、経済的、財産的損害だけでなく、環境保護上やレクリエーション上の「事実上の損害」まで、広い範囲に及ぶと考えられるようになった。しかし、他方で、たんに環境に対して関心を持っているだけでは、原告としての具体的で現実的な「事実上の損害」には至っていないとされる。

① 環境権訴訟の当事者適格が検討された事例——Sierra Club v. Morton（1972）事件

合衆国政府の森林局（U.S. Forest Service）は、ミネラルキング渓谷（Mineral King Valley）と呼ばれるカルフォルニア州のシエラネバダ山脈（Sierra Nevada Mountains）内の未開発の土地においてレクリエーションを目的とするレジャー施設の開発事業案の入札募集をおこなった。ウォルト・ディズニー社がこの入札に応募し、モーテル、レストラン、駐車場、高速道路を含むスキーリゾート地としての開発計画を提案した。この案では、二車線道路がセコイア国定公園に隣接する国有地を通過して敷設されることが明らかにされた。原告の環境保護団体シエラ・クラブ

（Sierra Club）と他の原告団は、内務長官（Secretary of the Interior）のモートンを相手取って、行政手続法（Administrative Procedure Act, APA）に基づき[56]、ミネラルキング渓谷内の開発を停止する宣言的判決と開発の差止めを求め、カルフォルニア州北部区連邦地裁に提訴した。

この訴えに対し、連邦政府は、原告らが法で保護された権利の範囲内に存在しない（開発計画とつながる利益がない）と反論し、原告らの当事者適格の欠如による訴えの却下を求めた。しかし、同連邦地裁は、原告シェラ・クラブの差止め請求を認めた。第九巡回区連邦控訴裁はこれを覆し、シェラ・クラブが回復可能な侵害（irreparable injury）に対する差止命令を根拠づける法的利益の可能性を十分に立証しなかったとして、当事者適格を欠くと判断した。原告らはサーシオレイライを求め、これが認められ、合衆国最高裁で審理されることとなった。

最高裁は、スチュアート（Potter Stewart）裁判官が四対三の多数意見を執筆した。最高裁は、まず合衆国憲法の「事件性と争訟性」の要件により、勧告的意見を裁判所に求めることができないため[57]、当事者適格の一般的な憲法的要件に最低限度合致するためには、原告シェラ・クラブの法的利益が、行政手続法上の被告の不法行為によって法的保護を受けた「利益の範囲」（zone of interest）内になければならないとした。最高裁は、これまで、問題とされた行為が「事実上の損害」（injury in fact）を生じさせた場合と、受けた損害が、連邦制定法によって「保護されているか、または規制を受けている利益の範囲内（zone of interests）」にある利益の場合には、連邦機関の活動に関して司法審査を得るための当事者適格を有すると考えてきたことを指摘した。しかし、この「利益」のカテゴリーを広げることと、原告が「実際に損害を受けた」という要件を満たすことは異なる、と最高裁は述べた。そのうえで、原告がディズニーのスキーリゾート計画のため損害を受けたことを主張しなかったため原告の当事者適格は認めることができないとした[58]。また当事者適格について、最高裁は、①原告らが国立公園、野生動物保護区、森林の保全、健全な維持に「特別の利害関係を有する者」であるという主張だけでは、当事者適格を基礎づけるには不十分なこと、②たんに環境に対して関心があるというだけでは公共訴訟は提起できないこと、さらに、③シェラ・クラブはそのメンバーがディズニーによる開発行為によって、具体的にその娯楽や活動について影響を受ける、という立証ができなかったと指摘した[59]。

その一方で、最高裁は、判決文の脚注八[60]において、原生自然愛好会（Wilderness Society）によって提出された「法廷の友準備書面」（amici curiae brief）[61]では、シェラ・クラブがミネラルキング渓谷に定期的にキャンプ旅行をしているという主張を含んでいること、そして連邦民事訴訟規則の規則一五[62]に基づくと、「当裁判所の決定は、もちろん、シェラ・クラブが連邦民事訴訟規則の規則一五による申立てによって地方裁判所においてその請求の修正を求めることを排除するものではない[63]」として、シェラ・クラブがその請求を修正することは、「もちろん」認められていることを示した。つまり、原告のメンバーの何人かが「自然愛好という非金銭的利益に関し、事実上の損害を受けた旨証明できれば、」公共訴訟は提起しうる、とした[64]。

このような最高裁の当事者適格に対する新しい示唆に基づいて、元の原告であるシェラ・クラブは、セコイア公園を利用する他の自然愛好のメンバーに呼びかけて原告団を組織し、再度の差止め訴訟を提起した。基本的には自然資源に関する当事者適格を主張するために、環境保護団体は自分たちのメンバーの中に、自然に対して特別な利益を有する者、たとえば環境上影響を受ける土地でハイキングをし、狩りをし、魚を釣り、あるいはキャンプをおこなう者、を探し出した。その上で、これらのグループやシェラ・クラブの会員がミネラルキング渓谷をリクリエーション目的で利用しており、またディズニーの開発で不利益を受ける旨の主張と宣誓供述書を提出することで当事者適格が認められた[65]。

政府側とディズニー社は、このまま訴訟を継続すれば敗訴となる可能性があったこと、そして何よりも「ディズニーが訴訟に負けた」という不名誉とイメージダウンを回避するために本件開発計画を最終的に断念した。結果として、この開発自体が中止され、シェラ・クラブの実質的な勝訴となった。ミネラルキング渓谷の開発計画は白紙に戻され、セコイア国立公園に吸収された。

この判決で、注目すべきは当事者適格性に関するダグラス（William O. Douglas）裁判官の少数意見である。[66] ダグラス裁判官は、「自然の生態学上の均衡を保護するための現代的懸念に対しては、それ自身の保存のための訴訟ができるように当事者適格性を環境上の対象物（environmental objects）に授与するという考えにつなげるべきである。つまり、本件訴訟は、『ミネラルキング渓谷対モートン』（Mineral King Valley v. Morton）事件と称されるのが適切だろう」[67]と述べ、「無生物主体（inanimate object）は、時々訴訟の当事者となりうる」[68]として、自然的資源であっても、自らの保護ために当事者適格を持ちうるのだと述べている。加えて、「生命の全ての形態（コヨーテやクマと同様にカンムリキツツキ（pileated woodpecker）や、河川のマスと同様にレミング〔lemmings, 旅ネズミ〕も）が法廷に立つという確信がある。これらの生態系のグループメンバーは話すことができない。しかし、その価値及び驚異を知るためにその場所を頻繁に訪問する人々は、生態的共同体の全体を代弁することが可能である……それが、私が考えるに、現在の事件と争訟における『当事者適格』の問題である」[69]。「これらの環境問題は無生物自身によって提起され、生命の形を持つすべての物、コヨーテやクマと同様にカンムリキツツキや川の流れのマスと同様にレミングも、裁判所で当事者として立つ保証がある」[70]と述べ、ヒト以外にも当事者適格を拡げる考えを示した。[71]

シェラ・クラブ判決で最高裁が示した当事者適格なしとする判断は、たしかに自然的環境を保護しようとする法廷での戦いにおいて後退したかのように見える。しかし、他方で、それは環境訴訟における当事者適格の新しい概念や考え方を進めるための方向性を与えた。つまり、シェラ・クラブ判決において、最高裁は、公的利益（public interest）を主張する個人、または環境活動グループが、自身の利益に対する損害を主張できた場合には当事者適格があることを示唆した。とくに全国的な広がりのある会員組織を持つ環境グループにとって、これまでの要件である直接的利害（direct interest）については、そのメンバーが保護しようとしている特定の環境領域を利用する利益を有するということの証明で足りるとした点が注目される。この最高裁判決によって、環境の美的、保護的な、そしてレクリエーション的な価値が「法的に保護された利益」（legally protected interests）を満たすと認識され、環境等の公的利益を擁護する市民グループの当事者能力が認められたことが重要である。[72]

② ロースクール生による鉄道貨物料金値上げ差し止め請求事件
――United States v. SCRAP（1973）事件

ジョージ・ワシントン・ロースクールの学生から構成された「規制官庁手続きに異議申立する学生」（Students Challenging Regulatory Agency Procedures 略して、SCRAP、スクラップと呼ばれている）は、環境の質的保護強化のために形成された権利能力なき社団（unincorporated association）である。スクラップは、「一九六九年環境保護法」（National Environmental Policy Act of 1969, NEPA）[73]によって求められている詳細な環境影響評価報告（environmental impact statement）を州際通商委員会（ＩＣＣ）がおこなわず、全米鉄道貨物輸送料金の暫定的値上げを承認したことに対し、コロンビア特別区連邦地裁にその執行の差止めを求めて提訴した。[74]スクラップは、国立公園および森林を利用する者としての資格において州際通商委員会の裁可が必要な手続きを踏まえなかったことが違法であるだけでなく、この料金値上げが負担となり、空き缶や紙くずなどの再生（リサイクル）可能資材の輸送が断念される結果、公園などの環境悪化を招くだけでなく、再生可能資源が利用されなくなり、その結果、より多くの自然素材が消費され、山林が破壊されることにより環境保護法（ＮＥＰＡ）に違反すると主張した。[75]被告の州際通商委員会は、スクラップのメンバーであるロースクールの学生らが本件差止め訴訟の当事者適格を有しておらず、また当該運賃値上げにより原告は具体的な損害を負っていないと反論し、訴えの棄却を求めた。

連邦地裁は、被告の棄却申立てを拒否し、合衆国最高裁もこの判断を支持した。スチュアート（Potter Stewart）

裁判官が多岐に分かれた最高裁の多数意見を書いた。彼は、「原告の主張によればスクラップのメンバーが実際に貨物輸送料金の値上げで損害を受けていることが証明されている」とした[76]。というのも、原告らが居住地でキャンピング、ハイキング、釣り、観光を目的としたリクリエーション活動をおこなっており、これらの利用は、貨物輸送料金の値上げによって悪影響を受けるからである。

ブラックマン（Harry Blackmun）裁判官は同調意見において、「シェラ・クラブ対モートン事件の少数意見で私が述べた理由にもとづき被控訴人らはこの訴訟を維持するための当事者適格を有すると考える。さらに、差止めによる救済が正当化されるかどうかの評価の際に、被控訴人はその個別の法的資格において事実上損害を受けたということを証明することは必要でない。むしろ、私は、被控訴人らが、環境権益に対して責任を持ち、また真摯な代表者として、環境が事実上損害を受けることや当該損害が回復不能で実質的なものであることを示すことだけを求める」と述べ[77]、当事者適格性についての見解を拡大した。ブラックマンの意見は、環境訴訟においては幅広い当事者適格を認める立場であり、シェラ・クラブ対モートン事件におけるダグラス裁判官の当事者適格論を彷彿させるものである。

③　絶滅危機種保護法と当事者適格について
——Tennessee Valley Authority（TVA）v. Hill（1978）事件[78]

環境保護をめぐる訴訟における当事者適格性に関する事例で興味深いのは、連邦政府事業で完成間近のダム工事を差止めた事件である。一九六七年に、テネシー川流域開発公社（Tennessee Valley Authority, TVA）はリトル・テネシー川上流にテリコ（Tellico）ダムを建設し始めた。その後、まず原告のヒル（Hill）及びテネシーの住民は、連邦環境保護法（National Environmental Policy Act, NEPA）に基づき、テネシー川流域開発公社（ＴＶＡ）を相手取って、ほとんど完成したばかりのテリコ（Tellico）ダムとその貯水部の工事の差止めを求めてテネシー州東部地区連邦地裁に提訴した。原告らの主張は、ＴＶＡによる当該ダム工事は環境保護法（ＮＥＰＡ）の要件に合致していないというものであった。同連邦地裁は原告らの訴えを受けて、テリコダムによる環境影響度の報告書（Environmental Impact Statement）が提出されるまでの数ケ月間は同工事を停止させるとした。[79]

このＮＥＰＡ調査を担当したテネシー大学生物学教授のエトナーは、一九七三年に、リトル・テネシー河川の上流で絶滅の危機にある淡水魚種の一つであるスネイル・ダーター（snail darter）を発見し、このダム建設が計画通り完成された場合にはスネイル・ダーターの生息が危機にさらされることを明らかにした。同年には、連邦法の「絶滅危機種保護法」（Endangered Species Act, ESA）が可決されていた。そこで内務長官（Secretary of the Interior）は、この絶滅危機種保護法（ＥＳＡ）に従ってダムと貯水部が使用可能となった場合、「スネイル・ダーターの生息地の完全な破壊」（total destruction of the snail darter's habitat）を招きかねないとし、ＥＳＡに従いスネイル・ダーターを絶滅危機種リストに記載するとともに、すべての連邦機関が絶滅の危機に瀕しているスネイル・ダーターの生息地域を保全することが必要であるとの声明を出した。[80]この声明を受け、本件の原告らはＴＶＡに対しスネイル・ダーターの絶滅を結果として招くとの理由により、当該ダム及び貯水部の最終的な完成の差止めを求める申立てを同連邦地裁に改めておこなった。しかし、同地裁は原告の差止命令の要請を拒み、訴えを却下した。控訴を受けた第六巡回区連邦控訴裁は、原審決定を取り消し、恒久的差止命令（permanent injunction）を出すことを認めた。[81]ＴＶＡの求めによってサーシオレイライが認められ、事件は合衆国最高裁で審理されることとなった。

最高裁ではウォーレン・バーガー（Warren E. Burger）首席裁判官が多数意見を書いた。バーガー裁判官は、その決定を以下のように詳述した。まず、「議会が絶滅危機種保護法を制定する時点ですでに十分進行中だったテリコダム・プロジェクトを（この法の適用）除外とすることを同法の文言上、見出すことができない」また、「同法の立法経緯からして議会が種の絶滅が進行を停止し、これに反対するという意図を持っていたことは明白である」[82]とした。さらに「絶滅危機種保護法に除外規定が存在しないということは、絶滅危機種に対する優先権を他の連邦機関の主要な任務として与えるという議会の意識的な計画を明示していることになる。議会は、連邦機関による進行中のプロジェクトを絶滅危機種保護法の目的に合致するように変えることが時には必要となることを予見していた」とした。[83] したがって、「テリコダム・プロジェクトを完成させることは絶滅危機種保護法違反となり、控訴裁判所がプロジェクトの差止めを命じたことに誤りはない。議会は最も明白な文言で、絶滅危機種の保護に最高の優先権を与えるべきことを明らかにした。このように立法部の権限が行使され、同法の執行は行政部にゆだねられ、今回のようにその実施が問題とされた場合、司法部がしかるべき判断をおこなうことになる」とした。[84]

バーガー裁判官の意見は、内務長官が当該プロジェクトによって特定の絶滅危機種の絶滅を招く結果になりそうだと判断した場合、絶滅危機種保護法によってテリコダムのプロジェクトの完成を明確に禁止することになるとの判断であった。最高裁は、一九七八年までに当該ダム工事のために一億ドル以上が費やされたことや、ダム工事が実質的に終了段階にあるという事実が被告政府側から繰り返し主張されたにもかかわらず、ダム工事プロジェクトをそのまま終えることを許さなかった。つまりスネイル・ダーターを犠牲にしてまでTVAによるプロジェクトの完成が優先されるべきとの主張を認めなかった。バーガー裁判官は、同法の規定と違った判断をすることは、「平易な言語の通常の意味を無視する（ignore the ordinary meaning of plain language）ことを裁判所に強制するものだ」とまで述べた。[85]

本件では、原告らの環境保護団体の当事者適格が訴訟上の問題となることはなかった。それは、絶滅危機種保護法自体が、この法の目的実現のために、市民に訴訟提起する権利を授与していたからである。[86]

④ 絶滅危機種保護法と市民訴訟条項について
――Lujan v. Defenders of Wildlife,（1992）事件[87]

絶滅危機種保護法（ＥＳＡ）については、その修正法[88]に関して Lujan v. Defenders of Wildlife 事件で争われた。これは、修正絶滅危機種保護法が、危険に瀕しているか、その恐れに直面している生物種が絶滅する可能性のある処分を連邦行政機関がおこなう前に、当該機関が内務長官（Secretary of the Interior）、または商務長官（Secretary of the Commerce）と協議することを求めていることから生じた。[89] また絶滅危機種保護法では、政府事業体を含む同法違反の行為を阻止するために市民は誰でも民事訴訟を提起できることを定めていた。これは、「市民訴訟条項」（citizen-suit provision）と呼ばれている。[90] つまり、一般市民は、①制定法で禁じられた行為をおこなっている他の市民、企業または政府機関に対して訴訟提起することができる。たとえば「水質浄化法」（Clean Water Act, CWA）[91] 違反の企業行為をやめさせるための訴訟提起が可能である。②政府機関が規制義務を履行しない、いわゆる非裁量的義務（non-discretionary duty）の不作為に対する訴訟提起が可能である。例えば、環境保護庁（Environmental Protection Agency, EPA）を相手取って水質浄化法が求める規制を実行するように求めることができる。さらに、③市民は、それが制定法違反の行為であるかないかにかかわらず、産廃物の集中、処置および廃棄について「差し迫っており、また実質的」（imminent and substantial）な危険性のある時にその不法妨害を排除する差止め請求を求めることができる。[92]

一九七八年に、内務長官と商務長官は、同法の処分に関する協議要件が外国で実行される連邦政府の処分にも拡大されるとの共同規制宣言を示した。[93] ところが、その五年後の一九八三年には、内務長官のルーハン（Lujan）は、ＥＳＡの当該規定の解釈から、規制の地理的範囲を米国内または公海上における処分に限定されるとした。原告である「野生生物を守る会」（Defenders of Wildlife）は、海外における政府活動によって絶滅危機種の絶滅率が上昇すると主張し、内務長官が絶滅危機種保護義務は外国においても適用が可能であるとの元の解釈に戻すために新しい規制の宣告をおこなうよう差止命令を求めミネソタ州連邦地裁に提訴した。これに対し同長官は、原告らには当事者適格がなく、訴えは棄却されるべきであると反論した。連邦地裁は、原告らに有利なサマリー・ジャッジメント（summary judgment）を出した。控訴を受けた第八巡回区連邦控訴裁はこの原判決を覆し、地裁に差戻した。差戻審で、地裁は、長官に対し規制を修正し、発表するよう命令した。この地裁決定を控訴裁が容認したので内務長官は合衆国最高裁に上告した。

原告らの当事者適格を否定する最高裁の六対三の多数意見を書いたスカリア（Antonin Scalia）裁判官[94]は、まず、原告（被上告人）（respondent）らが絶滅危機種保護法のもとで当事者適格を認めるための憲法上の要件である「事実上の損害」を満たせていないとした。スカリアは、最高裁がこれまでに法が要求する手続きを行政府が遵守しているかどうかを監視させるために、議会が「抽象的で、自己充足的（self-contained）で、有益性のない（non-instrumental）権利」を全市民に授与することによって「事実上の損害」の立証要件が満たされたとする見方についてはこれを拒否してきた、と述べた。[95]したがって当該法の下で訴訟を提起するためには、原告自身が被告の行為によって「具体的で、さらに特定された危害を受けてきたということでなければならない[96]」とした。そのうえで、彼は、原告らが、少なくとも損害及び賠償請求可能性（redressability）に必要な立証ができなかったこと、さらに原告の宣誓供述書には、特定の生物種への損害がどのように原告らに「差し迫った損害」（imminent injury）をもたらすのかについてのいかなる事実も含まれていない、と述べた。[97]また原告が問題とする事態がどのように危機的な状態に置かれていたとしても、原告が個人的に苦しんでいたわけでもないし、彼らが危険にさらされるという点についても、どれくらい、またどのような差し迫った危機に瀕しているかについても示せていないとして、原告の当事者適格を認めなかった。[98]ルーハン事件の最高裁判決は、環境保護主義者から環境を保護するために最も強力な武器である市民による訴権を奪ったと評されている。[99]最高裁は、そのような武器を市民に付与することは議会の憲法上の権限を越えるものだとした。

こうして判例法上形成された公共訴訟における当事者適格の要件は三つある。[100]第一に、原告の「事実上の損害」

(injury in fact)、すなわち法的に保護に値する利益が侵害されたことが必要であり、それは「具体的かつ個別的」(concrete and particularized) なものであり、また「現実のもしくは切迫した」(actual or imminent) ものであり、推測的なものや仮定的なものであってはならないこと。第二に、損害と訴えの対象とされた行為とのあいだに因果関係 (causal relation) がなければならないこと。[101] またこの因果的関連は通常直接的なものでなければならず、第三者の介在のないことが必要である。第三に、判決によってその損害から救済される (redressed) 蓋然性のあるものでなければならない。この救済可能性 (redressibility) を検討する際に、裁判所は訴答書面 (pleadings) で求められた救済方法に注目し、その救済が損害に対して有する効果について調べることとなる。

4　紛争の成熟性（ライプネス、Ripeness）

司法判断適合性の問題では、紛争の「成熟性」(ライプネス、ripeness) の法理が問題となる。この成熟性の法理は、紛争によって被る損害が現時点での司法的救済を必要とするほどに具体化しているかどうかに関するものである。成熟性の問題は、本質的には訴訟提起のタイミングの問題ということができる。例えば、事件を裁判所に持ち込むにはまだ早すぎて適切とは言えない場合や、まだ重要な事実が引き続き生じているような場合であって、事件を裁判所に持ち込むには時期尚早な場合にその事件は未熟 (unripen) である、あるいは成熟性を欠くとされる。また、損害があまりに推測的 (speculative) なもの、または損害が決して発生することがない場合も、事件は「熟した」とされない。裁判所に提出されようとしている紛争について、その内容から見て、これを裁判所が取り上げて司法権を行使する範囲内に収まっているかどうかが判断される。[102]

事件が「成熟性」を有するというためには、原告は、第一に、裁判所の救済がなければ原告の苦難 (hardship) の状態が持続するものであることを示さなければならない。つまり裁判所の救済によって原告の受けた、あるいは受けている苦難から解放されるものであることが求められる。第二に、争われている争点が裁判所の判断を求めるのに適している（fit）ことが必要となる。[103]

このライプネスが争われた事件には、公務員の政治活動禁止法に関する事件や、政府の防諜活動に関する差止め請求訴訟がある。

(1) 公務員の政治活動禁止法と予想される損害の救済について
――United Public Workers v. Mitchell（1947）事件

連邦議会は、一九四〇年に「ハッチ法」（Act to Prevent Pernicious Political Activities）[104]を制定し、連邦の行政府の官吏または被用者が政治的活動をしたり、政治運動において積極的な役割を引き受けることを違法とした。連邦の「公務員委員会」（Civil Service Commission）は、ハッチ法に違反して政治活動に従事したとして原告のプーリーの解雇処分を提案した。プーリー以外の原告の連邦公務員らは、ハッチ法にはまだ違反していなかったとして処分は見送られた。しかし、彼らは、将来、政党の活動家として活動し、また特定候補者を支持するためのさまざまな政治活動への参加を予定していることから、ハッチ法は憲法第一修正に違反して彼らの政治運動への参加の自由を制限するものであると主張し、プーリーとともに同法を違憲とする宣言判決と同法の施行の差止命令を求めた。ワシントン特別区連邦地裁は、同法は合憲であるとして、被告に有利なサマリー・ジャッジメントを決定した。[105]

四対三の多数意見を書いたスタンリー・リード（Stanley Reed）裁判官は、原告らが被告によって懲戒処分を受ける「可能性がある」とするが、裁判所は権利侵害についてそれが「仮定的である」場合には判断を下すことができないとした。[106]リード裁判官は、ハッチ法が、憲法第一修正によって保障された権利を認めており、また第五修正による適正手続きについても認めているとした。[107] 彼は、連邦公務員による政治活動は就業時間後におこなわれる場合であってもその取り扱い公務サービスにおいて影響を与えるとした。そのうえで、本件では、プーリーを除いて他の原告は誰もまだハッチ法によって「現実の侵害」(actual interference) を受けておらず、彼らのいう原告らへの「脅威」(threat) についても仮定的 (hypothetical) なものにとどまり、現実の侵害を未だに受けていないとして、ライプネス法理に基づき、プーリー以外の者の請求については判断しなかった。リード裁判官は、議会の立法の合憲性に関する最後的な裁判所の判断は、訴訟当事者の利益に対する実際の干渉から保護するという目的のためにこの裁判所の権限が必要とされる場合にだけ生じる、とした。[108]

(2) 政府当局による諜報活動と差止めに関する当事者適格について
——Laird v. Tautam (1972) 事件

「州政府に対する連邦援助法」(Federal Aid for State Governments)[109] では、州内で発生した騒乱を鎮圧する必要から、州知事が軍事力による抑制を大統領に求めた場合の大統領権限について規定している。この事例では、マーティン・ルーサー・キング・ジュニアの暗殺に対する抗議行動で騒乱状態となったミシガン州デトロイト市におけるデモ隊や群衆を鎮圧するために州知事がジョンソン大統領に連邦軍の出動を要請したものである。この事案の経験に基づいて、政府は、陸軍情報局によるデータ収集プログラムの開発を加速させた。陸軍情報局によるこのデータ収集プログラムは、とくに騒乱を生じさせる恐れのある市民グループ活動家や、反戦グループの指導者などの民間人の素行やプロフィールに関する情報を秘密裏にデータベースに収集し、軍の様々な施設に報告するというものであった。この情報源は、主にニュース・メディアによる報道のほかにデモ参加者の顔写真や配布されたビラの収集によるものであった。この集積されたデータは、政府の役所間で共有され、その多面的な利用が可能であった。

原告らは、このような軍情報局による監視プログラム（surveillance program）によるブラックリストの作成は、陸軍の適切な活動範囲を超えているだけでなく、同ファイルによって原告らの就職等の際に不利益な取り扱いを受けかねず、彼らに政治的活動に対する抑止的および萎縮的効果を与え、原告らの憲法第一修正の表現の自由に対する権利侵害があるとして、同ファイルの破棄と、特定市民に対する監視活動の停止についてのクラス・アクションをコロンビア特別区連邦地裁に提起した。同地裁は、司法判断に適合する請求ではないとして原告の訴えを却下した。しかしコロンビア特別区控訴裁はそれを覆した。[110]

事件は、サーシオレイライによる上告を受けて、合衆国最高裁で審理された。[111] ここでの争点は、被告陸軍の情報収集と監視システムが原告らに対する司法的救済を必要とするほど法的問題として具体化しているかであった。最高裁の判断は多様に分かれた。レンキスト裁判官は、そもそも被告による監視プログラムは合憲だとする立場を取り、バーガー首席裁判官、ブラックマンおよびホワイト裁判官は、本件については裁判所が決定すべきでない「政治的問題」（political question）であるとし、またパウエル裁判官は、本件は識別可能な損害（discernable injury）が存在しない事件であり、裁判所が裁決するにはあまりに推測的（speculative）であるため成熟性の原則に基づき判断できないとする意見に分かれた。最終的にはバーガー主席裁判官らがパウエル裁判官の意見に賛同し、多数意見を構成するためにレンキスト裁判官を説き伏せた。結局、最高裁は、控訴裁判決を覆し、五対四の多数意見をバーガー首席裁判官が執筆した。バーガーは、本件には司法判断適合性のある「争訟性」が示されておらず、現在の客観的な特定の危害や特定の将来の脅威の存在よりはむしろ、陸軍の諜報機関活動に対するたんなる原告らの主観的な「恐れ」だけが主張されたものであるとし、原告らは訴えに必要な当事者適格を示すことができなかったと判断した。[112]

これに対し、ダグラス裁判官は少数意見で、①多数意見は陸軍に関しプログラムを実施する権限があると述べるが、憲法は、陸軍に一般市民の活動に対する監視を承認するような権限について何も示唆もしていないこと、②憲法が軍に対する文民の優越性とそれに対する軍の従属を求めていること、③軍当局による監視の対象となっている原告らは、憲法第一修正の権利の完全な行使を抑制する大規模な総合的監視システムに異議申し立てをする当事者適格を有すること、そして、④一般人に対する監視自体が憲法上の要請でもなく、第一修正と敵対することとなる、と指摘した。[113]

5　ムートネス（Mootness，訴えの利益の消失）

司法判断適合性に関する他の重要な問題は、ムートネス（mootness）と呼ばれる法理である。この法理は、裁判の基礎をなす「事件」または「争訟」がすでに終了しており、判決を出すために費やされる時間が浪費的になるような場合に適用される。この場合、事件は「ムート（moot）になっている」として裁判所は判断を回避する。[114] ムートネスは、訴えの利益の事後消滅に関する判例法上の法理である。ムートネスは、争訟が終了しているかどうかを問題とする。[115] つまり紛争がすでに解決済みであったり、時間経過によって訴えの利益を失っている場合、あるいは当事者が最終判決の出される前に裁判所外で解決したような場合は、ムートであるとされる。

ムートとされる場合であっても、裁判所の判断を求めることができる場合があり、これは、原告に引き続き二次的損害（secondary injuries）が存在する場合や、問題とされた事実の反復があるような場合、あるいは違法行為が終了したときであってもそれがいつでも再発する余地がある場合である。

(1) 合衆国議会議員の資格確認と政治的問題
――Powell v. McCormack（1969）事件

原告のアダム・パウエル（Adam Clayton Powell,Jr.）は、合衆国下院議員であり、ニューヨーク州選出の議員である。しかし議会下院はパウエルの下院議員就任を阻止する決議をおこなった。この決議は、パウエルが改選前の任期中、教育・労働委員会委員長の任にあった時に出張旅費を不正使用したこと、彼の妻に不適切な給料を支払っていたという件について議会に虚偽報告をしたという理由によるものである。パウエルとその支持者（constituents）たちは、この決議は違法であるとして、下院議長のマコーマックと他の五人の議員を相手取り、下院決議の執行の差止命令と原告の排除決議自体の無効宣言を求めて、コロンビア特別区連邦地裁に提訴した。同地裁は、原告の訴えには事物管轄権（subject-matter jurisdiction）がないとして、被告の主張を退けた。

コロンビア特別区控訴裁では、最高裁首席裁判官に就任する直前のウォーレン・バーガー裁判官が本件を棄却した[116]。原告からのサーシオレイライが認められて、事件は最高裁判所に移った[117]。ところが本件が争われている間に、第九〇回連邦議会が終了し、次の改選選挙でパウエルは再選された。下院は、まだ本件が係争中であるのにパウエルが議席を確保したことに対する追加的制裁的決議を再びおこない、パウエルに二万五千ドルの罰金を科すことも決定した。他方で被告であるマコーマックらは、原告がすでに議席を得ているのであるから事件はムートとなり、パウエルの訴えは棄却されるべきだと主張した。

最高裁判所の多数意見は首席裁判官のウォーレンが執筆した。ウォーレンは、本件が政治的問題を構成せず、司法判断適合性があるとの判断をおこなった。同裁判官は、パウエルの請求が未払い賃金の請求権を争点としているため、彼が第九一回連邦議会の議員に就任することによって本事件がムートとなるわけではないとした[118]。第九十回連邦議会の議員資格に対するパウエルの請求がムートであるという点は、彼の未払い賃金請求の実行可能性（viability）

に影響を及ぼすものではない。[119] したがってパウエルの宣言的救済（declaratory relief）に関する主張は十分であるとされた。[120]

最高裁は、原告が、憲法第一編二節に定められた連邦議会議員としての「年齢、市民権、居住要件」の資格要件を満たしたうえで選挙によって適正に選出された点と、議会下院がその選挙区から適正に選ばれた者に対してその地位を拒否するいかなる裁量権も有しない点は、ムートの成否に関係になく、むしろ議会下院が憲法に反してパウエルが議会議席を占めることを阻止するものであるとした。被控訴人の主張する「政治的問題」について、最高裁は、憲法第一編五節のもとで下院がどのような権限を有するのかについて関連した歴史的資料を検討し、下院は議会のメンバーの資格を判断する際に考慮できるのは憲法上明示的に定められている上記の資格要件の確認に限定されており、適正に選出されたパウエル議員を排除するいかなる権限も有しない、と判断した。[121]

(2)　別枠入試の無効確認とムートネスの問題——DeFunis v. Odegaard（1974）事件[122]

原告デフィニス（Marco DeFunis, Jr.）は、ワシントン大学のロースクールに応募したが、不合格となった。彼は、少数者枠では上位から二位の成績であったが、予め設定された白人の合格定員枠内には入らなかった。そこで原告は、他の少数人種の者が彼より低い学部成績とロースクール適性試験（ＬＳＡＴ）のスコアであったのにもかかわらず、原告が白人であるという人種やエスニシティ（races and ethnicities）を理由として、憲法第一四修正に反して逆差別を受けたと主張し、原告の入学許可の宣言及び別枠入試の差止めを求め、ワシントン州地裁に提訴した。

州地裁は原告のロースクール入学許可を認め、別枠入試の差止めは争わなくてよいとした。大学側が控訴し、原告の入学一年後にワシントン州最高裁は原審判断を覆し、ワシントン大学の勝訴とし、また別枠入試を合憲とした。しかしこの時点でワシントン大学は、彼のロースクール在籍を認めた。そのため、原告が州最高裁の判決を不服として合衆国最高裁にサーシオレイライを求めたのは、ロースクールの三年時であった。

合衆国最高裁は、「当裁判所が本訴訟の争点についてどのような決定に達するかに関係なく上告人が現在登録している学期の終わりには彼はロースクールを修了するため、ロースクールを修了するため、当裁判所は、当事者によって提示された実質的な憲法問題を考慮することは憲法第三編の規定に矛盾すると結論する」[123]とした。最高裁は、①裁判所がいかなる判決に至ろうとも当事者間にはもはや具体的で、またかつ限定的な争訟が存在せず、②本件はいわばムート（moot）の状態にあり、憲法第三編の制限に従って最高裁は憲法の争点を判断することはできず、どのような判決になっても、結局、彼の地位は変わらず、遡って入学資格なしとはできない、とした。訴訟の進展前に元の争訟が消えたときには事件はムートとされ、事物管轄を欠くため正式事実審理を進行できないとし、法的争点については判断しなかった[124]。

このようにムートネスの法理では、有効な争点が審理のどの段階においても存在しなければならないとする。しかし「ムートネス」は、たんに形式的に訴訟を門前払いするのではなく、提訴された事件を審理するかどうかの判断については、裁判所に司法政策的裁量の余地を残している。

(3) 堕胎禁止州法の違憲性と当事者のライプネスとムートネスの問題 ——Roe v. Wade（1973）事件[125]

Roe v. Wade 事件は、女性の出産に関する自己決定権やプライバシー権に関する重要な憲法判例としてよく知られた事案[126]であるが、他方で、ライプネスやムートネスに対する重要な判断が示されている。本事件では、同一訴訟当事者間での紛争に再発の可能性がある場合（同じ当事者間に繰り返し起きる紛争）であれば、時の経過によって争訟の現実性が失われたとしても、その紛争については、司法審査を受けることがきるとされた。

原告のジェーン・ロウ（Jane Roe）は、未婚であるが妊娠しており、医師免許を有した医師により医療上安全な条件のもとでの処置によって妊娠を終わらせることを求めていた。ところが、彼女は、妊娠の継続によって自己の生命が危険に晒されている状態にはなかったため、法的にはテキサス州において合法的な中絶を受けることができず、また彼女には中絶が認められている他州にまで治療を受けに行く経済的余裕もなかった。そこで、ロウは、テキサス州の地方検察官を相手取り本件訴訟を提起した。ロウは、同州のテキサス妊娠中絶法（Texas Abortion Laws）[127]の文言は合衆国憲法が保護する個人のプライバシーの権を制限していると主張し、同州中絶法の違憲宣言判決と、同法を彼女に強制しないようにする差止命令を求めた。提訴後、ロウは訴状の修正をおこない、彼女自身と彼女と同様な状況下に置かれた他の女性のためにクラス・アクションとして提訴し直し、受理された。

別な原告である医師のホールフォード（Hallford）は、ロウの訴訟への参加を裁判所に申立て、認められた。ホールフォードは、テキサス州の中絶法違反で州警察により逮捕されたことがあり、彼に対する二件の訴追が州裁判所で係属中であった。彼は、中絶を求める患者の多くの事例がテキサス州法の規定する中絶の「例外」[128]に該当するかどうかについて医師として確定できないと主張した。彼は、当該制定法の規定が漠然としており、また不確かであるため憲法第十四修正の法の適正手続きに反し、また、同法が憲法に反して、医師と患者間における自分自身とその患者のプライバシー権と、自分自身が医業をおこなう権利を侵害している、と主張した。[129]

さらに、別の原告であるジョンとメアリー・ドゥ（John and Mary Doe）夫妻は、ロウの訴訟への共同訴訟参加人（companion complaint）となった。ドゥ夫妻も地方検察官を相手取ってロウと同じ憲法上の権利侵害を主張し、宣言判決と差止めによる救済を求めた。ドゥ夫妻は、子供のいないカップルであるが、ドゥ夫人は医師から神経化学障害（neural-chemical disorder）による症状について実質的な改善がおこなわれるまで妊娠を回避するように助言を受けていた。彼女は、この医師の助言に従い、避妊薬の使用を控えていた。そのため万一妊娠した場合には、医師による中絶を希望する旨主張した。ドゥ夫妻も、彼女自身と同じような状況下にある他のカップルのためにクラス・アクションとして提訴した。

これらの原告による訴訟は併合され、テキサス州北部地区連邦地裁において併合審理がおこなわれた。同地裁は、原告には当事者適格がないとの州政府の反論に対して、ロウとそのクラス・アクションのメンバー、及びホールフォード医師は当事者適格を有し、司法判断適合性をもつ争訟の提起であると判断した。しかし、ドゥ夫妻に対してはライプネスを理由に訴えを認めなかった。

合衆国最高裁は、この点につき判断をした。法廷意見はブラックマン裁判官が執筆した。本訴訟で最高裁が直面した争点は、本件の司法判断適合性、原告らの当事者適格性、及び裁判権行使の回避可能性（abstention）についてであった。被告のテキサス州検察官のウエイドは、連邦訴訟法上、上訴の審理の段階で「現実の争訟」が存在しなければならず、たんに訴訟が提起された時点だけではないとし[130]、ロウと彼女のクラス・アクションの他のメンバーが一九七〇年にもはや妊娠を終えているため争訟性を欠いていると主張した。

合衆国最高裁は、まず、ジェーン・ロウは、一九七〇年三月の訴訟の開始時期に妊娠した状態にあったこと、彼女がテキサス州では合法的に中絶を受けることができない事情を認めた。その上で、彼女の事案は事件性の要件をその時点で満たしており、彼女がクラス・アクションとはまったく別に、テキサス州の刑事中絶法に異議を申し立てる当事者適格を有するということにはほとんど問題がないとした[131]。

この点についてブラックマン裁判官は、「本件のように妊娠が訴訟の重大な事実であるときに、通常の二六六日の妊娠期間は短すぎて普通の控訴手続きが終了する前に妊娠期間が終わってしまう。もしこの妊娠の終了が事件をムートとしてしまうのなら、妊娠に関する訴訟は、審理段階を超えてほとんど存続しないだろう、そして、上級審での審理は事実上阻まれてしまうだろう。我々の法はそのように厳格であるべきではない。（Our law should not be that rigid.）妊娠はしばしば同じ女性に一度以上訪れるし、一般的な人口レベルでは、もし人間が生存し続けようとするならば、妊娠が常に存在することになる。妊娠は争訟性の欠如を否定する結論（a conclusion of non-mootness）に古典的な正当化を与える。それは、まさに『繰り返されることがあり、しかも審理を避けながら繰り返されることがあるだろう。』（It truly could be "capable of repetition, yet evading review.）」と述べた[132]。したがってロウは、この訴訟を提起する当事者適格を有し、また訴訟に値する争訟を提起したのであって一九七〇年に彼女の懐妊が終結したことをもって彼女の訴訟を争訟性のないものとはしない、とした[133]。

つづいて最高裁は、ホールフォード医師の立場は、ロウとは異なるとした。彼は過去にテキサス妊娠中絶法違反の容疑で逮捕され、またテキサス州ダラス郡刑事地方裁判所で同法違反の嫌疑（彼の罪状は堕胎罪）で起訴されている[134]ことから、州の制定法に関して宣言的及び差止的救済を連邦裁判所に求めている。しかし同医師は、彼に対する訴追への自己の弁護のために連邦上の権利を連邦裁判所で主張する必要性を示す、「実質的で差迫った脅威」については何も主張もしていない。そうすると係争中の州の刑事被告人である彼は、連邦裁判所において彼を起訴している州の制定法について積極的に異議申立てすることはできない。同医師は、州裁判所での被告人としての立場と彼自身を区別し、連邦裁判所で「潜在的な将来の被告人」（potential future defendant）としての当事者適格の主張をしていることになる。しかし、当裁判所は、その区別にはいかなる利点を認めることができない。これらの点から最高裁は、地裁が同医師に宣言的救済を付与し、また訴訟参加の訴状を却下しなかった点につき地裁判決を破棄するとした[135]。

ドゥ夫人は、避妊処置の失敗によって将来いつか妊娠する可能性があり、また将来彼女はテキサス州法の下で違法となりかねない中絶を求める可能性がある、と主張している。最高裁は、原告の夫妻が「通常の性的な関係を控えるか、または可能性がある妊娠によってメアリー・ドゥの健康が危険にさらされるという選択を余儀なくされる」ことによって、「その婚姻の幸福に対する有害な影響」という現在の損害があるとしている。つまり、「彼らの主張はいつか将来、ドゥ夫人が避妊措置の失敗により妊娠するかもしれないということであり、将来の時点で彼女がテキサス州制定法のもとで違法かもしれない堕胎を望むかもしれないということである。このまさしくドゥ夫妻の主張の言葉遣いがその推測的な性格を明らかにしている。彼らの主張している損害は、起こりうる将来の避妊の失敗、起こりうる将来の妊娠、起こりうる将来の親としての準備不足、及び起こりうる将来の健康の不安に基づくものである。これらの中で一つあるいは一つ以上起こるかもしれないし、全く起こらないかもしれない。ドゥ夫妻からすれば、これらの可能性はいくらか現実的かもしれないし、あるいは彼らの婚姻の幸福に対する想像上の影響にすぎないかも知れない。しかし、当裁判所は『それほど間接的な損害に関する実質のない申立て』(bare allegation of so indirect an injury)が実際の事件性または争訟性を提示するのに十分であると言う準備ができていない」と述べて、ドゥ夫妻の請求は、これまでに当裁判所で解決された事案からしても不十分であり、したがってドゥ夫妻はこの訴訟における適切な原告ではない、とした[136]。

しかし、最高裁は、クラス・アクションでムートネスと当事者適格性の問題に対して個別的なアプローチをとることで、ムートネス原則がそれほど厳格なものではないとした。ロウ事件における最高裁の当事者適格への柔軟なアプローチは、クラス・アクションにおけるクラス代表の当事者適格が問われるすべての事件にとって重要となった。

6　政治的問題(Political Question)

司法判断適合性の最後の問題は、裁判所が政治的な争点(political issues)を決定するには適切でないという場合についてである。争点が、政治的な問題を含むため裁判所が審査権を行使すべきでないとされる根拠は、「政治的問題」(political question)の法理に基づく。つまり事案の内容からして裁判所ではなく、議会や大統領の決定が最終的になされるべきであると裁判所が判断する場合、事件は「政治的問題」を理由として司法判断に適さない（nonjusticiable）とされる。

「政治的問題」は、憲法規定で文言上（textually）明確に裁判所外の他の政府機関に紛争の解決が委ねられている場合以外に、裁判所自身の判断で、司法権の行使権限について裁量で決定する場合がある。この後者の裁判所による判断は、裁判所による「慎重的見解」（prudential view）と呼ばれている。この見解は、連邦裁判所が政府の他部門の領域を侵害するかもしれない事案について対応することを回避するための原則として形成されてきた。[137] そのため、裁判所は、しばしば政治の他の部門の権限行使に対して「敬意を払う」（defer）という言い方をする。[138] 換言すれば、「慎重的見解」は、憲法上の文言が必ずしも明白でないときや、裁判所が他の政府分野の領域に踏み込むと判断されるときには司法判断適合性がないとするものである。[139]

政治的問題を憲法の文言上の制約から位置づけた後述のベーカー判決[140]では、「政治的問題」が生じる六つの基準を考慮した。それによれば、①憲法の文言上、問題が、政府の他の政治部門による解決に委ねられている場合で、これは争訟を解決するための憲法上の権限が、司法権以外の政治部門のうちの一つにある場合に司法判断適合性はないとするものである。たとえば、二国間紛争や外交方針、またはある国の独立承認や法的および事実的な国家元首の確認などである。[141] ②紛争解決のための基準が司法権に与えられていない場合。[142] ③裁判所以外の部門の裁量による最初の決定なしには決定ができない場合。④裁判所による決定が他の政府部門に対する敬意（deference）を損なうような場合。⑤「すでになされた政治的決断」については裁判所が「疑わずに尊重すること」を必要とすること。最後に、⑥一個の争点に関する他の部門による多様な決定によって当事者間に困惑が生じるとき、つまり三権のそれぞれの間で、「多種多様な言い渡し」がなされることを回避する場合である。[143]

「政治的問題」については、憲法が明文で司法権以外の他の二権（立法権と行政権）の判断に解決をゆだねている問題については、司法権の審査の対象とならないことについては争いがない。問題は、裁判所が政府の他の部門の責任で解決されることが最善であるとし、そうすべきであると判断する場合である。この裁判所による裁量的判断（「慎重的見解」（prudential view））によって「政治的問題」として政府の他の部門の判断にゆだねる場合であってもその憲法上の根拠が示される必要がある。この問題は、選挙の区割りや議員定数配分の問題が「政治的問題」となるのか、あるいは裁判所の審査対象となるのかについて提起された。

(1) 選挙区割りと政治的問題
——Colegrove v. Green（1946）事件[144]

三権分立の観点から、選挙の区割りやその議席配分が立法の領域の問題であり、司法判断に適さない（nonjusticiable political questions）とされたのが一九四六年のColegrove事件である。

コールグロヴら三人の原告は、連邦下院議員のイリノイ州選挙区の資格ある投票権者であるが、州内に著しい人口変化が生じているのに、同州法によって割り当てられた連邦下院議員の選挙区が地域間の不均衡を生じさせており、投票の同等性を欠いていると主張した。そこで原告らは、同州がイリノイ州法の規定に従って連邦下院議員選挙を実施することの無効宣言と、州全体を一選挙区とする選挙の実施を求めて、イリノイ州連邦地裁に提訴した。訴えで原告は、同州法の規定が合衆国憲法の規定に違反し、また「一九一一年修正再配分法」（Reapportionment Act of 1911）[145]にも矛盾すると主張した。しかし、同地裁はこの申立てを棄却した。事件は合衆国最高裁に持ち込まれた。

最高裁のフランクファータ（Felix Frankfurter）裁判官は、四対三の多数意見において、上告人が当裁判所に求めているのは当裁判所の能力を超えるものである（beyond its competence）とした[146]。フランクファータは、「これは管轄権という言葉的な柵（verbal fencing）によっては満たすことのできない司法権に対する要求である。それは当裁判所がこの問題がとくに「政治的な性質を持つ」（peculiarly political nature）という理由によって政府の有効な機能に対する正しい配慮に基づいて判断することを拒んできたものである。議会がその義務を忠実に履行するかどうかを問わず、この問題は議会の排他的規制に委ねられてきた」[147]とした。

さらに、フランクファータは、選挙区割りの問題が政治的問題であり、司法審査になじまないとする点について、この問題について裁判所が判断することは、連邦議会の存在に対して深く切り込むこととなる、とし、「裁判所は、この政治的な茂みに立ち入るべきでない。（Courts ought not to enter this political thicket.）」と述べた。最高裁によれば、選挙区割りの不当性に対する救済は、州議会に適切な区割りを実行させることである。また、政治的問題を理由とする判断回避の憲法上の根拠については、「憲法は、裁判所の判断の範囲外となる多くの条件や目的を定め、また裁判所によって実施できない多くの命令（commands）を有している。……憲法は、われわれの政治機構における多くの義務の遂行を行政及び立法行為に委ねており、またそれは究極的には絶えず警戒を怠らない人民の選挙権に委ねられている。」[148]とした。

憲法規定によって控訴人らの主張に実体的権利が与えられる一方で、憲法規定は、連邦および州政府の政治的な部門に大きな処分権を授与することによってその権限を制約しているとし、「投票における絶対的同等性を求める権利は、抽象的にはともかくも存在しないし、ありえない。せいぜい大まかな近似値だけがあるだけである。そして、憲法との完全な整合性においては、どのようにこの近似値を最大限に達成するかの方法に関する判断権限を授けられているのは裁判所ではなく政府組織である」[149]とフランクファータは述べた。

この判決は、選挙区割りの問題に対して政治的問題を理由とする司法判断回避の根拠とされてきた。しかしコールグロヴ判決で示されたいわば司法消極主義的立場は、その一六年後のベーカー事件によって変更された。すなわち、選挙区割りの問題は政治的問題であるから司法判断に適さないという先例が覆えされた。

(2) 選挙区割り無効確認訴訟が政治的問題にあたら際とされた事例 ——Baker v. Carr（1962）事件

テネシー州の有権者らは、不均衡な州議会議員の選挙区割りを定めた州法は合衆国憲法の法の下の平等に反するとして選挙の実施禁止を求めた。[150] 同州シェルビー郡の住民であったチャールズ・ベーカーは、テネシー州憲法が同州に一〇年毎の全米国勢調査に基づいて人口の推移に応じた調整を行うことを州議会に義務づけていたにもかかわらず、一九〇一年以降テネシー州議会がその選挙区の見直しをしなかったと主張して、テネシー州務長官のカー（Carr）に対して選挙区割についての州法の違憲宣言判決と選挙実施の差止めを求める訴訟を提起した。[151]

同州では六〇年間に投票権者数が四八万人から二〇〇万人に増加していた。しかし、州議会議員定数は六〇年間不変のままであった。その結果、一九六〇年には農村部の一票は都市部の二五票に相当する事態となっていた。ベーカーら原告は、州議会が一九〇一年のテネシー州選挙区割法（Tennessee Apportionment Act of 1901）によって州の九五の郡に、恣意的でしかも気まぐれに議員数を割り当て、州内の人口の相当な増加及び再配分にもかかわらずその後も議員割当てを見直さなかった結果、「彼らの一票の価値が低下」し、このことにより憲法第一四修正の法の平等保護を与えられなかったと主張した。原告らは、一九〇一年制定法の違憲宣言判決と、州の公務員がそのまま選挙を実施することを阻止するための差止命令を求めてテネシー州中部地区連邦地裁にクラス・アクションを提起した。これに対し、テネシー州は、選挙区割りの問題は、司法上の問題でなく州議会が決定する政治的問題であると一貫して主張し、政治的問題に関する裁判所の関与が憲法上認められていないため、この問題の決定に裁判所は関与できないと反論した。

同連邦地裁は、三人の裁判官による合議によって、これは本来州議会の権限に属す政治的問題であり、裁判権を欠如しているとして原告らの請求を認めなかった。[152] 事件は、飛躍上訴され、合衆国最高裁に移った。

合衆国最高裁は原判決を覆し、地裁判決を取り消した。六対二の多数意見を執筆したブレナン（William J. Brennan）裁判官は、まず連邦地裁が本件に関する事物管轄を有すること、および州の選挙区割りに関して当該州民が連邦裁判所に提訴する権利（訴権）のあることを初めて認めた。最高裁は、先例であるコールグロヴ事件と本事件との区別（distinction）に苦慮した。最高裁は、地裁が、コールグロヴ事件とその後の判決に依拠して「これらの判決を検討すると、……連邦裁判所が立法上の選挙区再配分を強要するこの種類の事件には介入しないということである」との理由によって、[153]本件が司法判断に適合しないとした判断を批判した。最高裁は、同地裁がコールグロヴ事件を司法判断適合性を欠いているという結論を強いるものとして参照していることについて、訴えがたんに参政権（political rights）の保護を求めているという事実があるからと言って、それがつねに「政治的問題」を提示することを意味しないとした。[154]

最高裁は、むしろ同地裁が引用した判例はそれとは反対のことを示しており、コールグロヴ判決を誤解するものであるとした。「上告人らの投票上の平等保護が否定されたという主張と、そのための救済請求は司法判断に適合するものであり、『差別が十分に示されるならば平等保護条項による救済を受けるという権利は、差別が参政権に関するものであるという事実によっては減少させられることはない』」と述べた。[155]また、「政治的問題の司法判断不適合性は、ほんらい権力分立の機能に関係する。この点『政治的問題』の名称に基づいて、事件ごとの検討の必要性を曖昧にするという混乱が生じている。問題が憲法によって他の政府部門に何らかの方法で委託されているものかどうか、あるいは、その部門の活動が委託された権限を越えているかどうかを決めることは、それ自体、慎重な憲法解釈権の行使であり、憲法の最終的な解釈者としての当裁判所の責任でもある。これを示すことは、選挙による代表性に関する事件を分析し、政治的問題法理を形成する分析的な脈絡（analytical threads）による推論を必要とする。そこで当裁判所は、この事件はその脈絡のいずれにも捕えられないことを示すものとする」。[156]

ダグラス裁判官とクラーク裁判官は、個別の同調意見において、訴状における申立てが立証されているのであれば、救済のための事件性が当然確立されたとすべきだとした。しかし、コールグロヴ判決で政治的問題として司法判断回避をおこなったフランクファータ裁判官は、なおも本件の訴訟物の性質からして連邦裁判所による審査には不適当な「政治的な論争」(political controversy) の部類を含むものだという反対意見を述べた。[157]

(3) 選挙権の意味と一票の価値をめぐる憲法判断が示された事例 ——Reynolds v. Sims (1964) 事件[158]

ベーカー判決の二年後に一票の価値の問題が憲法問題として裁判所の判断を受けた。

アラバマ州では一九〇〇年から一九六〇年の間にかなりの人口増加が生じていたが、選挙区割りが旧態依然のままであり、その結果、上院議員選挙で、最大で約四一対一票、下院で最高約一六対一票という一票の格差が存在していた。[159] 原告の同州民のシムズと他の居住者は、一九六一年の州議員の選挙に関して一票に大きな格差が生じたことにより、立法による差別の犠牲者になったと主張した。つまりシムズらは、人口の実情に応じた選挙区割りの見直しをおこなわない州議会の不作為が憲法第一四修正の法の平等保護に反し、「自由で平等な選挙による平等な選挙権」(equal suffrage in free and equal elections) の否定となると主張した。原告らは、とくに現状の議席配分規定が憲法違反であるとの宣言判決と、憲法に従って再配分がおこなわれるまでの間、将来の選挙が差止されるべきだとの命令をアラバマ州中部地区連邦地裁に求めた。

同連邦地裁は、アラバマ州議会議員の代表性における不平等が憲法第一四修正の平等保護条項に違反すると判決した。同地裁は、同州で有権者の人口増加および移動があったにもかかわらず、州は合理性を欠いた差別的な案に変更したにとどまっているとした。同地裁は、現行の州議会議員選挙に関する州法と選挙制度を全体として考慮した場合、これらの割当て方式は合衆国憲法に反するとし、同選挙を選挙方法を修正したうえで実施するように命じた。[160]

地裁からの飛躍上告を受けた合衆国最高裁は、原判決を支持した。最高裁では首席裁判官のアール・ウォーレンが七対二の多数意見を書いた。最高裁は、州の一部分の投票価値が同州内の他部分と比べて著しい格差があるときは違憲であり、州議員の選挙は一人一票の原則に従うべきであり、これが実施されないときは、選挙それ自体に違憲の疑いがある、とした。[161]ウォーレンは、「選挙をおこなう権利は、州または連邦議会選挙での市民の一票の投票価値の低下または希薄化によって否定される」とした。さらに、「疑いの余地なく選挙権は、自由で民主主義的な社会における基本的な事柄である。とくに自由で損なわれることのない方法で選挙権を行使する権利が他の基本的な民事および政治的権利の保持力となるため、投票する市民の権利に対する侵害が主張された時には、注意深く、また慎重に精査されなければならない」とした。[162]

ウォーレンは、「議員は、人々を代表するのであって、木や土地の広さではない。議員は投票者によって選ばれるのであって、農場や都市やあるいは経済的利益によってではない。（"Legislators represent people,not trees or acres. Legislators are elected by voters,not farms or cities or economic interests."）」[163]としたうえで、「われわれが代議員による政府の形をとり、われわれの立法府が人々を直接代表する直接的選挙による政府の形をとる限り、立法者を自由で損なわれることのない方法で選ぶ権利は、われわれの政治制度の基盤である。……資格のある有権者がその州議会代議員に投票するのを完全に妨げられたという申し立てによって憲法上の請求が主張されたことには全く否定の余地がない」と述べた。そして、「開票する際に、州の他の地域の者の票が、ただ額面通り一票として開票される一方で、州の一部の市民の票が、二倍、五倍、あるいは十倍に相当するという趣旨の州法が憲法上に持続可能であるとは判断されない」[164]とした。また、「冷遇された地域（disfavored areas）に居住している個々の有権者に対して結果として生じる差別は数学的に明白である。その投票権は、とても州内の有利な地域の居住者と同じ投票権であるはずがない。

その投票の効果がその有利な地域の隣人のそれと等しくなるためには、彼らは二倍、五倍または十倍は投票しなければならない。偶然どこに居住するかに基づいて投票方法、または投票手段によって市民の票に異なった重みを与えることは、決して正当化されるとは思えない。……ある市民の投票権の価値が低下させられる限り、彼は市民とは言えない。（To the extent that a citizen's right to vote is debased, he is that much less a citizen.）」とした。[165] さらにウォーレンは言う。「資格ある有権者である一市民が、都会で住もうと田園部で住もうとそれに差はない。このことは、われわれの憲法の平等保護条項の明白にして強力な要請である。これは、法による政府の基本的概念の一部であり、人によるそれではない。これはリンカーンの『人民の、人民による、人民のための政府』の概念の核心部分にある。平等保護条項は、すべての市民、すべての人種と同様にすべての場所の市民のために実質的に平等な州立法府の代議員を要求するものである。……原告らがどこに居住するかに関係なく、平等な保護条項は州内のすべての市民のために実質的に等しい立法上の代表制を義務づけるものである」。[166]

このようにベーカー判決からレイノルズ判決への明らかな変化は、合衆国最高裁の積極的な憲法判断の姿勢の変化であった。つまりベーカー判決（一九六一年）で、訴えの利益を認め（選挙の区割りは政治的問題ではないとされ）たが、一方で、格差がどの程度であれば、（つまり一票対何票であれば）違憲となるかについての判断はおこなわなかった。しかし、このレイノルズ判決（一九六四年）においては、この点について一人一票を原則とし、一票の価値に著しい格差があれば違憲となると判断した。その結果、州政府では、州議会議員選挙を実施しても、選挙自体が違憲と判断される可能性を考慮せざるを得なくなり、そのこともあって各州では一斉に州法を改正し、一票の価値の平等化の実現をめざした。裁判所判決の政策決定的機能が示された。

ベーカー事件も、レイノルズ事件も、州議会議員の選挙区割りが問題とされた。合衆国最高裁は、連邦議会議員の選挙区割りに関しては、それを「政治的問題」として判断を回避したコールグロヴ判決と区別するために、「政治的問題」は連邦の三つの政府部門の相互間の問題において生じるものであって、州議会については、生じないとしてきた。そうすると、州議会議員の選挙区割りではなく、連邦議会議員定数の選挙区割りの是正を合衆国最高裁判所に求めることができるかが問題となる。これについてはレイノルズ事件と同じ一九六四年に Wesberry v. Sanders 事件[167]において、最高裁は連邦下院議員選挙の区割りにつき、六対三の多数意見によって、政治的問題との議論を退けて、一人一票の原則が正当な政府の核心となる投票制度であるとして、一票の希釈化を認めなかった。[168]この二八年後の U.S. Department of Commerce v. Montana (1992)[169] 事件において、モンタナ州での連邦議会下院議員の定数削減は違憲性が争われた。この事件で、合衆国最高裁は「政治的問題」[170]の議論に対しては、選挙区割りに関するすべての議会決定の司法的審査を越えることを示唆するものでないとした。

(4) 捕鯨規制の国際条約をめぐる訴訟は政治的問題か
——Japan Whaling Association v. American Cetacean Soc.,478 U.S. 221 (1986)

捕鯨の規制のための国際条約（ＩＣＲＷ）は、米国および日本を含む加盟国の捕鯨方法を規制し、さまざまな種類のクジラの漁獲制限を設定していた。ＩＣＲＷ条約によって国際捕鯨委員会（ＩＷＣ）が設立され、漁獲割当てを決定する許可が与えられた。しかしＩＷＣは割当て違反に対する制裁については何の権限も有していなかった。他方、加盟国は、ＩＷＣに適時の異議申立てをすることで制限的義務から免れることができるとされていた。ＩＷＣは漁獲割当てについて決定できてもそれを施行できないため、合衆国議会は、一九六七年に漁業者保護法（Fishermen's Protective Act）に関するペリー修正法を定めた。これにより外国の市民が国際的な漁場保護プログラムの「効果を減弱させる」ような方法で漁獲活動をおこなっている場合、当該国を特定する権限を商務長官（長官）に与えた。

一九七一年に新しいペリー修正法（Pelly Amendments）[171]によって、外国の市民が国際的漁場の保護プログラムの効果を減弱させていると商務長官が特定した場合、大統領は特定国に対し経済的制裁を加えるべきかどうかの裁量権を有するとしていた。一九七九年に議会はさらにパックウッド修正法案（Packwood Amendments）[172]を可決した。この法では、商務長官は、特定国が「捕鯨規制のための国際条約」（International Convention for the Regulation of Whaling）[173]に違反したと認定した場合、当該国に対する制裁の実行を命じるものであった。

ＩＷＣがマッコウクジラの漁獲割当数を設定し、一九八五年から五年間の商業捕鯨の一時停止を決定すると、日本政府はこれらの制限に束縛されないようにＩＷＣに異議申立てをおこなった。そこで日米捕鯨協議がおこなわれ、日本国と米国は一九八四年に日米捕鯨合意協定を結んだ。この協定において日本は収穫制限に合意し、一九八八年までに商業捕鯨を中止することを誓約した。その見返りとして、同長官は、日本がその誓約を遵守し、短期の捕鯨存続期間であれば、二つの修正法のもとで日本国を特定してＩＷＣに通知しないことに合意していた。

ところが、当該行政協定の発効の数日前に、アメリカの反捕鯨団体等の保護グループが、コロンビア特別区連邦地裁に提訴し、合衆国の商務長官に対して日本を制裁対象国として特定するための職務執行令状を認めるサマリー・ジャッジメントを求めた。同地裁は、いったん日本が国際的な捕鯨割当てを上回ったと決定されるならば、同修正法の下で商務長官は日本を特定の対象にする義務があること、そして職務執行令状は適切なものであるとして、これら保護グループの求めたサマリー・ジャッジメントを裁可した[174]。

上訴を受けたコロンビア特別区連邦控訴裁は、日本が捕鯨割当てを上回ったことを理由として同長官が日本を特定する修正法中の裁量的義務を有すること、職務執行令状は当該状況では適法であったこと、そして問題の行政協定は同長官の法律上の委任に反して締結されたものであるため、同長官に裁量権の濫用はなかった、とした[175]。

サーシオレイライによる上告を受けて、合衆国最高裁の五対四の多数意見をホワイト（Byron White）裁判官が執筆した。ホワイト裁判官は、「当裁判所は、最初に、それらが外交関係を含むので、現在の措置が司法審査に不適当であり、連邦裁判所は、それゆえ司法判断適合性を欠いているという上告人である日本の主張について述べる」とした。[176] 上告人である日本国は、政治的問題の原則に依拠し、またベーカー事件を引用して、「一個の争点に関してさまざまな政府部門による多種多様な宣明がおこなわれることによる当惑」の危険性があるため、本件は司法部による問題解決に適さないと主張した。しかし、最高裁は「そのようには思わない」（We disagree.）と述べて、本件が政治的問題であるから裁判所の判断になじまないとする日本側の主張を退けた。[177]

ホワイトは、「ベーカー事件は、政治に触れるあらゆる事項が政治的問題であるというわけではないとしている」（not every matter touching on politics is a political question.）と述べ、[178] また、「外交関係に影響するあらゆる事件または争訟が司法権の審査の範囲外にあると仮定するのは過ちである（it is "error to suppose that every case or controversy which touches foreign relations lies beyond judicial cognizance.")」、そして「政治的問題原則は、政策選択上の方針選択や立法府または行政府の領域に憲法上の解決が託されている価値決定に関する論争については司法審査から除外するというものである」、とした。[179]

そのうえで、最高裁は、本件について議会の制定した法律を解釈することは連邦裁判所の認められた任務であること、ＩＷＣが取り決めた割当高を上回るクジラを捕獲する日本国を特定しないという長官決定への異議申し立ては制定法の解釈という純粋な法的問題を提示すること、その際に、最高裁は同修正法によって長官が負う義務の性質と範囲をまず決定しなければならず、それは制定法解釈の伝統的なルールを適用することを必要とする決定であり、それにより一連の事実にこの分析を適用することになるとした。その上で、「当裁判所はこれらの修正法とこの国の外交関係の実行との間の相互作用については認識しており、議会と大統領府がこの分野で果たす第一義的役割についても認識している。しかし、憲法のもとでは司法府の特有の役割のうちの一つは制定法を解釈することであり、当裁判所の決定が重大な政治的な含蓄を持つかもしれないというたんなる理由でこの責任から逃れることはできない（we cannot shirk this responsibility merely because our decision may have significant political overtones.)[180]。したがって、当裁判所は本件が司法判断適合性のある紛争を示している」、と結論づけた。

1　司法権は、決定のために事件を提起した者と相手当事者の間で、それを決定し、決定の宣告をし、それを法的効果あるものとする裁判所の権限である。*See* Muskrat v. United States, 219 U.S. 346, 356（1911）. 合衆国最高裁首席裁判官のジョン・マーシャルは、「訴訟の対象が事件で提出され、またこの事件が、『法によって決められる形で』権利として主張されるときだけに司法権は行使することができる」という。*See* Osborn v. United States Bank, 22 U.S.（9 Wheat.）738, 819（1824）.

2　連邦裁判所の管轄がどのようなものかが分かれば、それ以外の法的紛争を審判の対象とする州の裁判所の裁判管轄権が明らかとなる。憲法第一〇修正により、憲法が連邦権限と規定していること以外、及び憲法が禁止していないことは州の決定事項になるからである。

3　司法権が及ぶ範囲は、合衆国憲法第三編二節では以下のように特定している。（1）合衆国の権限によって締結され、また将来締結される条約、および本憲法と合衆国の法律の下に発生する、普通法ならびに衡平法上の全ての事件、（2）大使その他の外交使節と領事に関する全ての事件、（3）海事と海上管轄に関する全ての事件、（4）合衆国が当事者の一方である争訟、（5）二つ以上の州の間の争訟、（6）一州と他州の市民との間の争訟、（7）相異なる州の市民の間の争訟、（8）異なる州の付与に基づく土地の権利を主張する同一の州の市民相互間の争訟、及び（9）一州またはその市民と外国または外国の市民・臣民との間の争訟である。

4　最高裁首席裁判官アール・ウォーレンによると、司法判断適合性は、事件及び争訟性の原則に従い、連邦裁判所が裁判権をもつ二重の限定の表現として使用される技術的用語である。Flast v. Cohen, 392 U.S. 83, 94-95（1968）.阪本昌成『憲法理論Ⅰ』補訂第3版、成文堂二〇〇〇年三九三頁）によれば、「要するに、司法判断適合性とは、具体的には、当事者適格、成熟性、ムートネスなど一連の法理により司法的救済を受けるための要件のことである。（司法判断適合性は、司法親和性とも言われる）「事件性または争訟性」あるいは「ジャスティシアビリティ」の有無について、判例では、「憲法上の（一義的な）要請」として判断する場合と、裁判所の「司法政策的考慮」（あるいは、「慎重な思慮」、「自己抑制」）として判断する場合がある。つまり具体的、現実的な紛争のみを取り上げ（後述の、紛争の成熟性、ムートネス、原告適格が具体例）、政治的問題を取り上げないという要請でもある」。

5　*See* Aetna Life Ins. Co. v. Haworth, 300 U.S. 229, 240-241（1937）.

6　Standingは、「原告適格」とも訳されるが、ここでは「当事者適格」とする。

7　慎重配慮的構成要素（prudential component）については、*see* Mark V. Tushnet, *The "Case or Controversy" Controversy: The Sociology of Article III: A Response to Professor Brilmayer*, 93 HARV. L. REV. 1698, 1705（1980).

8　*See* Warth v. Seldin, 422 U.S. 490（1975).

9　慎重配慮的当事者適格（prudential standing）について、参照 William A. Fletcher, *The Structure of Standing*, 98 YALE L.J. 221, 251（1988).

10　*See id.* at 230-58. 最高裁の判例としては、United States v. Richardson, 418 U.S. 166,173,174-76（1974); Duke Power Co. v. Carolina Environmental Study Group, 438 U.S. 59, 80（1978); Allen v. Wright, 468 U.S. 737, 751（1984); In United States v. SCRAP, 412 U.S. 669, 687-88（1973）がある。

11　たとえば Association of Data Processing Service Organizations, Inc. v. Camp, 397 US. 150（1970）事件において、以前の法では銀行は、銀行業務以外の活動に従事できないとされていたが、新しい制定法によって通貨監督庁（Office of the Comptroller of the Currency）は、銀行がデータ処理に関する業務に従事することができるとした。そこで、データ処理を業務とする原告らが新しい法律の違憲性を問題とした。連邦地裁は、原告らの訴えが、当該制定法が保護しようとしていた「利益のゾーン」の外にあったと判断し、原告らの訴えを却下した。しかし、最高裁はこれを破棄し、当該法規は、他の産業を概念的には含むと考えられるため、原告らは当事者適格を有するとした。

12　McGowan v. Maryland, 366 U.S. 420（1961).

13　別名Blue lawsとも称される。Blue lawsとは、日曜日に商業活動を禁止する州法あるいは地域の法のことである。なぜ「青い法」（Blue laws）と呼ぶかについては、十八世紀の「青い」という語の用法が「厳格な道徳」を意味し、厳格なものを指し示すことに起源を有すため「厳法」とも訳される。この法は植民地時代からアメリカの歴史的な法の一部であった。現在は、これらの法は、通常、日曜営業禁止法（Sunday closing laws）と呼ばれ、日曜日に主に酒類の販売を禁止するものである。*See* Alan Raucher, *Sunday Business and the Decline of Sunday Closing Laws: A Historical Overview*, 36 J. CHURCH & ST. 13（1994).

14　*McGowan*, 366 U.S. at 429.

15　最高裁は、United States v. Raines,362 U.S. 17（1960）の二二頁を引用している。

16　*McGowan*, 366 U.S. at 430-31.

17　Elk Grove Unified School District v. Newdow, 542 U.S. 1（2004).

18　*Id.* at 17-18.

19 *Id.* at 15. 正式に任命された後見人ではないが、幼児または法的に十分な能力を持たない人に代わって訴訟行為をおこなう人のことを「近友」（next friend）という。「近友」は、ラテン語の prochein ami あるいは、guardian ad litem とも表す（「近友」については、本書第五章２⑵①参照）。

20 *Newdow*, 542 U.S. at 17-18.

21 Doremus v. Board of Education, 342 U.S. 429（1952）.

22 *Id.* at 433.

23 *Id.* at 434-35.

24 *Id* at 435.

25 *Id.* at 435-36.

26 Frothingham v. Mellon, 262 U.S. 447（1923）. 本判決につき、時国康夫「Standing to Sue a Constitutional Litigation, Taxpayer's action, Frothingham v. Mellon, 262 U.S. 447（1923）」臨時増刊ジュリスト『英米判例百選』四二頁（一九六四年）参照。

27 「母子健康保護法」（Maternity and Infant Hygiene Act）は、正確には、Promotion of the Welfare and Hygiene of Maternity and Infancy Act である。別名、立法者にちなんで Sheppard-Towner Act と称される。一九二一年に母子の健康を保護するために連邦資金を使用することを認めて制定された。これは女性の権利保護に関連して初めて制定された連邦法であった。

28 この事件は、マサチューセッツ州が被告メロンに対して連邦予算の支出の差し止めを合衆国最高裁に提起した Massachusetts v. Mellon 事件と併合されて最高裁で審理された。

29 *Id.* at 486-87.

30 *Id.* at 486-88.

31 Flast v. Cohen, 392 U.S. 83（1968）. 本判決につき参照、時国康夫「公法訴訟の要件（３）―納税者訴訟、Flast v. Cohen, 392 U.S. 83（1968）」別冊ジュリスト『英米判例百選Ⅰ 公法』五六頁（一九七八年）。

32 「初等中等教育法」（Elementary and Secondary Education Act of 1965,（ESEA））は、ジョンソン（Lyndon B. Johnson）大統領の「貧困に対する戦い」（War on Poverty）のスローガンのもとに制定された。主に、小学校と中学校助成金の配布をおこなうこととした。またこれにより、教育への平等なアクセスと、教育の質の向上が意図された。

33 Flast v. Gardner, 267 F. Supp. 351（S.D.N.Y. 1967）.

34 *Flast*, 392 U.S. at 109, 111.

35 参照、早坂禧子「Flast v. Cohen, 392 U.S. 83, 88 S.Ct.1942, 20 L. Ed.2d 947（1968）納税者訴訟」別冊ジュリスト『英米判例百選

（第三版）』一四一頁（一九九六年）。

36 Valley Forge Christian College v. Americans United for Separation of Church and State, 454 U.S. 464（1982）.

37 「一九四九年連邦財産および行政サービス法」（Federal Property and Administrative Services Act of 1949）法は、調達局（GSA）の役割を規定した連邦法である。この法は、GSAによって発表されるさまざまな連邦標準について規定する。

38 Americans United for Separation of Church & State, Inc. v. United States Dep't of HEW, No. 77-1321（E.D. Pa. Dec. 15, 1978）.

39 Americans United for Separation of Church & State, Inc. v. United States Dep't of HEW, 619 F.2d 252, 255-56（3d Cir. 1980）.

40 *Valley Forge Christian College*, 454 U.S. at 490.

41 *Id*. at 472.

42 *Id*. at 478-80.

43 *Id*. at 489-90.

44 *Id*. at 484.

45 *Id*. at 509.

46 *Id*. at 511-12.

47 「ＣＩＡ法」（Central Intelligence Agency Act of 1949、CIAA）,（Public Law 110 of June 20, 1949; 63 STAT. 208）のうち、とくに本件に関係する規定は50 USCS 403 j（b）である。

48 United States v. Richardson, 418 US 166（1974）.

49 Richardson v. United States, 465 F.2d 844（1972）.

50 *Richardson*, 418 U.S. at 180.

51 この点、後述のLiard事件では、陸軍情報部の市民活動家らに対する情報収集によって、原告らの言う就職差別やプライバシー等の侵害はまだ生じておらず、事件に成熟性（ripeness）がないとされ、本案審理には入らなかった。本件では、ＣＩＡが予算執行の報告をしなかった事実があったからといって原告が何ら具体的な権利侵害（any concrete injury）を受けたわけではない、とされた。

52 *See* in general Cass R. Sunstein, *What's Standing after* Lujan? *Of Citizen Suits, "Injuries," and Article III*, 91 MICH. L. REV. 163（1992）.

53 Sierra Club v. Morton, 405 U.S. 727（1972）.

54 *See* Andrew F. Hessick, Standing, *Injury in Fact, and Private Rights*, 93 CORNELL L. REV. 275, 276, 293-34, 299-308（2008）.

55 *Sierra Club*, 405 U.S. at 734-35.

56 Sunstein, *supra* note 52 at 169.

57 「行政手続法」（Administrative Procedure Act, APA, Pub. L. 79-404, 60 Stat. 237, enacted June 11, 1946）は、合衆国行政局が規制案を提示し執行することを認めている。市民を保護するためにAPAは、5 U.S.C. § 701 et seq.により、すべての行政局の行政行為につき、司法上の監視（judiciary oversight）を認めている。これは、合衆国行政法のもっとも重要なポイントの一つでもある。

58 *Sierra Club*, 405 U.S. at 733.

59 *Id.* at 735

60 *Id.* at 735-36.

61 「法廷の友準備書面」（アミカス・キュリエ・ブリーフ、amici curiae brief）とは、事件の当事者でない者が、事件に関する意見を出すことによって裁判所の手助けをすることを言う。そのような準備書面を採用するかどうかは裁判所の裁量による。

62 Federal Rules of Civil Procedure, Rule 15（連邦民事訴訟規則、規則一五）は、「修正的及び補充的訴答（Amended and Supplemental Pleadings）について定める。この規則一五（b）（1）は、「正式事実審理中及び審理終了後の修正」（Amendments During and After Trial）について規定し、「裁判所は、訂正によって訴訟の本案の提出が促進される場合と、異議当事者がそのような証拠の許容は訴訟の維持または本案の防御に不利になることを裁判所に納得させることができなかった場合には、自由に訂正させなければならない」とする。

63 *Sierra Club*, 405 U.S. at 735.

64 *Id.* at 734, 735, 745-46.

65 一九七二年六月二三日、シェラ・クラブは渓谷における同クラブの野外利用が巨大なスキーリゾートによって害されると主張するためにその訴状を訂正し、原告として数人の自然人（natural persons）を加えて、「環境保護法」（National Environmental Policy Act）の下に新しい救済の請求を加えた。同年九月一二日に、スエイガート（Sweigert）裁判官によって、事件は新たなディスカバリーへと進むことができた。*See* Thomas Lundmark, Anne Mester, R. A. Cordes, and Barry S. Sandals, *Mineral King Goes Downhill*, 5 ECOLOGY L.Q. 555（1976）.

66 ダグラス（William O. Douglas）裁判官は、外交政策及び環境保護に対して論争の的となる絶対的保護の立場をとったため、Justice "Wild Bill" Douglas（「野生のビル」ダグラス裁判官）と呼ばれた。ダグラス裁判官の当事者適格性に関する少数意見の重要性については、以下を参照。Brian C. Cuff and Teresa A. Clark, *Standing and Environmental Litigation:* Sierra Club v. Morton, 6 LOY.

L.A. L. REV. 128 (1973); Daniel A. Farber SYMPOSIUM: *A Place-Based Theory of Standing,* 55 UCLA L. REV. 1505 (2008).

67 *Id.*

68 *Id.* at 743.

69 *Id.* at 752.

70 *Sierra Club,* 405 U.S. at 752.

71 このダグラス裁判官の無生物主にまで当事者適格を拡げる考えについては、法に関する従来の伝統的価値や概念に固執している者にとっては、その従来の伝統的な境界の外に権利を延長するものとして受け入れがたいものだろうと指摘されている。*See* Marguerite Hogan, COMMENT: *Standing for Nonhuman Animals: Developing a Guardianship Model from the Dissents in* Sierra Club v. Morton, 95 CALIF. L. REV. 405 U.S. 513 (2007). William L. Niro, *Constitutional Law - Standing to Sue in Environmental Litigation:* Sierra Club v. Morton, 22 DEPAUL L. REV. 451, 460 (1973). *See* also Joseph L. Sax, *Standing to Sue: A Critical Review of the Mineral King Decision,* 13 NAT. RESOURCES J. 76 (1973) and Brian C. Cuff & Teresa A. Clark, *Standing and Environmental Litigation:* Sierra Club v. Morton, 6 LOY. L.A. L. REV. 128 (1973).

72 *See* Lundmark, et al., *supra* note 66.

73 「一九六九年環境保護法」(National Environmental Policy Act of 1969, NEPA) 42 U.S.C. 4332 (2) (C) の102 (2) (C).

74 United States v. SCRAP, 412 U.S. 669 (1973).

75 *Id.* at 679–80.

76 *Id.* at 678.

77 *Id.* at 685.

78 Tennessee Valley Authority (TVA) v. Hill, 437 U.S. 153, 159 (1978).

79 *Id.* at 159.

80 *Id.* at 162.

81 *Id.* at 168.

82 *Id.* at 187.

83 *Id.* at 185–56.

84 *Id.* at 197.

85 *Id.* at 173. しかしこの最高裁判決に対しては、一部の議員メンバーが同法の改正をすべきだと息巻くほど、議会の不評を買った。*See* Ward Sinclair, *Darter Foe Seeks Revenge in House; Attacks Endangered Species Act*, WASH. POST, June 20, 1978, at A1.

86 *See* Endangered Species Act, 16 USC § 1540（g）.

87 Lujan v. Defenders of Wildlife, 504 U.S. 555（1992）.

88 「絶滅危機種保護法」（Endangered Species Act of 1973, ESA）の Section 7（a）（2）,as amended 16 U.S.C. § 1531 et seq.

89 「絶滅危機種保護法」の Section 7（a）（2）。

90 市民訴訟条項（citizen suit clause）とは、一般市民が制定法の施行を求めるための提訴権を法律で定めた規定である。とくに環境保護法において規定された市民訴訟条項は、日本にない訴訟制度であり、それ自体興味深いテーマである。最近の論考として以下を参照。Karl S. Coplan, *Citizen Litigants Citizen Regulators: Four Cases Where Citizen Suits Drove Development of Clean Water Law*, 25 COLO. NAT. RES. ENERGY & ENVTL. L. REV. 61（2014）; Stephen M. Johnson, *Sue and Settle: Demonizing the Environmental Citizen Suit*, 37 SEATTLE U. L. REV. 891（2014）; Margot J. Pollans, *A "Blunt Withdrawal" Bars on Citizen Suits for Toxic Site Cleanup*, 37 HARV. ENVTL. L. REV. 441（2013）; Jeffrey G. Miller and Brooke S. Dorner, *The Constitutionality of Citizen Suit Provisions in Federal Environmental Statutes*, 27 J. ENVTL. L. & LITIG. 401（2012）.

91 「水質浄化法」（Clean Water Act, CWA）は、水域の化学的・物理的・生物学的状態を修復し、維持することを目的とする水質汚濁規制法である。一九四八年に制定され、一九七二年に全面改正された後、一九七七年、一九八七年にも改正されている。

92 *See* 16 U.S. Code § 1540（Penalties and enforcement）.

93 *Lujan*, 504 U.S. at 558.

94 スカリア裁判官（故人）は、環境権訴訟などの公共訴訟における市民や環境団体の当事者適格について相当厳格に、しかも狭く解釈する最右翼の裁判官として知られる。*See* Michael A. Perino, *Justice Scalia: Standing, Environmental Law and the Supreme Court*, 15 B.C. ENVTL. AFF. L. REV. 135（1987）.

95 *Lujan, 504* U.S. at 573.

96 *Id.*

97 *Id.* at 563.

98 *Id.* at 564.

99 *See* Harold Feld, *Saving the Citizen Suit: The Effect of* Lujan v. Defenders of Wildlife *and the Role of Citizen Suits in Environmental Enforcement*, 19 COLUM. J. ENVTL. L. 141, 183-4（1994）.

100 *See* Massachusetts v. Environmental Protection Agency, 549 U.S. 497（2007）. at 517-18.

101　たとえば、Allen v. Wright, 468 U.S. 737（1984）事件では、いくつかの州で有色人種の学生の親たちは、国税局（ＩＲＳ）が特定の学校に差別的取り扱いをおこない、租税上の利益を受けることを認めることによって、分離教育をおこなう学校を容易に存在させ、他方で有色人種の児童が分離された学校に通うことをより困難にしていると主張した。ただし、合衆国最高裁は、原告らの主張の因果的関係性（causal relation）があまりに希薄であるとした。つまり、主張されている損害（それは、差別のない学校への入学機会の少なさ）と非難されている行動（問題のＩＲＳの政策）とには不十分な関係性しかないとされた。

102　ライプネス（ripeness）法理について佐藤幸治教授は、「①裁判所による決定が必要にして、かつ、②賢明な解決をなしうるほどまでに問題が十分明快にされている、と信ずるに足るほど、実態問題に関する出来事が十分に成熟し、または十分確実に生ずる可能性があるか否かに関わる法理」（佐藤幸治『憲法訴訟と司法権』日本評論社、一九八四年一四頁）と説明している。

103　ライプネスは、典型的には、制定法に関してその施行前の法的効果について検討を求められるときに生じる。第一に、原告は裁判所による判断を求めるためには、現実の困難（hardship）さを被ることを示さなければならない。たとえばある制定法が施行され、最終的に行使されると、それによる副次的な損害を被るということ、つまり当該法を遵守することによって、訴追されるなどの困難が生じるために取りうる唯一の別の選択が当該法を破ることであるような場合に、裁判所による判断を求めることが認められる。ほかに、問題が司法判断に適合（fit）するかどうかについて問題とする。

104　「一九三九年ハッチ法」は、正式には、「有害な政治活動を禁止する法律」と称される。これは、大統領、副大統領および一定数の政府高官を除き、連邦公務員がその在任中の一定の政治的活動に従事することを禁止する連邦法である。この法はその方の提案者である上院議員のカール・ハッチ（Carl Hatch）の名前を取ってつけられた。二〇一二年にその内容については修正されている。

105　*See* United Public Workers v. Mitchell, 330 U.S. 75, 81（1947）. この事件は、最高裁判所に上告された。しかし、上告が許容されてから六十日以上過ぎるまで最高裁の訴訟事件一覧表（docket）には本件が掲載されなかった。

106　*Id.* at 91.

107　*Id.* at 94–95.

108　*Id.* at 89–90.

109　「州政府に対する連邦援助法」（Federal Aid for State Governments）10 U.S.C. § 331（Federal aid for State governments）は、州において何らかの反乱が勃発した時はいつでも、大統領は、議会が招集されない場合、その州知事の要請によって、州によって要請される数の他州の民兵に連邦軍に編入することを要請し、反乱を抑制するのに必要であると思料するように当該軍を使うことができる、と定めている。

110 Tatum, Central Committee for Conscientious Objectors, et al., Appellants, v. Melvin R. Laird, Secretary of Defense, et al.,444 F. 2d 947（1971）.

111 Laird v. Tautam,408 U.S. 1（1972）.

112 *Id.* at 13-14.

113 *Id.* at 28.

114 ムート（moot）とは形容詞で「抽象的で無意味な」の意味である。その名詞形が mootness であり、もう事件は解決してしまっているとの意味である。訴えを起した時点においては訴訟要件を満たしていたが、訴訟の進行中に具体的事件性を欠くに至った場合には、その段階で訴えの利益を失うため、訴訟を打ち切るべきであるとする。というのもそのような事案には、「事件性」または「争訟性」が無いからである。

115 成熟性（ripeness ライプネス）もムートネスも「現実の争訟」（actual controversy）の有無を問題とするが、ライプネスは、裁判所による裁決に適時なものであるかにどうかに関係する。

116 Powell v. McCormack, 129 U. S. App. D. C. 354, 395 F.2d 577（1968）.

117 Powell v. McCormack,395 U.S. 486（1969）.

118 *Id.* at 495-98.

119 *Id.*

120 *Id.* at 496-99.

121 *Id.* at 518-19.

122 DeFunis v. Odegaard, 416 US 312, 319-20（1974）.

123 *Id.* at 319-20.

124 *Id.* at 320.

125 Roe v. Wade, 410 U.S. 113（1973）.

126 Roe v. Wade 判決は、Griswold v. Connecticut, 381 U.S. 479（1965）や、City of Akron v. Akron Center for Reproductive Health, 462 U.S. 416（1983）とならんでプライバシー権に関して日本の憲法学に与えた影響が大きい。

127 テキサス妊娠中絶法（Texas Abortion Laws）については、*see* TEX. PENAL CODE arts. 1191-1194, 1196, at 429-36（1961）

128 テキサス妊娠中絶法（Texas Abortion Laws）一一九六条。

129 *Roe,* 410 U.S at 121.

130 本件の当事者適格性について、最高裁は、先例であるBaker v. Carr事件判決、Flast v. Cohen事件判決およびSierra Club v. Morton事件判決を挙げて、原告らが、「争訟の結果における個人的な利害関係」(personal stake in the outcome of the controversy)を立証したかどうか、および当該紛争が司法的解決の可能なものと歴史的に見なされる形式で提示されていることを立証できたかどうかを問題とした。

131 *Roe,* 410 U.S. at 125.

132 *Id.* at 215

133 *Id.*

134 State of Texas v. James H. Hallford, No. C-69-5307-IH & State of Texas v. James H. Hallford, No. C-69-2524-H.

135 *Roe,* 410 U.S. at 126-27.

136 *Id.* at 128-29.

137 *See* Rachel E. Barkow, *More Supreme Than Court? The Fall of the Political Question Doctrine and the Rise of Judicial Supremacy,* 102 COLUM. L. REV. 237, 253(2002).

138 *See* Mark Tushnet, *Law and Prudence in the Law of Justiciability: The Transformation and Disappearance of the Political Question Doctrine,* 80 N.C. L. REV. 1203, 1232(2002).

139 *See* Zachary Baron Shemtob, *NOTE: The Political Question Doctrines:* Zivotofsky v. Clinton *and Getting Beyond the Textual--Prudential Paradigm,* 104 GEO. L.J. 1001(2016).

140 Baker v. Carr, 369 U.S. 186, 217(1962).

141 この例としてPowell v. McCormack,395 U.S. 486(1969)があげられる。

142 この例としてColeman v. Miller, 307 U.S. 433(1939)があげられる。

143 *See* NOTE: *Political Questions, Public Rights, and Sovereign Immunity,* 130 HARV. L. REV. 723(2016).

144 Colegrove v. Green, 8 U.S. 549(1946). 州議会議員の選挙の区割りについて判断された。

145 「一九一一年議員定数割り当て法」(The Apportionment Act of 1911)(Pub.L. 62-5, 37 Stat. 13)は、連邦下院議員(United States House of Representatives)の定員を四三五名と定め、連邦第六三回議会で一九一三年三月四日から施行されるとした。

146 *Colegrove,* 8 U.S. at 556.

147 *Id.*

148 *Id.* at 556.

149 *Id.*

150 Baker v. Carr, 369 U.S. 186（1962）は、長大な判決文である。

151 Tenn. Const. Art 2 sec 5 and sec 6.

152 Baker v. Carr, 179F, Supp-824 (MD Tenn, 1959).

153 *Baker*, 369 U.S. at 209.

154 *Id.* at 209-10.

155 *Id.* at 210.

156 *Id.* at 210-11.

157 *Id.* at 330.

158 Reynolds v. Sims, 377 U.S. 533（1964）.

159 アラバマ州の二つの郡と都市部の納税者および登録有権者が原告としてアラバマ中部地区連邦地方裁判所に提訴した。

160 Sims v. Frink, 208 F. Supp. 431（D.C.M.D. Ala. 1962）.

161 *Reynolds*, 377 U.S. at 558.

162 *Id.* at 562.

163 *Id.*

164 *Id.* at 562-63.

165 *Id.* at 567.

166 *Id.*

167 Wesberry v. Sanders, 376 U.S. 1（1964）.

168 *See* Michael E. *Solimine*, Baker v. Carr *After 50 Years: Appraising the Reapportionment Revolution: Congress, the Solicitor General, and the Path of Reapportionment Litigation*, 62 CASE W. RES. 1109, 1123（2012）. 参照、東川浩二「『合憲の』人種的ゲリマンダリングを定義する——最高裁が語らなかった合憲性の基準」選挙研究一九巻、七三頁（二〇〇四年）。

169 U.S. Department of Commerce v. Montana, 503 U.S. 442（1992）.

170 *Montana*, 503 U.S. at 456-59.

171 ペリー修正法（Pelly Amendments）22 USCS 1978.

172 パックウッド修正法案（16 USCS 1821（e）（2））.

173 「捕鯨規制のための国際条約」(International Convention for the Regulation of Whaling)(62 Stat 1716, TIAS No. 1849).

174 American Cetacean Society v. Baldringe, 604 F.Supp. 1398, (CDDC 1985).

175 American Cetacean Society v. Baldringe, 768 F.2d, 426 (1985).

176 Japan Whaling Association v. American Cetacean Soc., 478 U.S. 221, 229 (1986).

177 *Id.*

178 *Id.* at 229-30.

179 *Id.*

180 *Id.* at 230.

第9章 人種差別と法的規制

1 合衆国憲法における奴隷制の存在

(1) 奴隷州と自由州

アメリカ合衆国に奴隷制が存在していた歴史的事実をうかがわせる規定が合衆国憲法の条項の中に複数存在する。まず、合衆国憲法第一編二節三項（下院議員の定数配分と人口の算定方法等についての規定）は、「各州の人口は自由人の総数をとり、この中には一定期間労務に服する者を含み、課税されないインディアンを除外し、これに自由人以外の全ての人数の五分の三を加算したものとする」としている。この規定の「自由人以外の全て」とは奴隷を意味している。人口の算定に当たって、自由人は一人と数えられるが、奴隷はその五分の三としてしか数えられていないことがわかる。[1] また、憲法第一編九節一項（一八〇八年以降奴隷の輸入禁止）では、「現在のいずれかの州が適当と認める人々の入国と輸入を連邦議会は一八〇八年以前に禁止してはならない。但し、その輸入に対しては一人一〇ドルを超えない租税や入国税を課することができる」として、「人々（奴隷）の輸入」（importation of such persons）と表記し、「人々」を「物品」のように明記し、その上で、一人当たりの輸入税を規定している。さらに憲法第四編二節三項では、「何人も一州において、その法律の下に服役や労働に従う義務のある者は、他州に逃亡することによっては、その州の法律または規則により右の服役や労働から解放されることがない。その者は右の服役や労働に対して権利を有する当事者の請求に基づいて引き渡されねばならない」と、逃亡奴隷の引渡しを義務づけている。

アメリカ独立宣言が公布された時の合衆国では、奴隷数が五十万人に達しており、アメリカ植民地住民の約二割を占めていた。奴隷のほとんどは南部植民地に居住しており、同植民地の人口の四十％を形成していた。[2]

奴隷制は、独立戦争の初期にはどの北部州でも違法とはされていなかったが、北部州の建国のリーダーのなかには奴隷制反対の運動を進めた者もいた。[3]アメリカ合衆国独立のあと、北部六州（ニューハンプシャー、マサチューセッツ、コネティカット、ニューヨーク、ニュージャージー、ペンシルヴァニア）は、一七八六年に奴隷制そのものを廃止していたが、南部六州（ジョージア、サウスカロライナ、ノースカロライナ、ヴァージニア、メリーランド、デラウエア）は、依然として奴隷制を保持していた。[4]北部州が奴隷制を保持しない理由は、宗教的敬虔さや、ヒューマニズムや人権擁護的観点によるというよりも北部州と南部州の経済的基盤の差異に基づくものであった。つまり、北部州は、早くから紡績などの産業を発展させており、工業州として多くの工場労働者を必要とし、またそれらは奴隷労働力に依存せずとも、ヨーロッパからの新移民でまかなうことができた。これに対し、南部州では、プランテーションによる大規模農場の経営が中心的産業であり、高温多湿の気候下での労働のために多くの奴隷労働力を必要とした。その当時から、南部諸州は経済的観点からすると北部州よりも裕福であり、独立後に連邦政府の権限が強化されると、南部の経済的優位性を北部に奪われることを恐れていた。とくに南部州の政治的指導者たちが奴隷制度に基づく農業に相当な投資をおこなっていた経済的構造や、その根深い人種的偏見は奴隷解放の大きな障害となっていた。

アメリカ植民地における奴隷売買自体が植民地における主要な経済的活力となっており、それは植民地全体の経済的繁栄を支えるものであった。南部植民地の商人は奴隷市場の取引によって、奴隷所有者のプランテーション経営者は、綿花、タバコ、砂糖きび農場での奴隷労働によって膨大な経済的利益を得ていた。さらにこれらの生産物を鉄道や海運によって輸送することで利益を得る者もいた。同じように、北部植民地の資本家も奴隷売買の資金の用立てをする銀行や、奴隷貿易商が加入する保険の販売から十分な利益を得ていた。奴隷労働の成果物である綿花を商品加工

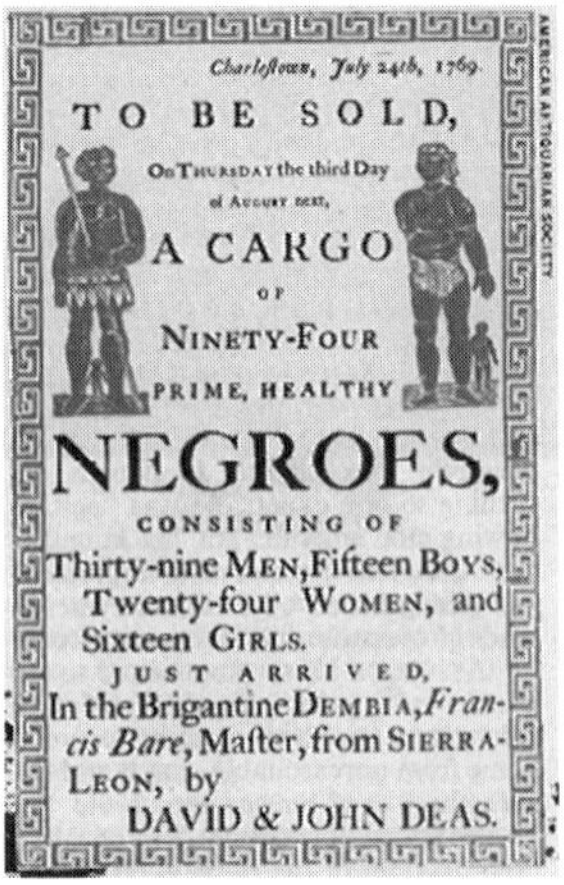

奴隷市場のポスター。「九四人の最上級で健康な奴隷が入荷した」と通知している。（サウスカロライナ、チャールストン、1769）

する繊維工業の中心はニューイングランドにあり、奴隷制経済による恩恵は北部植民地も受けていた。[5]

十八世紀後半に急速に奴隷制を拡大させていたサウスカロライナやジョージアからの憲法会議への代表者は、奴隷制に対する規制が全植民地レベルで提起されるならば憲法会議をボイコットし、提案されたより強い中央政府の計画に反対すると表明した。その激しい抵抗には妥協の余地がなく、奴隷問題は、道義的問題というよりも政治的、経済的問題として取り扱われた。結局、建国のリーダーたちは、アメリカ独立宣言で英国政府に対して示した平等に関する革命時の高邁な理想よりも、奴隷制を中心とする植民地の経済事情と植民地相互間の結びつきのほうを重視した。これは英国の従属からの経済的自立が不可避であったという点で現実的（pragmatic）な選択ではあったとも言える。しかし、独立宣言の精神や権利章典の国内における保障確保と矛盾する奴隷制を維持したことは、この後の社会内対立を抱える悲劇的な（tragic）な選択でもあった。[6] それは、アメリカ建国の父たちと呼ばれるリーダーたちが白人男性であり、しかもその少なからぬ者たちが奴隷所有者であったという歴史的事実にも由来する。

(2) ミズーリ妥協法（Missouri Compromise）

合衆国憲法第一編九節一項の規定を受けて、一七九三年に逃亡奴隷取締法（Fugitive Slave Act）[7]が制定された。これは、連邦法によって奴隷の逃亡を厳しく取り締ることを目的としたものである。ところが、アメリカの独立時の州（独立一三州）以外に西部方面への開拓によって、あるいはロシアやフランスからの新領地の購入による領土拡大に伴って新しい州が生まれると、非奴隷州の北部、奴隷州の南部という既存の線引きが困難になった。

実際に一八一九年の段階で、合衆国は二二州にまで増加しており、一一州が奴隷州、一一州が自由州であった。ミズーリ准州が二三番目の州に昇格する際に、奴隷州としての承認をするかどうかをめぐって南部と北部が対立した。当時、南部州では綿花紡績の機械化が進んでおり、綿花プランテーションにおける奴隷労働力の需要が高まっていた。そのため、ミズーリ準州は奴隷州としての州昇格を連邦議会に求めた。しかし、北部州の代表らは、奴隷制拡大派の勢力が議会内で増大することを警戒し、ミズーリ準州を奴隷州とすることに強く反対した。連邦議会における議論ののち、ミズーリを奴隷州として認める代わりにメイン州を自由州として連邦に加入させ、自由州と奴隷州の均衡を図るという妥協案がまとめられた。これを可能にしたのが、新しい州が奴隷州に属するか否かの線引きをおこなうために制定された一八二〇年の「ミズーリ妥協法」(Missouri Compromise) である。[8]同法は、北緯三六度三〇分より以北は奴隷制を認めないこととし、当面、自由州と奴隷州がそれぞれ一二州ずつというバランスをとった。しかし、北部州においては、逃亡奴隷取締法を無視し、他方で逃亡奴隷の安全を確保する目的をもつ「人身保護法」(Personal Liberty Laws)[9]を制定することによって、奴隷の身分自体を認めなかった。実際に、北部州の奴隷制廃止論者たちは南部からの逃亡奴隷をかくまい、自由州やカナダにまで彼らを逃す手引きをした。その結果、南部州では、逆に奴隷に対する厳しい支配や管理が徹底されるようになった。[10]

一八五〇年に当時の民主党(現在の共和党の前身)が連邦議会で過半数を占めると、逃亡奴隷法の一層の強化をおこなった。同年改正の逃亡奴隷法は、州内の逃亡奴隷を探し出し、その所有者に返還するための権限を有する連邦法執行官を任命し、逃亡奴隷を捕獲する責任を負わせることで旧法の強化を図った。逃亡行為にはいかなる出訴期限法(Statute of limitation)[11]の適用もなかった。その結果、非奴隷州で自由人として長年にわたって生活を享受していた者も奴隷として元の所有者に戻すことができた。同法は、逃亡奴隷の捕獲を妨害した者に対するより厳しい刑罰規定を加えた。その内容は、奴隷逃亡に手を貸した場合、奴隷とともにその者を射殺することを認めるという過激なものであった。この法は、事実上、自由州内で逃亡奴隷を確保する行為を認めるものであった。また、奴隷商人が自由州内において自由人である黒人、とくにその子供を連れ出し、彼らを奴隷州で売り捌くこともおこなわれた[12]。

他方で、一八五四年の「カンザス＝ネブラスカ法」（Kansas-Nebraska Act）[13]によって、北緯三六度三〇分線の以北にある元ルイジアナ準州で奴隷制を禁じるミズーリ妥協法を廃止した。カンザスとネブラスカ両州は、ミズーリ妥協法によれば自由州になるはずであったが、南部州はミズーリ妥協法がある限り新州が奴隷州になる望みがないと判断し、ミズーリ妥協法の廃棄を強く要望していた。北部の奴隷制反対論者は、奴隷制度が北部へ拡大する可能性があったため当然これに強く反発した。奴隷制度をめぐる南北の対立は今まで以上に決定的となった[14]。

とくにミズーリ妥協法が有効であったときに奴隷州に居住していた奴隷が、自由州に定着した場合に「自由人」になれるのかという問題が生じた。この奴隷州と自由州に居住したことの法的効果について争われたのが、つぎのドレッド・スコット事件である。

(3) 自由州に入り奴隷州に戻った者は自由州の市民となれるか
——Dred Scott v. Sandford, 19 How. 393（1857）

ドレッド・スコットは、ヴァージニア州で奴隷の両親から生まれた。一八三〇年に彼は自分の所有者に連れられ奴隷州のミズーリ州に引っ越した。一八三三年にスコットは同州のエマソンに売却された。エマソンは彼を連れて最初に自由州のイリノイ州に行き、その後、ミズーリ妥協法によって奴隷制が廃止されているルイジアナ準州（現在のミネソタ州）に移動し、スコットはそこで結婚した。その後一八三八年にエマソンはスコットとその妻とともにミズーリ州に戻った。スコットとその妻は、彼らが継続的に自由州に居住したという事実に基づいて、自由人としての権利を確立するための申立てをセントルイス郡巡回裁判所に提出した。同裁判所は、スコットはイリノイ州を出た所で自由人となり、自由人としてミズーリ州に入ったので一時的州外居住により自由人であると判断した。

しかし、ミズーリ州最高裁判所はこの判決を破棄し、「アフリカ系アメリカ人の身分はその現在する州法によって定められる」、「イリノイ州に出たところでは自由人になったが、ミズーリ州に戻ってきたのだから（奴隷州である）その州法に服す」、とした。[15] 同州最高裁は、また同州では他州の奴隷制反対法を実施できず、スコットが自由州に居住したということは彼の奴隷としての地位を変更したものではない、と判決した。[16]

ミズーリ州法上、スコットは自由人とは認められなかった。その後、彼の所有者が死亡した。その未亡人が財産を相続し、「遺産処分」の一環としてスコットを本件被告のサンフォード（Sanford）[17] に売却した。スコットの売却を受けたサンフォードはニューヨーク州に在住するミズーリ州民であった。ニューヨーク州は非奴隷州、つまり自由州であったため、ミズーリ州最高裁の判決に従えば、スコットは奴隷州を出たので自由人となるはずであった。そこで、スコットはサンフォードから暴行を受けたとしてニューヨーク州連邦巡回裁判所に暴力侵害（assault）による不法行為訴訟を提起した。スコットは、ニューヨーク州に入って自由人になっており、したがって、本件は異なった州の市民間の争い（州籍相違事件）であるとして、連邦裁判所に提訴したのであった。しかし、この裁判では暴行の事実が否定され、スコットは奴隷の身分のままであると判断され、スコットの思惑通りにはいかなかった。

スコットは、一八五六年に合衆国最高裁に上告した。最高裁のトーニー（Roger B. Taney）裁判官が七対二の多数意見を執筆し、[18] ミズーリ妥協法の一部を違憲とし、スコットを人ではなく財産とみなす判断をして、サンフォードの勝訴とした。トーニーは、最高裁が答えなければならない問題は、スコットが憲法でいう「人々」の一部かどうかということであるとした。トーニーは、「憲法の『市民』という語のもとに、彼らは含まれておらず、また含まれることも意図されていない。したがって、米国の市民に与えられ、確保されている権利や特権のいずれも主張することができない[19]」とし、「むしろ彼ら奴隷は、その当時優位な人種によって支配された服従者や下位層の者と考えられていたし、解放されるかどうかに関係なく、誰かに従属する者であり、……いかなる権利または特権も有しなかった」と述べた[20]。また、「本裁判所に提起された唯一の争点は、それゆえ、そのような奴隷の子孫が解放されたとき、あるいは彼らが生まれる前に自由人となった両親から生まれた者が、合衆国憲法で使われている市民という用語の意味において、州の市民であるかどうかである[21]」として市民権に合衆国市民と州市民との二重の基準を置いた。トーニーは、つぎにスコットが自由州に居住したことに基づいて自由人となるかどうかという点について、「スコットもその家族も、これらの地域に同行したことによって仮に彼らが永住者になる目的で所有者によってそこに同行させられた場合であっても自由人とはされなかった」、その理由は、「スコットはその所有者によってイリノイ州に移動させられたときには奴隷であったし、その地でも奴隷であった。奴隷のままで戻ってきたのであるから、奴隷か、自由人かという彼の身分についてはイリノイの法ではなく、ミズーリの法に従うことになる」からである、とした[22]。

最高裁は、奴隷を自由州に連れてくると自由人になることを認めてしまうと、それは、憲法第五修正の法の適正手続き（due process of law）によらずに市民の財産権を侵害することになるとした[23]。また、たとえ自由州において奴隷でなくなったとしても、彼は憲法にいう「市民」に該当しない。つまり、州の自由人となれても合衆国憲法上の市民ではない。また、連邦議会が準州に持っている権限は憲法の制約を受けており無制約ではない。合衆国憲法では奴隷制を財産権として認めているのであるから、依拠されたミズーリ妥協法の北緯三六度三〇分以北の準州では奴隷は自由人とする規定は、憲法第五修正に反して違憲であるとした[24]。

この事件を一つのきっかけとして、黒人奴隷制をめぐる南北の対立は危機的段階を迎え、一八六一年の南北戦争の勃発につながった。それは最高裁が、ミズーリ妥協法を違憲としたからだけではなく、同妥協法によって微妙にバランスのとられていた奴隷州と自由州の関係が崩れ始めたからである。

2　再建修正条項（Reconstruction Amendments）の制定

(1)　南部連合と南北戦争

独立後のアメリカ合衆国における内戦（市民戦争）の理由は単純なものではないが、一八六〇年に大統領としてエイブラハム・リンカーンが当選したことも一つの要因であった。すでに奴隷の解放を主張していたリンカーンに南部諸州が驚き、またそれに強く反発し、一八六〇年から六一年にかけて六州（サウスカロライナ、ミズーリ、フロリダ、アラバマ、ジョージア、テキサス）が連邦を離脱し、「アメリカ連合国」（Confederate States of America, C.S.A. 以下「南部連合」とする）を結成した。南部連合は、自ら新憲法（モンゴメリー憲法という[25]）を採択し、ジョン・デイビス（John Davis）を初代大統領とした。

一八六一年三月四日に、リンカーンがアメリカ大統領就任の宣誓をおこなった。就任演説で、彼は合衆国憲法が拘束力のある契約であり、南部連合の連邦からの脱退は「法律上無効である」と述べた。また、「南部州に侵入する意図はない」と述べたが、他方で、連邦財産権の確保、連邦の諸税を徴収するためには実力行使も辞さないとした。しかし南部連合各州はこれを無視した。ほどなくして、合衆国軍と南部連合軍とがサウスカロライナのチャールストンで最初に武力衝突した。新たに南部連合に加わっていたヴァージニア、アーカンソー、テネシー、ノースカロライナは、その後、南部連合を離脱した。残りの奴隷州と北部州とが一八六一年から戦争状態となり、一八六五年に終結した。

(2) 再建修正条項（Reconstruction Amendments）

南北戦争（Civil War）終結前の一八六三年一月一日に、リンカーン大統領は、「奴隷解放宣言」（Emancipation Proclamation）を発布した。北部州の新聞は、号外を大量に刷って南部州にまで奴隷解放宣言のニュースを行き渡るようにした。一八六五年の南北戦争の終結に伴い、まず「奴隷制度の廃止」（Abolition of Slavery）が憲法修正条項で憲法上明文規定され（憲法第一三修正）、続いて、南部連合の解体と本邦（合衆国）への復帰を施行する（復帰を促すのではなく軍政をひく）ための「再建法」（Reconstruction Act）が成立し、一八六八年に、不法な州行為を規制する「法の適正手続き」（Due Process of Law）条項と、人種差別をなくし、すべての市民に法の下に平等な保護を保障する「平等保護」（Equal Protection of Law）条項（憲法第一四修正）が制定された。一八七〇年には、アフリカ系アメリカ人の投票権（Right of Voting）が保障された（憲法第一五修正）。これら三つの憲法の修正条項を合わせて、「再建修正条項」（Reconstruction Amendments）という。南北戦争を清算し、戦後の南北統合（リ・コンストラクション）をおこなう、つまり合衆国の再建をおこなう修正条項という意味である。

しかし、一八七七年にすべての南部州から連邦軍が撤退したあと、以前の奴隷州は、アフリカ系アメリカ人に対する平等な処遇を空洞化するために種々の州立法をおこなった。南部諸州は、憲法上の平等性の要件は、人種を別々に保つ平等な人種的分離政策によって満たされると考えていた。さらにこれに輪をかけて、州と連邦の裁判所は、憲法第一四修正の保障条項が州市民ではなく合衆国市民だけに適用されるとの解釈によって、憲法第一四修正の権利が侵害されているると主張するアフリカ系アメリカ人の訴えを拒否した。この考えは、Slaughter-House Cases 事件およびCivil Rights Cases における合衆国最高裁の判決によって支持された。

(3) Slaughter-House Cases, 83 U.S.（16 Wall.）36（1872）[26]

一八六九年にルイジアナ州議会は、多数の小規模の食肉解体業者からの廃棄物の河川投棄によって汚染したミシシッピー川を浄化するための州法を制定した。同法において、州議会は特定の大規模食肉解体業者をその対象外とした上で、ニューオリンズ市及びその周辺地域において家畜のすべての陸揚げと食肉解体を禁止した。他方で、同法の対象外とされた大規模食肉解体業者には二五年間の排他的な独占販売権を与えた。この独占販売権から締め出されたことに憤慨した原告の小規模食肉解体業者が訴えを提起した。原告らは、ルイジアナ州法が特定の食肉処理業者に独占を認めることは同州法が憲法第一四修正の「特権及び免除」（Privileges and Immunities）条項、「法の適正手続き」（Due Process）条項、及び「平等保護」（Equal Protection）条項に違反し、また原告らの意に反する苦役を強いるものであり、憲法第一三修正に違反するとして、同州法の違憲性を争った。

合衆国最高裁は五対四の判決で原告らの主張を退けた。多数決判決を執筆したミラー（Samuel Miller）裁判官は、ルイジアナ州によって行使されている行政規制権（ポリス・パワー、police power）は州に帰属するのであって、その権限に対する何らかの制限は合衆国憲法上の根拠がない限りできない、とした。[27]ミラー裁判官は、「問題となっている州法は、有害な屠殺場や大都市の屠殺事業に必然的に付随する大規模で不快な家畜の集積場を、大都会の人口密度の高い地域から便宜的、健康的で快適さがあると人々が考える場所に移動させるという、適切な理由で立法されたものであることは否定されない。その上で、この目的のために州法で採用された手段が適切であり、説得力があり（stringent）、また有効であることが認められなければならない」[28]とし、それが憲法第一四修正に反するかどうかについては、同修正条項の目的とその意図された救済に目を向けなければならないとした。

第一四修正一節には「いずれの州も、合衆国市民の特権や免除を制限する法律を制定・実施してはならず」とあり、「合衆国市民」の「特権や免除」権を規定している。しかし、州市民についてはこの条項によっていかなる追加的な保護を受けるかまでは示されていない。ここでも市民権については合衆国市民と州市民の二つの異なる形が存在するとされた。「もし合衆国市民の有している特権や免除と、州民が有しているそれらとの間に差異があるとすれば、州民についてはこれまであった安全と保護が求められなければならない。というのも、州民の『特権や免除』についてはこの修正条項の規定では包含されていないからである」とした[29]。それゆえ第一四修正は、州立法による州民の権利制限に対して保護するものではなく、たんに合衆国市民に対する権利として帰属する「特権と免除」を州立法によって縮減されないという制約を推定するだけである。したがって、州議会が州民の健康及び安全を推進するための法を定めることを州に認めるということである。

他方、第一三修正の目的は、保護を受けられなかったアフリカ系アメリカ人に憲法上の保護を提供することにあった。しかしこの点について、憲法は州に対する制約についてはほとんど規定していない。州に対する制約として規定されているのは、事後法（ex post facto law）、私権剥奪法（bills of attainder）、そして契約上の義務を損なう法（laws impairing the obligation of contracts）の制定だけである。そうすると、それを除く市民の「特権と免除」の全ての領域は州権限の範囲内にあることになる、とした[30]。

これに対して四人の反対意見を代表して書いたフィールド（Stephen J. Field）裁判官の意見は、憲法第十四修正を通して権利章典の各規定が州政府にも適用されるとしたものである。フィールドは、「最も重大な憲法上の疑問をこの事例は呈している。ここでの正しい争点は、州の制定法によって市民の共通の権利がはく奪されることに対して、第一四修正が合衆国市民を保護しているかどうかという疑問に他ならない」とした[31]。そのうえでフィールドは、「私は、第一四修正はそのような保護を提供していると考える。……アメリカ全土における合法的な生活を有する権利の同等性は、合衆国市民の特権である。たしかに州はその領域内で州民の健康および安全のための規制権がある。しかし、いったん法律が制定されたならばその規則は与えられた状況の範囲内にいるすべての市民によって従われなければならない」と述べた。[32]「この国の市民は、現在、その州に居住する合衆国市民だけである。基本的権利である特権と免除（privileges and immunities）は、自由な人間および自由な市民として所有しているが、どの州の市民であるかには関係がなく、いまや合衆国市民としてその者に所属している」[33]とした。彼は、「憲法第一三修正への適切な補足である第一四修正の諸規定は、私が判断するに、当裁判所に提起された本事件に適用されるのであり、このような特別で排他的な特権を見直すいかなる立法も抑制するものである」、また「第一四修正は、その者に対する敵対的で差別的な立法に対して合衆国のあらゆる市民を保護するために役立つものである」[34]とした。そのうえで、食肉解体業者の州規制法については、「合衆国市民の特権及び免除は、州にどのような形の制約からも保護されるものである。第一四修正は、そのことを、合衆国の保護の下でおこなうことを定めている。……第一四修正のもとに、あらゆる合衆国市民がその者の特権と免除に対する類似の侵害行為からの保護を共和国の市民権として与えられていると宣明することは可能である」[35]と述べた。そして、「合衆国憲法第一四修正は、私が判断するに、この権利の同等性が尊重されなければならないということをすべての州の立法の効力に対して重要なものとしている」[36]として、第一四修正の市民の「特権と免除」は、合衆国市民としてのどの州市民にも保障されるとした。[37]

しかし、フィールズ裁判官が少数意見で示した第一四修正に関するこのような解釈は、最高裁ではなかなか多数を占めることはできなかった。

(4)「一八七五年公民権法（Civil Right Act of 1875）」と公民権訴訟（Civil Rights Cases, 109 U.S. 3 (1883)）

憲法の再建条項を根拠として、奴隷制廃止の実行と、法の下の平等を徹底するために、連邦議会は、一八七五年に「公民権法」（市民権的権利、または市民権法ともいう、Civil Right Act of 1875）[38]を制定した。この公民権法は、人種差別に対して連邦裁判所での救済を提供することを目的とした。[39]

ところが、この一八七五年公民権法の制定後から七年後に同法の違憲性を争う訴訟が提起された。人種別分離法が争われた五件の事件が併合され、合衆国最高裁に持ち込まれた。併合された五件の事件のうち二つは、ミズーリ州において人種を理由とするホテルの宿泊拒否の事件であった。人種を理由とする劇場での別な差別事件の一つは、サンフランシスコのマグワィア劇場（Maguire's theater）において、肌の色を理由として、ドレス・サークル（dress circle）[40]に座ることを拒否した事案、他の一つは、ニューヨーク市のグランド・オペラハウス（Grand Opera House）で肌の色を理由として、チケットが有効でないとして入場拒否された事件である。これらの事件では一八七五年公民権法違反として差別的対応をした者が罰金刑に処せられたことを不満として訴訟を提起した。五番目の事件は、テネシー州のメンフィス・チャールストン鉄道会社（Memphis & Charleston Railroad Company）の列車への乗車の際、妻の肌の色を理由として、夫婦別々の車両に乗車するよう要請されたことを拒否して逮捕された事件である。この夫婦は、連邦裁判所に民事訴訟を提起していた。とくにカリフォルニアやニューヨーク州は、当時、非奴隷州であったにもかかわらずこのような差別事件が起こっていた。最高裁では、五件の事件のうちテネシー州の事案の審理をおこなった。

ここでの争点は、連邦議会が、州内の差別法を直接禁止する立法を制定できるかであった。八対一の多数意見を執筆したブラッドリー（Joseph P. Bradley）裁判官は、一八七五年公民権法を違憲と判断した。彼は、「憲法第一四修正一節の規定は州の行為を対象にし、私人の行為を対象とするものではない。したがって、同法によって規定されている事項は、連邦政府の権限ではなく、州の権限に属するものであり、そうでなければ憲法第一〇修正の州権限条項に反する。また憲法第一三修正の規定は私人を対象にしているが、宿泊施設、劇場、交通機関で差別され、それを利用できなかったとしても、それが直ちに第一三修正の禁止する奴隷制、あるいはその意に反する苦役にはならない」、とした[41]。つまり、「憲法第一三修正は、奴隷及び強制的労働に関係するものであり、そのもとでの立法権は、奴隷の問題とその事件だけに及ぶものである。それゆえ宿泊施設、一般の乗物、大衆娯楽における平等な施設利用の拒絶は、奴隷としてのいかなる烙印を押すものではないし、または当事者間の意に反する苦役を課すものでもない[42]」と判断した。また、「第一三修正のもとで連邦議会は奴隷とそれに関する事件に関与することができるだけである。第一四修正のもとで連邦議会は、合衆国市民の特権または免除のいずれかを縮小するか、または正当な法の手続きなしに生命、自由または財産を奪うか、あるいは法の下の平等保護を否定する効果を有するすべての州法と法的手続きを抑制し、そして無効にする権限を有する。第一三修正は、奴隷および強制奴隷のすべての形態や事実を根絶するために必要であるか、またはふさわしい限り、州の法律によって制裁規定を設けられるかどうかを問わず、直接もっぱら個人の行為に作用する。そして、第一四修正のもとでは、当裁判所がすでに示したように、連邦議会はその性格上、必然的に州の規制または手続を抑制し、それらに対する救済を提供するために調整的に作用するだけである[43]」とした。そのうえで、宿泊施設、電車及び他の公共空間における差別を禁止する一八七五年公民権法は憲法に反するとした。

これに対しハーラン（John Marshall Harlan）裁判官がただ一人反対意見を述べた[44]。彼は、宿泊施設、劇場、鉄道などの事業に従事するものは私人であっても、事業の性格上公的な性格をもち、その行為は間接的には「州の行為」（state action）と考えられ、連邦議会が規制できるとして、一八七五年公民権法は合憲であるとした[45]。

結局、最高裁は、憲法第一四修正が、「州は……できない」と規定していることから、連邦議会は直接的に私人間の行為についてまで規制できず、一八七五年公民権法が州民の権利義務を規制するものであるという理由で違憲無効とした。

憲法は、連邦及び州政府が差別政策を実施することを禁止したが、私人間における差別については直接禁止したわけではない、というのがこの当時の憲法の一般的解釈であった。そのため、南部諸州では、アフリカ系アメリカ人など有色人種に対する差別が生活のあらゆる場面まで拡大された。例えば、州内では、白人とアフリカ系アメリカ人の分離が推し進められた。それは、一八七七年から九七年の南部諸州における鉄道人種分離輸送法の制定と実施など、鉄道会社の人種分離策を容認する州法の立法化によっておこなわれた。これは、バス、公園、病院さらに学校など日常生活のあらゆる場面にまで拡大された。[46] そうした中で、この差別的分離政策に対する異議が唱えられた。一八九六年の Plessy v. Ferguson 事件[47]がその代表例である。

(5) 私人による人種差別容認事件――「分離すれど平等」の原則
――Plessy v. Ferguson, 163 U.S. 537（1896）

ルイジアナ州法では、鉄道会社にアフリカ系アメリカ人と白人用のそれぞれ別々に分離した車両を設けさせ、旅客がそれに従わない場合には刑罰をもって処することを決めていた（分離車両法、Separate Coach Law of 1890）。本件原告のホメーロス・プレッシーは、ニューオリンズとルイジアナ州コヴィントン間の列車に乗車した際に、白人用の車両座席についた。プレッシーは八分の一のアフリカ系アメリカ人であった。列車の車掌は、切符の点検の際に、プレッシーに対して有色者用の車両に移動することを勧めた。しかし、プレッシーは、白人用席に居座り続けた。そのため、ただちに逮捕され、起訴された。逮捕後の一か月後に、プレッシーは、同州の分離車両法により彼の憲法第一三及び第一四修正上の権利が侵害されたと主張した。

合衆国最高裁は、七対一の多数意見で客車における人種分離を定めるルイジアナ州法を支持した。ヘンリー・ブラウン（Henry Brown）裁判官をはじめとする七人の裁判官は、この事件においていわゆる「分離すれども平等」（separate but equal）のルールを打ち立て、鉄道会社は同法に従うことを拒んだ乗客を拒絶することができるし、このことは憲法第一三及び一四修正の権利を侵害するものではないとし、州による人種分離政策を合憲とした。最高裁は、「修正条項の目的は、疑いもなく、法の下に二つの人種の絶対的な平等を実施することにあった。しかし、それは本質的問題としての（皮膚の）色に基づく区別を廃止したり、政治的なものとは区別される社会的平等を実施するとか、いずれの側にも不満足な条件のもとでの二つの人種間混合を放棄させる意図を有していなかった。二種類の人種が接触しやすい場所での分離を認め、その実施を要求している制定法は必ずしも一方の人種が他方の人種に比べて劣っているということを意味するものではなく、普遍的にではなくとも、州議会のポリス・パワーの行使権限の範囲内にあることは一般的に認められてきた。[48]」、また「原告の意見書では法律によって社会的偏見を封じることができ、二つの人種間の強制的な混合（enforced commingling）によらない限り、黒人に平等権は確保されないとする。当裁判所はこの主張を受け入れることができない。もし二つの人種が社会的に同等に交わるとすれば、それは（強制ではなく）自然な親和力、お互いの利点に関する相互認識や個々人の自主的な同意によってでなければならない[49]」とした。最高裁は、「法律は、人種的本能を根絶することや肉体的相違に基づく差別を止めさせることはできない。そしてそのような試みは、現在の状況が抱える問題点を強調するだけに終わる」とした。さらに最高裁は、「立法は、人種的な本能を根絶したり、肉体的差異に基づく区別をなくすには無力である。そしてそれを行う試みは現在の状況が持つ問題点を強調することに結果としてなるだけである[50]」と述べた。

この多数意見に対するハーラン裁判官たった一人による少数意見は重要である。彼は言う。「白人人種は、自分たちでこの国における優勢な人種であるとみなしている。そして、それは、その名声において、実績において、教育において、富と権力においてそうであるとしている。……しかし、憲法の視点からしても、そして法の視点からしても、この国には優越し、支配的な市民支配層など存在しない。この国にはカースト制度は存在しないのである（There is no caste here.）[51]」。また、「わが憲法は肌の色によって区別しないのであり、市民間に階級の存在を認めないし、許すこともない。（Our Constitution is color-blind, and neither knows nor tolerates classes among citizens.）公民権に関しては、すべての市民は法の下で等しい。（In respect of civil rights, all citizens are equal before the law.）……法は人を人とみなし、この国の最高法規によって保障された公民権が関与するときに、その者の環境やその者の肌の色を考慮しない。（The law regards man as man, and takes no account of his surroundings or of his color when his civil rights as guaranteed by the supreme law of the land are involved.）したがって、この国の基本的法の最終的な解説者である最高裁判所が、州がたんに人種だけに基づいて市民にその公民権の享受について規制することが可能との結論に達したことは遺憾なことである」[52]。さらに、「二つの人種の運命はこの国で壊せないほど結びつけられており、双方の利益のために、すべての者の共通の政府が法の強制力の下に人種憎悪の種をまくことを許してはならない。（the common government of all shall not permit the seeds of race hate to be planted under the sanction of law.）有色の市民が劣っており品位に欠けるという理由で白人市民によって占められる公共の客車に座ることを許さないことを進めてきた州政府の制定法ほど、より確実に人種的嫌悪を掻き立て、より確実に人種間に不信の感情を生み出し、永続させるものはない。これがルイジアナ州で制定された法律の本当の意味であることはすべての者が認めるであろう」[53]。ハーラン裁判官のこのような公民権に関する見識が受け入れられるまでアメリカでは半世紀以上を要した。

最高裁は、人種で分離された車両を運行している鉄道会社がその設備において平等であることを要し、その平等性があれば、白人と有色人種別々の分離車両を提供することができるとした。しかし、実際にアフリカ系アメリカ人に提供される別々の施設は必ずしも「等しい」わけではなく、どちらかと言えば相当劣ったものであった。たとえば、学校では、無償配布される教科書は使い古しのものが多かったし、教員も未熟な教員があてがわれたりした[54]。こうして、最高裁がプレッシー判決において宣明した「分離すれども平等の原則」は、鉄道車両から、学校、公園、噴水式水飲み器などに拡大適用され、州の人種分離政策を奨励するものとなった。

(6) ジム・クロウ法（Jim Crow Laws）

各州における人種分離法（segregation laws）は以前にも存在していたが、[55] これは一八七六年に始まり、黒人取締法（Black Codes）[56] に取って代わり、再建時代中のアフリカ系アメリカ人の公民権や市民的自由を制限した。また南北戦争後に結成された白人を中心とした民間人のクー・クラックス・クラン（Ku Klux Klan, KKK）と称する白人至上主義の秘密組織は、各地で先のとがった白覆面をつけて十字架を燃やす儀式をおこない、また黒人や黒人を支持する白人に対する嫌がらせや過剰な暴力行為を加えた。彼らの活動は、ジム・クロウ法（Jim Crow Laws）によって後押しされた。[57] ジム・クロウ法は、一八七六年から一九六四年にかけて存在した州法であり、南部の多くの地域で白人と黒人の人種分離を合法化し、黒人の一般公共施設の利用を禁止したり、使用の制限をするために制定された法律である。

「ジム・クロウ」は一八二八年ケンタッキー州で上演されヒットして、ヨーロッパでも流行したミュージカルの登場人物（黒人）の名前であり、その後アフリカ系アメリカ人の蔑称となった。[58] 州制定法は、ある人が黒人か白人かという判断について、血液の「一滴規定」（One-drop rule）や、「黒人の血が混じっているものはすべて黒人とみなす」という明白な人種差別法を採用していた。また、この法律の対象となる人種は、黒人だけでなく、インディアン、ブラック・インディアン（インディアンと黒人の混血）、アジア系黄色人種などの、白人以外の「有色人種」（Colored という）を含んでいた。

ジム・クロウ法の内容と規制対象は具体的であり、また相当敵対的なものである。たとえば、アラバマ州内の病院では、白人女性の看護師がいる病院に、黒人男性は患者として立ち入れなかった。また、同州内のレストランでは、白人と有色人種が同じ区画で食事ができるような場合は違法とされた。同州では、バス停留所には白人用と有色人種用の別々のバス停留所を離れた場所に設置した。乗車券売り場さえも白人用と非白人用があった。バスの座席は白人用と有色用に分けられており、これがのちのモンゴメリー・バス・ボイコット（Montgomery bus boycott）事件の発端になった[59]。またアラバマ州モービル（Mobile）市では、ジム・クロウ夜間外出禁止令（Jim Crow curfew）が定められ、黒人は、午後十時以降に居住する場所を離れることができず、また、切符売り窓口や噴水式水飲み器の上に「白人のみ（"Whites Only"）」や「有色用（"Colored"）」の札がつりさげられていた。ルイジアナ州では映画館や動物園などで白人用と黒人用の切符売り場を七・五メートル以上離して設置するよう規定していた。フロリダ州では、白人と黒人の結婚は法律で厳格に禁止された。また未婚の黒人と白人は同居できず、ひとつ部屋で夜を過ごすことも刑罰の対象となった。この犯罪には一二か月以上の禁固刑、もしくは高額の罰金が科せられた。四世代前までに黒人が一人でも含まれていれば（一六分の一）、純粋な黒人と同様「黒人」として扱われた。ミシシッピー州法では、文書や出版によって、また公共の場所の演説などで社会的平等や異人種間結婚を奨励すれば懲役刑や高額の罰金に処せられた。ジョージア州は、白人用と黒人用の公園を有していた[60]。

このようなジム・クロウ法は白人優越論の理論に基づいたものであり、リンカーンの奴隷制廃止政策に対する南部州の反発でもあった。不況に苦しむ一八九〇年代において、人種差別主義は黒人にその仕事を奪われることを恐れた白人層の支持を得た。白人支持者の投票を獲得するために政治家らは、意図的に黒人に対する差別的攻撃をおこなった。地元の新聞社は、黒人による犯罪をおおげさに強調することによって白人読者のバイアスを高めた。

ジム・クロウ法の一種として、黒人の人権意識の高まりを抑えるために、選挙において彼らの代表者を選ぶ選挙権の制限が考え出された。これは明らかに憲法第一五修正（市民の選挙権保障）違反であるが、多くの南部州で制定法化された。その主要目的は黒人の政治参加を阻止すること、つまり投票権を制限することであった。また、収入に応じた課税ではなく、貧困者も富裕層と同じ税額を課す人頭税（poll taxes）を用いることによって税の納付できない者の投票を禁じた。つぎに考えだされたのは、読み書きの能力試験（識字試験、literacy tests）である。これは、投票者は憲法を読んで解釈できる能力がなくてはならないと規定し、黒人の投票者には、白人より特に難しい問題を与えて合格できないようにし、投票権を与えなかった。このようなジム・クロウ法を利用し、元奴隷の黒人を政治的、社会的、経済的に抑圧するシステムが横行していた。[61]

リンカーンによる再建期の後になっても南部連合（アメリカ連合国、Confederate States of America）に所属していた州は、その公共的施設での人種差別を制定法化し、「法律上の人種差別」（de jure racial segregation）を命じていた。法律上の人種差別は南部州で適用されたが、自由州であった北部州における人種分離策は、「事実上の差別」（de facto segregation）のパターンが多かった。たとえば、私人間契約によっておこなわれた賃貸住宅の差別、銀行貸出や就職における差別がおこなわれた。公の場であっても、宿泊施設や劇場など個人で経営する施設では人種分離は合法的に認められていた。さらに第十四修正のすべての人種の権利を絶対に認めたくない白人たちが存在していたことは紛れもない事実である。人種分離は憲法に反するとの一九五四年の合衆国最高裁の判決まで、黒人は白人と強制的に分離されていた。南部地域では、白人と黒人の人種分離を徹底したばかりでなく、一八九〇年頃から白人の暴力が目立つようになっている。とくに人権の平等を主張する黒人に対するリンチ事件は、当時、年間約一九〇件にのぼっていた。このようなリンチは、犯罪を犯した黒人への体罰であるとか、黒人の人口増加を調整するためという理由でジム・クロウ法を正当化した。

ジム・クロウ法のなかでも、「反異種族混交法」（Anti-miscegenation laws）[62]は、植民地時代からいくつかの植民地ですでに存在していた。とくに奴隷との結婚は決して合法とはされなかった。再建時代である一八六五年においても、南部の七州では「黒人取締法」（Black Codes）は、異人種間婚姻を違法としていた。[63]異人種間混交は、異人種間の結婚、同棲、性関係などを包含する概念であり、一九二四年の人種統合法がこれらを禁じていた。人種（白人）の純粋性と至高性を追求すべきという意識が強かったためである。一般的に異種族混交（miscegenation）は重罪とされており、これらの法はとくに異なる「人種間の挙式」を禁止しており、また当該式典を主宰することを禁止していた。婚姻を挙行しようとしている個人は異種族混交という罪状ではなく、姦通罪または密通の罪（adultery or fornication）で訴追された。すべての「反異種族混交法」は、白人と、おもに黒人、アメリカインディアン（Native Americans）およびアジア人などの非白人との婚姻を禁止していた。[64]

第一四修正に基づいて、いくつか反異種族混交法の違憲性を争う訴訟が提起された。しかし、アラバマ州最高裁が支持したアラバマ州のカップルの異人種間性交渉に対する有罪判決について、合衆国最高裁は、一八八三年のPace v. Alabama 事件[65]において、憲法第一四修正に違反するものでないという判断を下した。この事件では、異人種間で性的関係を持つこと自体が重罪とされていたが、他方で白人同士の婚外性交（姦通あるいは密通の罪）は、たんなる軽犯罪であった。合衆国最高裁は、白人と非白人が異人種間性交渉をおこなった容疑に対して両者は平等に罰を受けるため異人種間性交渉の犯罪化は平等保護条項違反ではないとしていた。[66] 原告のペイスは、憲法の平等保護条項を争点としなかったため、最高裁は、アラバマ州の反異人種間混交法についての違憲性について判断をする必要がなかった。このペイス事件のあと白人と非白人の結婚や性交渉を禁じる反異人種間混交法の合憲性は一九二〇年代まで争われることがなかった。

(7) 異人種間婚姻禁止法の違憲性 ——Loving v. Virginia（1967）事件[67]

人種差別は、黒人に対してだけ不利益な、また理不尽な区分を課したのではなく、黒人と積極的に交流を持った白人に対しても容赦のない制裁を伴った。このような白人に対する白人の憎悪は差別者の意識下にあっただけではなく現実に州法によって制度化された。黒人と親交を深める白人の行為を違法とすることによって白人の間に萎縮効果を生み出し、その結果、社会における黒人と白人の乖離がさらなる差別の再生産につながった。たとえば一九六七年のLoving事件では、白人のリチャードとアフリカ系アメリカ人のミルドレッド（Richard and Mildred Loving）は、一九五八年六月に結婚するため、当時すでに異人種間結婚が認められていたワシントン特別区に移動し、そこで結婚式を挙げ、そのあとヴァージニア州のセントラル・ポイントに移り住んだ。ところが同年七月の深夜に、匿名の通報にもとづいて地元の警察官が就寝中の夫妻の自宅を急襲した。ミルドレッド・ラヴィングは寝室の壁にあった結婚証明書を示して、二人の婚姻は合法的なものであることを訴えたが、警察官から、そのような証明書はヴァージニア州では有効ではないと伝えられ、そのまま二人は逮捕、勾留された。[68]

　ラヴィング夫妻はヴァージニア州法典（Virginia's Racial Integrity Act of 1924）により告発された。同法は異人種間のカップルが州外で婚姻したあとヴァージニア州に戻ることを禁じていた。[69]また、同法は、異種族混交を一年から五年の禁固刑による重罪としていた。一九五九年一月六日、弁護士の勧めでラヴィング夫妻は「ヴァージニアの平和と尊厳に反し、夫婦として同棲した」という有罪答弁をし、一年間の懲役刑が宣告された。しかし、事実審裁判官は、ラヴィング夫妻がヴァージニアを出て二五年間戻らないという条件で、二五年間の執行猶予にした。これを受け入れて、ラヴィング夫妻はコロンビア特別区で居住を始めた。しかし四年後にラヴィング夫妻はこの判断について控訴することを決心した。しかし二人はヴァージニア州の家族を訪問する際に夫婦で一緒に旅行ができないことや、ワシントン特別区で疎外され、経済的にも苦境に陥ってしまったため、合衆国司法長官ロバート・ケネディ（Attorney General Robert F. Kennedy）に宛てて抗議の手紙を書いた。ロバート・ケネディはラヴィング夫妻を合衆国自由人権協会（American Civil Liberties Union,ACLU）に紹介した。ＡＣＬＵはラヴィング夫妻の代理人としてヴァージニア州キャロライン郡巡回裁判所に申立てをおこなった。ラヴィング夫妻は、ヴァージニア州の反異人種間混交法は憲法第一四修正の平等保護条項に違反すると主張し、原審の刑事判決を無効とし、ラヴィング夫妻の有罪判決を破棄することを求めた[70]。

一九六五年に、同郡巡回裁判所のレオン・バジル（Leon Bazile）裁判官は、その決定について再考することを拒み、その代わりに人種分離政策を擁護して次のように述べた。「全能の神は人種を、白、黒、黄で、マレー人色、赤に創造した。その上で、神は、それらを別々の大陸に置いた。そして、その取り決めに対する干渉がない限り、婚姻には何の問題もなかった。神が人種を切り離したという事実は、人種が相互に混じることを意図されていなかったことを示す[71]」。バジル裁判官の決定に対する上訴について、ヴァージニア州最高裁は、地裁における原告らに対する有罪決定を支持する一方で、異種族混交法違反で白人と非白人の配偶者が等しく罰せられたのであるから憲法の平等保護条項違反とはならないと反異種族混交法規の合憲性を支持した。この理由づけは、合衆国最高裁の一八八三年のペイス事件[72]における理由づけを踏まえたものであった。ラヴィング夫妻は事件を合衆国最高裁に上告した。

最高裁は、以前から異種族混交に関する裁判をすることを回避していたが、本事件の上告を受け入れた。最高裁は、全員一致でヴァージニア州法の反異種族混交法を違憲とした。この判決文は、アール・ウォーレン首席裁判官が執筆した。ウォーレン裁判官は次のように述べた。「婚姻は、我々のまさしく存在と生存の基本となる『人の基本的公民権』のうちの一つである。これらの制定法に体現されている人種的な分類、つまり合衆国憲法第一四修正の中心をなす平等原則を破壊する類のとても支持しがたい根拠に基づいてこの根本的な自由を否定することは、まったくもって法の適正手続きなしにすべての州民から自由を奪うことになる。憲法第一四修正は、婚姻の選択の自由は、忌々しい人種差別によって制限されるべきでないことを求めるものである。われわれの憲法のもとで、他の人種の者と婚姻をするかしないかの自由は、個人に帰属するのであって、州によって侵害することができないものである[73]」と述べた。またウォーレンは、反異種族混交法が、人種差別主義者的であり、白人優越論を永続させるために制定されたとして、「この分類を正当化する忌々しい人種差別から切り離されたいかなる合法的に圧倒的な目的も明らかに存在しない。ヴァージニア州が、白人が関係している異人種間の結婚だけを禁止しているという事実は、この人種的分類が白人優越性を維持するように意図された措置であるため、その正当化を主張しなければならないということを示すものである」[74]と述べた。

こうして最高裁は、ペイス事件判決の八四年後に当該判決を自ら覆し、反異種族混交法は憲法に反しているとした。[75]その結果、ヴァージニア州をはじめ一六の州で異人種間の結婚が合法化された。それにもかかわらず、最高裁判所の判決を受け入れない州もあった。ペイス事件のあったアラバマ州では、ついに州法の改正で二〇〇〇年になってやっと反異人種間混交法を無効とした。アラバマ州は合衆国最高裁のラヴィング判決に沿って異人種間混交を禁じる州法を廃止した最後の州となった。

1　この規定は、"three fifth clause"（五分の三条項）と称される。この規定については、奴隷を人として扱わない一方で、南部州に配分される下院議員の定数を増やすために、南部州は、奴隷も一人の人として数える策略を取った。しかし、北部州は、南部州が奴隷を人として扱っていない一方で、議員定数に関してだけ人扱いをすることの矛盾について批判した。そのため、結局、奴隷を五分の三の人として扱うことで、北部と南部が妥協した。*See* Erik M. Jensen, *Three-Fifths Clause - Article I, Section 2, Clause 3* (2014) in THE HERITAGE GUIDE TO THE CONSTITUTION, 67-68（Fully Revised 2d ed. 2014）.（Case Legal Studies Research Paper 2016-21）Available at SSR https://ssrn.com/abstract =2799797（visited April 10, 2017）.

2　*See* JAMES OLIVER HORTON, SLAVERY AND THE MAKING OF AMERICA（2005）.

3　たとえば、ペンシルヴァニアのベンジャミン・フランクリンやニューヨークのアレグザンダ・ハミルトンやジョン・ジェイは、それぞれの州の奴隷制反対協会の役員になっていた。

4　独立した一三州のうち残りのロードアイランド州は、独立戦争時までは、北部でかなり積極的に奴隷貿易をおこなっていたが、独立戦争後、いち早く反奴隷州法を制定した。しかし、既存の奴隷制の継続を認めるなど施策が徹底せず、この段階ではっきりと奴隷制の廃止（abolition）を打ち上げていたわけではなかった。

5　このことは歴史学者のチャールズ・ビアードらによって指摘されている。*See* CHARLES BEARD & MARY BEARD, THE RISE OF

AMERICAN CIVILIZATION, One Volume Edition（1930）. ビーアドは、奴隷制問題は南北戦争の真の理由ではなかったとする。C. A. ビーアド・M. R. ビーアド著、高木八尺・松本重治訳『アメリカ精神の歴史』（岩波現代叢書、一九五四年）。

6 *See* mainly CHARLES A. BEARD, AN ECONOMIC INTERPRETATION OF THE CONSTITUTION OF THE UNITED STATES（1913）.チャールズ・A・ビーアド、松本重治訳『アメリカ共和国：アメリカ憲法の基本的精神をめぐって』（みすず書房、一九八八年）。

7 逃亡奴隷取締法（Fugitive Slave Act）（Feb. 12, 1793, ch. 7, 1 Stat. 302）.

8 Missouri Compromise（ミズーリ妥協法、あるいはミズーリ協定ともいう）は、一八二〇年五月八日に第一六回連邦会議で制定された法律である。この法は、メイン準州（District of Maine）の合衆国への編入と州内で奴隷制を認めるか認めないかのいずれかを明確にしない州憲法を批准する自由を与えた。

9 Personal liberty lawsとは、一七九三年及び一八五〇年の連邦法、逃亡奴隷引渡法に対抗するために北部州で制定された州法のことを指す。この法は、すべての人々に対して法制度をより公正なものとし、自由人と逃亡奴隷の安全を確保する目的を有していた。同種の立法をした州はコネティカット、マサチューセッツ、ミシガン、メイン、ニューハンプシャー、オハイオ、ペンシルヴァニア、ウイスコンシン、およびヴァーモント州であった。これらの法は州によって異なっており、逃亡奴隷に対しては陪審審理による判断が義務づけられたり、同州内の公務員が逃亡奴隷の逮捕と返還に関与することを禁止する州もあった。

10 *See* STANLEY W. CAMPBELL, THE SLAVE CATCHERS: ENFORCEMENT OF THE FUGITIVE SLAVE LAW, 1850–1860（1970）. これは著名な書物である。ほかに、参照、James Oliver Horton & Lois E. Horton, *A Federal Assault: African Americans and the Impact of the Fugitive Slave Law of 1850*, 68 CHI.-KENT L. REV. 1179,（1993）.

11 出訴期限法（Statute of limitation）とは、訴訟の提起ができる期間を定めた法のこと。逃亡後何年たっても引き渡しの請求訴訟提起が可能であった。

12 *See* Horton & Horton, *supra* note 10 at 1189, and FERGUS M. BORDEWICH, BOUND FOR CANAAN: THE UNDERGROUND RAILROAD AND THE WAR FOR THE SOUL OF AMERICA, 324（2005）.

13 Kansas-Nebraska Act of 1854（10 Stat. 277）は、カンザスとネブラスカ領地に対して起草された連邦法である。Kansas-Nebraska Actの当初の目的は、数千の新開拓地を拓き、中西部大陸横断鉄道（Midwestern Transcontinental Railroad）の敷設を可能とするものであった。この法のよく知られた「主権」（sovereignty）条項は、住民による奴隷制についての是か非かの投票条項を含み、奴隷制賛成論と反対論の対立をカンザス州に持ち込んだため「流血のカンザス」（Bleeding Kansas）という状態を作り出した。

14 この当時、ハリエット・ストウ（Harriet Stowe）夫人の『アンクル＝トムの小屋』（Uncle Tom's Cabin）が雑誌に連載され、その後、単行本（一八五二年）として刊行された。一年間で三〇万部以上が売れるベストセラーとなった。この本ではアフリカ系アメリカ人と白人少年の温かいふれあいを描きながらも奴隷商人のあくどいやり方を暴露することで、黒人奴隷制の非人道的な実態が北部の市民にも広く知られるようになり、奴隷制廃止の家が強まったとされる。

15　Dred Scott v. Sanford, 19 How. 393, 453（1857）.

16　*Id.*

17　最高裁判所の公式記録では、被上告人の名前が「サンドフォード」（Sandford）として綴られているが、実際の名前は「サンフォード」（Sanford）であった。したがって、本書ではサンフォードとした。

18　本件争点に関するトーニー裁判官以外の裁判官の意見につき、参照、根本猛「奴隷制と合衆国最高裁」別冊ジュリスト『アメリカ法判例百選』（二〇一二年）七四頁。

19　*Dred Scott*, 19 How. at 404.

20　*Id.* at 404-05.

21　*Id.* at 403.

22　*Id.* at 452-53. ちなみに、多数意見を執筆したトーニー裁判官は自ら奴隷の所有者であった。*See* David T. Hardy, Dred Scott. John San(d)ford, *and the Case for Collusion*, 41 N. Ky. L. Rev. 37（2014）.

23　*Id.* at 450.

24　*Id.* at 455.

25　一八六一年三月一一日にアラバマ州モントゴメリー市の会議（Montgomery Convention）で採択されたのでモンゴメリー憲法ともいう。

26　Slaughter-House Cases, 83 U.S.（16 Wall.）36（1872）.

27　*Id.* at 63.

28　*Id.* at 65.

29　*Id.* at 74-75.

30　*Id.* at 76-78.

31　*Id.* at 89.

32　*Id.* at 91-92.

33　*Id.* at 95.

34 *Id.* at 100-01.

35 *Id.* at 105-06.

36 *Id.* at 110.

37 第一四修正第一項は、以下のように規定する。「合衆国で生まれたり帰化した者でその管轄権に属するものは全て、合衆国および居住州の市民である。いずれの州も、合衆国市民の特権や免除を制限する法律を制定・実施してはならず、いずれの州も法の正当な手続きによらずに、人の生命、自由、財産を奪ってはならず、その管轄内の人に対して法の平等な保護を拒否してはならない」

38 この公民権法の中味は以下のとおりである。「公に対して開かれている公共輸送、船舶、鉄道、公共施設、ホテル、モーテル、劇場における分離（Segregation）は違法であり、黒人は白人と同じようにこれらの施設を利用することができる……」。*See* The Civil Rights Act of 1875（18 Stat. 335）

39 この制定法の憲法上の根拠は、憲法第一四修正五項（連邦議会の立法権限）のもとで同一項に定められた合衆国市民の諸権利を実施するための法律を制定する連邦議会権限に基づくものである。

40 劇場などの二階の一番前に、半円形に突き出した特等席。イブニング・ドレスを着用している観客の席に由来する名称である。

41 Civil Rights Cases, 109 U.S. 3, 23-24（1883）.

42 *Id.* at 23.

43 *Id.*

44 ハーラン裁判官の反対意見は八人の多数意見の二倍以上の長さに及ぶものであり、将来の来る憲法解釈の変更を示唆させるものである。彼は、アメリカ最高裁における「偉大な少数意見者」（Great Dissenter）の一人とされている（as one of the most forceful dissenters in the history of the Court）。*See* TINSLEY E. YARBROUGH, JOHN MARSHALL HARLAN: GREAT DISSENTER OF THE WARREN COURT, 271-（1992）.

45 *Civil Rights Cases,* 109 U.S. at 46-47.

46 Marianne L. Engelman Lado, *Freedom: Constitutional Law: A Question of Justice: African-American Legal Perspectives on the* 1883 Civil Rights Cases, 70 CHI.-KENT L. REV. 1123（1995）.

47 Plessy v. Ferguson, 163 U.S. 537（1896）.

48 *Id.* at 544.

49 *Id.* at 551.

50　*Id.*

51　*Id.* at 559.

52　*Id.*

53　*Id.* at 560.

54　一九五四年の Brown v. Board of Education 判決で人種分離教育は違憲とされたが、法の下の人種の平等は、一九五〇、六〇及び七〇年代を通じておこなわれた多くの公民権訴訟によって徐々に認められるという道をたどった。この時に、一九六四年の連邦公民権法（Civil Rights Act of 1964）に基づく訴訟の提起は、裁判所を通じた私人間差別の抑制を図るという意味で重要な役割を果たした。

55　この当時、一七の州でこのような人種分離法を有していた。

56　黒人取締法（Black Codes）は、南北戦争後、当時の民主党の主導で南部州において、一八六五年と翌年に制定された。これらの法は、アフリカ系アメリカ人の自由を制限する意図と効果を有し、それによって低賃金の労働に従事させた。この立法は、憲法の再建修正条項によって奴隷から解放され、承認された黒人の自由を一層制限するために南部州の白人によって制定された。

57　クー・クラックス・クラン（Ku Klux Klan）の活動についてより詳しくは、*see* James W. Fox Jr. *Intimations of Citizenship: Repressions and Expressions of Equal Citizenship in the Era of Jim Crow*, 50 HOW. L.J. 113 (2006).

58　「ジム・クロウ」の言葉の起源は、Jump Jim Crow という名で顔を墨で真っ黒に塗った白人男優が黒人の歌と踊りをコミカルに演じたことに由来する。ジム・クロウは田舎のみすぼらしい黒人を戯画化したキャラクターであり、着飾った都会の黒人であるジップ・クーン（Zip Coon）とともにミンストレル・ショーの定番キャラクターとなった。一八三七年までに、ジム・クロウは黒人分離を指す言葉としても使われるようになった。また、「ジム・クロウ」は、「黒人」を意味している軽蔑的な表現になった。したがって南部州議会が黒人の人種差別的法をジム・クロウ法と称するようになった。

59　モンゴメリー・バス・ボイコット（Montgomery bus boycott）は、公民権運動の一つとして知られる。アラバマ州モンゴメリー市の公共輸送機関における人種分離政策に対して立ち上がった運動として知られる。とくにアフリカ系アメリカ人女性のローザ・パークス（Rosa Parks）が白人席に着席していたということで逮捕された事件は、公民権運動の拡大に寄与しただけでなく、最終的に合衆国最高裁が、モンゴメリー市の公共輸送機関における人種分離政策の違憲判断を導くこととなった。このバスボイコット運動には、公民権活動で重要な役割を演じた Martin Luther King Jr.師や Ralph Abernathy も参加したことで知られる。

60　上記州以外に、ノースカロライナ州やワイオミング州でも類似のジム・クロウ法を持っていた。一九六七年の時点で一六州（すべて南部州）が反異種族混交法（anti-miscegenation laws）を制定していた。

61　たとえば、一八九六年にルイジアナ州は一三万三三四人の登録黒人有権者数を有していたが、その八年後には、このような州の定める投票資格をクリアーできた黒人はわずか一パーセントの一・三四二人だけであった。ジム・クロウ法は、アフリカ系アメリカ人を徹底して差別する根拠となり、彼らは社会的に劣勢な立場に追いやられたままであった。*See* JERRALD M. PACKARD, AMERICAN NIGHTMARE: THE HISTORY OF JIM CROW.（2002）.

62　「異人種間混交」を示す"Miscegenation"という語は異人種間の結婚の他、同棲や性関係などをも広く包含する概念である。

63　反異種族混交法（anti-miscegenation laws）は、別名、反異種族混交法（Anti-miscegenation laws）としても知られるが、異人種間婚姻（interracial marriage）や異人種間性関係（interracial sex）にかかる異種族混交を刑罰でもって禁止するという、州の制定法である。

64　一八七〇年のテネシー州法の異人種間婚姻禁止法は一九六一年まで存続した。

65　Pace v. Alabama. 106 U.S. 583（1883）において、合衆国最高裁はアラバマ州の反異種族混交法を合憲とした。この判決は、八一年後の McLaughlin v. Florida 事件判決と、一九六七年の Loving v. Virginia 事件判決によって覆された。

66　*Pace*, 106 U.S. at 583.

67　Loving v. Virginia, 388 U.S. 1（1967）.

68　ヴァージニア州法典（Virginia's Racial Integrity Act of 1924）の二〇-五八項及び二〇 - 五九項。

69　ラヴィング夫妻は同州刑法典第二十項から五十八項に基づいて起訴された。

70　他方で、ラヴィング夫妻の弁護士による一九六四年一〇月の申立てへの判断は、ほぼ一年も待たされた。そののちにＡＣＬＵの弁護士はヴァージニア州東地区連邦州裁判所に異人種間婚姻禁止法の違憲性を争うクラス・アクションを提起した。

71　*See* opinion of Judge Leon M. Bazile（January 22, 1965, judge of the Caroline County Circuit Court）.

72　*Pace*, 106 U.S. at 583.

73　*Id.* at 12.

74　*Loving*, 388 U.S. at 11-12.

75　合衆国最高裁において、この判決が下された日付である六月一二日は「ラヴィング・デイ」として知られており、毎年、非公式に異人種間結婚を祝う日となっている。本件を映画化したものとして、ナンシー・バースキー監督の『The Loving Story』（二〇一一年）がある。この映画では、ラヴィング夫妻と弁護士たちとの対話を通じて二人の闘いが描かれ、背景にある偏見の歴史的事実が描写されている。日本名は、『ラヴィング愛という名前のふたり』（ＴＯＨＯシネマズ）監督・脚本：ジェフ・ニコルズ出演：ジョエル・エドガートン、ルース・ネッガ。

第10章 合衆国憲法第一四修正の平等条項の展開

1 「分離すれども平等」法理を越えて

(1) プレッシー事件判決の影響

一八九六年の合衆国最高裁のプレッシー判決の「分離すれども平等」("separate but equal")原則は、異なる人種のための異なる設備が同等である限り平等であり、人種分離策は合憲であるとのお墨付きを与えた。[1] プレッシー判決は、アメリカにおける人種的分離政策や人種差別の根拠となり、この原則に基づいて州政府は黒人に対する差別的措置を日常生活の多くの領域にまで拡大した。実際に人種分離政策が、公園、バス、列車、ホテル、レストラン、野球場など、さまざまな日常生活の場面に及ぶことになった。まさにプレッシー判決は、人種的な分離政策に合法のスタンプを押し、白人と黒人とのあいだの交流やコミュニケーションを妨げ、その後五十年以上にわたって両者間の法的差別を承認するものとなった。

とくにアメリカ社会で深刻な問題となったのは、教育の場における人種分離政策の容認であった。一九世紀から二〇世紀初めにかけて四八州のうち半数近くの二一州で、小、中、高校の段階において白人と黒人との分離政策が実施された。このような分離教育によって、幼いころから白人児童には黒人に対する優越感や差別意識を形成させ、また黒人の児童には、社会的な劣位を自覚させた。公的教育の場での人種分離政策がアメリカ社会に与えた影響は根深く、深刻なものとなった。人種的偏見と差別の根絶と非白人の社会的・経済的地位向上のための活動をおこなう団体である全米有色人種地位向上協会（National Association for the Advancement of Colored People, NAACP）は、とくに、「分離すれども平等の原則」に対する法的挑戦を開始した。

(2) 公的教育における人種隔離策の違憲性について
——Brown I 判決（Brown v. Board of Education of Topeka, 347 US 483 (1954)）

カンザス州トピーカ市教育委員会は、一八七九年のカンザス州法のもとで小学校を管理し、その方針に従って人口が一万五千人を超える十二の地域で白人と黒人児童との別々の小学校設備を維持することを認めていた。トピーカ市教育委員会は、人種別の小学校を設置した。これに対し、同市在住の黒人の小学生のリンダ・ブラウンが父親のオリヴァー・ブラウンとともに州の教育委員会を相手取って分離教育の停止をカンザス連邦地方裁判所に求めた。原告のリンダは自宅からわずか七ブロック先の公立小学校に受け入れられず、離れた別の小学校に通学するためにスクールバスの停留所まで六ブロック歩き、そこからバスに乗らなくてはならなかった。リンダが自宅近くの小学校に通えなかったのは、その小学校が白人専用の小学校であったからである。白人小学校の校長はリンダの入学を拒否し、それが不当であるとの父親の訴えをトピーカ教育委員会は退けた。

ＮＡＡＣＰは、一九五一年にブラウンの訴訟とともに同地域の二十人の学童を代理する十三人の父兄らをまとめ上げ、同じような状況にある児童のためのクラス・アクションを提起し、カンザス州トピーカ市の教育委員会に対して人種差別方針を翻す学校区の設置を求めた。

しかし、カンザス州連邦地裁は、最高裁のプレッシー判決を引用し、教育委員会の実施する分離教育政策を支持した。三人の裁判官による合議審は、公教育の場の黒人及び白人の分離は黒人児童に対して影響があるとしながらも、トピーカの黒人及び白人の学校が、建物、通学路、カリキュラムと教員の教育的能力に関して、「実質的な平等性」

(substantial equality) のあることを強調した。[2] 同地裁は、「多くの例において、有色の児童は、白人の学校に通学するための旅程よりもかなりの距離を移動することを必要とする」が、同学校区では「有色の児童を学校へ通学させるのにバス料金を徴収しない一方で、白人の児童にはそのようなサービスは何も提供されていない」と述べた。[3]

この事件は、合衆国最高裁に飛躍上告された。最高裁は、このブラウン事件と他の四つの同様の訴訟を併合して審理した。これらはすべてNAACPの支援により提訴された訴訟であった。[4] 五つの異なった訴訟は全体でおよそ二〇〇人の原告数となり、リンダ・ブラウンはその象徴的な原告となった。NAACPの主任弁護士はのちに合衆国最高裁裁判官となるサーグッド・マーシャルであり、[5] 原告のために弁論をおこなった。

ブラウン事件が最終的に求めているプレッシー判決の見直しについては、最高裁の裁判官の間でも必ずしも一致していなかった。むしろ多様な立場に分かれていた。

ダグラス、ブラック、バートン及びミントン裁判官は、プレッシー判決を見直すことに積極的であった。他方、最高裁首席裁判官フレッド・ヴィンソンは、議会が分離禁止法を制定していなかったという点を強調し、プレッシー事件の見直しには否定的であったし、リード裁判官は、人種分離が逆に黒人共同体に対して利益的に働いていたとの見解に傾いていた。クラーク裁判官は「当裁判所は、州による人種分離政策が問題ないとする考え方をリードしてきたし、その問題については州にまかせるべきである」と述べた。フランクファータ裁判官とロバート・ジャクソン裁判官は、人種分離政策に反対していたが、提案された判決の法的拘束力に対する懸念を表明し、最高裁がそのような重大な決定に役割を果たす司法積極主義には反対だとした。なかでも、ヴィンソンは、プレッシー判決の見直しには強固に反対していた。ところが、ヴィンソンは判決前の一九五三年九月に執務室で心筋梗塞により急逝した。そこで、アイゼンハワー (Dwight D. Eisenhower) 大統領は、新しい首席裁判官にアール・ウォーレンを指名した。

ウォーレン首席裁判官は「ブラウン事件」の裁判で人種隔離政策に違憲判決を下し、しかもそれを有効に機能させるためには、最高裁の裁判官が全員一致して違憲判決に賛成し、それがアメリカ合衆国の司法部の総意であるということを世に強く認識させる必要があると感じた。ウォーレンは裁判官会議を招集し、人種分離を継続する唯一の理由が黒人の劣位に対する白人種の信念に他ならないという意見書を同僚の裁判官に提示した。ウォーレンは裁判官の合議で、最高裁判所がプレッシー判決を覆さなければならないこと、そして、南部地方で根強い差別撤廃への抵抗を回避するためにも裁判官が全員一致でそうしなければならないと述べた。[6]

人種分離を憲法違反とするブラウン事件判決の法廷意見にコンセンサスを得るために、フランクファータの要請によって、事件についての再討議（reargument）をおこなうことにした。大部分の裁判官はそれぞれ自分の意見にこだわりをもっていた。しかしウォーレンは個々の裁判官に全員一致意見に署名するように時間をかけて説得をおこなった。判決の法的効力自体は、全員一致でも多数決でも同じであるが、反対意見が示されると、それが反論の根拠として人種分離の正当化のために用いられることが懸念されたからである。ウォーレンは、合議でこの判決に反対投票すると思われる裁判官たちの説得を何度も粘り強くおこなった。彼は保守的な裁判官たちに対し、時代が確実に変わっていることを説明し続けた。ジャクソンとリードが最後に反対意見による異議を取り下げることに同意した。ウォーレンは最終的な判決のたたき台として基本的な意見を立案し、その意見をみんなに回覧させて、裁判所のすべてのメンバーによって支持される意見となるまで、それを修正し続けた。[7]

一九五四年五月十七日、合衆国最高裁判所は、九対〇の全員一致で、併合された五件の事件に対する判決をおこなった。[8] 判決では、公立学校で児童の人種による分離が、学校設備が同質であっても、少数人種の児童を傷つけると判断した。「分離された教育施設は本質的に不等である（"Separate educational facilities are inherently unequal."）」と述べた。[9] この決定は一八九六年のプレッシー判決を覆すものであった。判決は、このような学校の分離教育は、憲法第一四修正の平等条項に違反するものであり、止めなければならない、とするものであった。ウォーレンは、判決において、人種分離した学校が黒人児童に対して持つ否定的な心理的影響に注意した。「公立学校における白人と有色の児童の分離は、有色の児童に有害な影響を与える。この影響は、それが法によって認められた場合にはより大きな衝撃となる。というのも人種の分離政策は、黒人グループの劣位を意味するものと通常解釈されるからである。劣等感は、児童の学習する動機づけに影響を与える。したがって法が認可する分離は、黒人児童の教育的、精神的成長を遅延させる傾向があり、人種的に統合した学校組織で受けることのできる利益を彼らから奪うことになる[10]」と述べ、また、「公教育の場では、『分離すれども平等』の原則がいかなる余地も有しないと当裁判所は結論する。（We conclude that in the field of public education the doctrine of "separate but equal" has no place.）分離された教育施設は本質的に不平等である。したがって、当裁判所は、本件訴訟を提起した原告及び原告と同じような立場にある他の者が、問題とされている分離がおこなわれていることによって合衆国憲法第一四修正のもとで保障される法の平等保護が奪われたものと考える[11]」とした。

この画期的な判決が最高裁裁判官の九人の全員一致で決定したのは議会や行政だけでなく、各州や各州の州民に向けたメッセージとしてはかなり強力なものとなった。これは、上記のようにアール・ウォーレン首席裁判官の配慮によるところが大きかった。判決の中で、公立学校における児童の人種による分離は学校設備が等質であっても、少数人種の児童を傷つけると判断された。つまり「分離された教育施設は本質的に不等である」ことが明確にされた。

(3) 人種隔離教育を速やかに廃止し統合的学校制度を実施するように命じたBrown Ⅱ判決 ——Brown v. Board of Education, 349 U.S. 294（1955）[12]

ブラウンⅠ判決に基づいて成人の原告らは、自分自身とその未成年の児童と同じ状況に直面している他の全ての児童のために、トピーカ市教育委員会を相手取って、州制定法の施行、運用および執行とトピーカ市の学校当局によって実施されている分離教育の恒久的差止め（permanent injunction）を求めるとともに、同州の制定法と同市当局の分離政策自体を憲法違反であると宣言することをカンザス州地区連邦地裁に求めた。

これに対して、同地裁は、「合衆国最高裁が、プレッシー判決自体について再検討しなかったことは記憶にとどめておくべきである」[13]とし、「それゆえ、当裁判所は、プレッシー判決は破棄されていないし、この裁判例は分離された低学年の学校組織の維持に対する権威を今なお維持していると考える。したがって、原告らの救済請求は拒否され、被告勝訴とする」と判決した。[14]このような判断になったのは、最高裁がブラウンⅠ判決において公教育の場における分離は違憲と判断したものの、州に対して学校での分離教育を廃止する方法について何ら言及しなかったためである。そのため多くの州では、ブラウンⅠ判決にもかかわらず、白人だけの学校に黒人児童を受け入れるための学校統合に動き出さなかった。

南部の白人たちは、ブラウンⅠ判決に従って、公立学校を統合する意図を全く持たず、公然と人種差別的な対応を擁護した。[15]この当時、地方の裁判所と一般の白人市民の間に共有されている共通認識は、学校での人種差別廃止は成し遂げられないだろうというものであった。人種差別廃止の実行化が必要だと受け止めた裁判官たちは、最高裁のブラウンⅠ判決の文言を引用したことで地元の白人から激しい批判に遭遇した。[16]他方で、最高裁がブラウンⅠ判決において学校での人種差別廃止のための特別救済策について具体的に述べなかったこともあって、人種差別自体を支持してきた裁判官たちが教育の場での分離を続けることを容認してしまった。[17]

最高裁は、ブラウンⅠ判決に反発を強める南部州などにおけるこのようなブラウンⅠ判決の趣旨貫徹の遅滞を懸念した。そのため、一九五四年のブラウンⅠ判決については一年後にアメリカの教育施設での人種分離を是正する問題に正面から対処しなければならなかった。とくに最高裁は、州、郡や町、さらに地方の下級裁判所からの明白な抵抗に直面し、ブラウンⅡ判決を出さざるをえなかった。翌年の一九五五年五月三一日のカンザス連邦地裁からの上訴を受けて、最高裁はブラウンⅡ判決を判示し、各州の行政機関に対して分離教育撤廃についてしかるべき措置を「可及的速やかに」（with all deliberate speed）実施するよう命じるとともに、この実施について司法長官（Attorney General）が監視することを義務づけた。ウォーレン最高裁首席裁判官が州に対して公立教育施設の人種融合化は実施されるべきであるとの法廷意見を述べた。[18]

しかし、法的にはもはや学校での人種分離は許されないにもかかわらず、幼稚園から一二学年までの多くのアメリカの学校は人種的に分離されたままであり、しかもいくつかの地方ではブラウンⅠ判決の前よりも分離が進んだところもあった。

(4) 迅速な人種融合的教育の推進を求めたブラウンⅢ判決
——Brown v. Board of Education, 978 F.2d 585 (10th Cir. 1992), vacated, 112 S. Ct. 1657 (1992), reinstated, 978 F.2d 585 (10th Cir. 1992), cert. denied, 113 S. Ct. 2994 (1993) (Brown III).

大多数の南部州とその教育委員会は、ブラウンⅡ判決の「可及的速やかに」という言葉を、分離教育から統合的教育への移行について時間的猶予を与えたものと解釈し、分離教育の廃止を迅速には進めなかった。それどころか、白人学校にわずか数名の名目的な黒人児童を入学させるにとどめ、白人学校を従前通り維持したり、統合を求められた学校自体を廃校にしたり、分離教育制度を事実上維持している私立学校に対し州の教育補助金を重点的に配分するという対応をした。たとえば、ヴァージニア州連邦地裁は、同州のプリンス・エドワード郡に対して、ブラウンⅡ判決に基づき、人種差別的分離をただちにやめる必要はないと判断した。そのため同郡は、一九五九年から一九六四年までで、公立学校を五年間閉鎖した上で、郡内の白人生徒を白人生徒用の「私立アカデミー」に入学させることを教示した。その一方で、黒人の生徒は当該郡から転出しない限り、統合された教育を受ける機会がまったく与えられなかった。[19]このことから人種差別廃止の推進者は、このブラウンⅡ判決の「可及的速やかに」という言葉は、不明確でまた不十分であると受け取られた。

トピーカの弁護士グループ[20]は、トピーカ地区における公立学校が、ブラウンⅠ判決で意図された差別撤廃の実質的取り組みをしておらず、またトピーカ公立学校が許容していた「自由入学方式」（open enrollment）が人種差別の復活を招くという懸念を抱いた。この自由入学方式によって白人の両親は、白人学校が所在する地域にその児童を転校させることになり、白人ばかりの学校と黒人ばかりの学校が再度構成されかねないと考えた。そのため、ブラウンⅠ事件の最初の弁護士のチャールズ・スコット・ジュニア（Charles Scott Jr.）は、すでに二児の母親になっていたブラウンⅠ事件原告のリンダ・ブラウン・スミスに、彼女の子を原告としてブラウンⅠ事件の審理の再開を申し立てるよう説得した。

こうしてブラウンⅢ事件は、ブラウンⅠ判決で名前を挙げた原告を中心に本件訴訟に参加し、もとのブラウンⅠ判決を遵守するよう被告の教育委員会に命じる申立てをした。[21]原告らはトピーカの教育委員会がブラウンⅠ判決の二十五年後になってもまだ分離した学校制度を維持していること、さらに、教育委員会による人種的に歪曲された措置と是正への怠慢から人種的不均衡が生じていると主張し、トピーカ地区における公立学校が、一九五四年の最高裁判決を事実上これまでに遵守してきたかどうかを決定するために、ブラウンⅠ事件に関する審理を再開するようにカンザス州連邦地裁に申立てた。[22]

一九八七年にカンザス州連邦地裁のロジャース裁判官は、同地区が人種的な二元的システムを有しているとし、「不法で、意図的で、組織的な、または説明のつかないいかなる人種分離も存在しない」とした。[23]ロジャーズは、生徒が利用できる教員とスタッフの割合、施設、通学または課外活動においても何ら重大な相違もないとした。彼は、同地区はブラウンI判決に従ってさらなる統一化を行う必要はないと判決した。原告は第十巡回区連邦控訴裁に上訴した。同控訴裁は、二対一の判決で地裁判決を覆した。同控訴裁は、生徒と職員の配置に関して分離の痕跡（vestiges）が残っていると判断した。[24] 同控訴裁のセイモア裁判官は、「当裁判所は、社会を再構築するために裁判所が持つ限られた権限や能力のことは心に留めている。また、憲法上の平等保護の保障に対する不変の尊重と、政府が全市民にその約束を果たすことを確保するという裁判所の責任も自覚している。……当裁判所が本日、明らかにする意見は、学校における人種差別廃止に関する最近の合衆国最高裁判決と矛盾するものではない。当裁判所は、トピーカ地区が生徒の割り当て、教員とスタッフの割り当てではその積極的義務を果たしてこなかったことから、原審の地裁が教育制度は全体として一元的状況（unitary status）を達成していると結論づけたことに誤りがあると判断する。原審は、その代わりとなる適切な救済策を明確に述べなければならない[25]」とした。

このように控訴裁は、当該学校区がブラウン事件前の分離やそれに引き続く分離に対して十分に効果的に対処していないと判断した。控訴裁の判決に対しトピーカ地区から出されたサーシオレイライの申立てを合衆国最高裁は拒んだ。そこで、同控訴裁は、更なる口頭弁論を聞いた後に、学校区が一元的状況を達成していないと判決し、そのうえで、同控訴裁はカンザス地裁に適切な救済策を明確にするように命じた。一九九四年七月二十五日、同地裁は学校区の三回目の人種分離廃止提案を承認した。新しい提案は、「黒人生徒が白人学校に転校できることと、その逆の自主的な転校を勧めること[26]」とするものであった。同学校区は、市東部の分離学校も閉鎖し、二つの「マグネット・スクール」（magnet schools）を設置するものとした。この計画は、一九九六年までに達成することが要請された。[27]

2　公民権運動

(1)　ブラウン事件Ⅰ、Ⅱ及びⅢ判決の影響

ブラウンⅠ判決に対する最初の反応は穏やかだった。しかし、それはすぐに全国の市や町での激しい抵抗に変わっていった。多くの地方自治体は、強制的な学校統合の停止や私立学校の拡散など、分離した学校制度を維持するためのさまざまな策動を考案した。そのためブラウンⅠ判決にもかかわらず公的教育の場での分離政策は一向に是正されなかったし、されたとしてもその歩みは遅かった。また、教育の場では、プレッシー事件の「分離すれども平等」原則は学校教育の場では否定されたものの、その他の日常生活上の分離政策が否定されたわけではないと解釈することによって、アメリカの生活と文化のほとんどすべての場面で有色人種と白人の一方的人種分離政策が強行され、それに対する反発は、この国と社会を二分するほどの政治的問題となっていった。とくに州政府によって推し進められる分離政策は、私人間における差別意識を助長し、それが、黒人や自由主義的白人への暴力による攻撃を奨励した。マーティン・ルーサー・キング・ジュニア（Martin Luther King, Jr.）のような非暴力的なリーダーの主張にもかかわらず、公民権運動は大都会で暴力と暴動によって特色づけられた。黒人と白人の支援者らはレストラン、ホテル、バスや鉄道などの輸送機関で示される人種分離に反対した。彼らは、とくに分離を促進する企業、雇用者と商品とサービスをボイコットした。公民権運動を危険視した州や地元政府は地方警察を動員し、警察は容赦のない暴力で対応した。

(2) モンゴメリー・バス・ボイコット（Montgomery Bus Boycott）事件とローザ・パークス（Rosa Parks）

ブラウンⅠ判決はこれまで対処されなかった教育以外の差別問題の現実に焦点を当てることになった。このブラウンⅠ判決によって学校での差別が終わったわけではなかった。一方、完全な公民権を求める黒人の闘いは、ブラウン事件判決を機に、学校での人種統合教育を越えて他の人種隔離への挑戦へと急速に拡大した。一九五五年一二月に全米有色人種地位向上協会（ＮＡＡＣＰ）のアラバマ州モンゴメリー支部に属する黒人女性のローザ・パークスは、市バス内で白人に座席を譲れという運転手の命令を拒んだため州法違反で逮捕された。パークス逮捕の知らせは直ちにモンゴメリー市の黒人社会に広がり、以前から人種差別的な市バスの対応に憤慨していた黒人たちは、一夜にして組織化をおこない、バス・ボイコットを決定した。このボイコット運動は一年以上続き、市内在住の五万人の黒人と賛同する白人たちが参加した。

一九五五年十二月一日、ローザ・パークス[28]は、アラバマ州モンゴメリー市の市バスに乗車した際、黒人が座ることのできた最前列の前から五列目の座席に他の三人の黒人と座った。二、三の停留所を経た後、前方の四座席は白人が着席したが、一人の白人が座れないで立っていた。同州のジム・クロウ法のもとでは、白人用座席が満席になると、黒人乗客は、その座席を白人に譲り、より後方の「有色用座席」（colored section）への着席を義務づけていた。そこでバス運転手は第五列に着席しているローザを含む黒人四人に対して後部座席に移動するよう要請した。三人は従ったが、パークスは拒否した。運転手から通報を受けた警察によってローザ・パークスは一九五五年十二月一日に逮捕された。

ローザ・パークスの逮捕の二四時間後に、彼女はＮＡＡＣＰの助力で保釈された。この時、婦人による政治諮問会議（Women's Political Council）のメンバーが、バス・ボイコット（バス乗車拒否）を呼びかけるフライヤー（ちら

ローザ・パークスの葬儀（memorial service）が2015年10月31日ワシントンDCのMetropolitan AME Churchでおこなわれた。

し）を三万五千部以上作成し、配布を始めた。このフライヤーはローザ・パークスの公判の日までにすべて配布され、すべての黒人はバス利用を見合わせるように呼びかけられた。

ローザ・パークスの逮捕によって触発されたこのバス乗車拒否（モンゴメリー・バス・ボイコットという）は、モンゴメリー改善協会（Montgomery Improvement Association）によって準備された。その時の、責任者（president）が、若きマーティン・ルーサー・キング・ジュニアであった。彼は、二六歳の若きバプティスト派の牧師であり、このバス・ボイコット運動を支えた。彼はインドのマハトマ・ガンディーの非暴力抵抗思想に強い影響をうけ、ボイコット運動を人間的な正義の闘いととらえて、整然とした抗議行動によって車内の人種隔離廃止をめざした。モンゴメリー・バス・ボイコットは人種差別に抗議するために非暴力的な集団的抗議活動として後に続いた差別撤廃運動のモデルとなった。バス・ボイコットの支持者は大きな広がりを見せ、バスを使えない通勤客や学生に対して、三〇〇台を超える自家用車がボランティアで提供された。これに対し地元警察は車を提供している者を徘徊容疑や営業妨害容疑で逮捕した。ドライバーには反則切符が切られ、乗客は定員オーバーで逮捕された。しかし、ボイコットは三八一日間も続いた。利用者数の急激な低下で、バス会社の収益は著しく落ち込んだ。

他方、ローザ・パークスは治安紊乱行為違反として起訴され、直ちに公判に付された。公判は九〇分だけで、彼女は有罪（罰金および訴訟費用として一四ドル）とされた。ローザ・パークスは、直ちに控訴をおこない、人種分離法の合憲性に挑戦した。

モンゴメリー・バス・ボイコット運動は、組織、共同体団結、非暴力そして連邦政府の介入といった多様な要素を含みながら、一九六〇年代の公民権運動の基盤を提供した。同じように、いわゆる「座り込み（sit-in, シット・イン）運動」もおこなわれた。ブラウン判決にもかかわらず厳然と存続する南部の人種隔離制度に、非暴力直接行動で黒人学生が立ち上がった。

一九六〇年二月初め、ノースカロライナ州グリーンズボロの白人専用レストランのランチ・カウンターに四人のNAACPの黒人大学生が意図して座り、コーヒーを注文した。彼らの注文は人種隔離制度のもとで無視されたが、四人はレストランで退去を迫る脅しにもかかわらず、座り込み（シット・イン）を続けた。この座り込みに加わる黒人の数は増え続け、人種隔離制度に抗議する座り込みや、眠り込み（スリープ・イン）といった同様の行動が南部中のレストランやモーテル、図書館、劇場などに広がった。こうした運動の参加者は南部の諸都市で数万人に及んだ。[29]

(3) Little Lock High School 事件（1957）

ブラウン事件判決がどれだけ明確に「分離された教育制度は本質的に不平等である」（separate educational facilities are inherently unequal）と宣明しても、教育の現場での人種分離制度が終わったわけではなかった。とくに南部州では、まだ黒人を受け入れない高校や大学が存在していた。そのため、ブラウン判決を受けてそれらの教育機関への入学を試みた黒人生徒や学生に対する脅迫やいやがらせが相次ぎ、大きな社会問題となった。

一九五七年の夏にアーカンソー州知事のオーヴァル・フォーバス（Orval M. Faubus）は、公立高等学校に入学をしようとする九名の黒人生徒を妨害するために州兵を召集した。アーカンソー州の州都であるリトルロック（Little

Rock）市では入学反対派の白人市民による暴動が生じた。当時のアイゼンハワー大統領は連邦軍の第一〇一空挺師団を派遣し、暴動を鎮圧したあとも部隊を駐留させ、入学する黒人生徒をエスコートさせた。こうした模様はメディアを通して全米に流れ、人種隔離教育の孕む問題の根深さを国民に知らせた。[30]

リトルロック市は人口の約四分の一が黒人であった。市の教育委員会は、ブラウンI判決を受けての人種統合は、まず数人の黒人生徒を白人高校に転入させることから始め、次第に黒人生徒を増やすという段階的な分離解消の方針に従っていた。その一環として、二千人の白人高校にリトルロックの中央高校（Central High School）への編入方針が立てられ、市教育委員会に転入希望を届け出た八〇数人の中から、成績優秀であり、また優れた性格と行動力を有した男女一〇人の黒人生徒が選ばれた。一〇人の黒人生徒は、一九五七年九月三日に中央高校に到着した。彼らは九月四日の初登校日に、勉学の期待を胸に、NAACPの役員や支持者と共に集団登校することになっていた。しかし、そこで彼らを迎えたのは、人種的統合を阻止するために集まった白人生徒、その両親と市民集団であった。一〇人の生徒は、身体への脅威、罵声、怒号、群衆からの人種差別発言に直面した。この日の恐怖のため、一人の入学希望の生徒が編入をあきらめ、残る九人の黒人生徒が、なお中央高校への編入を望んだ（彼らは「リトルロックの九人」Little Rock Nineと称される）。それだけでなく、人種統合に一貫して反対していた州知事のフォーバス自身が、州警備隊（National Guard）に「治安維持と州民の生命・財産保護」のためという名目で、黒人学生の入校を阻止する命令を出した。そのため、九人は中央高校の校舎に入ることをあきらめた。

フォーバス知事の措置に対抗して、サーグッド・マーシャル弁護士を含むNAACPの弁護士たちが、同州知事による学生の学舎立ち入り妨害の差止めをアーカンソー連邦地裁に求めた。一九五七年九月二十日に、同連邦地裁のロナルド・デーヴィス（Ronald Davies）裁判官は、フォーバス知事に対して中央高校の正門から国家警備隊を撤退させ、併せてリトルロックで学校統合が順調にいくように命令した。しかし、フォーバスはこの裁判所命令を無視した。この事態に、モンゴメリー改善協会会長であったマーティン・ルーサー・キング・ジュニア牧師は、アイゼンハワー大統領に手紙を書き、リトルロックの学生たちが学校に通うための迅速な措置を取るように促した。アイゼンハワーはリトルロック事件が国際的な関心を集めていることから、まずアーカンソー州兵を連邦軍の指揮下におき、また州知事に人種統合を積極的に進めるように要請した。州知事が州兵を引き上げた後、高校の近くで暴動が起こったため、今度は合衆国大統領が一千人の連邦軍を派遣し、州内の予備兵一万人に登録を命じた。九人の生徒は軍隊に守られながら登校し、連邦軍はその一部が翌年まで駐留した。連邦軍による警衛の助けによって、九人の生徒は同年九月二三日にうまく補助入り口を通って学校に入ることができた。[31] 連邦政府の対応に反発したフォーバス知事は、学年末にリトルロックのすべての公立学校を閉鎖する案を問う州民投票を実施し、過半数の支持を得た。これによって州知事は新学期を前にリトルロックの公立高校のうちの四校を閉鎖した。

(4)　リトルロックの人種別隔離事件（Little Rock School Desegregation Cases, 1982–2014）
――Little Rock School District, et. al. v. Pulaski County Special School District et al.

リトルロックの公立高校の人種統合の問題に関する裁判による権利実現の戦いは長期に及んだ。一九八二年から二〇一四年まで、アーカンソー州東部地区連邦地裁では少なくとも六人の地裁裁判官がこの事案に関与し、決定や判決を下した。一九八四年に連邦地裁は、同州ポラスキー郡のリトルロック学校区（LRSD）、ポラスキー郡特殊学校区（Pulaski County Special School District）及び北リトルロック学校区（North Little Rock School District）が憲法に反して分離教育をおこなっていると判断した。その一つの理由に挙げられたのが、一九八四年にリトルロックの人口比は、約六五パーセントが白人であったのに対し、黒人生徒はわずか七パーセントだけであった。[32] 地裁は、これら三つの学校区に対して合衆国最高裁が Green v. County School Board of New Kent County（1968）事件で打ち立てた統合の基準数を満たす一元化（unitary）が実現されるまで裁判所の監視下に置くとした。この基準は、黒人と白人学生の受入れ比の割合、施設と課外活動の絶対的平等性との同等性を含むものであった。

一九八五年十一月に、第八巡回区連邦控訴裁は、リトルロック学校区境界線の大部分を市境界線と一致するように命じた。[33] 結局、二〇〇七年に、ウィルソン裁判官はリトルロック学校区の一元化（unitary）を宣言し、この決定は二〇〇九年に第八巡回区連邦控訴裁によって支持された。ポラスキー郡特殊学校区及び北リトルロック学校区は、二〇〇七年に一元化の宣言を得るための聴聞会を申し出、それが認められた。[34]

(5) ミシシッピ州立大学事件（The Riot at Ole'Miss,1962）

一九六二年の秋に、ミシシッピ州オクスフォード（Oxford）市は人種分離廃止を巡る騒動で全米の注目を集めた。黒人のジェームズ・メレディス（James Meredith）は、高校卒業後、米空軍に勤務し、日本の立川基地で三年間勤務した後、黒人のための大学であったミシシッピ州のジャクソン州立大学でクラスを履修していた。彼は、白人学生だけを受け入れていたミシシッピ州立大学（University of Mississippi）に編入しようとしていた。同大学は、ミシシッピのプランテーション所有者やミシシッピの有産者階級のために州が提供する教育施設として、彼らがOleMiss[35]と呼び、その子たちを進学させる白人の名門校であった。一九六一年一月、メレディスはミシシッピ州大学に入学を申請した。メレディスは、入学願書において、「私が白人の申請者でないことを知ることによって、貴大学の学生となることに対する私へ態度が変わらないように心からお願いいたします」と書いた。しかしメレディスの入学は拒否された。

メレディスはＮＡＡＣＰの弁護士の支援を受けて同大学を相手にミシシッピ州連邦地裁に提訴した。地裁の裁判官が、口頭弁論の機会を先に延ばし続けたため、メレディスは、第五巡回区連邦控訴裁に控訴した。同控訴裁は、地裁裁判官の訴訟指揮を不適切だとし、また一九六二年六月に大学に対し、「メレディスを受け入れるように」命ずる判決を下した。それでも編入を阻もうとする動きに対して連邦司法省が介入し、最終的に合衆国最高裁に事件が上告された。

一九六二年一〇月八日、合衆国最高裁のヒューゴ・ブラック（Hugo Black）裁判官は、メレディスのミシシッピ州立大学入学を許可する第五巡回区連邦控訴裁の命令を再検討しないとし、メレディスを受け入れる原審の命令が実行されるべきであると述べた。こうしてメレディスの入学許可の判決が確定した。[36]

しかし、ミシシッピ州知事のロス・バーネット（Ross Barnett）や大学当局による判決無視が続き、ついに連邦控訴裁は州知事に対し法廷侮辱罪の適用を勧告すると同時に、連邦政府に対して強制執行の手続きを指示した。頑固な人種分離主義者である同州知事は、メレディスの大学入学は認めないと主張していた。同じ主張は、ミシシッピ州の政治家や地元新聞社などにも共有されており、ミシシッピ州立大学の人種統合には断固として反対していた。

司法長官のロバート・ケネディは、最高裁の命令に従わない罰金として同州知事に一日一万ドルの罰金を課すという通知をした。ロバート・ケネディは州知事への直接の電話で、「一〇月一日には何としてもジェームズ・メレディスを入学させるように」との指示を出した。一九六二年九月三〇日の日曜日に、メレディスは連邦当局のエスコートにより大学のキャンパスに到着した。州知事の対応があいまいなまま、メレディスの入学に反対する多数の人間が大学近辺に結集しはじめ、ついに連邦法執行官に対して投石を始めた。これに対して連邦軍が催涙ガスで対応した。[37]

ジョン・F・ケネディ大統領は、この夜、TV放送で全国民に向かって一連の経過の報告と自身の信念を演説した。ミシシッピ州立大学問題について、「暴力沙汰を防ぎ、平穏にジェームズ・メレディスを受け入れてほしい」と要望した。しかし暴動はおさまらず、かえって、暴徒を怒らせた。暴徒の行動はエスカレートし、乗用車に火を放ち、保安官に石をぶつけ、それがやがて煉瓦になり、さらに火炎瓶となり、多数の保安官が負傷する事態となった。

そこに州兵が派遣されて流血騒ぎになったため、連邦軍実戦部隊がヘリとパラシュートでキャンパスに進入する騒ぎとなった。一〇月一日朝には、三万人の米軍部隊がキャンパスに到着し始めた。それは、南北戦争以来の連邦軍による最も大きい南部州への進行であった。彼らは、連邦保安官および国家警備員（National Guards）を援助し、暴動を鎮圧し、メレディスがミシシッピ州立大学の寮から彼が登録した授業の教室まで付き添った。[38]

これは、「オクスフォードの危機」として知られる南部戦争以来の連邦政府と南部州の間で最も大規模な衝突であった。また、公民権運動のアメリカの歴史のなかでも最も重大な事件の一つである。

3 一九六四年公民権法（Civil Rights Act of 1964）の制定

(1) ジョンソン大統領と公民権法案

一九六一年五月に人種平等会議（Congress of Racial Equality）として知られるグループは、州をまたぐ交通機関における人種的分離に抗議するためにバスを仕立てて、ワシントン特別区からニューオリンズに行く計画を立てた。これは「フリーダム・ライダー」（Freedom Riders）[39]として知られるが、これが明らかになると、たちまち攻撃に直面した。彼らはノースカロライナ州で身柄を拘束され、サウスカロライナ州で白人の人種差別主義者たちによって暴行を加えられた。アラバマ州においても彼らは暴力に出会った。これ以外にも一九六〇年初めには、反人種差別活動が大都市を中心に生じたが、多くは、州や市警察当局による強圧的な対応に遭い、これに対する抗議は暴徒化することもあった。

ケネディ大統領は、一九六三年春にエスカレートした人種関係の緊張と黒人による暴動の頻発と激化を憂慮し、一九六三年六月一九日に、大統領自ら起案した「一九六三年公民権法案」を両院に送付した。その法案では、ホテル、モーテル、レストラン、カフェテリア、ランチ・カウンター、ソーダファウンテン、ガスステーション、映画館、劇場、コンサートホール、スポーツアリーナ、その他小売商店などを「公共施設」とし、そこでの平等な待遇の保障を実現すること、さらに連邦政府が、そのような場所での差別が国民経済にマイナスの影響を与えるとして、州際通商条項により、市民に対する差別的待遇を認めない立法をおこなう権限と義務を有しているとした。ケネディはテキサス州ダラスで暗殺される数カ月前に、公民権に関する彼の歴史的演説をおこない、そこで、憲法上の公民権の重要さを述べた。これにより「一九六四年公民権法」制定への道を開いた。

ケネディが議会に対して示した公民権法案では、「投票権のより大きな保護」(greater protection for the right to vote) と同様に、「公共に提供されているホテル、レストラン、劇場、小売店と類似した施設はすべてのアメリカ人にそのサービスを受ける権利を与える」ことを求めた。ケネディの演説は、人種分離への抗議活動中の学生と児童が警察犬や高圧消火ホースによる攻撃を受けた一九六三年のバーミンガム・キャンペーン (Birmingham campaign)[40] の後におこなったものである。ケネディの公民権法案は、一八七五年公民権法を下敷きにし、公共施設での区別を禁止すること、なかでも分離した学校組織を維持している州政府に対する訴訟に連邦司法長官が参加する規定を含んでいた。しかし警察の過剰な警備行為からの保護や、私人間の雇用における差別、また人種差別廃止または雇用差別訴訟を司法省に担わせるという多くの公民権リーダーたちが不可欠とみなしていた施策規定を含んでいなかった。

暗殺されたケネディ大統領の公民権に対する意思を受け継いだのはリンドン・ジョンソン大統領であった。彼は、長年、上院院内総務 (Senate majority leader) として職務にあたってきた。彼は議会で立法を導く責任者として、双方の政党や異なる意見を有する議員たちとの間で調整活動をしてきた経験があった。実際に、公民権法案を巡って、ジョンソンは上院で議事妨害（全ての法案を廃案にさせることを目的とした遅延のためのフィリバスター）に直面した[41]。ジョンソン大統領は自ら電話をかけ、個人的にロビー活動をおこない、投票に迷っている議員の説得を続け、また投票を強制し、ホワイトハウスの側近、公民権運動のリーダー、労働組合の指導者及び、議会の公民権支持派の支持を得て、公民権法の立法化を得るために最大限の努力をし、最後には首尾よく投票に持ち込むことができた。一九六四年七月二日に、正式に「一九六四年公民権法」に署名がおこなわれた。[42] この署名式には、マーティン・ルーサー・キング牧師をはじめ、ローザ・パークスや当時の公民権運動の指導者たちが参加した。

「一九六四年公民権法」[43] はホテル、レストラン、教育及び他の公共施設を含む場所での人種差別を禁止した。具体的には、一九六四年公民権法の二〇一条は、「すべての人は、……公共の場で供される商品・サービス・施設・特権・利益・設備を、人種・皮膚の色・宗教あるいは出身国を理由とする差別や分離をなされることなく、完全かつ平等に享受する権利を持たなければならない」とした。この法律の根拠は憲法第一編八節三項の「州際通商条項」(interstate commerce clause) であった。つまり、「……宿泊施設、州境を越えるときに利用されるか、州境を越えて輸送された商品を相当量提供するレストラン、ガスステーション、通常州境を超えて取引される娯楽物を提供する映画館、スポーツ施設、での人種・体色・宗教・出身州による差別を禁ずる」というものであった。

この画期的な公民権法は同時に平等な雇用機会を保障した。それだけではなく、雇用の場における、人種、皮膚の色、宗教、性別あるいは出身国を理由とする差別を違法とした。さらに、同法は、不平等な選挙人登録要件や、学校、職場、公共の施設での人種差別に終止符を打つことを求めた。これらを実行するために与えられた行政府の権限は、最初のうちは弱かったが、年々強化された。連邦議会は、合衆国憲法の州際通商規制権の下で、憲法第一四修正の平等保護条項と第一五修正の投票権を、すべての市民に保障するための法律の制定に着手した。

(2) 一九六四年公民権法(CRA1964)

一九六四年公民権法(CRA1964)は、市民の諸権利の保護に関して相互に関連しながら、一一の個別タイトル

(Title,編) から成る。同法は、新たに導入された諸規定の部分と、既存の公民権法その他関係法令の諸規定を修正補強した部分を合わせて制定されている。

Title Ⅰ(第一編、タイトルⅠ)は「連邦選挙における投票権の保障」について定める。それは選挙人投票者登録の手続きにおける不平等基準の適用を禁止した。同法では、投票規則及び手続き法がすべての人種に対して等しく行使されることを義務づける一方で、「有権者資格」(voter qualification)の概念は廃止しなかった。つまり、それは市民が投票権を自動的に有するのではなく、市民権を越えたいくつかの基準を満たす必要があるだろうという考えを受け入れた。それが一年後に法律にされた投票権法(Voting Rights Act)であった。そして、この投票権法では市民権に反するような投票資格要件が除去された。

Title Ⅱ(第二編、タイトルⅡ)は、「公共施設における人種差別に対する差止め命令救済」である。つまり、公共施設において人種、皮膚の色、宗教、または出身国によって人種差別や分離をおこなうことを禁止し、司法長官は、裁判所が許可すれば私人の訴訟に関与し、自ら違反行為の差止め請求訴訟を提起できるとした。このタイトルⅡによって、州際通商に関与しているホテル、モーテル、レストラン、劇場及び他の全ての公共施設で人種、肌の色、宗教または出身国に基づいた区別を違法とした。しかし、いわゆる私人の「私的クラブ」は、この規定の対象外とされた。

Title Ⅲ(第三編、タイトルⅢ)は、「公的施設における人種分離の廃止」を規定する。州および地方政府によって所有され管理されている公的施設における人種分離を廃止することとした。

Title Ⅳ(第四編、タイトルⅣ)は、「公教育における人種分離の廃止」を規定した。つまり、人種、皮膚の色、宗教、出身国を理由に入学を拒否されたと申立てられた事件については、司法長官が刑事訴追できるとした。また、公立学校の人種差別廃止を促進するため、司法長官にこの法を実施するための訴訟提起を奨励した。

Title Ⅴ（第五編、タイトルⅤ）は、「公民権委員会」設置に関する規定であり、一九五七年の初期公民権法によって規定された公民権委員会（Civil Rights Commission）に追加的な権限と規則及び手続きを拡大した。

Title Ⅵ（第六編、タイトルⅣ）は、「連邦が助成するプログラムにおける人種差別を禁止」した。つまり、連邦政府からの助成金を受けた事業や活動に人種差別行為があった場合、連邦助成金を差止める。違反者には、一〇〇〇ドル以下の罰金、または六ケ月以内の禁固刑を定めた。まず連邦基金を受ける官公庁は差別そのものを禁止した。この規定は、連邦の財政援助を受けているプログラムや活動に関連して、人種、肌の色または出身国を理由にした差別があってはならないとする合衆国の方針を宣言するものであり、この方針の実行のためにしかるべき処置を連邦各部門や機関が取ることを指示している。

Title Ⅶ（第七編、タイトルⅦ）は、「平等雇用機会」に関する規定である。雇用の場面における人種差別を禁止し、違反した雇用主は一〇〇〇ドル以下の罰金、または一年以下の禁固刑とした。（これについては以下の「4　一九六四年公民権法（CRA 一九六四）の Title Ⅶ（タイトルセヴン）とEEOC」の節で説明する。）

Title Ⅷ（第八編、タイトルⅧ）は、「有権者登録および投票統計」に関する規定である。選挙人登録に必要なデータと公民権に関する委員会で特定された地理的地域の投票データの編集をおこなうことが規定されている。

Title Ⅸ（第九編、タイトルⅨ）は、「公民権訴訟の差戻しの際の仲裁手続」を定める。また、州裁判所から連邦裁判所に公民権事件の管轄を移すことをより容易にする。この規定は、州裁判所においては、公正な裁判を期待できないと主張してきた公民権活動家にとってはかなりの重要性を有する。[44] さらに公民権法のタイトルⅡからⅥ編のいずれかにおいて生起した問題に関して刑事的制裁の嫌疑を受けている被告人に対しては陪審裁判を受ける権利を保障した。有罪とされた場合に被告人は千ドルを上回らない額の罰金を科されるか、または六カ月以下の禁固刑が科される。

Title Ⅹ（第一〇編、タイトルⅩ）は、「コミュニティ・リレイションサービス局」（Community Relations Service）の設置である。つまり、公共施設などにおける人種差別問題に関わる紛争解決をサポートする連邦機関を商務省内に設置することを定める。

Title Ⅺ（第一一編、タイトルⅪ（イレヴン））は、「その他」の規定となっている。

とくに一九六四年公民権法の第二編「公共施設における人種差別に対する差止命令救済」、第四編「公教育における人種分離の廃止」、及び第七編「平等雇用機会」は、「差別」に対するアメリカ社会の取り組みを法的に大きく支えるものとなった。[45]

4　一九六四年公民権法（CRA1964）のTitle Ⅶ（タイトルセヴン）とEEOC

(1)　CRA1964から、Title Ⅶ（タイトルセヴン）へ

一九六四年公民権法のタイトルセヴンは、人種、肌の色、宗教、性別または出身国に基づいて雇用者による差別を禁止する。[46] タイトルセヴンは、「一五人以上の被用者を有する雇用者」に適用される。そして州と地方政府に適用される。同様に、連邦政府、職業紹介所、そして労働者団体にも適用される。雇用上の機会均等は、人種的グループまたは、その人種に関係づけられた特徴、例えば毛髪の質や色、肌の色、顔の特徴で認識された人種的なグループ、または特定の人種に関わらず、すべての者にも与えられる。

タイトルセヴンは、特定の人種的なグループについての能力や特徴または固定観念や仮定に基づいた職務内容の決定を禁止している。タイトルセヴンは、白人、黒人、アジア人、ラテンアメリカ人、アラブ人、アメリカインディアン、ハワイ原住民と太平洋島民、および他の民族や個人であるかどうかにかかわらず、人種、肌の色または民族性に

基づいた差別を禁止する。採用、雇用及び昇進、異動、職務割当て、達成度測定、労働環境、職業訓練、懲戒及び解雇、雇用期間、雇用上の条件、賃金や福利について差別することを違法としている。タイトルセヴンは、意図的な差別だけでなく、不相応に、特定の人種または肌の色の者に対して影響を及ぼし、さらに職務及び事業に必要のない職務方針を取ることを禁止する。

タイトルセヴンの保護対象は、まず、「採用、雇用、及び昇進」に関係する。職務要件は、すべての人種と肌の色の者に、一様に、そして一貫して適用されなければならない。職務要件が適用される場合であっても、それが職務履行または業務の必要上重要でない場合、それが他者よりも特定の人種的グループまたは肌の色の者を除外する場合、当該要件は不法とみなされる。潜在的に違法となる例は、たとえば、全てまたは大部分の潜在的労働者について同じ人種または肌の色の者の応募に限定している場合、被用者の職務履行または業務上の必要性にとって重要でない特定の学歴を有することを求めている場合、そして、被用者の職務履行または業務上の必要性にとって重要でない知識、技術または能力を試験するような場合である。他方、雇用者は、アファーマティヴ・アクションのために被用者または求職者に人種に関する情報を合法的に求めることができる。そのような場合、当該情報は人種差別的な選択を警戒するために、別々の形で分類するなど他の情報とは別に保管する方法を雇用者は求められる。

他方で、雇用者は、人種、肌の色、宗教、性別または出身国などの被保護的特徴を基礎として、職務の特質上、識別することが許される場合がある。これは、真正な職業資格（bona fide occupational qualifications, BFOQ）と称される。特定の事業の性質や特徴、またはその業務に合理的に必要な場合には、この「真正な職業資格」（ＢＦＯＱ）を抗弁として雇用者が示すことにより、かなり「狭く策定された」（narrowly tailored）状況において区別することが認められている。この「真正な職業資格」による抗弁では、雇用者は、三つの要素を証明しなければならない。まず被保護者の特徴（protected traits）と職務遂行能力との関係、第二に、「真正な職業資格」が雇用者の業務上の

「根本的要素」（essence）、または中心的任務（central mission）に関係していること、第三に、それが極めて制限的なものであり、合理的な代替案（reasonable alternative）がないことである。[47] この真正な職業資格による例外は、被保護者の特徴に基づく差別の一般的禁止に対する極めて狭い例外とされている。[48] そのため、雇用者または個人に対する顧客の好み（preference）といったことは、真正な職業資格を確立するのに十分ではない。[49]

タイトルセヴンは、さらに妊娠差別を禁止している法律（Pregnancy Discrimination Act of 1978）、雇用上の年齢差別禁止法（Age Discrimination in Employment Act）および障がいを持つ者の差別を禁止している法律（Americans with Disabilities Act of 1990）によって補充強化され、一群の連邦「差別禁止法」を構成している。[50]

(2)　いやがらせと敵対的労働環境（Harassment/Hostile Work Environment）

タイトルセヴンは、たとえば人種または民族に対する中傷（racial or ethnic slurs）、人種的な「冗談」、軽蔑的コメント（derogatory comments）または人種や皮膚の色に基づく口頭または身体的行為（verbal or physical conduct）[51]を禁止している。雇用主はいやがらせを防止し、是正するために適切な処置をとることが求められる。同様に被用者は、いやがらせの段階的拡大を妨ぐために発生したことについて早期に報告するよう求められている。

①　分離（Segregation）と被用者の分類

被保護者グループに属する被用者が他の被用者、または顧客との接触について、皮膚の色によって分離される場合、タイトルセヴン違反となる。加えて雇用者は人種または皮膚の色に基づいて被用者を割り当てることはできない。たとえば、おもに黒人の被用者を黒人が大多数を占める営業地や地区に割り当てることは禁止されている。特定の職務から一つのグループのメンバーを除外するか、またはある種の職務だけを特定の被保護者グループのメンバーによって担われるように、被用者、または職務を分類することは違法である。雇用者または職業紹介所が、申請者の応募用紙や履歴の情報において人種を指定するための符号や記号を用いることは、特定の人種または肌の色の者が雇用や特定のポジションから人種を理由に除外されたという差別の証拠とみなされる。

② タイトルⅦとEEOC

タイトルセヴンは、人種、皮膚の色、宗教、性別、出身地などの相違による一切の差別を禁止し、撤廃する法律であり、それを管轄し、実行化するための連邦政府の独立機関として設立されたのが、「雇用機会均等委員会」（EEOC, Equal Employment Opportunity Commission）である。

ＥＥＯＣの使命は、平等な雇用環境を保障するために、調査、和解、訴訟、調整、通達、教育、指導などを通じて、雇用差別を禁止している法律を施行することにあり、その人員は、大統領によって任命され、上院の承認を経て決定される代表顧問（General Counsel）と五人の委員（Commissioner）で構成されている。委員はＥＥＯＣが管轄する雇用平等法に関する全米レベルの政策を策定するとともに、ＥＥＯＣによる訴訟提起の決定権を有している。ＥＥＯＣの本部は、ワシントン特別区にあるが、委員会（Commission）の事務所は全米に一五カ所にあり、それぞれの地域の問題を統括している。年間約八万件から九万件の紛争を受け付けているが、一番多いのは人種的差別（race）の問題で、あと性差別（sex）と国籍差別（national origin）が続いている。[52]

一九六五年から一九七二年まではタイトルセヴンは強い実施規定を欠いていた。その代わりに、ＥＥＯＣに差別に関する外部からの申立てを調査する権限が与えられた。ＥＥＯＣは事案に相当理由（reasonable cause）があると判断した場合は、訴訟提起のために事案を司法省に委任することができる。

一九七二年に、議会は雇用機会均等法（Equal Employment Opportunity Act）を可決し、タイトルセヴンを訂正し、ＥＥＯＣに訴訟を提起する権限を与えた。ＥＥＯＣが被用者の申し立てに根拠があると判断した場合、訴えの手続きに入ることが認められる。別な方法としてＥＥＯＣは「訴えるのにふさわしい」（right-to-sue）と呼ばれる書状を交付し、それによって被用者は訴訟プロセスに着手することができる。これ以降、ＥＥＯＣは公民権法に関係する裁判において主要な役割を果たしてきた。被用者及びＥＥＯＣは、不払い賃金、福利、職場復帰（reinstatement）の請求と弁護士費用を求めることができ、賃金及び感情的な苦痛のための損害に対する損害補償額はタイトルセヴンによって上限が決められている。被用者に容認される損害賠償額は雇用者の経営規模に応じて異なる。[53]

一九八〇年代初期に、複数の連邦裁判所は、「性的いやがらせ」（sexual harassment）がタイトルセヴンのもとで禁止されると判決し始めた。一九八六年に、合衆国最高裁が、Meritor Savings Bank v. Vinson 事件[54]において、「性的いやがらせは、性差別の一形態であり、タイトルセヴンによって禁止される」と判決した。また、同性間における性的いやがらせもまたタイトルセヴンのもとに禁止されると決定した。[55]

二〇一二年に、ＥＥＯＣはトランスジェンダー（transgender）を理由とした職務差別がタイトルセヴンのもとで禁止されると決定した。この決定は、当該差別が性的固定概念に起因したかどうか、当該個人の性的指向の事実に対する不快、あるいは個々の性の認知された変化を理由とする差別かを問わず、ジェンダー的特徴（gender identity）に基づく差別は、性を基礎とした差別とみなされるとした。二〇一四年には、ＥＥＯＣは性同一性障がいに基づく差別のために私企業に対する二件の訴訟を開始した。

このようにＥＥＯＣの取り扱う雇用差別の形態は、つぎのような差別的行為である。（ⅰ）人種、皮膚の色、出身地に基づく差別、性に基づく差別（セクシュアル・ハラスメントは、この性に基づく差別の一種とみなされている）。（ⅱ）②　宗教に基づく差別（宗教による差別を禁ずるだけではなく、宗教上の信念に妥当な便宜をはかることも要求している。従業員が信仰上の衣装を着用することや、宗教上の休日をとることを雇用者は妥当な範囲内で認めなければならない）。（ⅲ）年齢に基づく差別（採用、昇進、給与、解雇などに関して四〇歳以上の者に対して年齢を理由として差別することは一九六七年の年齢差別禁止法で禁止されている）。（ⅳ）妊娠、出産及びこれに関する体調に基づく差別（一九七八年のタイトルⅦの改正により、妊娠差別禁止法が成立した。この法律は妊娠中に就労可能な状態にある女性や、妊娠や出産に伴い一時的に就労できない状態にある女性に対する待遇を妊娠や出産以外の原因で同様な状態になった人々と同等にすることを求めたものである）。（ｖ）障がいに基づく差別禁止（肉体的、精神的な障がいを理由に雇用差別することは一九九〇年の障がい者差別禁止法により禁止されている）である。

③　職務慣行と差別的効果（disparate impact）法理

第一に、被用者は特定の職務慣行が、「人種、肌の色、宗教、性別または出身国を基礎として差別的効果を引き起こす」（causes a disparate impact on the basis of race, color, religion, sex, or national origin）ということを立証しなければならない。被用者は統計的証拠を用いることによってこの差別的効果の因果関係を示し、これに対して雇用者は反駁することができる。雇用者が被用者の提示した統計的証拠に信頼性がないことを証明したのであれば、被用者は不利益な効果の立証責任を尽くさなかったことになる。この時点で、直接に差別的な条件や待遇差は設けていないものの、結果的に格差が生じるような状況にある「差別的効果」に対する申立事案は終結する。しかし、統計的証拠に基づいて問題ある職務慣行によって被保護者グループに相当な不利益があったと認められた場合には、被用者はその最初の立証負担をクリアーしたことになる。

第二に、被用者が差別的効果を立証したとすると、訴訟の焦点は雇用者に移行し、雇用者は、「問題ある職務慣行が、問題となっている職務に関係性があり、また業務上の必要性と矛盾がないものである」ことを示さなければならない。この文脈において、「業務上の必要性」（business necessity）とは、問題あるとされた職務慣行が、その差別的効果にもかかわらず当該慣行を維持する重大な、あるいは「やむにやまれぬ利益」（compelling interest）[56]があることを意味する。

第三に、雇用者が業務上の必要性を証明できた場合でも、被用者は、雇用者が同じ事業の目的を達成でき、より小さな不利益があるにすぎない「代替的職務慣行」(alternative employment practice）が存在したのにそれを採用しなかったことを証明することによってまだ優位に立つことができる。換言すれば、被用者は他の試験や選抜方法が、同じように差別的な影響なしに、「効果的、そして信頼できる技量」によって雇用者の利益に役立つことを証明する場合、主張は認められる。要するに、雇用者がタイトルセヴンの差別的効果の申立てから守るためには、問題となった職務慣行が業務上の必要性と矛盾がなく、その合法的な事業目的を達成するためのより少ない不利益による他のいかなる方法もなかったことを反証しなければならない。

④　タイトルセヴンと報復（retaliation）

被用者は、訴えを提起するか、証言するか、援助するか、または手続きを取っている機関に協力したことを理由とした差別や、ＥＥＯＣ手続を申請するか、関与したことによって報復を受けない権利を有する。二〇〇九年に、合衆国最高裁は、タイトルセヴンの反報復保護（anti-retaliation protections）の範囲を拡大した。具体的には、Crawford v. Metropolitan Government of Nashville and Davidson County, Tenn.事件[57]において、最高裁は、タイトルセヴンの反報復規定が、いやがらせや差別に対する不服を主体的に報告した被用者だけでなく、いやがらせや差別に対する不服に関する雇用者の内部調査中の際の質問によるいやがらせや差別についても証言する他の被用者の保護もおこなうとした。

1　白人（White）に対比して使われる"Black"は、本来、「アフリカ系アメリカ人」と訳されるべきである。しかしこの章では、置かれた問題の重要さから、歴史的文書や判決に出てくるBlackのニュアンスを伝えるために、あえて「黒人」と訳した。
2　Brown v. Board of Education, 98 F. Supp. 797, 798 (D. Kan. 1951), *rev'd*, 347 U.S. 483 (1954).
3　*Id.*
4　ブリッグス対エリオット裁判（サウスカロライナ州）、デーヴィス対プリンス・エドワード郡学校委員会裁判（バージニア州）、ゲッブハート対ベルトン裁判（デラウェア州）、ボリング対シャープ裁判（ワシントン州）である。*See* Brown itself, Briggs v. Elliott（filed in South Carolina）, Davis v. County School Board of Prince Edward County（filed in Virginia）, Gebhart v. Belton（filed in Delaware）, and Bolling v. Sharpe（filed in Washington D.C.）.

5 サーグッド・マーシャル弁護士は、1967年に合衆国最高裁判所裁判官に任命された。

6 *See* JIM NEWTON, JUSTICE FOR ALL: EARL WARREN AND THE NATION HE MADE（2007）. 分厚い本であるが、ブラウン事件でどのようにして裁判官全員一致の意見を集約できたかの興味深い逸話が紹介されている。

7 *See* Stephen Ellmann, *The Rule of Law and the Achievement of Unanimity in* Brown, 49 N.Y.L. SCH. L. REV. 741（2004）and Brad Snyder, *How the Conservatives Canonized* Brown v. Board of Education, 52 RUTGERS L. REV. 383（2000）.

8 *See* JAMES T. PATTERSON, BROWN v. BOARD OF EDUCATION: A CIVIL RIGHTS MILESTONE AND ITS TROUBLED LEGACY（2001）.

9 Brown v. Board of Education of Topeka, 347 US 483, 495（1954）.

10 *Id.* at 494.

11 *Id.* at 495.

12 Brown v. Board of Education, 349 U.S. 294, 299（1955）.

13 Brown v. Board of Education of Topeka, 98 F. Supp. 797, 800（1951）.

14 *Brown,* 98 F. Supp. at 797; Brown v Board of Education of Topeka, 103 F. Supp. 920（1952）; Briggs et al. v. Elliott et al.,Civ. No. 2657（United States District Court for the Eastern District of South Carolina, Charleston Division）103 F. Supp. 920（1952）; Davis v. County School Board of Prince Edward County, Va., Civ. A. No. 1333（United States District Court for the Eastern District of Virginia, at Richmond）103 F. Supp. 337（195）.

15 南部の白人からの、そして南部の裁判所や州議会からの強固な抵抗に直面して、合衆国が、ブラウンI判決の決定の大規模な実行を開始するにはほぼ二十年を要した。*See* Joe Feagin, *Heeding Black Voices: The Court,* Brown, *and Challenges in Building a Multiracial Democracy,* 66 U. PITT. L. REV. 57（2004）.

16 南部州におけるアフリカ系アメリカ人に対する人種的な暴力行為の歴史的事実に基づいて、これらの裁判官は、学校での人種差別廃止を実行させることでアフリカ系アメリカ人に対する過激な反応を回避できるように慎重な言い回しをした。

17 RICHARD KLUGER, SIMPLE JUSTICE: THE HISTORY OF BROWN v. BOARD OF EDUCATION AND BLACK AMERICA'S STRUGGLE FOR EQUALITY（2004）. これは、ブラウン事件に関する優れた書籍である。

18 このウォーレン最高裁首席裁判官の「州に対して公立教育施設の人種融合化は実施されるべきである」との法廷意見は、のちに、「ブラウンⅡ」事件として知られるようになった。

19 Kara Miles Turner, SYMPOSIUM: *50 Years of* Brown v. Board of Education: *Essay: Both Victors and Victims: Prince Edward County, Virginia, the NAACP, and* Brown, 90 VA. L. REV. 1667（2004）.

20 最初のブラウンのチーム・メンバーの息子チャールズ・スコット（Charles Scott, Jr.）とリチャード・ジョーンズ（Richard Jones）及び、ジョセフ・ジョンソン（Joseph Johnson）。

21 連邦政府の圧力とブラウンⅢ事件の再開に応答してトピーカの学校区当局は、ついに差別を止める積極的努力をし始めた。一九七九年八月八日に、カーラ・ミシェル・ミラー（Carla Michelle Miller）に代わってのフレッド・フェルプスが別な差別是正の訴えを提起した。しかし地方裁判所はブラウンⅢ事件が再開されるときに、この訴訟を却下した。担当裁判官による二つの関連した訴訟が別々に維持されることがないようにとの判断に基づくものであった。

22 Brown v. Board of Education of Topeka, Shawnee County, Kansas, 671 F. Supp. 1290, 1294-95（1987）.

23 *Id.* at 1309.

24 Brown v. Board of Education, 978 F.2d 585（10th Cir. 1992）*cert. denied*, 113 S. Ct. 2994（1993）.

25 *Id.* at 593.

26 マグネット・スクールとは、合衆国発祥の公立学校の一種である。魅力的な特別カリキュラムを持つため、郡や市、学区あるいは周辺地域に至るまで合衆国連邦政府のマグネット・スクール援助プログラム（MASP Magnet School Assistance program）は、一校あたり年間平均30万ドルの補助金を交付している。この結果、一九九八年までにトピーカ地区の公立学校では、裁判所の決めた人種的なバランスの標準を満たすことになった。この統一（unitary）化が、「トピーカ統一学校区五〇一号」（U.S.D. ＃501）と呼ばれるようになった。これにより学校区は、判決の遵守計画を作成し、それにより「マグネット・スクール」を三校設けることとなった。これらのマグネット・スクールは優れた設備を持ち、人種的にバランスが保たれるようにあらゆる努力をすることになった。新しいマグネット・スクールのうちの一つは小学校レベルの子供たちに外国語を学ばせる、Scott Dual Language Magnet Elementary Schoolであって、この学校の校名にブラウン事件及び公民権運動で重要な役割を果たしたスコット弁護士の家族名が付けられた。*See* Jim Chen, *Poetic Justice*, 28 CARDOZO L. REV. 581（2006）.

27 *See* Karl A. Cole-Frieman, *A Retrospective of* Brown v. Board of Education: *The Ghosts of Segregation Still Haunt Topeka, Kansas: A Case Study on the Role of the Federal Courts in School Desegregation*, 6 KAN. J. L. & PUB. POL'Y 23（1996）

28 ローザ・パークスは、当時モンゴメリー都心にあるデパートの縫子の仕事をしていた。

29 *See* Christopher W. Schmidt, *Divided by Law: The Sit-ins and the Role of the Courts in the Civil Rights Movement*, 33 LAW & HIST.

Rev. 93 (2015).

30 ほかに、たとえば、一九五六年にはアラバマ州立大学に合格した黒人女性が強制退学させられた。一九六三年、アラバマ州知事のジョージ・ウォルシュは、アラバマ州立大学への二人の黒人生徒の登録を妨げるため、校舎の扉の前に立ちはだかって通行を妨害した。

31 この事件の全体像を知るうえで欠かせないのが、Little Rock Study Guide - Facing History and Ourselves である。大部であるが問題点の指摘が端的である。https://www.facinghistory.org/sites/default/files/.../Little_Rock.pdf visited March 5, 2017.

32 Green v. County Sch. Bd. of New Kent County, 391 U.S. 430（1968）.

33 その結果、ＰＣＳＳＤはほぼ八千人の学生を失い、一四の学校はＰＣＳＳＤからＬＲＳＤへと移転した。ＬＲＳＤは、したがって三八平方マイルを得、一四の学校と七千人の学生を得た。これにより黒人と白人の学生の比は、七〇対三〇から、六〇対四〇パーセントへと変化した。

34 Little Rock School District v. Pulaski County Special School District No 1, 778 F. 2d 404. http://openjurist.org/778/f2d/404/little-rock-school-district-v-pulaski-county-special-school-district-no-1（visited May 25, 2016）. *See* Henry Woods and Beth Deere, *Reflections on the* Little Rock School Case, 44 Ark. L. Rev. 972（1991）and Elizabeth Jacoway, Turn Away Thy Son: Little Rock, The Crisis That Shocked The Nation（2007）, Mark Carnes and John A. Garraty, The American Nation: A History of The United States Since 1865（2003）. この間、リトルロック学校区で数人の黒人の教育委員会メンバーが選任され、黒人の学校関係全体責任者が任命された。これにより、以前に比べて、リトルロック児童の教育において黒人が意見を述べる大きな機会を得るようになった。これは、現在統合した中央高校（Central High School）のような学校を例として示すことができる。しかし、リトルロック学校区の数十年にわたる再分離教育が、私立学校への入学者だけでなく、白人の住居移動（white flight）によるものであった点に注意する必要がある。

35 Ole Miss（オール・ミス）はプランテーションの女主人の愛称。

36 Meredith v. Fair, 305 F. 2d 343（Fifth Cir. 1962）; *cert. denied* 371 U.S. 828（1962）.

37 この暴動で、取材していたフランス人新聞記者一名と修理工の住民の二人が死亡した。二二人の米連邦保安官が銃撃され、一六六人の保安官が負傷した。

38 *See* Henry T. Gallagher, James Meredith and the Ole Miss Riot: A Soldier's Story（2012）.

39 フリーダム・ライダー（Freedom Riders）は、人種分離政策をとるアメリカ南部州へのバスツアーによる公民権活動家のことである。第一のフリーダムライドは、一九六一年五月四日に、ワシントン特別区を出発し、五月一七日にニューオリンズに到着する予定だった。彼らは、1961年と翌年に人種分離のバス運行を行なっていた州当局に対する違憲訴訟を提起した。合衆国最高裁のMorgan v. Virginia, 328 U.S. 373（1946）事件（人種隔離的なバス）とBoynton v. Virginia, 364 U.S. 454（1960）事件（バス停留所における人種分離的設備）判決は、人種分離策を認めなかったが、南部州はこれらの判決を無視した。しかし、連邦政府はそれらを実施させるための方策を何ら取らなかった。

40　一九六三年のバーミンガム・キャンペーン（Birmingham campaign）では、未成年の「少年十字軍」（Children's Crusade）を含んでいた。

41　この議事妨害は議会史の最も長いとされる八三日間もおこなわれた。当時、議会内においてもどれだけ公民権に対する反発が根強かったかを物語るものである。

42　一九六四年連邦公民権法に署名された署名の記念品として配布するために七二本の公式のペンが署名に使われ、公民権確立に尽力した活動家や教育者に配られた。

43　The Civil Rights Act of 1964（Pub.L. 88-352, 78 Stat. 241, enacted July 2, 1964）. 一九六四年公民権法は、「何人も人種体色又は人の国籍を理由として合衆国政府の補助金を受ける全ての企業又は活動への参加から排除され、それから受ける利益を否定され、そこで差別されることは許されない」と規定し、それにより、①公共施設の場での人種差別を停止させるための連邦政府の権限の拡大、②公共施設や公立学校での人種差別撤廃、③公民権委員会の権限の拡大、④人種、皮膚の色、性別または出身地を根拠とする差別雇用の全面的禁止、⑤苦情の調査と監視のための雇用機会均等委員会の設立、が盛り込まれている。

44　この規定は、連邦資金を授与された教育プログラムや活動における性差別を禁止する一九七二年教育改正法の第九篇（Title IX of the Education Amendments Act of 1972）と混同されるが、異なる。

45　*See* ROBERT MAYER, THE CIVIL RIGHTS ACT OF 1964（2004）.

46　Title VII of the Act, codified as subchapter VI of Chapter 21 of title 42 of the United States Code（see 42 U.S.C. § 2000e-2 [44]）.

47　United Automobile Workers v. Johnson Controls, Inc., 499 U.S. 187（1991）.

48　Dothard v. Rawlinson, 433 U.S. 321（1977）.

49　Equal Employment Opportunity Commission v. Kamehameha School Bishop Estate, 990 F.2d 458（9th Cir. 1993）.

50　とくに雇用上の年齢差別禁止法（The Age Discrimination in Employment Act of 1967）（29 U.S.C. § 621 to 29 U.S.C. § 634）は四〇歳以上の個人に対する年齢を理由とする雇用に関する差別を禁止している。禁止される差別待遇として、企業規模二〇人以上の使用者（国及び州を含む）は、年齢を理由とする雇入れ、解雇、賃金、昇進、労働条件等に関する差別があげられている。EUでも同じような法制化がおこなわれている。

51 差別を表す身体的行為の例として二〇一七年のワールドシリーズでドジャースのダルビッシュ投手に対してアストロズのグリエルが、両目を細く引く行為をしたのは、アジア人を差別する人種差別的行為だとみなされた。*See* David Waldsteinoct, *Astros' Yuli Gurriel Escapes World Series Ban, but Will Miss 5 Games in 2018*, N.Y. TIMES, Oct. 28, 2017.

52 ＥＥＯＣ委員会のホームページの統計（Charge Statistics（Charges filed with EEOC：FY 1997 Through FY 2016）参照。https://www.eeoc.gov/eeoc/statistics/enforcement/charges.cfm visited April 10, 2017.

53 賃金及び感情的な苦痛のための損害に対する損害補償額はタイトルセヴンによって上限が決められている。被用者に容認される損害賠償額は雇用者の規模に応じて異なる。

54 Meritor Savings Bank v. Vinson, 477 U.S. 57（1986）.

55 Oncale v. Sundowner Offshore Services, Inc., 523 U.S. 75（1998）.

56 日本の憲法学では「やむにやまれぬ利益」と訳されているので、本書でもそれに従った。

57 Crawford v. Metropolitan Government of Nashville and Davidson County, Tenn, 555 U.S. 271（2009）.

第11章 アファーマティヴ・アクションと逆差別

1 アファーマティヴ・アクション（積極的差別是正措置、Affirmative Action）

一般的に社会的、経済的に優位にある者は、そうでない者に比べてより多くの機会に恵まれている。他方、特定の人種的少数者グループに属する者は、歴史的に優位にある者によって服従させられ、劣位におかれ、十分な機会から遠ざけられてきた。アファーマティヴ・アクションはこれらの人種的少数者に、就職、教育や訓練において優先的な機会を確保するため実施される。とくに雇用の面では、就職、賃金、昇進の不平等を是正することや高等教育へのアクセス機会を増やすこと、社会の各方面でのリーダーシップを奨励すること、明白な過去の悪行や危害に対して補償することなどの幅広い目的を有している。[1]

アファーマティヴ・アクションを正当化する理由は、それが過去の経済的、社会的、文化的な支配階層による差別、迫害、略奪を償うとともに、なおも現存する人種的差別に対処し、それを是正することにある。アファーマティヴ・アクションでは、アメリカ社会で歴史的に除外されてきたグループに対して政府機関や団体が積極的に機会を改善する努力をおこなう。その意味で、アファーマティヴ・アクションは、真の機会均等がどういうものかという基本的原理に基づいた公平性を保障するのに必要な救済策であるともいえる。いわば平等を「実質的に」保障しようという考えでもある。[2]

この「アファーマティヴ・アクション」という用語が米国で最初に使われたのはジョン・F・ケネディ大統領が一

九六一年三月六日に署名した「大統領令一〇九二五号」[3]においてである。ケネディ大統領は、雇用の場の人種差別をなくすために、アファーマティヴ・アクションを採用するよう連邦政府の事業契約者に求め、雇用機会均等委員会(Committee on Equal Employment Opportunity)を設置した。

これを受けて、一九六五年にリンドン・ジョンソン大統領が「大統領令一一二四六号」[4]によって積極的差別是正措置の具体化を始めた。この大統領令は、まず政府職員(government employers)に対して、「雇用及び雇用期間中に、その者の人種、宗教、肌の色または出身国に関係なく処遇されることを確保するために、アファーマティヴ・アクションをとること」とした。これは人種差別を禁じる「一九六四年公民権法」の精神を基本とし、「差別を積極的に是正する措置」を実効化するために推進された。ジョンソンは、差別を禁止しただけで人種差別問題が解決すると考えたわけではなく、アメリカ社会に深く根付いた長年にわたる差別の影響を断ち切るためには行政が積極的な解決策を講じる必要があると考えた。差別意識の根強いなかで、人々の意識の変化を待っているだけでは差別がなくならず、法律によって「公平」を義務づけるほかはなかったからである。そこで、大統領令において政府職員だけでなく、政府と事業契約を結ぶ団体や企業に対し、「人種的少数者(マイノリティ)や女性など、これまで差別を受けてきた人々に対し差別的待遇を止め、雇用や昇進、入学などにおいて積極的な措置をとるべし」と指示した。[5]

ジョンソンが推し進めたアファーマティヴ・アクションによる優先策を求められるのは、連邦資金による助成を受け、また五〇人以上の従業員を有する団体と企業である。[6]これは、一九六四年公民権法のタイトルセヴン(Title VII of the Civil Rights Act of 1964)[7]のもとで、雇用者は、「差別的効果」(disparate impact)または保護されたクラスメンバーに対する「不利益な影響」(adverse effect)を有するプログラムを実施することが禁止されていることと対応する。教育の場面では、義務教育の場面だけでなく、高等教育においても、人種的多様性の存在がすべての学生に人格的に、また知的に教育的な効果を与えることが知られている。そのため教育の場における人種の多様性の確保が奨励される。このようにアファーマティヴ・アクション政策は、雇用と教育の場面に集中する。

とくに高等教育の場におけるアファーマティヴ・アクションは、人種的少数者のように歴史的に排除されたグループに教育への平等な機会を提供する入学方針となって表れた。人種的少数者が高等教育や資格を身につけることで差別や貧困から脱却するために必要であると考えられたからである。これによりアフリカ系アメリカ人など少数者に高等教育の門戸が開かれた。これらは積極的な差別解消策であるが、その合憲性をめぐっては論争が生じた。人種等を理由にある特定の人種的グループを優先的に処することにより、結果として優先されない一部の者が意図的に不平等に取扱われたと主張した。アファーマティヴ・アクションは、意図的な人種的区分により公平さを実現する目的を有するが、他方で、人種ではなく資格や成績を基準にして選抜、任用、昇進を行なういわゆるメリット・システム（merit system）が、より「公平」であるとの考えが社会で支持されているからである。

2　アファーマティヴ・アクションと逆差別

アファーマティヴ・アクションは、最初は雇用の場面における機会について歴史的に不利な条件に置かれ、また平等性を否定された人種的少数者（マイノリティ）に対する差別を是正するために実施された。しかし、他方で、人種的多数者（マジョリティ）のメンバーからは、自分たちがこの政策措置によって排除されるか、または不利益に扱われている（一般的には、「割を食う」（putting at a disadvantage）という言い方をする）という認識が存在した。その結果、人種的多数者のメンバーが人種的少数者との対比の中で、むしろ自分たちの人種的特徴（白人種）によって逆に差別を受けていると主張し、問題にし始めた。

この「逆差別」（reverse discrimination）という用語は、人種的少数者、または歴史的に不利な条件に置かれ、扱われてきたグループのメンバーが優先的な対応を受けたため、人種的多数者、または支配的グループであるメンバーに結果として生じる不利益な処遇を「人種を理由とする差別」であるとの主張の中で使われだした。そのため逆差別は、人種的多数者、または歴史的に「有利な」集団に属する者から主張されるのが特徴である。アファーマティヴ・アクションが逆差別であるとの理由は、アファーマティヴ・アクションが、結局、白人種（Caucasian individual）のような多数者グループ内の優位でない者を犠牲にして、人種的少数者（マイノリティ）のより特権的な者たちの利益に資するという政策であるとの主張に示される。[8]

アファーマティヴ・アクションを逆差別として概念化することは、この積極的差別是正措置方針が実施された一九七〇年代中頃から一般的になってきた。この時代の逆差別の概念は、二つの異なる意味を有している。広義の意味でそれは職場と教育を含む生活の領域における白人に対する差別であると考えた。つまり、白人という人種を理由に他の人種と比較して人種的に不利益な扱いを受けるというものである。狭義の意味では、アファーマティヴ・アクションのために、昇進や昇給などの場面で白人人種が消極的、否定的な評価を受けるという考えに関連する。この二つの意味はしばしば融合される。

アファーマティヴ・アクションに対してどのような文脈においても消極的で、否定的見解を一貫して主張する著名な代表者は、自らアフリカ系アメリカ人である合衆国最高裁のクラレンス・トーマス裁判官である。[9] トーマスは、人種的カースト制度（racial castes）を防ぐためには、「体色非考慮」（colorblindness）の立場をとるべきだと主張する。彼は、「いわゆる、『良き差別』（benign discrimination）は、人種的少数者の明らかに不変で不利な条件（handicaps）を理由に恩人的寛大さを受けなければ置かれた不利な条件と戦うことができないと、多くの者に認識させる。そのようなプログラムによって、恩恵を受けることで必然的に優位者としての態度を生みだすか、あるいは政府が人種を利用することによって自分たちが割を食ってきたと信ずる人々の中の憤慨を誘うことになる」と述べた。[10]

人種的少数派を優先する結果、白色人種が差別されたとして訴える場合がある。その際に、逆差別の主張者は、皮膚の色と、知的能力や学力との間にはいかなる相関関係もないのだから、試験や学業成績に基づく競争のほうがより公正であるとし、むしろアファーマティヴ・アクションそれ自体によって人種的区別が明瞭になると主張する。法的にもアファーマティヴ・アクションによる行動計画自体が、憲法第一四修正の平等保護条項や人種、体色または出身国に基づいた差別を禁止する一九六四年公民権法のタイトルⅥに違反していると主張する。

アファーマティヴ・アクションによる優先的処遇は、雇用におけるよりも、それが大学や大学院の入学時に適用される場合にしばしば憲法上の挑戦を受けてきた。つまり逆差別は、大学入学における優先方針（preferential policies）の実施により、人種的多数派メンバーへの不平等で差別的な対応策であると主張される。そのためカリフォルニア州やワシントン州では、一九九〇年代後半に、住民投票によって州政府の行う人種的優遇措置の制限や廃止が行われるなど、揺り戻し現象が生じた。

3　大学と大学院入試におけるアファーマティヴ・アクションと逆差別

逆差別の主張者は、入学定員のうち、ある特定のマイノリティに所属する者を特別な優先的合格枠に割当てる制度（クオータ制度、quota system）が、法の下の平等との関係で逆差別だ、との批判をおこなう。学業成績よりもむしろ人種的特徴の選択に基づいて一定のグループを他方グループよりも優先することで多数派に対する逆差別を生じさせたと主張する。さらに高等教育機関における人種的少数者の機会が、労せずして得られたものだと信ずる多くの者たちによって、逆に人種的少数者が異なって処遇されるという懸念もある。

(1) 人種的少数者特別入試枠は白人に対する差別か
――University of California v. Bakke (1978) 事件[11]

カリフォルニア大学デイヴィス校（University of California, Davis, UCD）医学部は、毎年一〇〇人の合格者定員のうち一六人については「不利な条件に置かれた学生や、人種的少数者の学生」（disadvantaged students and minorities）のために割当てていた。この特別入学プログラム（special admissions programs）に受け入れられる志願者は、人種的少数者または経済的または教育的機会に恵まれない人々であった。この人種的少数者として、「アフリカ系アメリカ人」、「メキシコ系米国人」、「アジア人」及び「アメリカ原住民」を対象者としていた。同大学医学部の基準では、合格基準値の学業成績評点平均値二・五を定めていたが、これら特別入学枠の対象者にはその条件が求められなかった。

原告のアラン・バーキー（Allan P. Bakke）はＮＡＳＡ航空宇宙局のエンジニアとして働いていた三二歳の白人男性であった。バーキーは、カリフォルニア大学デイヴィス校医学部を一九七三年、七四年と二回受験したが両年度とも高得点であったにもかかわらず二年連続で不合格となった。同校の人種的少数者のための別枠に基づいて彼より下位の学業成績で人種的少数者の入学が許可されていた。とくに七三年には別枠に四人の空席があったが、バーキーはその対象にもならなかった。彼はこの人種的少数者のための特別枠が、憲法第一四修正、カリフォルニア州憲法第一編二一節（特権の付与禁止）、公民権法のタイトルⅣ（人種、皮膚の色、出身国などの理由による差別行為の禁止）に違反していると主張し、この制度の禁止的差止め（prohibitory injunction）、及び入学を命ずる判決（mandatory injunction）を求め、カリフォルニア州ヨロ郡上位裁判所（Superior Court of California, Yolo County）に提訴した。これに対し同大学は、人種的少数者特別枠が設定されていない場合でもバーキーは入学できなかったと反論し、同プログラムが合法であるとする宣言判決（declaratory judgment）を求めた。カリフォルニア州上位裁判所のマンカー

(Leslie Manker）裁判官は、いかなる人種または人種集団も、他の人種に与えられない特権、または免責が与えられることはない、として、予め少数派の志願者用の特別枠を確保する入試方法は違憲だとした。しかしバーキーの入学についてはこれを認めなかった。[12]

事件は、カリフォルニア州最高裁判所に上訴された。[13] 同州最高裁は、六対一の判決で、下級審の決定を支持した。法廷意見を書いたモスク（Stanley Mosk）裁判官は、当該入試方法は憲法の平等保護条項に反して違憲であるとした。[14] また、人種の選考基準に基づかないプログラムのもとであればバーキーが拒否されたかについて大学側が十分に証明していないとして本人の入学を認めた。[15] 州最高裁で一人だけ反対意見を述べたトブリナー（Matthew O. Tobriner）裁判官は、「小学校と中学校において人種的統合を強制させるべきであるとの必要性に基づいて適用された合衆国憲法第十四修正が、現在その目的を積極的に追い求めることから、まさしく大学院においては禁止する方向に変えられるということは異常というほかない」[16]と述べ、特別枠を支持した。大学側がサーシオレイライを合衆国最高裁に申請し、受理された。

合衆国最高裁は、パウエル裁判官が五対四の判決を書き、バーキーの申立てを認めた。しかし、「逆差別」の争点についてまとまった多数意見は形成できなかった。五人の裁判官（パウエル、バーガー、スチュアート、レンキストおよびスティーヴンズ）は、同大学が特別枠の設定によりバーキーを差別したことが、タイトルⅥに違反したものであるとの認定で十分であり、州最高裁が彼の入学を認めたことは正しかったとした。[17] パウエルは、「教育の場が、多様な人種、人種的少数者（マイノリティ）その他の人々が含まれる多様性のある学生から構成される共同体（diverse student body）となることは、必要欠くべからざる利益（compelling interest）がある、これは大学の入試についても正当化されなければならない」と述べながらも、しかし、今回のように白人種であるからという理由で入学を拒否することは憲法第一四修正の平等保護条項に反し、容認することはできない」とした。[18] パウエルは、大学の入試方法の人種的な割当てを利用する「特別枠」は、それが人種だけを基礎として個人を優先するため、憲法第一四修正の平等保護条項に違反するとした。

五人の裁判官のうち四人は、定員を別枠で定める割当制（quota system）を違憲とした。しかし、パウエルは、少数人種であることを入学選考の際のひとつのプラス要因とすることは合法であるとした。他方、スティーヴンズは、「タイトルⅥの排除禁止規定の意味は非常に明瞭である。つまり連邦による資金提供プログラムにおいては、人種を理由として誰も排除できないということだ」[19]、とした。彼は、一九六四年公民権法のタイトルⅥが連邦の資金提供を受けているプログラムへの参加から人種に基づいて個人を拒絶することを禁止しているため、特別入学プログラムに白人学生が参加できないことは同タイトルⅥ違反であるとした。

これに対し、ブレナン、ホワイト、マーシャルとブラックマンの四人の裁判官の反対意見は、「特定の人種的グループを卑しめないか、または害しないように、過去の人種的偏見によって人種的少数者に行われた不利益から救済するためであれば人種を考慮に入れることができる」[20]とした。四人の裁判官は、それゆえ特別な入学プログラムは合憲であるとした。とくに、彼らは、この事件における人種的な分類が救済的であり、重要な政府目的に実質的に関連があり、またそれに役立つのであるから憲法第一四修正の当該分類の一般的禁止からは断絶される（insulated）とした。また四人は、多数意見が人種を入学プロセスにおける要因として考慮できる、としたことには同調した。彼らは、人種に対して加点すること、あるいは彼らのために特定定員をとっておくことを含むかどうかを問わず、過去の人種差別を正す目的を持った入学プログラムや割当制は正当であるとした。[21]とくにブラックマンは「人種差別主義を越えるためには、当法廷はまず人種を最初に考慮しなければならない。他には何の方法もない。人々を平等に処するためには、当裁判所は、人々を異なって処さねばならない。当裁判所は、平等保護条項によって人種的な優位性を永続させることはできないし、そうしてはならない」[22]とした。

最高裁は、マイノリティのため割当制は違憲となるとしながら、人種的少数者（マイノリティ）であることを入試選考で考慮することは違憲ではないとした。その結果、州立の大学や大学院で人種差別を克服するために教育環境における多様な人種の受け入れを図る目的で、入試選考時に人種をプラス要因にすることが試みられた。しかしなお、これも人種を理由とする逆差別だとして違憲との挑戦を受けた。

(2) 入試に当たって人種を考慮することの合憲性について
——Hopwood v. Texas, 78 F.3d 932 (5th Cir. 1996) *certiorari denied* in Texas v. Hopwood, 518 U.S. 1033 (1996)

白人女性のチェリル・ホップウッド（Cheryl J. Hopwood）は、テキサス大学ロースクールへの入学を許可されなかったことについて、一九九二年にテキサス州西部地区連邦地裁に訴訟を提起した。テキサス大学ロースクールは、人種に対する敵対的環境や憎悪を除去するため、多様な学生を得るという目的で入学者を決める際に人種を考慮に入れていた。それにより原告は、入学を許可された他の人種的少数者を上回る成績であるにもかかわらず、入学を拒否されたと主張した。同時に、不合格となった三人の白人男性も原告としてこの訴訟に参加した。彼らのLSAT（Law School Admission Test: 米国法科大学院適性試験）と学部成績は、その年に入学を許可された三六人のラテンアメリカ系の学生と十六人のアフリカ系アメリカ人学生を上回っていた。

一九九四年に、同連邦地裁のスパーク裁判官は「アファーマティヴ・アクションが依然として我々の社会で必要であるということは残念なことである」とし、社会における制度的な人種差別の遺産を克服するまではそれがまだ「必要」であることに注意を喚起した。同裁判官は、テキサス大学ロースクールが人種的選択を利用できると決定した。[23] 四人の原告は第五巡回区連邦控訴裁に上訴した。同控訴裁は、被告大学の入学方針がどのようなものであれ、「どの志願者を入れるべきかについて決める際の要因として人種を利用することはできない」[24]とした。被告ロースクールは合衆国最高裁にサーシオレイライを求めたが拒否された。

サーシオレイライを拒否する意見において、ギンズバーグ裁判官は、入学の際の人種に関する合憲性の争点が、「相当な全国的重要性を持つ争点」(issue of great national importance) である点に注意した。しかし、ギンズバーグは、本件訴訟で問題となっていた特定の入学方針を同大学がもはや保持しておらず、むしろ人種に基づく入学方針の根拠を正当化することを試みているものだ[25]、とし、最高裁は、原審の判断を検討するのであってそれ自身の意見を表明するものではないため、「この申立てで提起されている重要な問題について述べる前に、争訟となっている当該入学方針に対する下級審の判断を待たなければならない」とした。[26]

(3) ロースクール入学に当たって人種を考慮することの違憲性について
―― Grutter v. Bollinger, Lehman, Shields, Regents of the University of Michigan and University of Michigan Law School (Grutter v. Bollinger), 539 U.S. 306 (2003)

白人女性であるバーバラ・グラッター (Barbara Grutter) は、ミシガン大学ロースクールを志願したが、入学許可を得られなかった。[27]そのためミシガン大学とリー・ボリンジャー (Lee Bollinger) 学長を相手に訴訟を提起した。ミシガン大学ロースクールは毎年一〇から一二%のマノリティーの学生定員枠を確保していた。グラッターは、彼女の不合格は、ロースクールが「人種」を顕著な (predominant) 要素として利用し、それによって一定の人種的少数者の志願者を同程度の成績を有する他の人種的グループの者よりも優先して入学機会を与えたためであり、他方で、大学には人種の利用を正当化する「やむにやまれぬ利益」(compelling interest) が存在することが示されていないと主張した。彼女は、このようなロースクールの入学方針が、憲法第一四修正だけでなく、一九六四年公民権法タイトルⅥに違反し、人種に基く差別にほかならないと主張した[28]。これに対し、大学とロースクールは、入学する学生の構成において特にアフリカ系アメリカ人とヒスパニックからなる人種的少数者学生の「優位にして十分な数」（critical mass）を確保することが必要という正当な州利益（state interest）が大学には存在すると反論した。またこの方針は、「これらの少数学生が孤立感を感じたり、少数派の代表であるかのように感じることがないようにすること、人種的多様性による教育的利益の相互作用に十分な機会を提供すること、そしてすべての学生に対して固定観念を批判的に考え、再検討するよう要求すること」を狙いとするためであると反論した。

ミシガン州連邦地裁は、二〇〇一年にフリードマン（Bernard A. Friedman）裁判官が、ロースクールの入学方針の人種考慮は、「実際的には割当制度とは見分けがつかない」ものである、として憲法違反とした[29]。控訴を受けた第六巡回区連邦控訴裁は、地裁判決を覆し、バーキー判決におけるパウエル裁判官の人種の多様性の利用が重要な州利益（compelling state interest）を推進できるとする先例がまだ拘束力のあること、また、ロースクールの人種の利用が、たんに「潜在的なプラス要因」（potential plus factor）に過ぎず、人種の利用は、人種的考慮を行う際の法的要件とされる「狭く策定された」（narrowly tailored）ものであると判断した[30]。

上訴された合衆国最高裁で争点となったのは、ロースクールのクラスの多様性を確保するために入試の要素として人種的な考慮を行うことは憲法第一四修正に反するかであった。最高裁は五対四の判断で、入学者全体の構成要素として人種を利用するミシガン大学ロースクールの入学方針を支持した[31]。五人（オコナー、スティーヴンズ、スーター、ギンズバーグとブライヤー裁判官）の多数意見を執筆したオコナー裁判官は、ミシガン大学ロースクールが「十分な代表制を示せていない人種的少数者」（underrepresented minorities）に有利な入学政策を持つものであるが、他方ですべての個々の志願者の他の要因をも考慮するなかで人種を意識した選考プロセスであり、バーキー判決で示された割当制度（quota system）とは同じではない、とし、「多様な学生組織から生じる教育的利益を得ることに対する『やむにやまれぬ利益』(compelling interest)を促進するために人種を限定的に考慮する『狭く策定された』ロースクールの利用を憲法は禁止していない」[32]と述べた。こうして最高裁は、ミシガン大学ロースクールがその他の関連する多様な要因を考慮しながら人種を考慮し続けることを認めた。オコナーは、人種的アファーマティヴ・アクションが多様性を促進するために、いつか将来、おそらく二十五年後に、もはや必要でなくなるだろうという点に注意した。これは、アファーマティヴ・アクションが永続的な地位を与えられず、結局、「体色非考慮」(colorblindness)方針に置き換えられるべきであることを意味した。つまり、「人種を意識した入学方針(race-conscious admissions policies)は、早晩制限されなければならない」[33]ということである。

レンキスト最高裁首席裁判官、スカリア、ケネディ、トーマス各裁判官が長文の反対意見を述べた。彼らの主たる反論は、この入学方式で人種的少数学生の「優位にして十分な数」をつくりだすことによって、教育的に多様な環境を作り出すことができるというロースクールの主張自体に疑問を投げかけるものであった。

この判決は、最高裁がアファーマティヴ・アクション違憲訴訟において、初めて入学判定における人種的考慮を認めたという点が特徴的である。

(4) 学部の入学許可について人種に一定のポイントを与えることの合憲性について
―― Jennifer Gratz and Patrick Hamacher v. Lee Bollinger, James J. Duderstadt, University of Michigan, and College of Literature, Art and Science (Gratz v. Bollinger), 539 U.S. 244 (2003)[34]

この事件では、ミシガン大学の学部の入学選考方法が争われた。ミシガン州の白人住民であるジェニファー・グラッツとパトリック・ハマチャーは、ミシガン大学の学部(リベラルアーツ、LSA)への入学に応募したが、両者ともに入学許可を得られなかった。ミシガン大学の学部入学事務局（Michigan's Office of Undergraduate Admissions）は、入学者選考評価の際に、高校の学業成績、大学進学標準テスト（SAT）、同窓関係、地理的条件、リーダーシップ性等の多くの要因を考慮していた。一九九八年からは、「十分な代表制を示せていない人種的少数者」（underrepresented minorities）と決定された特定のグループからの志願者に加点を行う制度を採用した。具体的には、アフリカ系アメリカ人、ヒスパニックとアメリカ先住民には二〇点を自動的に加算していた。グラッツとハマシャーの二人は、白人であることからマイノリティの学生に対して行われていた加点はされなかった。そのため、この二人よりも低いスコアながら二〇点を加算されたマイノリティの学生が入学を許可された。

二人はこのミシガン大学学部課程の行っていたマイノリティ優先の入学者選考方法が差別的であり、憲法第一四修正の法の平等保護条項と一九六四年公民権法のタイトルⅥに違反して特定の人種的グループを差別するものであると主張し、ミシガン州東部地区連邦地裁にクラスアクションとして訴訟を提起した。

同地裁は、被告のミシガン大学が、人種的に、そして民族的に多様（racially and ethnically diverse）な学生組織が大きな教育上の利益を生み出すことを示してはいるが、しかし一九九五から九八年に実施された入学方針には、特定の人種的少数者のための「座席を確保」（holding seats）するようになっているため、同期間の入学方針は問題があると判断した。そこで地裁は、一九九九年に始まった入学方針に関して原告らに有利なサマリージャッジメントを与えた。[35] 第六巡回区連邦控訴裁は、グラッター事件と同じ日に弁論を入れ、それに基づいて、この事件における大学の入学方針は合憲だと判断した。そこで原告らは、最高裁にサーシオレイライを申請し、認められた。[36]

最高裁首席裁判官のレンキストは、六対三で同大学学部での入試方法を違憲とする多数意見を執筆した。最高裁は、大学の学部入学事務局の方針が、厳格審査基準（strict scrutiny standard）を満たすように十分に人種的考慮を行う際の法的要件である「狭く策定された」（narrowly tailored）ものではないとした。レンキストは、大学の入学方針は、むしろ「十分な代表制を示せていない人種的少数者」と認定された者のほとんどすべての志願者の入学を認める結果となっているとした。レンキストは、「十分な代表制を示せていない人種的少数者」に二十ポイントを与える「予め定められた点数加算」(predetermined point allocations)は、「志願者の多様性」を確保する(diversity contributions of applicants)ためとはいっても、個人的な評価をなしたとは言えず、学部のこのような積極的是正措置は違憲である、とした。[37]

スーター裁判官の反対意見は、人種を、考慮される多くの要因のうちのわずか一つとして考慮することによって、これまでの平等保護条項に関する法理によって規定される要件が満たされるとした。というのも、配点制度と入学検討委員会がお互いに連動して機能しているため、多数意見が恐れる「座席の確保」(holding seats)という現象は起こりそうにもないからだ、とした。[38]

ギンズバーグの反対意見は、被告大学の入学方針が平等保護条項違反であるとするためには、大学が、特定の人種的または民族的グループの入学者を制限するか、または減少させることを試みたかどうかという点、さらに特定者のための定員を保持したのかどうかという点が示されなければならないが、原告はいかなる証明も果たせていないとした。その上で、志願者に関する人種的情報は、学生が何を達成したか、学生がなぜ入学に値するかを示すことに有用であるため、入学上の考慮をおこなう際に役立ちうる、とした。[39]

グラッツ判決とグラッター判決は、バーキー判決以来、最も重要な入学時のアファーマティヴ・アクション判決と考えられている。バーキー判決の後、大部分の単科大学と総合大学(colleges and universities)は、人種的多様性を教育的な成果を生み出す統合的な構成要素とするために、少なくとも最高裁のバーキー判決によって定められた指針に従った。しかし、人種的な要素をどれくらい入学プロセスで考慮できるかについては不明確であった。ミシガン大学の入学方法に関する最高裁判決は、この曖昧な部分を明らかにし、アファーマティヴ・アクション方針に一定の方向性を与えた[40]。

この二つの判決は、入学選抜時に人種を考慮する方法を是正することによりアファーマティヴ・アクションすべてを悪とする法的、政治的動きに一定の歯止めをかけたという点で重要である。というのも、とくに二〇〇三年、ブッシュ・ジュニア大統領が、ミシガン大学の入試におけるアファーマティヴ・アクションを「当該制度の核心は、たんに人種を理由として学生に恩恵か不利益かを与えるものだ」と述べ、大学入試で明らかな逆差別が生じていると指摘し、問題となったからである[41]。ブッシュ・ジュニアは、とくにミシガン大学の入試方式は「不公正な仕組みで憲法違反」であると批判し、人種に基づく逆差別でミシガン大学を不合格になったという白人学生を弁護する趣意書を本件事件の審理中の合衆国最高裁に提出した。その理由は、すでに米国の人種差別は半世紀前と比べれば大きく是正されており、アフリカ系アメリカ人は必ずしも貧しいとはいえないし、政府や軍の高官にもアフリカ系アメリカ人の進出は目覚しいというものであった[42]。

(5) Fisher v. University of Texas at Austin (2013)（Fisher Ⅰ）事件[43]

一九九七年、テキサス州議会は、テキサス大学オースティン校（University of Texas at Austin）に対して、州内の高校のトップ一〇パーセント以内の成績の高校三年生を自動的に州立大学への入学させる機会を与える州法（Top Ten Percent Law）を制定した。この法はまた州立大学で多様性（diversity）を増やすことを意図していた。テキサス大学は、大学学部学生とテキサス州の人種的人口構造の差異を認識した上で、人種的中立不偏の入学方針（race-neutral admissions policy）を修正した。この新しい方針により、州内の高校の上位一〇パーセントの卒業生を受け入れる一方で、学生組織においてより大きな多様性を形成するためにその入学方針に人種を要因として利用することにした。同大学は、入学方針に人種要因のほかにリーダーシップ、職歴、課外の活動、片親の家庭、英語以外の言語使用、家族の社会経済的条件を考慮に入れた「個人的業績指標」(Personal Achievement Index, PAI)を導入した。[44]

原告のアビゲイル・フィッシャー(Abigail Fisher)は、州内の白人女性であるが、二〇〇八年にテキサス大学を志願した。しかし、同大学は、フィッシャーの入学を認めなかった。フィッシャーは、テキサス大学が、その入学方針で人種を考慮したため憲法第十四修正の平等保護条項に違反すると主張した。これに対し大学は、人種の考慮がより大きな多様性を遂行する「狭く策定された」(narrowly tailored)手段であると反論した。テキサス州西部地区連邦地裁は、二〇〇九年にテキサス大学に有利なサマリージャッジメントを与えた。[45] 第五巡回区連邦控訴裁もこの地裁の決定を容認したので、[46] フィッシャーは最高裁での審理のためのサーシオレイライを求め、容認された。

本件に対する最高裁の判断は多様に分かれた。九人の裁判官は合計六つの意見を出した。最高裁の七対一の法廷意見はアンソニー・ケネディ(Anthony Kennedy)裁判官が執筆した。ケネディは、人種的少数者の入学に関する以前の判例に基づき、本件が憲法第一四修正の平等条項と適正手続き条項による審査が可能であり、当該入学方針が「やむにやまれぬ州利益」(compelling governmental interest)に供するために厳密に策定されたかどうかを決定するための「厳格な審査基準」のもとで検討されなければならないとした。[47] その点を審査させるために原審に差し戻した。もし大学の方針がこの基準を満たさない場合、人種を入学プロセスで考慮することはできない。ケネディは、大学の方針が人種の多様性の利益を達成するのに必要だったことと、他の何らかの人種的中立性の代替策を用いることによって同じ利益を生み出せないかどうかについて「検証する」(verify)ことが裁判所の義務であるとした。[48] ケネディは、下級審がこの事件においてその点の充分な厳格審査を行わなかったとした。[49]

スカリア裁判官は、政府による人種を理由とした差別を憲法が禁止している、としながらも、「被告大学が、この事件で当法廷に対して、多様性による教育的な有益性の『やむにやまれぬ利益』(compelling interest)が存在するため大学の入学における人種的優先(racial preferences)を正当化できるとしたグラッター判決を覆すよう求めたわけではなかった、として、多数意見に同調するとした。[50]

トーマス裁判官は、下級裁判所が厳格な審査を十分に行使しなかったという法廷意見に加わるとした。しかし、彼も、憲法第一四修正の平等保護条項自体が、そもそも高等教育の入学における人種の利用を禁止している、とした。彼は、高等教育における人種的な多様性からからは、何も「必然的に」生まれてくる利益はないのであるから、それを促進するいかなる正当な州利益もない、とまで述べた。[51]

ギンズバーグ裁判官の反対意見は、憲法の平等な保護条項は州立大学が明白な差別の歴史に無知であってはならないこと、また入学決定における要因として人種を明示的に含むことが好ましいことを求めているとした。[52] またギンズバーグは、被告大学の入学方針は、学生を受け入れるという全体決定において人種をたんに一つの要因にしただけだとし、それは以前の判例のもとでも許される、とした。[53] なお、エレナ・ケーガン（Elena Kagan）裁判官は、当時、司法長官（Solicitor General）としてこの事件に関与していたため本件事件の審理に加わることを辞退した。[54]

(6)　大学入学選考において大学は一切人種を考慮してはいけないか
——Fisher v. University of Texas at Austin（2016）（Fisher Ⅱ）事件[55]

二〇一三年の最高裁の差し戻し（Fisher Ⅰ）判決に基づき、第五巡回区控訴裁判所は、双方の弁論期日を入れ、二〇一四年に、テキサス大学オースティン校の入学選考方式を支持する判断を行った。[56] そこでフィッシャーは、再び最高裁にサーシオレイライの申立をし、これが認められたので、再び最高裁の判断を仰ぐこととなった。最高裁での争点は、入学プロセスにおける考慮の際に、被告大学が人種を一要因として利用することが合衆国憲法第一四修正の平等な保護条項に違反するかであった。

アンソニー・ケネディが四対三の多数意見を執筆した。ケネディは、上位一〇パーセント計画（Top Ten Percent

Plan）が「やむにやまれぬ大学の利益」に合うように狭く策定された後に、全体的な審査（holistic review）において人種を一要素として大学が利用したものであると判断した。先例によれば、それが人種的少数者用の割り当てでなく、多様性という無定形な着想でなく、具体的で正確な目標として表現される限り、教育的な多様性は「やむにやまれぬ利益」になるとした[57]。

これに対し、アリトー裁判官の反対意見は、この事件で大学の利益が十分明確にされていないため、その入学における人種の利用は厳格な審査に耐えることができたとはいえない、とした。アリトーは、多様性の目的を達成するために人種的な選択の利用をすることは不必要であるとした[58]。またアリトーは、多数意見が適切に厳格な審査基準を行使することができなかったとした[59]。この反対意見には最高裁首席裁判官のロバーツとトーマス裁判官が加わった。なお、この事件にもケーガン裁判官は関与しなかった。

一九六四年公民権法の制定を受けて、人種を理由とする区別（segregation）の事案では、その実施者に対してそれが「疑わしい分類」（suspect classification）でないかどうか、そのような行為や法に「やむにやまれぬ利益」（compelling interest）があるかどうかの立証を求める、いわゆる「厳格な審査」（strict scrutiny）基準が最高裁によって適用されてきた。これがアファーマティヴ・アクションによる逆差別事件の場合には、それ以外の一般的な人種差別や性差別事件に適用されてきた基準よりも緩やかな合憲性審査基準で足りるとされてきた。というのも、人種差別は特定の人種に属する個人に対するものであり、また性差別は多くの場合、女性に向けられたものであるのに対し、アファーマティヴ・アクションは、過去の人種差別による影響の克服や人種的多様性の確保による人種統合を目的とした積極的格差是正措置から受けた不利益の救済を目的としているからだとされた。しかし、アファーマティヴ・アクションに対してはより緩やかな基準の適用で足りるとの考えに対しては、逆差別事件は人種差別と同じであるとして、厳格な審査基準を適用すべきだとの主張が出されるようになり、また実際に合衆国最高裁の裁判官の多数派によって厳しい審査基準を適用する判決が示されてきた。

4　雇用の場におけるアファーマティヴ・アクションと逆差別

一九六四年公民権法のタイトルセヴン（Title VII of the Civil Rights Act of 1964）は、人種、色、宗教、性別及び出身国に基づく雇用上の差別（これを差別的取り扱い〔disparate treatment〕としている）を故意に行うことを明確に禁止している。さらに差別が意図的でなくとも、事実上、人種的少数者に不相応な（disproportionate）悪影響を及ぼす方針、または慣行（これを差別的効果（disparate impact）としている）を禁止している。そうすると、雇用者が差別的効果のある区別（disparate impact discrimination）を排除したり、その改善を試みるために、差別的取扱いに類似した行為を選択するときに問題が生じる。最高裁判所は、「逆差別」訴訟における争点は、タイトルセヴンが、一方で差別的取り扱いを禁止しながら、他方で差別的効果を生み出しかねない雇用上の慣行を選択しないよう求めるという二つの特定の状況における禁止事項をどのように調和させるかであるとした。[60]

⑴人種を理由とする不利益扱いの逆差別性について
――McDonald v. Santa Fe Trail Transportation Co.（1976）事件

原告のマクドナルドとその同僚（二人とも白人）と、訴外同僚のアフリカ系アメリカ人のジャクソンは、被告のサンタフェ鉄道会社（Santa Fe Trail Transportation Co.）の従業員であった。この三人は、被告運送会社からの窃盗容疑で刑事訴追を受けたためジャクソンを除く白人二人が解雇された。原告らは、雇用機会均委員会（ＥＥＯＣ）に従業員間の不平等な取り扱いについて申立てたが、しかるべき救済を受けられなかった。そこで、二人はこの解雇が原告らの肌の色（白）を理由とするものだとして、一九六四年公民権法のタイトルセヴンに基づき被告サンタフェ会社と労働組合を提訴した。

テキサス州南部地区連邦地裁は、タイトルセヴンと雇用における人種差別を禁止する同一九八一節[61]のいずれも、白人の者に保護を与えるものではないという理由で、管轄権なしとして原告らの申立てを棄却した。第五巡回区連邦控訴裁もこの地裁の判断を支持するとした。[62]そこで原告らは最高裁へのサーシオレイライを申請し、認められた。

最高裁は、七対二の法廷意見をマーシャル裁判官が執筆した。[63]マーシャル裁判官は、タイトルセヴンは、その用語上、特定の人種のメンバーに対する差別に限定されておらず、白人でない者に対する人種差別と同じ基準で、白人に対する私的雇用上の人種差別も禁止するものであり、[64]原告らの解雇は、犯罪を理由とするものであるが、タイトルセヴンのもとでの救済を求めることを妨げるものではないとした。また彼は積荷の窃盗に関与したことを理由として原告らの雇用を継続しないことを被告会社は正当化できるが、この解雇処分は、「すべての人種のメンバーに同様に適用されたもの」でなければならず、そうでなければ、タイトルセヴン違反となるとした。とくに一九八一節の「白人の者によっても享受される」という言葉が制定法に最終的に加えられたのは、立法経緯からすると、白人に対する人種差別の禁止を除去することを意図したものであるといえる。[65]そのため、原審判決は破棄され、高裁に差し戻された。[66]

(2) 人種を理由とする昇進の逆差別性について
——Ricci v. DeStefano, 557 U.S. 557 (2009)

コネティカット州ニューヘイヴン市の消防士は、隊長補佐（lieutenant）または隊長（captain）に昇進するために筆記テストを受験する必要があった。同市では、一一八人が昇進試験を受験し、そのうち白人は六八人、アフリカ系アメリカ人は二七人、ヒスパニック系は二三人であった。テストの結果、白人一七人とヒスパニック系二人が合格し、白人とヒスパニック系だけが昇進の予定であり、アフリカ系アメリカ人の昇進はゼロであった。同市は、試験結果だけに基づいて昇進者を決定した場合、昇進ができなかった者から、市が「差別的効果」(impact disparate)のあるテストを利用したとしてタイトルセヴンに基づく差別訴訟を提訴される恐れのあること、他方で試験スコアを使用せずに他の基準を入れて選考した場合、スコアで合格圏内にあった者から逆差別であると提訴されることが予測されるとした。そこで、ニューヘイヴン行政理事会(New Haven Civil Service Board)は、テスト結果を承認するかどうかを決定するために公聴会を含む会議を開き、当該テスト結果を承認せず、昇進自体を見送ることを決定した。

これに対し昇進を見送られたヒスパニック系消防士のフランク・リッチ(Frank Ricci)と他の一七人の白人は、市の決定が憲法第一四修正の平等保護条項に違反するだけでなく、原告らがアフリカ系アメリカ人でなかったという理由で、彼らを差別したとして、一九六四年公民権法タイトルセヴン違反でコネティカット州連邦地裁に提訴した。[67]

連邦地裁のアタートン(Janet Bond Arterton)裁判官は、「テスト結果を無視するという市の決定はすべての受験者に等しい影響を及ぼした」と述べ、テストに合格した者は、たんに昇進の機会を与えられただけであり、昇進に伴う業務が保障されたわけではないとし、[68]同市に有利なサマリージャッジメントを決定した。第二巡回区連邦控訴裁も昇進試験結果の承認を拒んだニューヘイヴン行政理事会が同市の規則に規定された同理事会の責務を果たしたのであり、その措置は保護されるとして、地裁判決を支持した。[69]

そこで、原告の消防士らは、合衆国最高裁にこの決定につき上告した。最高裁の判断は五対四に分かれた。[70]最高裁は、ニューヘイヴン市がテスト結果を放棄することによって、一九六四年連邦公民権法のタイトルセヴンに違反したとし、原告の白人とヒスパニック系消防士に対する逆差別の主張を支持した。[71]アンソニー・ケネディ裁判官が多数意見を執筆した。ケネディは、「本件訴訟における市のように人種に基づく措置は、雇用者がこのような措置を取らないのであれば、『差別的効果』(disparate impact)の法的責任を負わされるという強い根拠が証拠上示せない限りは、タイトルセヴンの下では許すことのできないものである」とした。[72]

最高裁は、同市が、タイトルセヴンのもとでアフリカ系消防士に対して責任を負うというためには、差別的効果責任（disparate impact liability）の一応有利な事例（prima facie case of disparate impact liability）を超える事情が示されなければならないとした。つまり、差別的効果責任は、当該テストが仕事に関係しないか、矛盾がないこと、または同市が採用しなかった他の有効、しかもより差別的ではない代替策があったことについて開示することが必要とされるとした。同市は、代替案が存在したことを示す「証拠上の強力な基礎」を欠いていたと認定した。結局、最高裁は、同市がテスト結果を放棄したことがタイトルセヴンの下で許されない差別的な行為（impermissible discriminatory act）であると認定した。つまり同市は、仮にテスト結果を承認して当該消防士を昇進させていたならば、差別的効果請求に対して責任を負うことになっていただろうという予測を示す「証拠上の強力な基礎」（strong-basis-in-evidence）を有しなかったというのである。[73]

本事件の争点は、タイトルセヴンにおける差別的効果責任（disparate impact liability）を回避する目的は、テストを回避しなければ禁止された差別的取り扱い差別（disparate treatment discrimination）になるかどうかである。最高裁は、ニューへイヴン市の行為についてそれを正当化する「証拠上の強力な基礎」を求めた。また、最高裁の多数意見は、同市が予想される差別訴訟を回避するためテスト結果を認可しなかったことが「証拠上の強力な基礎」要件を満たすものではないと結論づけた。

これに対してギンズバーグ裁判官は、反対意見を示し、筆記部分が六〇パーセントで、口述試問が四〇パーセントというテストの公正さを問題にし、また、消防士を選ぶために鉛筆と紙によるテスト（pencil-and-paper exams）に重く依存することは、「疑わしい（dubious）選考の仕方である」と述べた。その上で、多数意見が、テストに内在する大きな欠陥を無視したことを批判した。[74]ギンズバーグは、ニューヘイヴン市には、テスト結果を承認した場合にタイトルセヴンに基づく訴訟が提起され、それに対して弱い立場に置かれることを信じる正当な理由があったとした。[75]

1 *See* Elizabeth S. Anderson, *Integration, Affirmative Action, and Strict Scrutiny*, 77 N.Y.U.L. Rev. 1195（2002）and Michel Rosenfeld, *Affirmative Action, Justice, and Equalities: A Philosophical and Constitutional Appraisal*, 46 Ohio St. L.J. 845（1985）.

2 *See* Rosenfeld, ***supra*** note 1 at 924-25. *See* Richard A. Epstein, Symposium Centennial Celebration: *A Rational Basis for Affirmative Action: A Shaky but Classical Liberal Defense*, 100 Mich. L. Rev.2036（2002）, Charles W. Collier, *The New Logic of Affirmative Action*, 45 Duke L.J. 559（1995）and George Rutherglen and Daniel R. Ortiz, *Affirmative Action under the Constitution and Title Ⅶ: From Confusion to Convergence*, 35 UCLA L. Rev. 467（1988）.

3 "Executive Order No. 10925（Affirmative Action）. *See* Labor-employment-law.lawyers.com. Retrieved 11 April 2012.

4 *See* History of Executive Order 11246 - United States Department of Labor Office of Federal Contract Compliance Programs（OFCCP）visited Nov. 10, 2017. *See* also Peter H. Schuck, *Affirmative Action: Past, Present, and Future*, 20 Yale L. & Pol'y Rev. 1（2002）. https://www.dol.gov/ofccp/about/50thAnniversaryHistory.html.

5 *See Id.* at 46-49.

6 連邦政府と五万ドル以上の契約を行っている五〇人以上の従業員を有する団体および企業は、書面にしたアファーマティヴ・アクション計画を推進せねばならず、ＥＥＯＬ報告書として提出しなければならない。*See* 41 C.F.R. section 60-1.7（a）（1）,（4）（1994）（EEO-1 reports）.

7 42 U.S.C. § 2000e.

8 *See* David S. Schwartz, *The Case of the Vanishing Protected Class: Reflections on Reverse Discrimination, Affirmative Action, and Racial Balancing*, 2000 Wis. L. Rev. 657（2000）.

9 このことを指摘する論考は枚挙にいとまがない。参照したのは、Angela Onwuachi-Willig, *Using The Master's "Tool" To Dismantle His House: Why Justice Clarence Thomas Makes The Case For Affirmative Action*, 47 Ariz. L. Rev.113（2005）; Andre Douglas Pond Cummings, Grutter v. Bollinger, *Clarence Thomas, Affirmative Action and the Treachery of Originalism: "The Sun Don't Shine Here in this Part of Town"*, 21 Harv. Blackletter J. 1（2005）and NOTE: *Lasting Stigma: Affirmative Action and Clarence Thomas's Prisoners' Rights Jurisprudence*, 112 Harv. L. Rev.1331（1999）.

10 *See* the concurring opinion of Clarence Thomas in Adarand Constr., Inc., v. Pena, 515 U.S. 200（1995）.

11 Regents of the University of California v. Bakke, 438 U.S. 265（1978）Bakke は、バッキーではなく、バーキー（/ˈbaːkiː/）と発

音するのでそれに従った。

12 Superior Court of Yolo County, No. 31287, F. Leslie Manker, Judge.

13 Bakke v. Regents of University of Cal., 18 Cal. 3d 34（1976）.

14 *Id.* at 55.

15 *Id.* at 64.

16 *Id.* at 92.

17 *Bakke*, 438 U.S. at 409–411.

18 *Id.* at 379.

19 *Id.* at 417–18.

20 *Bakke*, 438 U.S. at 325.

21 *Id.* at 378.

22 *Bakke*, 438 U.S. at 407.

23 Hopwood v. State of Texas, 861 F. Supp. 551（W.D. Tex. 1994）.

24 Hopwood v. Texas, 78 F.3d 932, 962（5th Cir. 1996）.

25 Texas v. Hopwood, 518 U.S. 1033（1996）.

26 *Id.* at 1034.

27 グラッターは、学業平均値が４・０満点の３・８，ＬＳＡＴ（ロースクール入学アドミッションテスト）のスコアが一六一と高得点であったが、ミシガン大学ロースクールへの入学はできなかった。

28 42 U.S.C. § 1981.

29 Grutter v. Bollinger, 137 F. Supp. 2d 821（E.D. Mich., 2001）at 851.

30 *Id.* at 246.

31 Grutter v. Bollinger, Lehman, Shields, Regents of the University of Michigan and University of Michigan Law School（Grutter v. Bollinger）, 539 U.S. 306（2003）. 二〇〇三年四月一日、合衆国最高裁は、Grutter v. Bollinger 事件の弁論を開催したが、この音声記録が、同日、インターネット等で公開された。このように、最高裁での口頭弁論が、すぐに公開されるのは、二〇〇〇年の大統領選挙をめぐってフロリダ州の開票の有効性を争った Bush v. Gore, 531 U.S. 98（2000）以来二回目のことであった。

32 *Grutter*, 539 U.S. at 343.

33 *Id.* at 342.
34 Jennifer Gratz and Patrick Hamacher v. Lee Bollinger, James J. Duderstadt, the University of Michigan, and the College of Literature, Art and Science（Gratz v. Bollinger）, 539 U.S. 244（2003）.
35 Gratz v. Bollinger, 122 F. Supp. 2d 811（E.D. Mich., 2000）.
36 Gratz v. Bollinger, 188 F.3d 394（1999）.
37 *Gratz*, 539 U.S. at 270.
38 *Id.* at 293.
39 *Id.* at 303.
40 *See* Gail Heriot, *Thoughts on* Grutter v. Bollinger *and* Gratz v. Bollinger *as Law and as Practical Politics*, 36 Loy. U. Chi. L.J. 137（200）, Khaled Ali Beydoun, *Without Color of Law: The Losing Race against Colorblindness in Michigan*, 12 Mich. J. Race & L. 465（2007）. 二〇〇三年のこの判決によって第五巡回区連邦控訴裁判所によるホップウッド判決（*Hopwood*, 78F. 3d 932）を破棄したことになり、第五巡回区控訴裁の管轄権にあるテキサス州と他の州の大学がアファーマティヴ・アクション方針を復活させることを許すこととなった。
41 *See* Politics: Bush's Statement on Affirmative Action, N.Y. Times, Jan. 15, 2003.
42 *See* June Kronholz and Jeanne Cummings, *University of Michigan Policy Is Unconstitutional, Bush Says*, Wall St. J., Jan. 16, 2003.
43 Fisher v. Univ. of Tex., 133 S. Ct. 2411（2013）（Fisher I）.
44 *Fisher*, 133 S. Ct. at 2415（Fisher I）.
45 *See* Fisher v. Univ. of Tex. at Austin, 645 F. Supp. 2d 587（W.D. Tex., 2009）.
46 *See* Fisher v. Univ. of Tex., 631 F.3d 213（5th Cir. Tex., 2011）.
47 *Fisher*, 133 S. Ct. at 2417.
48 *Id.* at 2420.
49 *Id.*
50 *Id.* at 2422.
51 *Id.* at 2424-25.
52 *Id.* at 2433.
53 *Id.* at 2434.

54 *Id.* at 2422.

55 Fisher v. Univ. of Tex. at Austin, 136 S. Ct. 2198,（2016）（Fisher II）.

56 Fisher v. Univ. of Tex. at Austin, 758 F.3d 633（5th Cir. Tex., 2014）.

57 *Fisher*, 136 S. Ct. at 2223.

58 *Id* at 2227.

59 *Id* at 2243.

60 *See* Martha Chamallas, *Evolving Conceptions of Equality under Title VII: Disparate Impact Theory and the Demise of the Bottom Line Principle*, 31 UCLA L. REV. 305（1983）and Pamela L. Perry, Two Faces of Disparate Impact Discrimination, 59 FORDHAM L. REV. 523（1991）.

61 42 U.S.C. § 1981. 一九八一条は、非白人である個人を人種差別から保護する一八六六年公民権法（Civil Rights Act of 1866）に由来する規定である。タイトルセヴンと異なり、従業員の規模や公的政府の企業でなく私的な小規模企業における雇用関係にも適用される。したがって、タイトルセヴンは、一九八一条と排他的関係にあるのではなく、一五人以上の従業員のいる職場では、双方に基づいて提訴することができる。一九八一条は、タイトルセヴンに比べて、申し立ての迅速な処理が行われることや、より多額の損害賠償を期待することができる。

62 McDonald v. Sante Fe Trail Transp. Co., 513 F.2d 90（5th Cir. Tex., 1975）.

63 McDonald v. Santa Fe Trail Transp. Co., 427 U.S. 273（1976）.

64 *McDonald*, 427 U. S. at 278–80.

65 *Id.* at 285–86.

66 *Id.* at 275.

67 Title VII of the Civil Rights Act of 1964), 42 U.S.C. § 2000e.

68 Ricci v. DeStefano, 554 F. Supp. 2d 142（D. Conn., 2006）at 160.

69 Ricci v. DeStefano, 530 F.3d 87（2d Cir. 2008）. この控訴裁の決定は興味深い。というのも、この後に合衆国連邦最高裁判事となるソトマイヤー裁判官が原告の上訴を棄却した控訴審の三人の裁判官の合議審に加わっていたからである。

70 Ricci v. DeStefano, 557 U.S. 557（2009）.

71 *See* Cheryl I. Harris and Kimberly West-Faulcon, Reading Ricci: *Whitening Discrimination, Racing Test Fairness*, 58 UCLA L. REV. 73（2010）and Mark S. Brodin, Ricci v. Destefano: *The* New Haven Firefighters Case *& The Triumph of White Privilege*, 20 S. CAL.

REV. L. & SOC. JUST. 161（2011）.

72 *Ricci*, 557 U.S. at 563.

73 *See* Charles A. Sullivan, *Circling Back to the Obvious: The Convergence of Traditional and Reverse Discrimination in Title VII Proof*, 46 WM. & MARY L. REV. 1031（2004）.

74 *Ricci*, 557 U.S. at 629.

75 *Id.* at 638.

第12章 第一四修正（適正手続条項）とステイト・アクション

1 実行性付与理論（Incorporation Theory）

実行性付与理論（Incorporation Theory）とは、「権利章典」（Bill of Rights）のうち、憲法第一修正から第八修正までの規定の法的効力を第一四修正の「適正手続き」（Due Process）条項を介在させることで、州に直接適用しようとする法理論（「編入理論」や「組込み理論」と訳される）である。

憲法制定当時、各州の代表者のあいだでは、連邦制のもとに強力な国家形成を求める連邦主義の考えと、連邦政府の権限をできるだけ小さくすることによって各州の植民地時代の既得権の保持を求める反連邦主義の考えが対立していた。そのため、連邦政府の権限をできるだけ限定することが憲法の制定過程で意識された。したがって、憲法の第一編から第七編まではその条文において主語が「連邦議会」（Congress）は、と表記されている。「連邦議会」が主語になっているのは、権利章典においても同じであり、憲法第一修正の主語は「連邦議会」であり、その述語は「法の制定ができない」（shall make no law）となっている。さらに憲法が明文で州に対して直接禁止していない事項については、州やその州民に対して裁量権や選択権を与えている（第一〇修正）。権利章典は合衆国市民の特権や免除に関する連邦権限を制限するように設計されており、連邦政府に対して直接適用される意図で起草された。それゆえ、第一修正から第八修正までの人権規定については連邦政府への適用はあっても、州政府や私人の行為には直接適用されないものと受け止められていた。この点について、合衆国最高裁は、Barron v. Mayor of

Baltimore（一八三三年）判決[1]において、権利章典が合衆国政府にのみ適用され、州政府には適用されないとしていた。[2]その結果、各州における奴隷制の維持や人種的差別、性差別、年齢による差別については、それが憲法において州に対して明確に禁止されていないため、権利章典による制約を受けるものとは考えられなかった。

リンカーン大統領の誕生と南北戦争を経て、奴隷制廃止宣言の後、憲法第一三修正では奴隷制度の廃止を、第一四修正では法の適正手続きと平等保護を定め、第一五修正は州による投票権の侵害を禁止した。これらの再建修正条項は、州を対象とした差別に対する抑制的機能を果たす目的を有していた。

(1) 権利章典の州への適用

憲法第一四修正一節は、「合衆国で生まれたり帰化した者でその管轄権に属するものは全て、合衆国および居住州の市民である。いずれの州も、合衆国市民の特権や免除を制限する法律を制定、実施してはならず、いずれの州も法の適正手続きによらずに、人の生命、自由、財産を奪ってはならず、その管轄内の人に対して法の平等保護を拒否してはならない」と規定する。とくに第一四修正は、あえて「州は……できない」（No state shall make or enforce）と州の義務を明記し、州政府は、「適正手続き」なしに市民の特権（civil privilege）や平等権（equal rights）を奪ったり、制約したりできないことにした。

第一四修正が合衆国市民の自由と特権に関する権利の源泉となったため、権利章典は州にも同様に適用されるべきであるとの考えが主張されるようになった。これは第一四修正の法の適正手続条項を介在させることで、権利章典の人権規定はすべて、自動的に、そして完全に州に適用できるとの考え方である。この考えは「全部編入（fully incorporation または total incorporation）」説と称されている。権利章典の条項すべてが州に適用されるとする全部編入説は理解しやすいが、権利章典の中には州への適用が第一〇修正との関係で留保される規定があり、「全部編入」の考えについては理論上はともかくも、裁判所の多数意見とはならなかった。[3] 他方で、権利章典の中でも基本的で重要な人権規定については第一四修正によってその権利保障を州に適用するという考え方が合衆国最高裁によって取られるようになった。[4] これを「選択的編入」(selective incorporation) 説という。これは、裁判所が事件ごとに個別的に権利保障について考慮をおこない、第一四修正の法の適正手続き条項を通して州に適用すべきかを個別に宣明することによって州への編入が認められるという考え方である。他方、選択的編入説のもとでは、最高裁によって州への編入が明確に決定されない限りどの権利も州行為には適用できないことになる。[5]

① 憲法第五修正の二重の危険防止 (double jeopardy) に対する保障規定の州への編入

合衆国最高裁は一九三七年の Palko v. Connecticut 事件[6]において、第五修正の二重の危険防止 (double jeopardy) 保障の州への適用を拒否した。この事件では、原告のフランク・パルコは、コネチカット州で音楽店に侵入し、商品を盗み、現場から逃走する際に二人の警官を殺害したとして第一級謀殺で起訴された。同州の陪審は、パルコを第二級謀殺で有罪とし、それに従い裁判官は終身刑を宣告した。

コネチカット州法では、一定の要件で検察による控訴が認められていたため、州検察は、被告人の自白証言が証拠から排除されたこと、被告人に対する州による反対尋問の証言が除外されたこと、さらに第一級謀殺と第二級謀殺 (first and second degree murder) に関する裁判官の陪審説示が不完全であったことを理由に再審を求めた。[7] 再審でパルコは第一級謀殺で有罪とされ、死刑の宣告を受けた。パルコは、この再審について二度目の審理は、同一の犯罪について二度裁判を受けることを禁止した憲法第五修正の二重の危険防止条項が、第一四修正の法の適正手続き条項によって州に適用できるため、違憲で無効だと主張した。しかし、同州最高裁はパルコの主張を認めなかったため、パルコは合衆国最高裁に上告した。

最高裁では、八対一の多数意見をカードーゾ (Benjamin Cardozo) 裁判官が執筆した。カードーゾ裁判官は、第一四修正の法の適正手続きの意味に関して、裁判所の選択的な編入方法を説明した。「連邦政府が憲法第一修正から第八修正に違反した場合と同じように、州による違反の場合にも第一四修正を通して同じように不法である、などという一般的ルールはどこにもない」[8]と述べ、全部編入説の余地を認めるどのような一般的規則も存在しないとした。

カードーゾは、組み込まれる権利と組み込まれない権利の分岐点（line of division）は、問題となっている権利が確立された自由にとって最も重要な一部を成すといえるほどに根本的（fundamental）なものかどうかによる、とした。[9]そのうえで、彼は、憲法第一四修正を通して州が保護すべき基本的な権利章典上の自由権は、第一修正の言論の自由、出版の自由と信仰の自由、第六修正の弁護士の援助を受ける権利であって、これらは連邦政府と同様に州にも適用される、とした。[10]第五修正の二重の危険防止に関しては、「本件の場合、われわれの政治形態が耐えることができないほどの深刻で衝撃的な苦難に彼を服従させるような二重の危険だろうか」、それは、「われわれのすべての市民的、政治的制度の根幹に位置する『自由と公正の基本的原則』（fundamental principles of liberty and justice）に違反するものなのか」と問いかけ、「これらに対する答えは『ノー』でなければならない（The answer surely must be "no."）」[11]と述べた。

カードーゾは、同じ事実について二度目の審理を州が認めたのは、原審が法的な過誤なしにおこなわれたかどうかを確認した結果であり、自由と公正の基本的原則を妨害するものではないとした。カードーゾは、「争われているコネチカット州法は、正式事実審理における実質的な法的過誤（substantial legal error）を是正するという目的を有していた。これは、たんに刑事司法制度に調整的機能を与えるだけである」[12]と指摘し、同州法の下では、刑事裁判の、検察と被告人いずれの当事者も過誤について申し立てができ、双方当事者がその治癒を請求できるとしていることからも、刑事司法制度上の釣合い（symmetry）を与えているとした。カードーゾは、「上告人に対する有罪判決は、合衆国市民として彼が有している特権または免責に対するいかなる損傷でもない」[13]とし、パルコの基本的権利は何も侵害されていないと判断した。そのように述べて、結局、最高裁は、第一四修正によって第五修正の二重の危険防止規定が州に編入されるものではないとした。

しかし、このパルコ判決は、三二年後の一九六九年に、以下のBenton v. Maryland事件[14]において覆され、憲法第五修正の二重の危険防止原則は、第一四修正を通して州に適用されるとされた。

② 二重の危険防止に対する保障の州への編入
――Benton v. Maryland事件

ジョン・ベントン（John Benton）は、一九六五年にメリーランド州裁判所で侵入強盗（burglary）、及び窃盗（larceny）罪の容疑で陪審裁判を受けた。メリーランド州（原告）では、陪審選任手続きにおいて、陪審員が神の存在について信じることを誓約することが求められていた。ベントンの陪審はこの陪審選任手続法に従って選ばれた。結審後、陪審は侵入強盗罪について有罪、窃盗罪に関して無罪と評決した。有罪評決に従い、州地裁裁判官は侵入強盗罪について懲役一〇年を言い渡した。ベントンが有罪決定を受けた後、神の存在について信じることを陪審に誓約させるメリーランド州の選任方法が違憲と判断されたため、ベントンには新しい起訴手続きか、正式事実審理を要求するかの選択の機会が与えられた。ベントンは、新しい大陪審による起訴手続きを選んだ。しかし同大陪審は、彼を侵入強盗と窃盗の双方で起訴決定した。二度目の陪審裁判で、ベントンは両罪ともに有罪と評決された。裁判官は併せて一五年の懲役刑を宣告した。[15]

ベントンは、彼に対する二度目の審理は、第五修正の二重の危険防止（protection against double jeopardy）に違反すると主張し、上訴した。しかし、メリーランド特別抗告法廷（Maryland Court of Special Appeals）はベントンの上訴を拒否し、上告を受けたメリーランド州最高裁も合衆国最高裁のパルコ判決に基づいて、憲法第五修正の二重の危険防止条項は州の刑事訴訟には適用されない、として上告を棄却した。[16]

ベントンのサーシオレイライが認められ、合衆国最高裁が審理をおこなった。最高裁は、サーシオレイライを認めるにあたって、争点を二つに絞るとした。第一は、第五修正の二重の危険防止条項が、第一四修正によって州に適用できるどうかであり、第二は、本件でベントンが二重の危険の状態に置かれたかどうかである。

サーグッド・マーシャル（Thurgood Marshal）裁判官が、六対二の多数意見を執筆した。マーシャルは、まず最近の最高裁判決において刑事被告人に関する重要な権利章典上の権利が、第一四修正を通して州に適用される経緯について述べた。「当裁判所は、わずか前に、Duncan v. Louisiana 事件[17]において、刑事事件における陪審裁判を受ける権利が『アメリカにおける正義の構造にとって必須である（fundamental to the American scheme of justice)』ことを認定し、陪審裁判に対する第六修正の権利は、憲法第一四修正を通して州に適用できると判示した。[18]」その「同じ理由から、当裁判所は本日、第五修正の二重の危険禁止条項が、われわれの憲法的遺産の基本的で崇高な目的であり、それが憲法第一四修正によって州に適用されることを認める。この判決と矛盾する限り、パルコ判決は破棄される」とした。[19]そのうえで、本件事件について、「権利章典上の二重の危険基準が適用されたならば、上訴人の窃盗罪の有罪はありえなかったことは明白である。上訴人は、その第一審で窃盗罪について無罪となった。彼は、侵入強盗罪について控訴したのであって、いったん無罪となった窃盗罪について再審を強要されることはなかった[20]」とした。つまり、「上訴の条件として、有罪であった事件に付け加えて無罪とされた別件も再審理することは、二重の危険防止に対する憲法上の禁止との明白な衝突を生じる[21]」とした。マーシャルは、第五修正の二重の危険防止規定が、州に適用されるため、上訴権の行使にあたって原審の無罪判決を放棄することを条件としたメリーランド州裁判所の決定は有効でないとした。メリーランド州憲法は、二重の危険防止に対するいかなる保護規定もなかったが、最高裁は第一四修正の法の適正手続条項によって第五修正の二重の危険防止条項が組み込まれ、それを州に対して適用することが可能であるとした。

この事件は、第五修正の権利の拡張を示すものである。とくに、州の訴追行為に直面する個人の立場を強化するものとなった。最高裁は、本件において憲法第一四修正の条文を通して権利章典の特定の規定が州に対して適用される基本的枠組みを構築した。この「選択的編入」論は、アメリカの連邦主義の性格づけに深く影響してきた。[22]

(2) 権利章典の「選択的な編入」による州への適用例

「選択的な編入」の原則に基づく権利章典の憲法第一四修正を通した州への適用は、下記の表一に見られるように各修正条項の内容によって分けられる。これらは合衆国最高裁による判例を通して確立されてきた。

表1　選択的編入原則（Doctrine of Selective Incorporation）が認められた重要判決

事件名	判決年	法理	該当修正条項
Gitlow v. New York	一九二五	言論の自由	第一修正
Near v. Minnesota	一九三一	出版の自由	第一修正
Powell v. Alabama	一九三二	死刑事件弁護士付与権	第六修正
De Jolge v. Oregon	一九三七	集会の自由と請願権	第一修正
Cantwell v. Connecticut	一九四〇	信教の自由	第一修正
Everson v. Board of Education	一九四七	国教条項	第一修正
In re Oliver	一九四八	公開裁判を受ける権利	第六修正
Wolf v. Colorado	一九四九	不合理な捜索押収の禁止	第四修正

Mapp v. Ohio	一九六一	排除法則	第四修正、第五修正
Robinson v. California	一九六二	残酷にして異常な刑罰の禁止	第八修正
Gideon v. Wainright	一九六三	重罪事件での弁護人付与権	第六修正
Malloy v. Hoglan	一九六四	自己負罪拒否特権	第五修正
Pointer v. Texas	一九六五	対質権	第六修正
Griswold v. Connecticut	一九六九	プライバシー権	第一修正、第三修正、第四修正、第五修正、第六修正、および第九修正
Parker v. Gladden	一九六六	公正な陪審裁判を受ける権利	第六修正
Klopfer v. North Carolina	一九六七	迅速な裁判を受ける権利	第六修正
Duncan v. Louisian	一九六八	重罪での陪審裁判を受ける権利	第六修正
Benton v. Maryland	一九六九	二重の危する険防止	第五修正
Argersinger v. Hamlin	一九七二	軽罪に対する弁護人の付与を受ける権利	第六修正

まず、第一修正は、「連邦議会は、国教を樹立したり、宗教の自由な遂行を禁止したり、言論と出版の自由や、人民が平穏に集会し、苦痛の救済を求めるために政府に対して請願する権利を制限する法律を制定したりしてはならない」と規定する。このうち、「国教樹立禁止条項」(Establishment Clause)は、Everson v. Board of Education, 330 U.S. 1 (1947) 判決において州に対して組み込まれた。この事件では、公立と私立学校双方のために児童を運ぶスクールバスに対する公金支出を認めていたニュージャージー州法が問題とされた。合衆国最高裁は、このニュージャージ

ー州法が国教条項に違反するものではないと決定したが、他方で、いかなる税金も、その金額の多寡に関わらず、宗教を教え、実践する形態の宗教的活動や施設を支援する目的のために課税されてはならない、とした。

「信教の自由」(free exercise of religion) の保障規定は、Hamilton v Regents of the University of California, 293 U.S. 245 (1934) 判決と、Cantwell v. Connecticut, 310 U.S. 296 (1940) 判決によって州に対して組み込まれた。

「言論の自由」(freedom of speech) については、Gitlow v. New York, 268 U.S. 652 (1925) 判決によって、「出版の自由」(freedom of the press) については Near v. Minnesota, 283 U.S. 697 (1931) 判決によって、州に対して組み込まれた。「集会の自由」(freedom of assembly) は、DeJonge v. Oregon, 299 U.S. 353 (1937) 判決によって、「苦痛からの救済請願権」(right to petition for redress of grievances) については、Edwards v. South Carolina, 372 U.S. 229 (1963) 判決によって州に対して組み込まれた。[23]

第二修正は、「規律ある民兵は自由国家の安全にとって必要であるから、人民が武器を保有し武装する権利は、これを侵害してはならない」と規定する。これにより、「私人が銃を所持する権利」は、District of Columbia v. Heller 554 U.S (2008) 判決で州に対して組み込まれた。とくに銃を正当防衛の目的で所持する正当防衛権は、McDonald v. City of Chicago, 561 U.S. 742 (2010) 判決において、第二修正の「中心的要素」(central component) だとされた。

第三修正は、「平時においては、所有者の承諾を得なければ、何人の家庭にも兵士を宿営させてはならない。戦時においても、法律の定める方法によるのでなければ宿営させてはならない」と規定する。このうち、「兵士を宿営させることからの自由」(freedom from quartering of soldier) については、一九八二年に第二巡回区連邦控訴裁判所が、Engblom v. Carey, 677 F.2d 957 (1982) 判決において（同控訴裁の管轄下にあるコネチカット、ニューヨークおよびバーモント）州への組み込みを認めた。しかし、その他の州については組み込みが認められていない。第三修正については、訴訟提起がほとんどないため、合衆国最高裁の第三修正の組み込みに関する判決はこれまでになかった。

第四修正は、「不合理な捜索、逮捕または押収から、自己の身体、家屋、書類および動産の安全を確保する権利はこれを侵害してはならない。令状は、宣誓や確約によって裏付けられて、合理的理由に基づいており、捜索場所と逮捕・押収する人や物を特定した記載がなければ、これを発してはならない」と規定する。この「不合理な捜査押収」（unreasonable search and seizure）を受けない権利は、Mapp v. Ohio, 367 U.S. 643（1961）判決において州への組み込みが認められた。「不当に押収した証拠の除外権（排除原則）」（exclusion of unlawfully seized evidence, the exclusionary rule）についてもマップ判決により州に対して組み込まれた。とくに最高裁は、マップ判決において、この排除原則が州には適用されないと以前に判断した Wolf v. Colorado 事件判決を覆した[24]。「令状要件」（warrant requirements）については、Aguilar v. Texas, 378 U.S. 108（1964）判決により州に対して組み込まれた。「令状なしの検索または押収」（search or seizure undertaken without a warrant）についても、それらが「不合理だったか」（unreasonable）どうかの判断をおこなうための基準として Ker v. California, 374 U.S. 23（1963）判決により州に対して組み込まれた。

第五修正は、「何人も大陪審の告発または起訴によらなければ、死刑または自由刑（懲役、禁錮、市民権剥奪等自由を奪う刑）に課せられる犯罪の責めを負わされない。ただし、陸海軍、または戦争や公共の危険に際して、現に兵役についている民兵の間に生じた事件についてはこの限りではない。何人も同一の犯罪について、再度生命身体の危険に瀕せしめられない。また、何人も刑事事件において自己に不利益な証人となることを強制されない。また、法の適正手続によらないで生命、自由、財産を奪われない。また、正当な補償なくして私有財産を公共の用途のために徴収されない」と規定する。このうち、「二重の危険防止に対する保障」（protection against double jeopardy）の権利は、Benton v. Maryland, 395 U.S. 784（1969）判決によって州に対して組み込まれた。「自己負罪拒否特権」（right against self-incrimination）は、Griffin v. California, 380 U.S. 609（1965）判決、Malloy v. Hogan , 378 U.S. 1（1964）判決、及び Miranda v. Arizona, 348 U.S. 436（1966）判決によって州に対して組み込まれた。

「ミランダ警告」（Miranda warnings）に関しては、第五修正は、警察が容疑者を身柄拘束して質問する前にミランダ警告を与えなければならないと明文で規定していない。しかし、合衆国最高裁はこれらの警告が必要な予防装置（prophylactic device）であり、その者が州または連邦裁判所で最終的に起訴されるかどうかにかかわらず、警察が勾留中の刑事被疑者に質問する際に第五修正によって要求されていると、ミランダ事件で判決した。しかし、「大陪審による起訴を受ける権利」（right to indictment by a grand jury）については、Hurtado v. California, 110 U.S. 516（1884）判決によって州に対して組み込まれないとされた。「正当な補償なしで私有財産を収用されることからの保護」（protection against taking of private property without just compensation）の権利は、Chicago, Burlington & Quincy Railroad Co. v. City of Chicago, 166 U.S. 226（1897）判決によって州に対して組み込まれた。

第六修正は、「全ての刑事訴追において、被告人は、犯行があった州と、あらかじめ法律によって定められた地区の公平な陪審によっておこなわれる迅速かつ公開の裁判を受け、公訴事実の性質と原因についての告知を受け、自己に不利な証人との対質を求め、自己に有利な証人を得るために強制的手段を取り、防禦のために弁護人の援助を受ける権利を有する」と規定する。このうち、「迅速な裁判を受ける権利」（right to a speedy trial）は、Klopfer v. North Carolina, 386 U.S. 213（1967）判決によって州に対して組み込まれた。「公開裁判の権利」（right to a public trial）は、*In re* Oliver, 333 U.S. 257（1948）判決によって州に対して組み込まれた。「公平な陪審による裁判を受ける権利」（right to an impartial jury）は、Duncan v. Louisiana, 391 U.S. 145（1968）判決と、Parker v. Gladden, 385 U.S. 363（1966）判決によって州に対して組み込まれた。とくにパーカー判決は、重罪事件における州裁判所での陪審裁判の権利を保障する。また、最高裁は、パーカー判決で、州裁判所の「廷吏」（bailiff）が予断のある意見を陪審に示したのは、第六修正の定める公正な陪審による裁判に反し、この第六修正の保障は第一四修正の法の適正手続条項によって州に適用できる、[25]とした。しかし、陪審の定員数や評決における全員一致原則には適用されず、州と連邦裁判所によって異なる。合衆国最高裁は、Williams v. Florida, 399 U.S. 78（1970）事件で、六人のメンバーで構成される刑事陪審が合憲であると判断していた。また、評決の全員一致原則については、十二人制の陪審では九人の陪審が評決について合意に達しなければならないとした。さらに、州裁判所でおこなわれる少年事件（juvenile delinquency）の手続きでは、陪審裁判を受ける権利が保障されないことが、McKeiver v. Pennsylvania, 403 U.S. 528（1971）判決で示された。「犯罪が起こった州や地区の居住者から選ばれる陪審」（jury selected from residents of the state and district where the crime occurred）に対する権利は、第三、五、および六巡回区控訴裁において州に対して組み込まれないとされた。[26]

「告発の通知に対する権利」（right to notice of accusations）は、*In re* Oliver, 333 U.S. 257（1948）判決と、Rabe v. Washington, 405 U.S. 313（1972）判決によって州に対して組み込まれた。「敵対証人に対面する」（confront adverse witnesses）権利は、Pointer v. Texas, 380 U.S. 400（1965）判決で州に対して組み込まれた。「証人による証言を得る強制召還手続き（罰則付召喚令状）に対する権利」（right to compulsory process (subpoenas) to obtain witness testimony）は、Washington v Texas, 388 US 400（1965）とWashington v. Texas, 388 U.S. 14（1967）判決によって州に対して組み込まれた。「刑事弁護人をつける権利」（right to counsel)」は、死刑事件に関してPowell v. Alabama 287 U.S. 45（1932）判決で、重罪事件に関しては、Gideon v. Wainwright, 372 U.S. 335（1963）判決で、さらに「自由刑を伴う軽罪についての弁護人付与権」は、Argersinger v. Hamlin, 407 U.S. 25（1972）判決によってそれぞれ州に対して組み込まれた。

第七修正は、「普通法上の訴訟において、訴訟物の価格が二〇ドルを越えるときは、陪審による裁判の権利が保持される。陪審によって認定された事実は、合衆国のいずれの最高裁においても、普通法の法則に従う以外、再審理されることはない」と規定する。しかし、「民事事件で陪審裁判を受ける権利」(right to jury trial in civil case) は、Pearson v. Yewdall, 95 U.S. 294 (1877) 判決と、後の Minneapolis & St. Louis R. Co. v. Bombolis, 241 U.S. 211 (1916) 判決によって州に対しては組み込まれなかった。また上記の判決では、陪審が認定した民事訴訟上の事実認定について再審理されることはないとの権利も、州に対して組み込まれなかった。民事陪審制度の権利についての第七修正の保障は、第一〇修正では、憲法によって連邦政府に委任されず、州に禁止されない権限は、それぞれ州または州民に委託されているとなっているため、この条項を州に強行させることはできないと考えられた。

第八修正は、「過大な保釈保証金を要求したり、過重な罰金を科したり、残酷で異常な刑罰を課したりしてはならない」と規定する。このうち「過大な保釈金からの保護」(protection against excessive bail) の権利は、Schilb v. Kuebel, 404 U.S. 357 (1971) 判決で州に対して組み込まれた。Schilb 判決で最高裁は、「保釈は、もちろん我々の法制度の基礎である。そして過大な保釈金の第八修正による禁止は憲法第一四修正によって州に適用されるとみなされた」とした。「法外な罰金からの保護」(protection against excessive fines) の権利は州に組み込まれなかった。[27] また「残酷かつ異常な刑罰からの保護をうける」(protection against cruel and unusual punishments) の権利は、Robinson v. California, 370 U.S. 660 (1962) 判決で州に対して組み込まれるとされた。

権利章典は、連邦政府に適用されるような文言となっている。そのため権利章典が憲法第一四修正によって州に適用される「選択的な編入」の原則が確認される前には、合衆国最高裁は、州政府の活動に関し、意見を表明しなかった。州政府は、言論と出版を規制し、捜査、訴追及び刑罰を独自のルールで扱ってきた。長い間、実際に州政府は、連邦機関や最高裁による干渉なしに州公認の教会を設置するなどしていた。ただし、第一四修正と実体的適正手続き (Substantive Due Process) に対する認識が広まる中で、権利章典は連邦政府による私人への権利侵害から個人を保護するためだけに存在するという考えはほころび始めた。

とくに刑事手続に関する憲法第四、五、六修正の「編入」理論は、州と地方政府当局の刑事法の実務の在り方を変更させた。これらの州政府の法執行当局は、彼らが容疑者に対しておこなっている取り調べの手法や手続きに相当な注意を払わなければならなくなった。懲役刑をともなう犯罪で起訴された困窮した被疑者に弁護人を付与しなければならなくなったし、弁護人が到着し、同席するまで取り調べを中止しなければならなくなった。被疑者の権利を侵害して得られた証拠を公判廷に持ち出すことは許されなくなった。これらの権利章典上の諸権利の州政府行為への編入は、アメリカにおける刑事司法制度を被告人のためにより公正なものにした。また州ごとに異なっていた刑事司法手続きを共通化した。これらの権利の統一化は、アメリカ市民が正義を確立し、より完全な統合を形成するという憲法の前文に含まれる誓約をより完全に達成することを、合衆国最高裁が前進させたものと評価がされている。[28]

2　ステイト・アクション（State Action，州行為）

(1)　私人による差別とステイト・アクション法理（State Action Doctrine）

これまで「選択的な編入」の原則によって、権利章典の大部分は連邦政府と同様に、州政府による市民に対する侵害行為から保護するために拡大されてきた。これにより州政府は、権利章典上の基本的権利を侵害するような制定法を立法することができない。つまり、最高裁による違憲判決が予測された。そういう意味で編入法理は、州による権利章典の実行化に一定の効果を果たした。他方で第一四修正が、「州は」としている規定を、「私人は」と読み替えることには困難さが伴う。そのため私人による差別に対する効力については問題を残した。選択的編入原則がおこなわれたあと、新たに州ではなく「私人」による差別についての克服を憲法理論上どのように形成するかが課題となった。

「ステイト・アクション（州行為）」は、直接的には行政権限の行使を示す言葉である。これは第一〇修正の「州権限」に基づく行政規制権限（ポリスパワー、police power）を根拠とする。そのため、政府外の私的団体や私人の当事者はステイト・アクションの主体でないため、憲法第一四修正による権利章典上の保障規定に必ずしも従う必要はないとされた。しかし実際には、多くの公民権法違反の差別事件は、州や市、町、村、郡だけでなく、私的団体や私人が関係する状況の中で生じた。一九六〇年代に、合衆国最高裁は、ステイト・アクションに関して拡張的な見解を示し、私的団体や私人の行為に対して公民権法違反訴訟のドアを開けた。つまり、第一四修正の「州は」とあるのを、「州と同じと考えられる私人は」と解釈し、「ある種の私人は」というように「州」の機能との同質性に注意しながら、その機能を私人に拡大する考え方が判例法の中で作られてきた。その際に考え出されたのが、たんなる州行為を表すステイト・アクションを拡張した「ステイト・アクション法理」（State Action Doctrine）である。

ステイト・アクション法理は、私的行為に州政府の重大な関与がある場合や、私的行為であってもそれが公的性格や公的機能を果たしている場合に、政府の行為、つまりステイト・アクションと見なし、その行為は憲法の適用を受けるという理論である。その効果は、憲法の私人間への直接適用である。

ステイト・アクション法理の要件は、まず、一定の行為に州が直接関わっている場合の「州の直接的関与」（state involvement）と、私人の行為であっても公的な機能や政府的機能を果たしている場合、すなわち「公的機能」（public function）を有する場合に分かれる。[29] このうち、「州の直接的関与」とは、「政府と切り離せない捲き込み」（inextricable entanglement）がある場合であり、政府と私人がその同一性がわからないほど相互依存的で、解けないほどの共同の活動のある場合に、ステイト・アクションとみなされる。公共施設等の公有財産を私人に貸与をした場合（後述のBurton判決。駐車場内レストランの事例）や、財政や免税措置等の援助（state regulation or funding）のある場合、私人の行為に対する州の規制、または広範囲な資金提供は、ステイト・アクションとなりうる。とくに州による私人への独占権の授与（conferral of monopoly）、営業行為の州による許認可（state authorization of practice）、重要な公益事業（essential public service）や、公益に影響を及ぼす（affected with a public interest）ことがその要素として考えられる。[30]

州が、私人に特権または特別権限を付与することで、私人による一定活動を奨励（state encouragement of private action）し、それが憲法で保障された権利に反する「差別的効果」（disparate impact）を生み出すような場合には、ステイト・アクション法理が適用される。たとえば、人種を理由として私人の経営するアパートの賃貸を拒否された事案のような場合である。Reitman v. Mulkey, 387 U.S. 369（1967）判決では、私人のアパートの賃貸の拒否について州がきわめて重要な程度にまで関与していたとした。「公的機能」は、州政府などが典型的な「公的機能」の実行権限を私人に委任する場合（たとえば後述の Marsh 判決。会社町の問題）や、ショッピングセンターの場合（Hudgens v. NLRB, 424 U.S. 507（1976））であり、実質的また排他的に（essentially and exclusively）その行為が公的な機能を果たしている場合に、当該私人の行為はステイト・アクションとなる。さらに、これらに加えて、州の裁判所の関与により（state enforcement of private agreements）、私人間の差別的行為を積極的に実行化させることもステイト・アクションと考えられ、権利章典の適用が認められる（後述の Shelley 判決。）

(2) 州の直接的関与と私人の経営する駐車場の事案
——Burton v. Wilmington Parking Authority（1961）事件[31]

最高裁判所は、州の機関がその州財産を私人であるレストランに貸し出し、そこでアフリカ系アメリカ人に対する食事のサービスを拒否した事件で、州の権限と私人の差別との間の「緊密な関係」（close nexus）を見出し、ステイト・アクションが存在するとした。

この事件では、デラウェア州ウィルミントン市が駐車場と商業的な施設を建設するために、市駐車場管理局（Parking Authority）を設けた。この管理局は、市の駐車場運営を目的として同市の条例によって設立された。市は被告の Eagle Coffee Shoppe に財政援助をおこない、レストランを開店するために市施設内のスペースを賃貸した。また、同管理局は、レストランに電気とガスのサービスを提供しており、その費用を負担していた。この賃貸借契約書には、被告レストランが差別なく公衆に貢献することなどの規定は含んでいなかった。原告 Burton は、アフリカ系アメリカ人であることを理由に被告レストランで食事サービスを拒否されたことに対し、人種差別的な方法による営業の差止を求めてデラウェア州地裁に州当局を提訴した。州地裁は差止命令を与えたが、同州最高裁は、私的レストランの行為がステイト・アクションを構成しないと判決し、バートンに救済を与えなかった。バートンは、合衆国最高裁に上訴した。

最高裁での争点は、州が管理運営する施設内の私的レストランが人種差別的営業をすることは、人種差別を禁止した第一四修正違反となるかどうかであった。最高裁は、六対三の多数意見をトム・クラーク（Tom C. Clark）裁判官が書いた。最高裁は、当該レストランが駐車場当局による援助の受取人として明らかに市の援助による利益を得ており、「自立した一個の単一体（self-sustaining unit）としてその営業をおこなうことにより州政府のプロジェクトに対して、物理的、また財政的に統合的な実際に欠くことのできない一部を構成している」[32]とし、当該土地と建物は公的に所有され、それは州政府の管理下にあり、そこでおこなわれる州の直接関与する行政行為であるとした。したがっていかなる州も、その管理下にある土地および建物において私人が差別行為をおこなうことを許すことはできず、州の管理下にある土地、および建物でおこなわれる私人の行為は、第一四修正の枠外とされる「純粋に私的」な行為とは言い難く、州と私人との共同行為と考えられ、第一四修正に反する行為であると判断した。[33]このように、最高裁は、州が駐車場の管理権限によって「それ自体、サービスを拒否した側の当事者になった」[34]との構成をとることで、原告に対するサービスの拒否は、憲法第一四修正に違反する差別的なステイト・アクションとなるとした[35]。

バートン事件は、私人の行為に州が直接関与した事例である。では、私人の活動が「公的機能」を持つのはどのような場合か、それが問われたのがマーシュ事件である。

(3) 私企業の会社町と信仰の自由――Marsh v. Alabama (1946) 事件[36]

グレイス・マーシュ（Grace Marsh）は、エホバの証人（Jehovah's Witness）の信者であり、アラバマ州チカソー（Chickasaw）の郵便局近くの歩道上で宗教的文書の配布をしていた。彼女は町の商業地への歩道上で文書を配布した。町自体は、Gulf Shipbuilding Corporation という私的法人によって運営されている、いわゆる「会社町」（company town）であり、公的な市町村ではなかった。町の店舗には、「ここは私有地であり書面による許可なしにいかなる勧誘行為も許されない」旨の通知が貼られていた。しかし、当該町はその大部分において他の町と同じ外観と特徴を示していた。マーシュは町の当局者から私有地内にいることを告げられ、またその宗教的文書の配布を止められ、退去を求められた。彼女は退去を拒否したため、住居地不法侵入罪（trespass）の容疑で州警察によって逮捕、起訴され、有罪判決を受けた[37]。

マーシュは、街角で宗教的な資料を配布する行為は、憲法第一及び第一四修正によって保護されていると主張した。これに対し、被告は、この会社町は実際に私人の所有物であり、自己所有の不動産上での出来事については規制権を持つことができると反論した。マーシュの有罪はアラバマ州控訴裁でも認められたので、マーシュは州最高裁にサーシオレイライを申請したが拒否されたため、合衆国最高裁に上訴した。

最高裁での争点は、町が私的企業町であれば、憲法第一修正の宗教、出版、及び表現の自由の保障は適用されないのかどうかであった。ヒューゴ・ブラック（Hugo L. Black）裁判官は、五対三の最高裁の多数意見を担当した。

ブラック裁判官は、上告人が滞在した施設は、もっぱら市民の便宜のために開かれており、「その機能が基本的に公的機能である（their operation was essentially a public function）から、企業町といえども州の規制に従う」と述べた[38]。ブラックは、当該町自体が私的に所有されているという事実によっては、そこでの市民の自由権が憲法に反して縮小されるということにはならないとした。マーシュを含む人々は、そのような町においても第一及び第十四修正のもとの基本的権利を有し、たんに会社が町を所有しているからと言って、言論の自由や宗教の自由の権利を制限することはできない。この商業地域のすぐそばを走るハイウェイは公衆にこの商業地域へのアクセスを与えており、商業地域が提供している製品やサービスを享受するための人々の接近を可能にしている。この事実は、州がマーシュの逮捕を正当化するための根拠としている私人所有の町であるという要素を取り去るものである。マーシュが立ち入った私有の町はその機能上、公的な機能を実行している。会社町の支配人は人びとの出版と信教の自由を制約することはできない[39]。そのため、当該町における言論の自由や信条の自由の制約は憲法違反となる。他の公的な町と変わらない町で、宗教上の文書を配布したことで原告らを厳罰することを認めた州法は無効である、とした[40]。

(4) マーシュ判決の拡大
――Amalgamated Food Employees Union Local 590 v.Logan Valley Plaza,Inc.（1968）事件[41]

原告のLogan Valley Plaza, Inc.は、ワイス・スーパーマーケット（Weiss Supermarket, Weiss）とシアーズ（Sear）が入っている公共用ショッピングセンター（public mall）を所有していた。ワイス社は、非労働組合所属従業者だけを同店の従業員として雇用していた。そのことについて、食品従業員組合のAmalgamated Food Employees Union Local 590は抗議をおこない、業務用の集荷場の外側でピケを張った。ピケは何の暴力行為も含まなかったが、集荷場で集荷に若干の渋滞が見られた。原告会社は、私有地におけるピケ行為は禁止することができるとして、ペンシルヴァニア民事裁判所（Pennsylvania Court of Common Pleas）に提訴した。同裁判所は、原告の私的財産権と、被告のピケの目的がワイス社の従業者に対して労働組合に加入することを強要するためのものであったという理由で、同差止めを認めた。上訴を受けたペンシルヴァニア州最高裁は、ピケ自体が原告の財産への不法侵入（trespass on the plaintiff's property）に該当するとして同差止命令を容認した。[42]そこで、原告が合衆国最高裁にサーシオレイライを求め、認められた。

最高裁での争点は、私人が所有するショッピングセンターは、憲法第一修正の適用が可能な公的な場所（public place）とみなすことができるかどうかであった。六対三の最高裁の多数意見をマーシャル裁判官が執筆した。マーシャルは、本件における私有のショッピングセンターとマーシュ判決における会社町とを比較し、本件ショッピングセンターの機能がマーシュ事件における会社町のそれと同じであり、公に向けて公開されていると判断した。[43]そのうえで、本件のショッピングセンターが憲法の適用を受ける「公的機能」を果たし、ステイト・アクションであるとし、それゆえ敷地内でピケ行為は第一修正によって保障され、憲法の第一修正上の権利を行使したいと考えている市民メンバーの活動を阻むことはできないとした。[44]

これに対して、三名の裁判官が三様の反対意見を示した。ブラック裁判官は、原告らがピケを張った場所は、マーシュ事件のような会社町ではなく、単なる店舗の集合体であり、それゆえに私人の財産地への不法侵入（トレスパス、trespass）を構成し、第一修正保護の範囲内にないとした。[45]ハーラン裁判官は、本件のような問題は、本来、議会の立法により解決されるべきものであり、それを最高裁による憲法判断に委ねていること、および憲法の適用によって所有者が財産使用に関する支配権の幅を狭めてしまうことになる、とした。[46]ホワイト裁判官は、連邦議会が本件において被告が私有財産地でのピケ行為を許可することが必要であるとの考えにより、第一修正を強化し実行するというのであれば、それに対し自分は異なる意見をもつが、本件はそのような事案ではないし、裁判所がそのような考えを推進することはない、と述べた。[47] このように、ステイト・アクション法理では、州政府の関与が存在するか、または実際には私的施設であっても「公的機能」を果たす場合に、公的施設と同一であるとされた。

では、裁判所が関与することで、ステイト・アクションが構成される場合はどのような場合か、これに対する最高裁の理由づけが示されたのが次の事件である。

(5) 州裁判所による州行為の承認——Shelley v. Kraemer (1948) 事件[48]

ミズーリ州セントルイス市の三九人の個人土地所有者のうち三〇人は、その申し合わせで、白人以外のアフリカ系アメリカ人や黄色人に対して五〇年間は土地を売却、または賃貸しないという制限的不動産約款(restrictive covenant)に署名していた。

一九四五年に、同所に土地を所有するフィッツジェラルドは、当該土地を原告シェリー(Shelley、アフリカ系アメリカ人)に売却した。その時にシェリーは制限的不動産約款のあることを知らなかった。ところが、隣接地の土地所有者であるクレマー(Kraemer、白人)らがこの制限的不動産約款に基いてシェリーの土地占有の禁止を求め、セントルイス巡回裁判所(Circuit Court of St. Louis)に提訴した。同巡回裁判所は、当該財産所有者全員がこの制限的不動産約款に最初に署名したわけではなかったという理由によって、同約款を強制することを拒んだ。しかし、控訴されたミズーリ州最高裁判所は巡回裁判所の決定を覆し、シェリーの土地占有を禁止するこの私的約款の効力を認め、同約款が実行可能であると判決した。[49] そこで、シェリーは合衆国最高裁に上告した。

最高裁での争点は、州の最高裁がこのような私的約款の効力を追認し、差止命令の執行(injunction enforcement)をおこなうことは第一四修正に反するかどうかであった。合衆国最高裁の全員一致による法廷意見は、フレッド・ヴィンソン(Fred M. Vinson, Jr.)裁判官が執筆した。ヴィンソンは、「制限的不動産約款それ自体については第十四修正によって保障された権利の侵害と考えることができない。その約款の目的が自由意思で合意される限りステイト・アクションは存在せず、また修正条項には反していなかったことは明らかだ[50]」と、従来の最高裁の決定を強調し、私人間で純粋に自由に合意された約款は、憲法第十四修正に違反しないとした。しかし、他方で、ヴィンソンは、「州裁判所の行為は憲法第十四修正が意味する範囲内のステイト・アクションと考えられる[51]」とした。つまり、本件での州裁判所による制限的約款の実行化は、人種的差別を実行化するものであり、「州裁判所によって課される差別が州の適切な権限行使として正当化することはできない[52]」とし、本件では、当該約款をミズーリ州裁判所が実施させるという決定自体にステイト・アクションが存在すると認定した。

最高裁は、「合衆国憲法第一四修正が憲法の一部になった歴史的な背景は忘れてはならない[53]」とし、「憲法起草者たちが達成しようとしたことが何であれ、重要な問題は、基本的な公民権と政治的権利の享受における平等性の達成であり、人種または体色の考慮に基づく州による差別的な行為からの権利の保護の確立であったことは明白である。七十五年前に、当裁判所は修正条項の規定が根本的なものと解釈することを心掛けるように述べた。これらのことを考慮するならば、当裁判所は、同州裁判所が憲法第十四修正によって保障された法の平等保護を否定するために行動したものと結論する[54]」と述べた。こうして、最高裁は、ステイト・アクションは、州の立法府だけでなく裁判所や司法当局による措置も含むとした。

当時は住宅所有者のグループが、アフリカ系アメリカ人、ユダヤ人、アジア人、そのほかの有色人種にその不動産を譲渡したり賃貸することを防止する目的でこのような制限約款を当然のように使用していた。不動産の譲渡または賃貸を禁ずるこの制限約款は、不動産売買証書(real estate deeds)に明文で書き込まれていた。この判決までは、それが連邦や州が干渉できない私人の正当な行為であると考えられていた。当時、このような私人による人種差別的な制限約款がどれくらいまかり通っていたかについては、シェリー事件の審理時に三人の合衆国最高裁裁判官自身の所有していた自宅に本件と類似した人種差別的制限約款があることが判明し、本件事件の審理から自ら回避（自己忌避）せざるを得なかったという事情にも表れている。[55]

最高裁は、本件判決によって私人による差別に関係するこの種の制限約款を抑制しようとした。シェリー判決は、住居地に関して、強力で容赦のない人種差別の慣行を永続させるために裁判所を利用し、その正当化を図ろうとするクレマーらの手段を奪い取ったことになる。仮にこの制限約款が合衆国最高裁によって認められていれば、私人間契約による（人種的）差別の先例となり、体色を理由とした（私人間の）契約上の差別はすべて合法化されるところであった。[56] このシェリー最高裁判決は、合衆国における居住に関する差別を法的に無効とする道を開いたアメリカの憲法判例の中でも重要な裁判例である。[57]

(6) ステイト・アクション（State Action）の法理のまとめ

合衆国最高裁がこれまでに構築してきたステイト・アクション（State Action）の法理に関する判例法上の構成要件はどのようなものか。合衆国最高裁の判例では、次のような場合に私人の行為でもステイト・アクション法理により権利章典の適用が認められるとしている。

具体的な私的行為による人権侵害について、①州が、公共施設等の公有財産の貸与を行っている場合、②財政や免税措置等の助成が与えられている場合、③特権または特別な権限の付与を行っている場合、④裁判所の介入により当該行為が実行化された場合、⑤私的行為が、公的行為といえるほど私人の行為に州がきわめて重要な程度に関与している場合、あるいは、⑥私的行為の主体が、高度に公的な機能を行使する場合、である。[58]

State Actionの機能

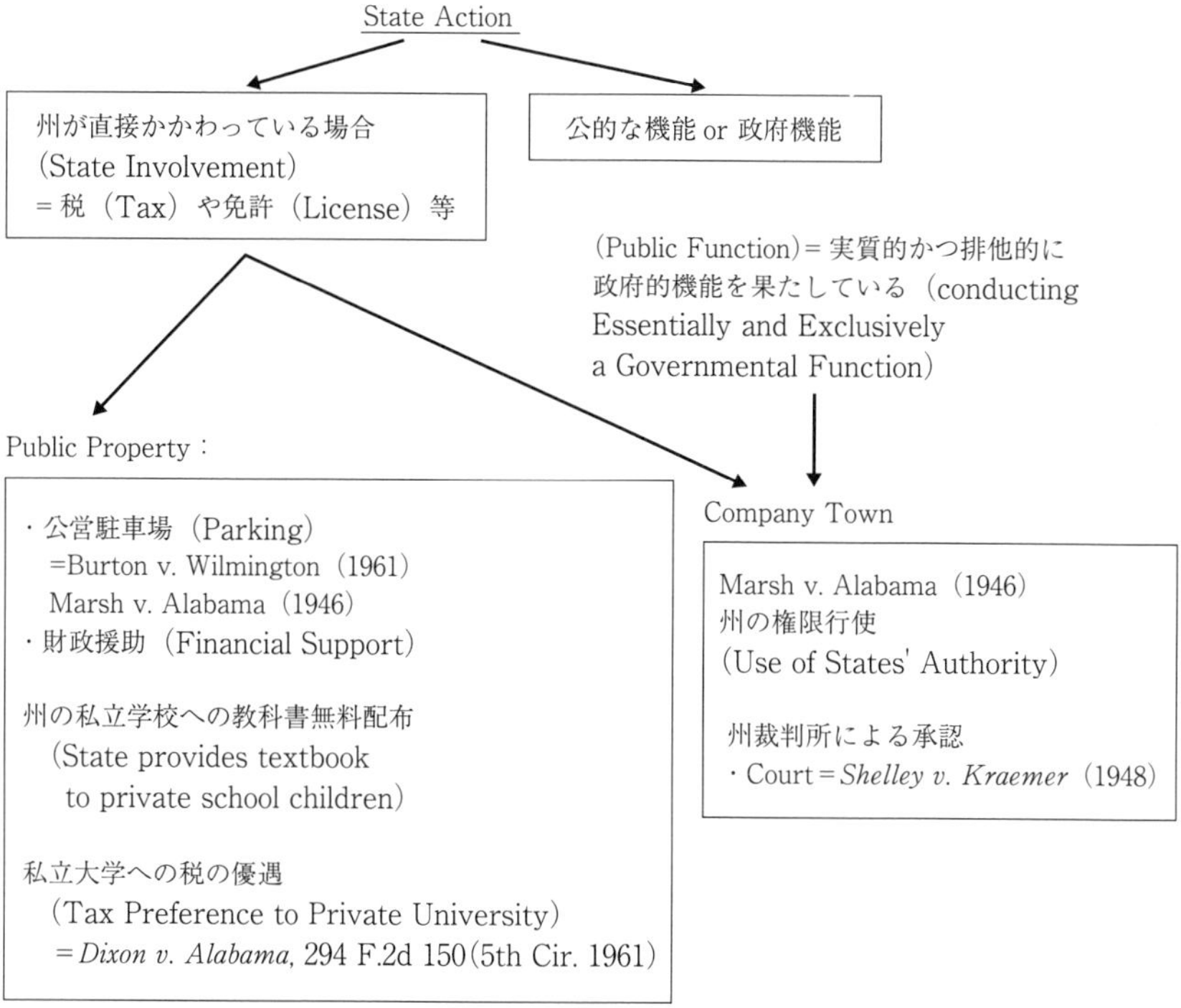

3　TakingとEminent Domain

(1)　財産の収奪（taking）

合衆国憲法第五修正は、「……何人も……法の適正手続き（due process of law）によらずに、生命、自由または財産を奪われることはない。何人も、正当な補償なしに、私有財産を公共の用のために徴収されることはない」と規定する。私有財産が政府によって、「適正手続き」なしに、または「正当な補償」（justly compensation）なしに獲得されるときに、それは「収奪」（taking）と呼ばれる。「収奪」は、政府による私有財産の物理的収奪（physical taking）や「物理的支配（physical occupying）」のことをいう。つまり政府によって私人の財産が没収、取得、あるいは変容される場合である。私人は、政府によって所有権だけでなく、その全ての使用権や収益権が収奪される。しかし収奪に該当する場合でも、合衆国憲法第五修正の「適正手続き」と「正当な補償」手続きに従えば、政府は公共の目的のために私人の不動産と動産を獲得することができる。第五修正の公共目的条項は、第一四修正の規定を通して州政府にも適用される。州政府がたとえば高速道路や公園の設置のために物理的に私有財産を獲得するときは、正当な補償をしなければならない。他方で、政府が他の私人の使用目的のために別の私人の財産権を収奪することは憲法違反である。したがって当該収奪が適正な収用か、収奪となるのかについて問題となる。

他方、「収奪」は、ある種の公益を確保するための政府行為によって一部の財産所有者に対して著しい財産価値の下落を招き、財産価値の重大な滅失が生じるような場合にも適用される。これは、財産（権）の非物理的収奪（non-physical taking）とされる。すなわち、政府行為によって私人の財産の使用、収益または享受に対して重大な制限を加えるか、またはその破壊、あるいは破壊相当の損傷がなされた場合である。この収奪は、不法行為であり、損害賠償の対象となる。これに対して、政府は、「公益性」による私的権利の制約を正当化するのが常である。

① 州の沿岸埋め立て計画と住民の臨海権
——Stop the Beach Renourishment, Inc. v. Florida Department of Environmental Protection,560 U. S. 702（2010）事件[59]

一九六一年に、フロリダ州は州内で著しく侵食された海浜を復元し、維持するために、「フロリダ州海岸海浜保全法」（Beach and Shore Preservation Act, BSPA）を制定した。二〇〇三年に、フロリダ州環境保護省は、この「海岸海浜保全法」に基づき海浜を作り直す目的で浅瀬（shoal）から砂を浚渫するために干潟や砂州を含む主権水没地（sovereign submerged lands）使用を可能とする共同沿岸許可及び承認申請を提出した。この動きに対して、当該対象地域の臨海地所有者らが組織した「海岸埋立てを阻止する会」（Stop the Beach Renourishment, Inc.）は、当該プロジェクトによって第五修正の正当補償なしに、原告らの所有地が収奪されたと主張し、その差止めを求めて提訴した。原告らは州のプロジェクトは、彼らの財産に付着した自然力による自然堆積（natural accretions）を受ける権利を侵害し、州のプロジェクトの完成後には自然堆積分は、原告よりもむしろ州によって取得されると主張した。

フロリダ州第一区地方裁判所（District Court of Appeal for the First District）は、原告らの主張を支持したが、[60] 控訴されたフロリダ州最高裁はそれを覆した。同州最高裁は、州のプロジェクトが正当な補償なしで土地所有者から海岸または臨海権（littoral rights）を奪ったものではないとし、州の「海岸海浜保全法」は、憲法に反しないと結論した。[61] これに対して原告らは、これは第五と第一四修正によって禁止された「司法上の収奪、または裁判所による収奪(judicial taking)」であると主張した。

上告を受けた合衆国最高裁は、論点ごとに裁判官の間で異る意見が出されたが、裁判官全員一致意見をスカリア裁判官が執筆し、原告らの主張を認めず、州は原告の所有者に対し補償のない収奪をしたものではないと判決した。[62] 最高裁は、浚渫によって埋め立てられた臨海地については、その部分の所有権は州に帰属すると判断し、州による海浜浚渫プロジェクトは、むしろ原告らの財産価値を保持する試みとみなすことができるという同州最高裁の判断を支持した。[63] スカリアの法廷意見は、第五修正の適用を審査するうえで、州裁判所が後押しした州当局の財産権の変容が、司法による収奪にあたるのかどうかという点について、収奪にはあたらず、「司法上の収奪」に該当しないと判断した。他方、ケネディ裁判官の同調意見は、そのほとんどを「司法上の収奪」の要件について論じている。[64]

② 米軍による飛行訓練と私有財産の収奪―― United States v. Causby (1946) 事件[65]

合衆国政府は、ノースカロライナ州グリーンズボロ市内の飛行場の使用賃貸を受けて、軍用機の離着陸演習を昼夜問わずおこなっていた。原告のコズビー（Thomas Lee Causby）は、飛行場に隣接する土地に住宅と養鶏場を所有していた。原告と被告の先住関係については、ほぼ同時期であったが、原告の方が少しだけ先だった。ところが第二次大戦後、朝鮮戦争が近づく緊迫化した政治状況の中で、訓練のための軍用機は四基のエンジンを有するなど大型化し、爆音のレベルはかなり強力なものとなっていた。米軍が重爆撃機の離着陸演習を日夜繰り返し、その騒音と夜間の強力なサーチライトによる照明の影響で養鶏場の鶏がショックを受け、毎日平均六―一〇羽が死亡し、原告は短期間のうちに合計一五〇羽を失った。また、産卵率も著しく減少し、原告の経営が成り立たなくなったばかりではなく、家族も騒音恐怖症となった。結局コズビーは養鶏業を断念せざるを得なくなった。

コズビーは、彼の所有する養鶏場の上空域を爆撃機が飛行することによって、正当な補償なしで彼の財産が収奪されたと主張した。原審の合衆国請求裁判所（United States Court of Claims）は、コズビーの主張を認め、政府に対して正当な補償をおこなうよう命令した。[66] そこで連邦政府は合衆国最高裁に上告した。

最高裁での争点は、連邦政府の行為により、原告のコモンロー上の私的所有権に基づく財産権と経営権が収奪されたことになるか、あるいは、所与の国際政治状況の中で、軍事訓練をおこなう政府の行為は公的目的が高いため私人はこのような被害を受忍（我慢）すべきかどうか、換言すると軍事訓練の公共性により収奪は正当化されるか、さらに先住関係は評価に関係するか、であった。

ダグラス（William O. Douglas）裁判官が、五対二の多数意見を執筆した。[67] まず、ダグラスは、「もし土地所有者が当該土地を完全に享受している（full enjoyment of the land）場合には、その者はそれを奪うような直接的な動きに対する排他的権限を有しなければならない」[68] とし、「土地所有者がその土地の完全な享受権を有していれば、当然その土地を包囲している空間の接した領域の排他的制御権を有しなければならないことは明らかである。これが真実でない場合、土地所有者は建物を建設したり、木を植えたり、フェンスを設置することもできない」[69] と述べた。ダグラスは、「他方で、空間は、土地のすぐ上の空間は別として、パブリックドメイン（public domain）の一部である。当裁判所は、この境界の分岐点の正確な範囲については決定しないが、私人の土地の上空における飛行は収奪ではない

（flights over private land are not a taking）」[70]とした。しかし、本件では、その飛行が極端に低く、また頻度が高かった。それゆえ、それらは当該土地の享受に、直接のそして即時の制限を行っているということができる、とした。その上でそのような制限が、「土地の享受と利用に対する直接の、そして即時の干渉に至る（direct and immediate interference with the enjoyment and use of the land）場合」には、土地の価値を減少させ、財産所有の権利は完全に収奪されており、事実上土地の排他的所有権を収奪したことになり、原告の土地の上空の飛行は収奪と考えることができるとした。それにより最高裁は、政府がコズビーの権利を侵害したと断定し、補償を命じた。

(2)　収用（Condemnation）

公用目的の土地収用などの権限の行使（exercise of eminent domain power）は、私有財産の直接没収ではあるが、憲法の要請に従い、当該財産に対する正当な補償を対価としておこなうことで認められる。これを収用（condemnation）という。合衆国憲法第五修正に従えば、政府は、公的目的を有する場合、私人の財産を収用することができる。この場合、収用される財産に対して「正当な補償」がおこなわれることが憲法上の要件となる。この「正当な補償（額）」について争いのある時には、通常の民事裁判手続きに従う。また、民事陪審に正当な補償（額）の決定をゆだねることも可能である。

問題は、政府が公用収用権限によらず、また正当な補償なしに私人の財産の収奪をおこなう場合である。基本的には政府による財産の没収行為であるが、これはしばしば、逆収用（inverse condemnation）と呼ばれる。「逆収用」は、政府が私有財産に対して永続的な、物理的な占領をおこなうときに発生し、「物理的収用」（physical taking）とも称される。これは政府ではなく、政府の認可を得た第三者が権限を与えられた場合でも生じる。他方、政府の規制措置によって私有財産の価値または有用性が著しく損なわれるか、または大きく現物価格が下がる場合にも収奪は発生する。これは「規則的収用」(regulatory taking) である。政府が特定の建物やそれを取りまく地域を保存地区に指定し、その開発を規制する場合、「規則的収用」に当たるのかどうかが問題となる。この政府行為が収奪 (taking) に当たるとして補償を受けたい私人は、政府に対して賠償請求を提起する必要がある。

① 歴史的史跡の保存と私有財産の収奪――Penn Central v. New York City (1978) 事件[71]

一九六五年に、被告のニューヨーク市は、特定の建物と近隣地区を歴史的史跡として指定するために、「ニューヨーク市歴史建造物保存法」(New York City Landmarks Preservation Law of 1965)[72] を制定した。この史跡保存法は、「歴史建造物」(landmarks) または「歴史建造物地域」(landmark sites) として特定の建造物と近隣地区を指定するための公的な権限を同市に与えるものであった。

原告のペンセントラル運輸会社 (Penn Central Transportation Co.) は、ニューヨーク市が歴史的な建造物として指定したグランドセントラル駅 (Grand Central Terminal) を所有していた。ペンセントラル社は、グランドセントラル駅の上空に高層オフィスビルを建設し、それを不動産管理会社の UGP Properties, Inc. に五十年間賃貸するプランを策定した。ペンセントラル社と UGP は、市の歴史建造物保存委員会に建設の意匠案を提出し、建設の許可申請をした。聴聞会に相当な時間を費やしたあと、市委員会はグランドセントラル駅が歴史的建造物であるという理由によりこの申請を拒んだ。ペンセントラル社は、市による申請拒否は原告会社の第五修正及び第一四修正の正当な補償のなしの原告財産の収奪 (taking) になるとしてニューヨーク州地裁に提訴した。[73]

同地裁は、ペンセントラル社から求められた建築許可申請却下に関する差止命令は認めたが、損害賠償については認めなかった。同州最高裁 (Court of Appeals of New York) は、史跡保存法が重要な公共目的を進めるものであるとして地裁の決定を覆した。そこでペンセントラルは、合衆国最高裁に上訴した。

最高裁での争点は、ニューヨーク市の「建造物保存法」に基づくペンセントラル社に対する規制は、憲法第五及び第一四修正に反した「収奪」（taking）に該当するかどうかであった。ウィリアム・ブレナン（William J. Brennan, Jr.）裁判官が、六対三で、原告の訴えを退ける多数意見を書いた。ブレナンは、まず、市による規制は、現在の駅舎の使用を何ら妨げるものではなく、駅舎からの収益はそのまま得ることができ、またその投資からも「合理的な利益」（reasonable return）を得ることができる、とした。[74] 最高裁はまた、課された規制が、将来、駅の上に建物を建設することをペンセントラルに対して妨げるものではないと判断した。[75] 市当局による規制は、提案された構造物の性質にかかわるものであり、駅そのものの「価値を高める（enhance）」こと自体を禁止するものではない。現状の建築物の上に五十階以上の建築物の建設を規制することは、市による公衆の福祉に実質的に関連した合理的な規制である、とした。[76]

　これに対するレンキスト裁判官を含む三人の反対意見は、市当局が、原告会社等に市内の歴史的史跡を維持するコストを負担するよう依頼しているのと同じであり、収奪に該当するとした。このコストは、むしろこれらの保護地域が不変のままありたいと願う同市の市民によって負担されるべきである、とした。

②　店舗拡大許可条件としての一部土地の公用供与—— Dolan v. City of Tigard (2005) 事件[77]

　私人が自らの判断で所有する土地の利用変更を市当局に申し入れたことに対し、その認可の前提として一定の私有地を公的な目的に供することを条件とすることが問題となった。

　原告のドーラン（Florence Dolan）は、市内を流れる小川に沿った土地に電器用品と配管器具の店舗を所有していた。彼女は、その店舗を二倍に拡大し、川沿いの駐車場を舗装することを考えていた。被告のタイガード（Tigard）市は、店舗拡大の許可を与える条件として、ドーランの所有地の一部を公共遊歩道として公共の用に供する（dedicate）ことを求めた。同市は、この遊歩道を作ることで、河川から起こりうる氾濫を防止するのに役立ち、またドーランの店舗規模拡大に伴う交通量の増加に対して滑らかな通行を実現できるとした。ドーランは、市のそのような条件付き許諾は、市によるドーランの財産の収奪（taking）に該当するとして、市の土地使用抗告審判部（Land Use Board of Appeals）に市の決定について抗告した。しかし、ドーランの主張は認められなかった。オレゴン州上訴裁もオレゴン州最高裁も、同市の決定を容認した。[78] ドーランはサーシオレイライを申請し、事件は合衆国最高裁に移された。

最高裁での争点は、タイガード市が土地所有者に土地利用変更の条件として市の公共の用に供するため、私人の財産の一部の拠出を求めることが収奪に該当するかどうかであった。この争点については五対四に分かれた。これが市による収奪に該当しうるとの最高裁の多数意見はレンキスト裁判官が執筆した。

最高裁は、第五修正の収用に関する規定の一つの目的は、一部の人々に公的負担を負わせることを政府が強制しないようにするためであり、それは全体として市民によって担われる、とした。[79] 同市が、私人の土地利用変更の許可の条件として小川に沿った私有地を公共の目的のために提供することを要請したのであれば、収奪が生じる。[80] 個人の所有地を公衆に開放させることは財産に対する排他的権利を奪うことになる。しかし、それが実質的に合法的な州利益を推進させる場合は、土地使用規制は収奪（taking）を構成しない。[81] そこで、合法的な州利益と、市によって強要される許可の条件との間に本質的関係が存在するかどうかの決定がなされねばならない。本質的関係が存在するならば、市による強要と申請された土地利用変更に対する影響との関連の程度を決める必要がある。[82] つまり市の要求と申請された土地利用変更に対する影響との間に「大まかなつり合い」（rough proportionality）が存在しなければならない。[83] 本件では、河川の氾濫防止と、交通量の減少は合法的な公共目的であり、それらと土地利用変更を規制することの間には関連が存在する。しかし、「大まかなつり合い」テストに関して、公共遊歩道が、私人の土地利用変更と比べて、なぜ洪水調節のために必要とされたかについて同市はこれまで十分な説明をしてこなかった。[84] そうであれば公用のための供用によって、原告は自らの財産権の中で最も重要な排他権を失うことになる、とした。

これに対する四人の裁判官の反対意見はスティーヴンズとスーター裁判官が執筆し、ギンズバーグとブラックマン裁判官が加わった。この反対意見では、「大まかなつり合い」テストは、このような案件に関するこれまでの最高裁の考えに反するものである、と批判した。[85] 原告に対して土地利用変更の認可を条件付きでおこなうことは彼女が自己財産を拡大し、活用することで得られる便益を越え、彼女のビジネス機会を拡大できる利益を提供するものとなりうる。[86] 他方、市から提案された条件が、元の提案された土地利用変更計画に逆効果となり彼女の財産権の行使にはなはだしく不相応である場合だけ、市はその規制権を超えたということができる、と多数意見を批判した。[87]

③　土地購入後におこなわれた州の土地利用規制と収奪
——Lucas v. South Carolina Coastal Council（1992）事件[88]

原告のルーカスは、一九八六年、サウスカロライナ州チャールストン郡で家族用住宅を建設する目的で二筆の土地を購入した。その二年後に同州は沿岸部管理法（Beachfront Management Act）[89] を制定した。それを受けて被告のサウスカロライナ沿岸委員会（South Carolina Coastal Council）は、原告購入の土地は同法の下では州の保護下にあるとし、ルーカスの購入した土地に居住可能な構造物を建築することを禁止した。これに対し、原告は、彼の不動産が正当な補償なしで州によって収奪されたとして、同法の有効性に対する異議を申し立て、当該州法による彼の不動産の収奪によってその財産価値を完全に消滅させたため、州は正当な補償の義務があると主張した。

サウスカロライナ州地裁（South Carolina Court of Common Pleas）は、原告による当該土地の購入時に、すでに当該土地が単一家族用住宅建設区域に指定されていたこと、また、当時、同州チャールストン郡あるいは町当局によるいかなる土地使用規制もなかったと認定した。また、同州地裁は、当該州法が原告の土地に関して永続的な建築物の禁止を命ずるものであり、この禁止命令によって原告の土地に関する合理的な経済的使用権が奪われており、土地を無価値にしたとした。そのうえで、当該不動産が「収奪された」（taken）と判断し、被告に「正当な補償」を払うよう命じた[90]。しかし、上訴された同州最高裁は地裁判決を覆し、被告州は、ポリス・パワーを合理的に行使したのであるからいかなる補償義務も課されることはないとした[91]。

合衆国最高裁に事件が移された。最高裁での争点は、原告の財産が州によって「正当な補償」なしに収奪されたかどうかであった。最高裁の六対三の多数意見はスカリア裁判官によって書かれた。スカリア裁判官は、補償なしの土地使用規制措置には二つのカテゴリーがあるとした。一つは、不動産所有者がその財産権に対する物理的侵害によって損害を受ける場合、そして第二は、当該規制によって私有地の経済的に有益で、生産的な利用を妨げる場合である[92]。そのうえで、スカリアは、「要するに、当裁判所は、不動産の所有者が公益（common good）の名においてすべての経済的に有益な用途を犠牲にすることを政府から求められるとき、すなわち、経済的にその財産を使用できない状態におかれるときは、その者が収奪（taking）を受けたことになると当裁判所が何度も表明してきたことには正当な理由がある」とした[93]。しかし、スカリアは、本件の土地使用規制が、「実質的に合法的な州利益を増進する」（substantially advances legitimate state interests）場合であれば、収奪を構成しないと述べた。また、州があらゆる土地所有者の経済的使用権を奪うような規制を継続しようとする場合は、補償に関して争うことができる、とした[94]。その点からすると、原告が意図する用途を禁止する背景を確認する責任は、サウスカロライナ州にあり、それが示せないのであれば、ルーカスの財産に対する収奪に当たるとして、この点について再検討させるために同州最高裁判決を破棄し差し戻すとした[95]。

4　公用収用（Eminent Domain）

公用収用権は、政府によって、同意なしで私人の財産の接収（take over）を可能とする権限である。この場合、州政府の収用に「公共性」があることが必要となる。この「公的目的」は、たとえば鉄道、道路、公園、学校、病院などの建設を目的とするものである。連邦、州と地方自治体は、当該財産が公共目的のためだけに使われることを合理的に明らかにし、財産所有者に公正な市場価格で補償する限り、収用権法のもとで私人の不動産を接収（seize）することができる。公用収用は、ある特定地域の住民や居住者の共同体のためであればよく、住民の大多数のためである必要はない。しかし、重要なのは、その利益が特定の私人や私的団体のためであってはならないということである。この点、連邦および州政府には、公用収用の効果が公的利益を有するかどうかの決定において広い裁量権を与えられている。政府は、「模範公用収用法典」（Model Eminent Domain Code）[96]に従い、公用収用によって強制的に移転や転居、立退き（displacements）が求められる者に対して、その援助が一様で、公正かつ衡平法的な方法で補償を与えなければならない。

また、同法典では、政府の収用権行使に関して議会により明確に定められた厳重な規則に従って行使することを求められている。私人の土地を取得するための手順は、この議会による制定法上の規則に従うことになる。公用収用権限を制限する法規は、厳しく解釈されなければならないからである。州政府による公用収用の場合、その理由が適正な州の行政規制権限の手続きに基づいたかどうかが問題とされる。さらに連邦および州政府は、公的目的のために私人の財産を収用する際には、憲法第五修正と第一四修正に定める「適正手続き」に従って「正当な補償」（just compensation）をおこなうことが必要となる。

(1)　土地利用区画整理（Zoning）と土地利用ゾーニング（Land-use Zoning）

州政府は、州権能（ポリス・パワー、州の行政規制権のことでこれは福祉権能とも訳される）にしたがって公用収用権を有する。州権能とは、州民の健康、安全、道徳、福祉増進を目的として諸種の規制をおこなうための州権限のことをいう。州内の郡や市などの各地方自治体は、州政府の授権に基づいて、この立法権限を行使する。土地利用規制を内容とするゾーニング（土地利用区画規制、zoning）の条例制定権はその一つである。ゾーニングは、建築物の用途や規模、居住密度、オープン・スペースなどを規制、誘導して、都市の形態を制御する手法である。

その目的は、地方自治体による不動産の利用規制を通して、土地利用を区分、分離することを基本としながら公共の便益を積極的に実現するものである。通常、区画整備条例は町、市、村または郡において特定地域を住宅、商業的な、また産業的な地区に分ける。それによって、設定された各タイプの望ましい特徴を保持する。多くの規則は特定の建築物の特徴づけもおこない、駐車場や集荷場の数や所在地を特定し、制限する。他の規則では、地域の一部のスペースを学校、公園または他の公共的施設に提供する。こうしてゾーニングは、都市計画者が秩序立った発展や変更をおこなうことを援助する。たとえば、それは人口密集地を制御し、魅力的で、健康的な住宅地をつくるのに寄与する。加えて、ゾーニングは、近隣の確立された住居環境の特徴が安定することを財産所有者や居住者に保証するのにも役立つ。具体的には、都市問題や環境問題の解決を志向しながら、対象地域を特定し、商業用地、産業用地あるいは住宅供給用地の確保などを計画し、使用制限する。

地方自治体によるゾーニングについて、裁判所は、州のポリス・パワーの行使としてこの権限を支持しているが、それに制約がないわけではない。とくにゾーニングが私有地の公用収用を伴う場合には、その目的が地域の公衆の福祉に供するものでなければならない。また、とくにそれを実行させる法規は憲法規定を遵守したものでなければならない。ゾーニングに対する権限が公益に供し、公正な補償がなされ、共同体の公衆の福祉のために使われる限り土地所有者が争うことは困難である。

州や州内の自治体のおこなう土地利用規制には、土地使用用途の変更強制、使用用途の制限、都市再開発計画、区画整理などがある。地方自治体は、特定用途のためにその適合性と同様に財産の特徴を考慮に入れる必要がある。そのための条例は、よく熟慮された包括的な計画に従って制定される。なおこのゾーニングの策定に当たって、市町村は関係共同体に対して、その提案に関する聴聞会を開催する。

合衆国憲法の第五、第十四修正によって求められるように、区画整備のための規則は正当な補償なしで公共の用のために私有財産を収奪することを禁止した憲法を考慮して対応しなければならない。

(2) 村の区画整備条例と財産の収奪――Village of Euclid v. Ambler Reality Co.（1926）事件[97]

アンブラー不動産会社は、オハイオ、クリーブランドの郊外のユークリッド村で土地を所有していた。その所有地は高値での販売が期待できる工業用地であった。ところが一九二二年にユークリッド村議会は、村をいくつかの地区に分ける区画整備条例（zoning ordinance）を制定した。この区画整備条例では、各地区で許される建物の利用用途と規模を規定し、対象の土地を居住地域、商業地域、公的施設地域、商業公的施設混合地域、および工業地域の五種類の土地利用地区に分けた。また、この条例では工業地は特定指定地以外には認められなかった。アンブラー不動産がユークリッド村に所有していた土地はこの条例によって縦に細切れに四種類の区画指定を受け、複数の区画指定地区に分断されていた。そのため、同社はこの区画整備がなければ売却することができた工業用地の形態を著しく制限されてしまった。そこで、ユークリッド村の区画整備条例が正当な補償なしにアンブラー不動産の所有地の財産価値を減ずるものであり、法の適正手続きなしで財産を奪ったと主張し、オハイオ州憲法のみならず、憲法第一四修正の法の適正手続き条項と平等保護条項に違反したとして当該条例の無効取り消しを求めた。オハイオ州北部地区連邦地裁はアンブラー不動産の主張に同意して、条例の差止命令を発した。

ユークリッド村は合衆国最高裁に上訴した。六対三の同区画整備法が有効であるという多数意見はサザーランド（George Sutherland）裁判官によって書かれた。最高裁は、アンブラー不動産によって主張された推測的損害（speculative damages）が存在するという主張だけでは、ユークリッド村のポリス・パワーの有効な行使を無効とするには不十分であるとした。また、公共の福祉の増進の立場から、工業施設地を住宅地から離れた場所に設置するように規制する区画整備は公益性を持つとした。また、「当該区画整備が、公衆衛生、安全性、モラルまたは公衆の福祉に十分な関係性を持たず、明らかに恣意的で、不合理であると断言できないことには十分な説得力がある」[98]とした。最高裁は、同区画整備の施行は結果的には原告会社にある程度の苦難を与えるが、公的な目的を持つ土地利用規制は、その目的遂行のための効果的規制であり、原告の得べかりし財産価値の減少は、収用そのものには該当せず、したがって同村の区画整備条例は法の適正手続条項に反せず、村のポリス・パワー権限の行使に当たるとした。[99]

(3) 公用収用によって取り上げた土地を別な私人に譲渡できるか
――Kelo v. City of New London（2005）事件[100]

コネチカット州ニューロンドン市（City of New London）は、経済的に困窮した市内地域を復興させるために二〇〇〇年に都心部とウォーターフロント（沿岸）地域に、雇用を創出し、税収入を増やす目的を持って開発計画を策定した。市はその計画を実行に移すにあたり、開発地をのちに私人の開発業者に販売することを計画していた。製薬会社であるファイザー（Pfizer）が、当該土地に関心を持ち、市当局に、大規模な生産工場を建設し多数の労働者を雇用するという提案をし、ニューロンドンの当該土地を購入する意向を示した。ニューロンドン市は、経済振興策のためにファイザーの企業誘致をおこなうことを決め、同市を流れる川沿いの私有地を接収するために公用収用（eminent domain）によって周辺地域の不動産を買い集めることにした。しかし、一部の土地所有者らは、市の計画が私人の有する財産を買い上げたうえ、それを大企業に譲渡するものだとして、市の接収計画に反対した。そのため市はそれら反対派住民の土地については強制的に土地収用することにした。

原告のスゼット・ケロ（Susette Kelo）はニューロンドン市で河川沿いの住宅を購入し、自ら改良を加えて六十年以上、自宅を所有する住民であった。彼女の不動産は、市の推し進める開発プロジェクトによって土地収用される予定地域内にあった。彼女と市の開発促進指定地域に居住する他の九人の個人所有者（原告）らは、市への不動産売却に同意せず、市の土地収用措置そのものに異議を唱えた。原告らは、市の収用した私有財産が公共の用ではなく、私有財産の発展という目的のために使われるのであるから、当該不動産の収用は憲法第五修正に違反すると主張し、市のプロジェクトの無効性を争って州地裁（New London Superior Court）に提訴した。州地裁は、原告らの土地の一部について、収用を禁止する差止命令を与えた。州最高裁判所（Supreme Court of Connecticut）は、地裁判決を一部容認し、一部取り消した。しかし全体としては市の公用収用を支持した。原告らは、サーシオレイライを得て合衆国最高裁に上訴した。

五対四に分かれた最高裁の多数意見をスティーヴンズ（John Paul Stevens）裁判官が執筆した。最高裁は、地域の仕事を創出し、市税収入を増やすために私人の開発者にそれを売却する目的で市がその収用権限を行使することは、第五修正の「公共の用」（public use）の要件に反するものではないと判断した。[101] そのうえで、その理由として市の計画は経済的発展の目的と計画に従ったものであり、たんに特定の私人の個人グループの利益のために土地を収用したのではないことを挙げた。最高裁は、「市の土地開発計画は、コミュニティの経済開発に寄与することから、公的目的を有する。そのような不動産収用は敬意を払われるべきである」と述べ、第五修正は、「文字通りの公共の用」（literal public use）を義務づけているのではなく「公共の目的」（public purpose）という、より広く、またより自然な解釈を求めているとの見解を示した。[102] したがって、収容された土地が私人に転売される場合であっても、公共目的が立法上の計画の裏にある限り、当該収用は適正であるとした。

オコナー裁判官が長文の反対意見を執筆し、それにレンキスト、スカリアとトーマス裁判官が加わった。オコナー裁判官は、多数意見では、州政府がたんに土地の経済的利用価値を高めるという理由を示すだけで、ある私人の土地を取り上げ他の私人に譲渡することを可能としてしまうことになる、とした。唯一の公共目的が経済発展であるときに、私人の財産に対する公用収用権を行使したのち、他の私人の所有者にそれを移転することは、それが地域の経済的発展のためであっても第五修正の「公共の用」の要件を満たさないと述べた[103]。そのようなことを認めれば、連邦政府が「より資力のない者からより資力を持つ者への財産移動を認めることになる。憲法起草者たちは、このような正道を踏みはずした結果を意図することはできなかった[104]」と多数意見を批判した。

一般的には土地の公用収用に当たって正当な補償が支払われる場合であっても、私人の当事者から土地を公用収用し他の私人に譲渡することはできない。しかし、最高裁はそのような私人から私人への移転の目的が、地域の経済発展を目的とする場合であれば、市民に対する利益が発生することが合理的に確かでなかった場合でも、第五修正の意味の範囲内にあるとした。その結果、ニューロンドン市の土地収用措置は成功し、ケロら原告は長年居住していた住宅を取り壊され、土地から追い出された。最高裁は、ケロ判決によって、政府がこの曖昧な「経済的発展」(economic development)という名目の下で私人の財産を公用収用によって、他の私人に譲渡するために収用権限を行使することができることを初めて認めたことになる。

しかし、ケロ判決ののち、ファイザー製薬は、ケロたち住民との四年間にわたる裁判闘争と弁護士費用を負担しただけで、最終的には同地への施設建設を見送った。その結果、当該土地は何年ものあいだ更地のまま放置され、二〇一一年にハリケーンが到来した時にがれき用のゴミ置場として使われた。最高裁は、経済的発展という目的での強制的土地収用を認め、政府の制限なしの収用権限に道を開き、企業進出を後押ししたが、他方で、公用収用による居住地からの強制的立ち退きという苦難と不便を強いられた市民の財産保護についてはほとんど議論しなかった。最高裁の多数意見が支持した「経済的発展」は必ずしも実現しなかった訳である。

最高裁のケロ判決は、公用収用の概念が拡大される、としてすぐに全国的な批判を受けた。興味深いのは、ケロ判決の後、いくつかの州が、私人の不動産を収用し私人に譲渡する、実質上、企業誘致のための収用権限を制限する州法をそれぞれ制定したことである。なかでも、四二州は、租税の増収や経済発展を理由とするための公用収用権に基づいて私人の土地を公用収用する州権限を制限するか、またはそれを抑制する州立法をおこなった。[105]

1 Barron v. Mayor of Baltimore, 32 U.S.（7 Pet.）243（1833）.

2 しかし、個別判例を通して最高裁は、徐々に、権利章典のいくつかの規定が選択的に州にも編入され、適用されるとの判断を示してきた。

3 権利章典の州行為への「完全な編入」（total incorporation）は、二〇世紀中頃にヒューゴ・ブラック合衆国最高裁裁判官が主張した考え方である。

4 最高裁判所はこの「選択的な編入」（selective incorporation）の考え方をこれまでの判例で踏襲してきている。

5 *See* Akhil Reed Amar, *The Bill of Rights and the Fourteenth Amendment*, 101 Yale L.J. 1193（1992）.

6 Palko v. Connecticut, 302 U.S. 319（1937）.

7 コネチカット州誤判最高裁（Supreme Court of Errors of Connecticut）は、有罪評決を支持した。*Id.* at 322.

8 *Palko*, 302 U.S. at 323.

9 *Id.* at 325.

10 *Id.* at 327.

11 *Id.* at 328.

12 *Id.*

13 *Id.* at 328–29.

14 Benton v. Maryland, 395 US 784（1969）.

15 *Id.* at 786.

16 *Id.* at 785.

17 Duncan v. Louisiana, 391 U.S. 145, 149（1968）.

18 *Benton*, 395 US at 794（1969）.

19 *Id.*

20 *Id.* at 796.

21 *Id.* at 798.

22 *See* June E. Console, *The Impact of Incorporation-Double Jeopardy and the States:* Benton v. Maryland, 3 LOY. L.A. L. REV. 414（1970）and Richard D. Boyle, *Double Jeopardy and Dual Sovereignty: The Impact of* Benton v. Maryland *on Successive Prosecution for the Same Offense by State and Federal Governments*, 46 IND. L.J.413（1971）.

23 平穏な集会の自由（freedom of expressive association）権について、第1修正には明文で規定されていないが、NAACP v. Alabama, 357 U.S. 449（1958）事件において州に対して適用されるとされた。また、Roberts v. United States Jaycees, 468 U.S. 609（1984）事件では、合衆国最高裁は、第1修正が保護の対象としている活動に従事する権利が、広範囲な、政治的、社会的、経済的、教育的、信仰的、及び文化的目的を遂行する他者との結合につながるものだ、としている。

24 Wolf v. Colorado, 338 U.S. 25（1949）.

25 Parker v. Gladden, 385 U.S. 363, 364（1966）.

26 Caudill v. Scott, 857 F.2d 344（6th Cir. 1988）; Cook v. Morrill, 783 F.2d 593（5th Cir. 1986）; Zicarelli v. Dietz, 633 F.2d 312（3d Cir. 1980）.

27 McDonald v. City of Chicago, 561 U.S. 742（2010）footnote 13において示された。

28 *See* Justin F. Marceau, *Un-Incorporating the Bill of Rights: The Tension between the Fourteenth Amendment and the Federalism Concerns That Underlie Modern Criminal Procedure Reforms*, 98 J. CRIM. L. & CRIMINOLOGY 1231（2008）.

29 For a useful discussion, *see* Glenn Abernathy, *Expansion of the State Action Concept under the Fourteenth Amendment*, 43 CORNELL L.Q. 375（1958）.

30 *See* Sidney G. Buchanan, *A Conceptual History of the State Action Doctrine: The Search for Governmental Responsibility*, 34 HOUS. L. REV. 333（1997）.

31 Burton v. Wilmington Parking Authority, 365 U. S. 715（1961）.

32 *Id.* at 723–24.

33 *Id.* at 721.

34 *Id.* at 725.

35 *Id.* at 728.
36 Marsh v. Alabama, 326 U.S. 501（1946）.
37 *Id.* at 503-04.「制止を聞かずに他人の土地に侵入し残留する行為」を犯罪とするアラバマ州法違反の容疑。
38 *Id.*
39 *Id.* at 509.
40 *Id.*
41 Amalgamated Food Employees Union Local 590 v. Logan Valley Plaza, Inc., 391 U.S. 308（1968）.
42 *Id.* at 313-16.
43 *Id.* at 316-17.
44 *Id.* at 319-20.
45 *Id.* at 329.
46 *Id.* at 336-37.
47 *Id.* at 340.
48 Shelley v. Kraemer, 334 U.S. 1（1948）.
49 *Id.* at 6.
50 *Id.* at 13.
51 *Id.* at 14.
52 *Id.* at 21.
53 *Id.* at 23.
54 *Id.*
55 最高裁裁判官のうち、ケンタッキー州で州議会議員をしていたリード（Reed）裁判官、ペンシルヴァニア出身のジャクソン（Jackson）裁判官と、ラトリッジ（Rutledge）裁判官の三人は評議に加わらなかった。*See* Leland B. Ware, *Invisible Walls: An Examination of the Legal Strategy of the Restrictive Covenant Cases*, 67 WASH. U. L. Q. 737（1989）at 761.
56 これと類似したSipes v. McGhee事件において、マクギーは、シェリー事件に類似した制限的約款（restrictive covenant）のある土地を購入した。下級審裁判所は、マクギーに対してこの制限的約款に基づいて土地を離れるように命じた。しかもミシガン州最高裁判は憲法第一四修正がマクギーを保護しないとして下級審判断の決定を容認した。*See* Sipes v. McGhee, 316 Mich. 614

(1947). 合衆国最高裁は、サーシオレイライによる上訴を認めた。*See* McGhee v. Sipes, 331 U.S. 804（1947）.

57 *See* Shelley Ross Saxer, Shelley v. Kraemer's *Fiftieth Anniversary: "A Time for Keeping; a Time for Throwing Away"?* 47 KAN. L. REV. 61（1988）and Shelley Ross Saxer*, SYMPOSIUM: *Judicial State Action:* Shelley v. Kraemer, *State Action, and Judicial Takings,* 21 WIDENER L.J. 847（2012）.

58 Moose Lodge v. Irvis, 407 U.S. 163（1972）事件判決は、これまでの重要なステイト・アクション事件の簡潔な概要と分析を展開しており、ステイト・アクションに関する従来の事件とその適用範囲を理解するのに役立つ。

59 Stop the Beach Renourishment, Inc. v. Florida Department of Environmental Protection, 560 U.S. 702（2010）.

60 *Id.* at 711-12.

61 *Id.* at 712.

62 *Id.* at 714. スティーヴンズ裁判官はフロリダの海岸にコンドミニアムを所有していたので、本件審理参加を回避した。

63 *Stop the Beach Renourishment, Inc.*, 560 U.S. at 733.

64 *See id.* at 736-42.

65 United States v. Causby, 328 U.S. 256（1946）.

66 Causby v. United States, 60 F. Supp. 751（1945）, United States Court of Claims, 104 Ct. Cl. 342（1945）. この判決では、飛行回数との関係から非常に詳しい事実認定がなされ、そのうえでアメリカ軍の行為を「収奪」に当たると判断した。

67 最高最首席裁判官のストーン（Harlan Fiske Stone）は、審理中に死亡し、ロバート・H・ジャクソン（Robert H. Jackson）裁判官は、事件の審理に参加しなかった。そのため七人のメンバーによって審理された。

68 *Id.* at 264.

69 *Id.*

70 *Id.* at 266.

71 Penn Central v. New York City, 438 U.S. 104（1978）.

72 同法に基づいてニューヨーク市内の歴史建造物保存法の施行に責任を負う市の機関がニューヨーク市歴史建造物保存委員会（New York City Landmarks Preservation Commission, LPC）である。

73 現在のニューヨーク州の裁判所の名前には若干の注意が必要である。州最高裁は、"Court of Appeals"であり、七人の裁判官で構成され、州都のアルバニー（Albany）にある。州控訴裁は、"Appellate Division of the New York State Supreme Court"である。地裁に相当するのが、New York State Supreme Court であり、州全域の民事事件の第一審を担う。ニューヨーク市内では、刑事事件も扱う。ニューヨーク市内には、市民事裁判所（New York City Civil Court）と市刑事裁判所（New York City Criminal Court）がある。ニューヨーク市外の五七の郡裁判所（County Courts）は刑事重罪事件を扱う。

74　*Penn Central*, 438 U.S. at 136.
75　*Id.* at 138.
76　*Id.* at 137.
77　Dolan v. City of Tigard, 512 U.S. 374（2005）.
78　*Id.* at 317 and Dolan v. City of Tigard, 854 P.2d 437（1993）.
79　*Dolan*, 512 U.S. at 384.
80　*Id.*
81　*Id.* at 385.
82　*Id.* at 386.
83　*Id.*
84　*Id.* at 387
85　*Id.* at 414
86　*Id.* at 397
87　*Id.* at 400
88　Lucas v. South Carolina Coastal Council, 505 U.S. 1003（1992）.
89　サウスキャロライナ州「沿岸部管理法」（Beachfront Management Act）S. C. Code Ann. § 48-39-250.
90　Lucas v. South Carolina Coastal Council, 304 S.C. 376, 378（1991）.
91　*Id.* at 379.
92　*Lucas*, 505 U.S. at 1015.
93　*Id.* at 1019.
94　*Id.* at 1024.
95　*Id.* at 1032.
96　*See*「模範公用収用法典」（Model Eminent Domain Code）42 USCS § 4601.
97　Village of Euclid v. Ambler Reality Co., 272 U.S. 365（1926）.

98 *Id.* at 395.

99 *Id.* at 390.

100 Kelo v. City of New London, 545 U.S. 469 (2005).

101 *Id.* at 484.

102 *Id.* at 479–80.

103 *Id.* at 494.

104 *Id.* at 505.

105 *See* Carol L. Zeiner, *Eminent Domain Wolves in Sheep's Clothing: Private Benefit Masquerading as Classic Public Use*, 28 VA. ENVTL. L.J. 1 (2010). *See* also Washington Times Water Cooler Blog, "PICKET: '05 Kelo decision a failure; CT site remains a dump," http://www.washingtontimes.com/blog/watercooler/2011/sep/3/picket-05-kelo-decision-failure-ct-site-remains-du/ (visited Nov. 3, 2016) and Penn. Mut. Life Ins. Co. v Heiss, 141 Ill. 35, 31, N.E. 138 (1892) and Kansas City v. Marsh oil Co., 140 Mo. 458, 41 S.W. 943 (1897).

アメリカ合衆国憲法

（一七八七年九月一七日制定、一七八八年六月発効）

われら合衆国人民は、より完全な連邦を形成し、正義を確立し、国内の平穏を保障し、国防を備え、一般の福祉を増進し、われらとわれらの子孫に自由のもたらす恵沢を確保する目的をもって、アメリカ合衆国のために、ここに本憲法を制定する。

第一編（立法府）

第一節（連邦議会）

本憲法によって付与される全ての立法権は合衆国の連邦議会に属せしめる。連邦議会は上院と下院でこれを構成する。

第二節（下院）

（下院の組織、任期、選挙権者の資格）下院は各州の人民によって、二年ごとに選挙される議員をもってこれを組織する。各州の選挙人は州議会の議員数の多い方の院（下院）の選挙人となるに必要な資格を備えた者とする。

（下院議員の被選挙資格）何人といえども、年齢が二五才に達していず、合衆国市民として七年を経過しない者と選挙時に選出州の住民でない者は下院議員となることができない。

（下院議員の定数配分、直接税の配分、人口の算定方法、算定時期、下院議員の定数と人口の割合、経過規定）下院議員と直接税は、連邦に加盟する各州の人口に比例して、各州に配分される。各州の人口は自由人（奴隷でない人、インディアンでない人）の総数をとり、この中には一定期間労務に服する者を包み、課税されないインディアンを除外し、これに自由人以外の全ての人数の五分の三を加算したものとする。現実の人口の算定は合衆国議会の最初の開会から三年以内に、その後は一〇年ごとに、法律で定める方法に従ってこれを行う。下院議員の定数は人口三万人に対して一人の割合を越えてはならない。

但し、各州は少なくとも一人の下院議員を有しなければならない。この算定がなされるまでは、ニューハンプシャー州は三名、マサチューセッツ州は八名、ロード・アイランド州とプロヴィデンス植民地は一名、コネティカット州は五名、ニューヨーク州は六名、ニュージャージー州は四名、ペンシルヴァニア州は八名、デラウェア州は一名、メリーランド州は六名、ヴァージニア州は一〇名、ノースカロライナ州は五名、サウスカロライナ州は五名、ジョージア州は三名を選出できる。

（補欠選挙の規定）いずれの州においてもその州選出の下院議員に欠員が生じたときは、その州の行政府は欠員を補充するために、選挙施行の命令を発しなければならない。

（下院の役員選任、弾劾の申立て権）下院はその議長とその他の役員を選任し、かつ公務員弾劾の専権を有する。

第三節（上院）

（上院の組織）合衆国上院は、各州の立法府によって各州から二名ずつ、六年の任期をもって選出される上院議員でこれを組織する。各上院議員は一個の投票権を有する。

（上院議員の改選方法、補欠議員の任命規定）第一回選挙の上院議員が招集されたときは、直ちにこれをなるべく均等な三部に分ける。第一部の議員は二年の終わりに、第二部の議員は四年の終わりに、第三部の議員は六年の終わりに議席を失うものとし、議員の三分の一が二年ごとに改選される。もしいずれかの州で、州立法府の休会中に辞職その他の理由によって欠員が生じたときは、その州の行政府は立法府が次の会期において欠員を補充するまでの間臨時の任命をすることができる。

（上院議員の被選挙資格の規定）何人といえども、年齢三〇歳に達しておらず、合衆国市民として九年を経過していない者と選挙時にその選出される州の住民でない者は上院議員となることができない。

（上院議長の規定）合衆国の副大統領は上院の議長となる。但し、可否同数の場合を除き表決権を有しない。

（議長以外の役員の選任）上院は議長を除くその他の役員を選任する。副大統領が欠席したり合衆国大統領の職務を行う場合には臨時議長を選任する。

（弾劾の審判、手続き）上院は一切の弾劾を審判する専権を有する。この目的のために開会される場合には、議員は宣誓または確約をしなければならない。合衆国大統領が審判される場合には、副大統領でなく最高裁判所長官が議長となる。何人も出席議員の三分の二の同意がなければ弾劾されない。（議員は弾劾されない）

（弾劾の効果）弾劾事件の審決は官職を罷免し、名誉、信任または報酬を伴う合衆国の公務に就任、在職する資格を剥奪すること以上に及んではならない。但し、弾劾された者も、なお法律の規定によって起訴、審理、判決および処罰を受けることを免れない。

第四節（連邦議会の議員の選挙）

（議員選挙規定）上院議員と下院議員の選挙を行う日時（一一月の第一月曜日の次の火曜日）、場所と方法は、各州の立法府が定めるところによる。但し、連邦議会は上院議員の選挙を行う場所に関する規定を除いて、何時でも法律によって右規則を制定、変更することができる。

（通常議会の開会）連邦議会は毎年少なくとも一回集会する。この集会は法律によって他の日時を定めない限り一二月の第一月曜日とする。

第五節（議院自律権）

（選挙の審査、定足数）各院はその議員の選挙、選挙報告、選挙資格について判定を行う。各院の議員の過半数をもって議事を行うに必要な定足数とする。定足数に満たない議院は当該日に休会し、欠席議員の出席を各院の定める方法により、各院の定める制裁を付して強制することができる。

（議事規則、議員懲罰）各院はそれぞれ議事規則を定め、議員の非行を懲罰し、三分の二の同意をもって議員を除名することができる。

（議事録）各院はそれぞれ議事録を作成保存し、秘密を要すると認める部分を除いて随時これを公表する。各院の議員の賛否は議題のいかんにかかわらず、出席議員の五分の一の請求が有るときは議事録に記載しなければならない。

（両院同時開催）何れの一院も、連邦議会の会期の間、他院の同意なく三日を越えて休会したり両院の開会中の場所以外の地へ移転してはならない。

第六節（議員の権利）

（議員の歳費、不逮捕特権、免責）上院議員と下院議員はその労務に対して、法律の定めによって合衆国国庫から支出される報酬を受ける。両院の議員は反逆罪、重罪、公安を害する罪による場合のほか、開会中の各議院に出席中や、議院への往復途上に逮捕されない特権を有し、両院内における発言または討論について、院外において審問を受けない。

（公務員規定）上院議員と下院議員は任期中は、その間に新設されたり増俸された合衆国政府の官職に任命されない。何人も合衆国の官職を有する者は、在任中各院の議員となることはできない。

第七節（法律制定の手続き）

（歳入案の下院先議権）全て歳入を徴する法律案は、下院において先議されねばならない。但し、上院は他の法律案と同じく、修正を発議したり修正を付して同意することができる。

（法律制定手続き、大統領拒否権）下院と上院を通過した法律案は、全て法律となるに先立ち、合衆国大統領に提出されねばならない。大統領が可とするときはこれに署名し、否とするときは異議を添えてこれを先議した議院に還付する。その議院はその異議の全部を議事録に記載し、法案を再議に付する。再議の結果、その院の三分の二の議員がその法案の通過を可決するときは、法案は異議とともに他の院に送付され、他の院において同様の再議を行う。他の院の三分の二の議員によって可決されたときは、その法案は法律となる。但し、これら全ての場合、両院における表決は賛否の表明によってなされ、法律案の賛成投票者と反対投票者の氏名はそれぞれ各院の議事録に記載される。法律案が大統領に提出されてから一〇日以内（日曜日を除く）に還付されないときは、大統領がこれに署名したときと同様に法律となる。但し、連邦議会の休会により法律案を還付することができないときはこの限りではない。

（命令、決議、表決）上院と下院の同意を必要とする全ての命令、決議または表決（休会の決議を除く）は合衆国大統領に提出し、その効力を生ずるに先立って大統領の承認を受けなければならない。大統領の承認がないときは、上院と下院の三分の二の議員により、法律案の場合について規定された規則と制限に従って、再度可決されなければならない。

第八節（連邦議会の権限）

連邦議会は左の権限を有する。

（一）合衆国の国債を支払い、共同の防衛および一般の福祉に備えるため、租税、関税、間接税および消費税を賦課徴収すること。但し、全ての関税、間接税および消費税は合衆国を通じて画一でなければならない。

（二）合衆国の信用において金円を借り入れること。

（三）外国との通商と各州間ならびにインディアン部族との通商を規律すること。

（四）合衆国全土に共通する、帰化の規則と破産に関する法律を規定すること。

（五）貨幣を鋳造し、内貨と外貨の価値を規律し、度量衡の基準を定めること。

（六）合衆国の証券と通貨の偽造に関する罰則を定めること。

（七）郵便局と郵便道路を建設すること。

（八）著作者と発明者に対して、それぞれの著述と発明について、一定期間独占的権利を保障し、学術と有用な技芸の進歩を奨励すること。

（九）最高裁判所の下に下級裁判所を組織すること。

（一〇）公海における海賊行為と重罪、ならびに国際法に違反する犯罪を規定し処罰すること。

（一一）戦争を宣言し、捕獲免許状（戦時敵国の船舶の拿捕を許可する書面）を付与し、陸上と海上における捕獲に関する規則を設けること。

（一二）陸軍を徴募しこれを維持すること。但し、その使用のための歳出予算は二年より長期にわたってはならない。

（一三）海軍を具備しこれを維持すること。

（一四）陸海軍の統括と規律に関する規則を定めること。

（一五）連邦の法律を執行し、反乱を鎮圧し、侵略を撃退するため、民兵の召集に関する規定を設けること。

（一六）民兵の編成、武装および紀律、ならびに合衆国の軍務に服する民兵の一部についての統括に関する規定を設けること。但し、将校の任命と、連邦議会の規定する軍律に従って民兵の訓練を行う権限は、これを各州に留保する。

（一七）特定の州の譲歩と連邦議会の承諾によって、合衆国政府の所在地となるべき地域（但し、一〇マイル平方を超えない）に対して、事項のいかんを問わず独占的な立法権を行使すること。要塞・武器庫・造兵廠、その他必要な建造物の建設のために、その所在地の州立法府の同意を得て購入した地域に対して、同様の権限を行使すること。

（一八）上記の権限と、本憲法によって合衆国政府または官庁や公務員に対して付与されたその他一切の権限を行使するために必要かつ適切な全ての法律を制定すること。

第九節（連邦議会の権限の制約）

（一八〇八年以降奴隷の輸入禁止）現在のいずれかの州が適当と認める人々（奴隷）の入国と輸入を、連邦議会は一八〇八年以前に禁止してはならない。但し、その輸入に対しては一人一〇ドルを超えない租税や入国税を課することができる。

（人身保護令状の特権の停止）人身保護令状の特権は、反乱や侵略に際して公共の安寧に基づく必要がある場合以外は停止してはならない。

（権利剥奪法、遡及処罰法の禁止）権利剥奪法（裁判によらない処罰を行う立法）や遡及処罰法（行為時には適法であった行為を裁判時に違法とする立法など）を制定してはならない。

（人頭税）人頭税その他の直接税（土地税）は、前に規定した調査や計算に基づく割合によらなければこれを賦課してはならない。

（輸出税）各州から輸出される物品に租税や関税を賦課してはならない。

（港湾の平等）通商や収税に関する規律によって、他州の港湾に比べて一州の港湾に対して優越する地位を与えてはならない。また、一州に出入りすることを目的とする船舶を強制して他州に入港させ、出港手続きを行わせ、関税の支払いをさせてはならない。

（国の支出）国庫からの支出は、法律の定める歳出予算に従う以外は一切行ってはならない。一切の公金の収支に関する正式の決算書を随時公表しなければならない。

（貴族の称号の禁止）合衆国は貴族の称号を授与してはならない。何人といえども、合衆国政府の下に報酬を受けたり信任による官職を保有するものは、連邦議会の承認を得るのではなければ、国王、公侯、もしくは外国から、その性質をいかんを問わず、贈与、俸禄、官職、称号を受けてはならない。

第一〇節（州に対する制約）

（州の権限の制約）各州は条約、同盟、連合を締結したり、捕獲免許状を付与したり、貨幣を鋳造したり、信用証券を発行したり、金銀貨以外のものを債務弁済の法定手段としたり、権利剥奪法、遡及処罰法や契約上の債務をそこなうような法律（支払い免除）を制定したり、貴族の称号を授与したりしてはならない。

（関税）各州は、その検査法施行のために絶対に必要な場合を除き、連邦議会の同意を得ずに、輸入または輸出に対し、輸入税または輸出税を賦課してはならない。各州によって輸出入に課せられた輸出入税の純収入は、合衆国国庫の用途に充てられる。この種の法律は全て連邦議会の修正と監督に服する。

（トン数税、戦争行為）各州は、連邦議会の同意を得ずに、トン数税を賦課したり、平時において軍隊や軍艦を備えたり、他州・外国と協力や協定を締結したり、現実に侵略を受けたり猶予しがたい急迫の危険が存する場合でない限り戦争行為をしたりしてはならない。

第二編（大統領）

第一節（大統領の地位と選挙）

（行政権、任期修正第二〇条、修正第二二条）行政権はアメリカ合衆国大統領に属する。大統領の任期は四年とし、同一任期で選任される副大統領とともに次に定める方法で選挙される。

（間接選挙）各州は、その立法府の定める方法によって、その州から連邦議会に選出することのできる上院議院と下院議院の総数と同数の大統領選挙人を任命する。但し、両院議員や、合衆国政府に信任されまた報酬を受ける官職にあるものは、選挙人に任命されてはならない。

（選挙人による大統領の選出修正第一二条）選挙人は各々その州に会合し、秘密投票によって二名を選挙する。その中の少なくとも一名は選挙人と同じ州の住民であってはならない。選挙人は投票された者と各人の得票数を表に作成してこれに署名し、証明し封印を施して、上院議長宛で合衆国政府の所在地に送付しなければならない。上院議長は上下両院議員の出席の下に、全ての証明を開封して投票数を計算する。投票の最多数を得た者は、その得票が任命された選挙人総数の過半数である場合に大統領となる。もし過半数を得た者が二名以上に及び、その得票が同数の場合には、下院は直ちに秘密投票によって、その中の一名を大統領に選任する。もし過半数を得た者がない場合には、右の表の最高点者五名の内から、下院が同一の方法によって大統領を選任する。但し、その方法によって大統領を選挙するには、各州の下院議員はそれぞれ一州として一票を有するものとし、投票は州単位に行う。この場合の定足数は、全州の三分の二から、一人以上の議員の出席することによって成立し、全州の過半数を選任に必要な数とする。いずれの場合も、大統領の選任を終えた後、次に最多数の選挙人の投票を得た者が副大統領となる。但し、その場合二人以上の同数の得票者があるときは、上院がその中から秘密投票によって副大統領を選任する。

（選挙人選任日時）連邦議会は選挙人を選任する時期を定め、また選挙人が投票を行う日を定めることができる。この日は合衆国全土を通じて同じ日でなければならない。

（大統領被選挙資格）何人といえども、出生による合衆国市民や本憲法採択時に合衆国の市民である者以外は大統領に選ばれることはできない。また年齢が三五歳に達さず、合衆国における住民として一四年を経過しない者は大統領となることができない。

（副大統領修正第二五条）大統領の免職、死亡、辞職、またはその権限と義務の遂行不能の場合においては、職務権限は副大統領に移転する。連邦議会は法律によって、大統領と副大統領の免職、死亡、辞職または不能の場合について規定し、その場合に大統領の職務を行うべき公務員を定めることができる。この結果、この公務員は、右のような不能の状態が除去されたり大統領が選任されるまでの間、その職務を行う。

（報酬）大統領は定時にその労務に対して報酬を受け、その額は任期中増減されない。大統領は任期中、合衆国または各州から他のいかなる報酬も受けてはならない。

（宣誓）大統領は、その職務の遂行を開始するに先立って、次の宣誓や確約をなさねばならない。「私は合衆国大統領の職務を忠実に遂行し、全力を尽くして合衆国憲法を保全し、保護し、擁護することを厳粛に誓約する（もしくは確約する）」。

第二節（大統領の権限（一））

（権限）大統領は合衆国の陸海軍と、合衆国の軍務に服するために召集された各州の民兵の最高司令官となる。大統領は行政各部の長官に対して、それぞれの官庁の職務に関する事項について文書による意見の提出を命ずることができる。大統領は合衆国に対する犯罪に関して、弾劾を除いて刑の執行の延期と恩赦を行う権限を有する。

（条約締結権、公務員任命権）大統領は上院の助言と同意を得て、条約を締結する権限を有する。但し、この場合、上院の出席議員の三分の二の同意を必要とする。大統領は大使その他の外交使節、領事、最高裁判所判事、および本憲法にその任命に関する特別の規定がなく法律によって設置されるその他全ての合衆国の公務員を指名し、上院の助言と同意を得てこれを任命する。但し、連邦議会はその適当と認める下級公務員の任命権を法律によって、大統領のみに、あるいは司法裁判所や各省長官に与えることができる。

（閉会中の任命）大統領は上院の閉会中に生じた全ての欠員を任命補充する権限を有する。但し、その任命はつぎの会期の終わりに効力を失う。

第三節（大統領の権限（二））

大統領は、随時連邦議会に対して、連邦の状況に関する情報を提供し、自ら必要かつ時宜に適すると思う施策についての審議を勧告する。大統領は非常の場合には、両院、またはその一院を招集することができる。また休会の期間について両院の間に意見の一致を欠く場合、適当と思う時期まで休会させることができる。

大統領は大使その他の使節を接受する。大統領は法律が忠実に執行されるよう配慮し、合衆国の全ての官吏を任命する。

第四節（弾劾による罷免）
大統領、副大統領および合衆国の全ての文官は、反逆罪、収賄罪その他の重大な罪科および非行について弾劾され、有責の認定を受けたときはその職を失う。

第三編（司法権）

第一節（連邦裁判所）
合衆国の司法権は最高裁判所と連邦議会が随時制定設置する下級裁判所に属する。最高裁判所と下級裁判所の判事は、善行を保持する限り在職するものとし、定時にその職務に対して報酬を受けその額は在職中減額されない。

第二節（連邦裁判所の管轄権）
（管轄）司法権が及ぶ範囲は、
（一）合衆国の権限によって締結され、また将来締結される条約、および本憲法と合衆国の法律の下に発生する、普通法ならびに衡平法上の全ての事件
（二）大使その他の外交使節と領事に関する全ての事件
（三）海事と海上管轄に関する全ての事件
（四）合衆国が当事者の一方である争訟
（五）二つ以上の州の間の争訟
（六）一州と多州の市民との間の争訟
（七）相異なる州の市民の間の争訟
（八）異なる州の付与に基づく土地の権利を主張する同一の州の市民相互間の争訟
（九）一州またはその市民と外国または外国の市民・臣民との間の争訟である。
（最高裁の管轄）大使その他の外交使節と領事に関する全ての事件と一州が一方の当事者である事件については、最高裁判所は第一審の管轄権を有する。前項に掲げる以外の全ての事件については、最高裁判所は、連邦議会の定める例外を除き、連邦議会の定める規律に従い、法律と事実の双方に関して上訴管轄権を有する。
（陪審制）弾劾の場合を除いて、全ての犯罪の審理は陪審によって行われる。審理はその犯罪が行われた州において行われる。但し、犯罪地がいずれの州にも属さない場合には、審理は、連邦議会が法律で指定した場所においてこれを行わなければならない。

第三節（反逆罪）
（構成要件）合衆国に対する反逆罪を構成するのは、単に合衆国に対して戦いを起こしたり、敵に援助と便宜を与えて加担する行為に限られる。何人も、同一の公然の犯罪に関する二人の証人の証言があるか、公開の法廷における自白に基づく以外、反逆罪として有罪の宣告を受けることはない。
（刑罰）連邦議会は反逆罪の刑罰を宣言する権限を有する。但し、反逆罪の判決に基づく権利の剥奪は、その処罰を受けた者の生存中以外、血統汚損（罪が子孫に及ぶ）、財産没収（財産の相続禁止）の効果を生じてはならない。

第四編（連邦条項）

第一節（相互信頼条項）
各州は、他州の法令、記録、司法上の手続きに対して、充分な信頼と信用を与えなければならない。連邦議会は、これらの法令、記録、手続きの証明方法とその効力について、一般の法律によって規定することができる。

第二節（州際礼儀）
（州際市民権条項）各州の市民は全ての州の市民の特権と免除を等しく享受する権利を有する。
（逃亡犯罪人引渡し規定）一州において反逆罪、重罪、その他の犯罪について嫌疑を受け、裁判を逃れた者が他の州内で発見されたときは、その逃亡した州の行政当局の請求により、その犯罪について管轄権を有する州に移すために引き渡さねばならない。
（逃亡奴隷条項）何人も一州において、その法律の下に服役や労働に従う義務のある者は、他州に逃亡することによっては、その州の法律または規則により右の服役や労働から解放されることはない。その者は右の服役や労働に対して権利を有する当事者の請求に基づいて引き渡されねばならない。

第三節（新しい州の加入手続き）
（規定）新しい州は連邦議会の議決によって連邦への参加が許される。但し、連邦議会と関係諸州の議会の同意のない限り、他の州の管轄内に新しい州を形成・創設したり、二つ以上の州やその一部の合併によって州を形成したりしてはならない。
（領地）連邦議会は合衆国に属する領地またはその他の財産を処分し、これに関する必要な全ての規定と法規を制定する権限を有する。本憲法のいかなる条項も、合衆国または特定の州の権利をそこなうように解釈してはならない。

第四節（州に対する保障）
合衆国は本連邦内の各州に共和政体を保障し、侵略や州内の暴動に対して州の立法府や（立法府の召集が可能でないときは）行政府の請求に応じて、各州に保護を与えなければならない。

第五編（憲法改正手続）

連邦議会は、両院の三分の二が必要と認めるとき本憲法に対する修正を発議するか、各州の三分の二の議会の請求があるときは、修正を発議する憲法集会を召集するかしなければならない。いずれの場合においても、修正の全ての内容と目的は、各州の四分の三の議会による方法と四分の三の州の憲法会議による方法の内、連邦議会の提案する方法によって承認されたとき、本憲法の一部として有効となる。但し、一八〇八年以前に行われる修正は、第一条第九節の第一条項と第四条項の規定に何ら変更を及ぼしてはならない。また、いずれの州もその同意なくして上院における均等な投票権を奪われない。

第六編（連邦優位条項）

（債務、約定の継承）本憲法の採択以前に契約され締結された全ての債務と約定は、連合規約の下におけると同様に本憲法の下においても、合衆国に対して有効とする。

（憲法のくさび条項）本憲法と、本憲法に従って制定された合衆国の法律、および合衆国の権限の下に既に締結され、また将来締結される全ての条約は、国の最高法規とする。これらが各州の憲法や法律に反対する場合でも、各州の裁判官はこれらに拘束される。

（憲法擁護義務）先に規定した上下両院議員、各州の議員、合衆国および各州の全ての行政官と裁判官は、宣誓や確約によって本憲法を擁護するべき義務を負う。合衆国の全ての官職と信任による公職の資格として、宗教上の審査を求めてはならない。

第七編（本憲法の効力の発生時期）

本憲法の効力は九つの州（全一三州の内）の憲法会議による承認によって、承認した州相互間において発生する。

制定証明条項紀元一七八七年、アメリカ合衆国独立第一二年九月一七日、参列の諸州一致の同意によって、憲法制定会議において本憲法を制定した。その証明のため、われらはここに署名する。

修正条項

修正第一（信教・言論・出版・集会の自由・請願権）

連邦議会は、国教を樹立したり、宗教の自由な遂行を禁止したり、言論と出版の自由や、人民が平穏に集会し、苦痛の救済を求めるために政府に対して請願する権利を制限する法律を制定したりしてはならない。

修正第二（武装の権利）

規律ある民兵は自由国家の安全にとって必要であるから、人民が武器を保有し武装する権利は、これを侵害してはならない。

修正第三（軍隊の宿営に対する制限）

平時においては、所有者の承諾を得なければ、何人の家庭にも兵士を宿営させてはならない。戦時においても、法律の定める方法によるのでなければ宿営させてはならない。

修正第四（不合理な押収・捜索・逮捕の禁止）

不合理な捜索、逮捕または押収から、自己の身体、家屋、書類および動産の安全を確保する権利はこれを侵害してはならない。令状は、宣誓や確約によって裏付けられて、蓋然的理由に基づいており、捜索場所と逮捕・押収する人や物を特定した記載がなければ、これを発してはならない。

修正第五（裁判に関する権利の保障（一）・公用収用、正当手続条項）

何人も大陪審の告発または起訴によらなければ死刑または自由刑（懲役、禁錮、市民権剥奪等自由を奪う刑）に課せられる犯罪の責めを負わされない。ただし、陸海軍、または戦争や公共の危険に際して、現に兵役についている民兵の間に生じた事件についてはこの限りではない。何人も同一の犯罪について、再度生命身体の危険に臨ましめられない。また、何人も刑事事件において自己に不利益な証人となることを強制されない。また、法の正当な手続によらないで生命、自由、財産を奪われない。また、正当な補償なくして私有財産を公共の用途のために徴収されない。

修正第六（裁判に関する権利の保障（二））

全ての刑事訴追において、被告人は、犯行があった州とあらかじめ法律によって定められた地区の公平な陪審によって行われる迅速かつ公開の裁判を受け、公訴事実の性質と原因についての告知を受け、自己に不利な証人との対質を求め、自己に有利な証人を得るために強制的手段を取り、防禦のために弁護人の援助を受ける権利を有する。

修正第七（民事陪審）

コモンロー上の訴訟において、訴訟物の価格が二〇ドルを越えるときは、陪審による裁判の権利が保持される。陪審によって認定された事実は、合衆国のいずれの裁判所においても、コモンローの法則に従う以外、再審理されることはない。

修正第八（過大な保釈保証金、と残酷な刑罰の禁止）

過大な保釈保証金を要求したり、過重な罰金を科したり、残酷で異常な刑罰を課したりしてはならない。

修正第九（基本的人権の保障）

本憲法に特定の権利を列挙したことは、人民の保有するその他の諸権利を否定したり軽視するものと解釈してはならない。

修正第一〇（州と人民の留保する権利）

本憲法によって合衆国に委任されず州に対して禁止されなかった権利は、各州と人民に留保される。

修正第一一（連邦司法権の制限第三条第二節第一条項）一七九七年一月

合衆国の司法権は、他の州の市民や外国の市民・臣民によって、合衆国の一州に対して提起・訴追された普通法または衡平法上のいかなる訴訟にも及ぶものと解釈してはならない。

修正第一二（大統領の選挙方法の改正第二条第一節第三条項）一八〇四年九月

（大統領）選挙人は各々その州に会合し、秘密投票によって大統領と副大統領の投票をする。その中の少なくとも一人は選挙人と同じ州の住民であってはならない。選挙人はその投票において大統領として投票する人を、別個の投票で副大統領として投票する人を指名しなければならない。選挙人は大統領として投票された者と副大統領として投票された者、ならびに各人の得票数を別個に表に作成し、これに署名・証明した上で封印して、上院議長宛て、合衆国政府の所在地に向けて送付しなければならない。上院議長は、上下両院議員臨席の上、全ての証明書を開封した後、投票の計算を行う。大統領として投票数の最多数を得た者を大統領とする。但し、その数は任命された選挙人の全数の過半数であることを要する。もし何人も右の過半数を得た者が無い場合には、大統領として投票された者の中三名を超えない最高点の得票者の内から、下院が直ちに投票によって大統領を選任しなければならない。但し、大統領の選任に際しては、各州の下院議員は、それぞれ一州一票を有するものとして州を単位として投票を行う。この場合の定足数は各州の三分の二から、一人以上の議員が出席することによって成立し、全州の過半数を選任に必要な数とする。右の選任の権利が下院に移転した場合において、下院が次の三月四日以前に大統領を選任しないときは、副大統領が、大統領の死亡またはその他の憲法上の無能力の場合と同様に、大統領としての職務を行う。

（副大統領）副大統領として投票の最多数を得た者を副大統領とする。但し、その数は任命された選挙人の全数の過半数であることを要する。もし右の過半数を得た者がない場合には、右の表の最高点の得票者二名の内から、上院が副大統領を選任しなければならない。この場合の定足数は上院議員の全数の三分の二の出席によって成立し、全数の過半数を選任に必要な数とする。但し、何人も憲法上大統領の職に就くことのできない者は、合衆国副大統領の職に就くことができない。

修正第一三（奴隷制の廃止）一八六五年一二月

第一節

奴隷制度や強制労働は、当事者に対する適式な有罪宣告による犯罪の刑罰として行われる以外は、合衆国またはその管轄権に属する地域において存在することを許さない。

第二節

連邦議会は適当な立法によって、右条項を実施する権限を有する。

修正第一四（市民権・法の平等な保護、正当手続条項、平等保護条項）一八六六年七月

第一節

合衆国で生まれたり帰化した者でその管轄権に属するものは全て、合衆国および居住州の市民である。いずれの州も、合衆国市民の特権や免除を制限する法律を制定・実施してはならず、いずれの州も法の正当な手続きによらずに、人の生命、自由、財産を奪ってはならず、その管轄内の人に対して法の平等

な保護を拒否してはならない。

第二節（下院議員の配分）

下院議員は、各州において課税されないインディアンを除外した全人口数を計算し、各々の人口に応じて各州の間に配分されねばならない。但し、合衆国大統領と副大統領の選挙人、連邦下院議員、州の行政官、司法官、州立法府の議員の選挙に際して、州の住民である男子に対して、年齢二一歳以上で、合衆国の市民であるにもかかわらず、反乱の関与その他の犯罪以外の理由によって、投票権を拒否したり、方法のいかんを問わず制限したりした場合は、その州の下院議員選出の基準となる人口数は、制限された男子市民の数の州の年齢二一歳以上の男子市民の全数に対する比率に従って減縮されねばならない。

第三節（南軍に加わった者の追放）

かつて連邦議会の議員、合衆国の公務員、州議会議員、州の行政官または司法官としてアメリカ合衆国憲法を擁護すべき旨の宣誓をしながら、合衆国に対する侵略や反乱に加担したり、合衆国の敵に援助や便宜を与えた者は、連邦議会の上院議員、下院議員、大統領と副大統領の選挙人となったり、合衆国や州において文武の官職を保有してはならない。但し、連邦議会は各院の三分の二の投票によって右の欠格を除去することができる。

第四節（南軍の債務の無効）

法律によって授権された合衆国の国債は、侵略や反乱を鎮圧するための労務に対する恩給と賜金の支払いのために負担された公債を含めて、その効力を争うことができない。但し、合衆国と州はいずれも、合衆国に対する侵略または反乱を援助するために負担された公債・債務と、奴隷の喪失・解放を理由とする請求を負担したり支払ったりしてはならない。右の公債・債務と請求は違法かつ無効とする。

第五節連邦議会は適当な立法によって、右条項を実施する権限を有する。

修正第一五（選挙権の拡大）一八七〇年三月

第一節

合衆国や州は合衆国市民の選挙権を、人種、肌の色、従前の隷属状態を理由として拒否したり制限したりしてはならない。

第二節

連邦議会は適当な立法によって、右条項を実施する権限を有する。（一九五七年市民権法、一九七〇年投票権法）

修正第一六（連邦所得税修正第一章第二条第三項））一九一三年二月

連邦議会は所得に課税・徴収する権限を有する。その場合、源泉には関わりなく、各州間に配分することもなく、国勢調査や人口の算定に準拠することもないものとする。

修正第一七（上院議員の直接選挙制第一章第三条第一項）一九一三年五月

第一節

合衆国上院は、各州の人民によって六年の任期をもって選出された二名ずつの上院議員で組織する。各上院議員は一個の投票権を有する。各州の選挙人は州立法府の議員数の多い方の一院（下院）の選挙人として必要な資格を備えなければならない。

第二節

何れかの州州選出の上院議員に欠員が生じたときは、その州の行政府は欠員を補充するために選挙施行の命令を発しなければならない。但し、州の立法府はその定めるところに従って、行政府に対して人民が選挙によって右欠員を補充するまでの間、臨時の任命をする権限を与えることができる。

第三節

本修正は、本憲法の一部として効力を発生する以前に選出された上院議員の選出や任期に影響を及ぼすように解釈してはならない。

修正第一八（禁酒法修正修正第二一）一九一九年一月

第一節

本条項の承認から一年後、合衆国とその管轄権に属する全ての地域において、飲用の目的をもった酒精飲料の醸造、販売、輸送および輸出入をここに禁止する。

第二節

連邦議会ならびに各州は、適当な立法によって本条項を実施する競合的権限を有する。（一九一九年国民禁酒法）

第三節

本条項は、連邦議会から州に対して提出された日より七年以内に、本憲法の定めるところに従って各州の議会によって本憲法の修正として承認されない場合には、その効力を生じない。

修正第一九（女性参政権修正）一九二〇年八月

第一節
合衆国と州は、合衆国市民の投票権を性別を理由に拒否したり制限したりしてはならない。
第二節
連邦議会は適当な立法によって、右条項を実施する権限を有する。

修正第二〇（正副大統領と連邦議員の任期修正）一九三三年一〇月一五日

第一節
大統領と副大統領の任期は、本条項が承認されない場合に任期の終了する年の一月二〇日正午に終了し、上下両院議員の任期はそれぞれ右の年の一月三日正午に終了することとし、後任者の任期はその時より開始する。
第二節（第一章第四条第二項）
連邦議会は毎年少なくとも一回集会する。この集会の開会は、連邦議会が法律によって他の日時を定めない限り、一月三日正午とする。
第三節（第二章第一条第六項、修正第一二）
大統領の任期の始期と定められた時に、大統領として選出された者が死亡した場合には、副大統領として選出された者が大統領となる。（前大統領の任期が終わり新）大統領の任期の始期と定められた時までに大統領が選出されない場合や、大統領として選出された者が必要とする資格を備えるに至らない場合は、大統領がその資格を備えるに至までの間、副大統領として選出された者が大統領として職務を行う。大統領として選出された者も副大統領として選出された者も資格を備えるに至らない場合、連邦議会は法律によって、大統領としての職務を行う者を宣言するか、職務を代行する者を選定する方法を宣言することができ、それによってその者が大統領または副大統領が資格を備えるまで職務を行う。
第四節（修正第一二）
大統領を選出する権限が下院に移転したとき大統領候補者のいずれかが死亡した場合と、副大統領を選出する権限が上院に移転したとき副大統領候補者のいずれかが死亡した場合について、連邦議会は法律によって規定することができる。
第五節
第一節ならびに第二節は本章が承認された後の一〇月一五日に効力を生ずる。
第六節
本条項は提出日から七年以内に各州の四分の三の議会によって本憲法の修正として承認されない場合には効力を生じない。

修正第二一（禁酒法廃止修正第一八）一九三三年一二月五日

第一節
アメリカ合衆国修正第一八はここに廃止する。
第二節
州、合衆国の領土、属領の法律に違反して、右地域内での引渡しや使用のために酒精飲料を右地域内へ輸送や移転することは、ここに禁止する。（ミシシッピー州は現在も禁酒）
第三節
本条項は、連邦議会によって州に対して提出された日から七年以内に、本憲法の定めるところに従って各州の憲法会議によって本憲法の修正として承認されない場合はその効力を生じない。

修正第二二（大統領の三選禁止）一九五一年二月

第一節
何人も二回を越えて大統領の職に選出されてはならない。第三者が大統領に選出された任期期間中に二年以上大統領の職に就いたり大統領の職務を行った者は、何人といえども一回を越えて大統領の職に選出されてはならない。但し、本条項は連邦議会によって提案された時点で大統領の職を保有する者に対しては適用しない。また、本条項は効力発生時点で大統領の任期中または大統領の職を遂行中の者が、その任期の残存期間中に大統領の職を保有したり大統領としての職務を行うことを妨げない。
第二節
本条項は、連邦議会によって州に対して提出された日から七年以内に全州の四分の三の議会によって本憲法の修正として承認されない場合には効力を生じない。

修正第二三（ワシントン特別区の大統領選挙人の選挙）一九六一年四月

第一節
合衆国政府の所在地となる地区は、連邦議会が定める方法によって大統領と副大統領の選挙人を任命する。この選挙人の数は、もし同地区が州であるならば同地区から連邦議会に選出できる上院議員と下院議員の総数に等しい数とする。但し、どのような場合でも人口数の最も少ない州の選挙人の数を越えてはならない。これらの選挙人は州によって任命される者に追加されるが、大統領と副大統領の選挙に関しては、州によって任命された選挙人と見なされる。これらの選挙人は同地区に会合し、修正第一二によって規定された義務を履行しなければならない。

第二節
連邦議会は適当な立法によって、本条項を実施する権限を有する。

修正第二四（人頭税修正修正第一五）一九六四年二月

第一節
合衆国と州は、大統領・副大統領、または大統領・副大統領の選挙人、もしくは連邦議会の上院議員・下院議員の予備選挙その他の選挙における合衆国市民の投票権を人頭税その他の税を納付しないことを理由に拒否したり制限したりしてはならない。

第二節
連邦議会は適当な立法によって、本条項を実施する権限を有する。（アラバマ、アーカンソー、ミシシッピー、テキサス、ヴァージニアの五州に対する）

修正第二五（大統領の職務不能と地位の承継等第二章第一条第六項）一九六七年二月

第一節
大統領の免職、死亡、辞職の場合には、副大統領が大統領となる。

第二節
副大統領が空席である場合、大統領は副大統領を指名するものとし、その副大統領は連邦議会の両院の過半数による確認を得て職務を開始する。

第三節大統領が上院の臨時議長と下院議長に対して、自己の職務に属する権限と義務を遂行することができない旨の宣言書を伝達した場合、大統領がこれと反対の趣旨の宣言書を右議長らに伝達するまでの間、右権限と義務は大統領代理としての副大統領によって遂行される。

第四節副大統領、行政各部の長、および連邦議会が法律によって定めるその他の機関の長の過半数が、上院の臨時議長と下院議長に対して、大統領はその職務に属する権限と義務を遂行することができない旨の宣言書を伝達した場合、副大統領が直ちに大統領代理としてその職務に属する権限と義務を行う。

その後において、大統領が上院の臨時議長と下院議長に対して右の不能が存在しない旨の宣言書を伝達した場合、大統領はその職務に属する権限と義務を再び遂行する。但し、副大統領と行政各部の長、および連邦議会が法律によって定めるその他の機関の長の過半数が、四日以内に上院の臨時議長と下院議長に対して大統領はその職務に属する権限と義務を遂行することができない旨の宣言書を伝達した場合はこの限りではない。その場合、連邦議会は直ちにこの問題を決定するものとし、開会中でないときはその目的のために四八時間以内に集会しなければならない。連邦議会が後者の宣言書を受け取った後二一日以内に、また連邦議会が開会中でないときは連邦議会が集会を要請された後二一日以内に、両院の三分の二の投票によって、大統領はその職務に属する権限と義務を遂行することができないと決定した場合、副大統領は大統領代理として右権限と義務の遂行を継続する。

その他の場合には、大統領がその職務に属する権限と義務を再び行う。

修正第二六（一八歳以上の市民の投票権）一九七一年六月三〇日

第一節
合衆国と州は、年齢一八歳または一八歳以上の合衆国市民の投票権を、年齢を理由として拒否したり制限したりしてはならない。

第二節
連邦議会は適当な立法によって、本条項を実施する権限を有する。

修正第二七（連邦議員報酬の変更）一九九二年五月五日

上院議員及び下院議員の歳費を変更する法律は、下院議員選挙が間に行われるまでは、効力を生じないものとする。

――権限 …………………… 162,166,169,177
連邦主義（フェデラリスト）
……………… 6,10,11,153,172,183,201,374
連邦政府職員任期法 ………………………… 133
連邦納税者 …………………………………… 230
連邦法の絶滅危機種保護法（ESA）……… 239
連邦民事訴訟規則一五 ……………………… 235
ロシアンゲート ……………………………… 138
ロック（ジョン・）……………………… 3,6-8
ロバーツ（ジョン・G・）裁判官
……………………………… 70,128,160,161
論理的つながり ……………………………… 228

わ

ワグナー法 …………………………………… 177
ワシントン（ジョージ・）大統領
…………………………………… 11,21,23,120
私たちの命のための行進 …………………… 55

分離された教育制度は
　本質的に不平等である …………………… 319
分離車両法 …………………………………… 292
分離すれども平等 … 292,294,307,308,311,316
ペンタゴン・ペーパー ……………………… 108
編入理論 ……………………………… 368,381
法案拒否権 …………………… 130,132,149,151
法外な罰金からの保護 ……………………… 380
法廷の友準備書面 …………………………… 235
法廷侮辱罪 …………………………………… 323
法的に保護された利益 ………………… 233,237
法の精神 ………………………………… 8,200
法の適正手続き …… 93,226,286,287,369,403
ポケット・ビート …………………………… 132
母子健康保護法 ……………………………… 226
保釈審理 ……………………………… 89,91
保釈制度改革法（1984） ……………… 92,93
保釈保証金 …………………………… 89,92
保釈保証代理業者 ……………………………… 90
ボストン茶会事件 ……………………………… 1
ポリス・パワー 173,183,287,293,401,402,404
ホワイト（バイロン・）裁判官
　…………………………… 81,109,246,264,348

ま

マーシャル（ジョン・）裁判官
　…… 167,170,173,201,202,204,206-211,214
マーシャル（サーグッド・）裁判官
　………… 76,78,79,81,93,309,348,360,387
マーシャル・ロー ………………… 116,117,119
マージョリー・ストーンマン・ダグラス高校
　………………………………………………… 55
マーフィ（フランク・）裁判官 …………… 123
マグネット・スクール ……………………… 315
マクレイノルズ（ジェームズ・）裁判官 … 134
マディソン（ジェームズ・）
　………………………… 10,22,23,32,204,205
真夜中の任命 ………………………………… 201
ミシシッピ州立大学 …………………… 322-324
ミズーリ妥協法 ………………………… 281-284
ミダゾラム …………………………… 71,73
ミラー（サミュエル・）裁判官 …………… 287
ミランダ警告 ………………………………… 378
民事事件で陪審裁判を受ける権利 ………… 380
民事的財産没収 ……………………………… 88
民兵 ……… 32,33,41,42,45,103,120,121,184
民兵法（1795） ……………………………… 120
ムートネス …………………… 222,247,250,254
明確にして納得のゆく証拠の基準 …… 92,168
メーソン（ジョージ・） ……………… 22,205
最も厳格な審査 ……………………… 122,124
模範公用収用法典 …………………………… 401
モンゴメリー・バス・ボイコット
　……………………………………… 296,318,319
モンテスキュー（シャルル・ド・）
　…………………………………………… 7-9,200

や

薬物注射 ……………………………………… 71
ヤズー土地法 ………………………………… 207
やむにやまれぬ利益 ……… 350,352.356.358
ヤングスタウン鉄鋼 ………………………… 124
優先方針 ……………………………………… 345
抑制と均衡 ………………………………… 7,152

ら

ライト（スーザン・）裁判官 ……………… 112
ライプネス ………………………… 244,250
利益の範囲 ………………………… 223,234
立憲的民主主義国家 …………………………… 5
立法権 ……… 8,9,116,125,131,200,206,291
　——行使 …………………………………… 150
リード（スタンレー・）裁判官 …………… 244
リトルロック ………………………………… 319
　——学校区 ………………………………… 322
　——の九人 ………………………………… 320
　——の人種別隔離事件 …………………… 321
量刑 ………………………… 64,79,81-83,136
リンカーン（エイブラハム・）大統領
　…… 21,103,117,118,120,121,262,285,286,
　296,369
ルーズヴェルト（フランクリン・）大統領
　……………………………………… 122,134
令状要件 ……………………………… 185,377
隷属制 ………………………………………… 25
レンキスト（ウィリアム・）裁判官
　………………… 93,157,181,182,246,352-354
連合会議 ………………………………………… 5
連合規約 ……………………………… 5,22
連邦議会決議 ………………………………… 185

トーニー（ロジャー・）裁判官 …… 103,283
投票権の侵害 …… 326,327,369
逃亡奴隷 …… 282
——取締法 …… 280,281
トーマス（クラレンス・）裁判官 … 50,72,344,357
特赦権 …… 136
特別検察官 …… 113,114,116
独立宣言 …… 2,3,280
土地収用 …… 395
土地使用規制 …… 398,400
特権または免除 …… 288,291
トランス・ジェンダー …… 333
トランプ（ドナルド・）大統領 … 127,138,144
トルーマン（ハリー・）大統領 …… 124
奴隷解放宣言 …… 21,286
奴隷州 …… 6,282-286
奴隷制 …… 12,278-281,369
奴隷制廃止政策 …… 296
奴隷制廃止宣言 …… 369

な

南部連合 …… 297
南北戦争 …… 103,117,284,286,369
ニクソン（リチャード・）大統領 …… 138
二重の危険防止 …… 67,370-373,377
日系アメリカ人 …… 122,123,128,129
入学者選考方法 …… 353
入国禁止法（1807）…… 103
ニュー・ディール …… 156,174
妊娠差別禁止法 …… 334
年齢差別禁止法 …… 333
農業調整法（1933）…… 156
農業調整法（1938）…… 178,179
納税者の当事者適格 …… 228,230,231

は

バーガー（ウォレン・）裁判官
…… 76,80,81,231,239,240,246,248
パークス（ローザ・）…… 317,318,326
ハーラン（ジョン・）裁判官 …… 173,293
陪審 …… 74,77,79-81,119,372,379,380
陪審裁判 …… 4,328,373
——を受ける権利 …… 378,379
パウエル（ルイス・）裁判官 …… 80,246,347
バス・ボイコット …… 317
罰金条項 …… 86,88
罰則付召喚令状 …… 152
ハッチ法 …… 244
ハミルトン（アレクサンダー・）… 10,23,156,205
反異種族混交法 …… 297-301
犯罪規制法 …… 36
反連邦主義者 …… 6,10,11,153,201
非経済的な利益の損害 …… 233
必要欠くべからざる利益 …… 347
必要かつ適切条項 … 38,163-165,168,169,173
一人一票の原則 …… 261
非物理的収奪 …… 392
ヒューズ（チャールズ・）裁判官 …… 177
表現の自由 …… 108,385
平等雇用機会 …… 328,329
平等保護条項
286,287,311,348,353,354,357,361,369,403
フィリバスター（議事妨害）…… 149,325
武器合法取引保護法 …… 52
不合理な捜査押収 …… 377
ブッシュ・ジュニア（ジョージ・）大統領
…… 52,136,184,355
不釣合い …… 86,87
不釣合いな刑罰 …… 78,83,80
物理的収用 …… 395
不当威圧 …… 207
フラー（メルヴィル・）裁判官 …… 173
プライバシー権 …… 250
ブライヤー（スティーヴン・）裁判官 … 72,112
ブラウンⅠ判決 …… 308-317,320
ブラウンⅡ判決 …… 312-314
ブラウンⅢ事件 …… 314
ブラック（ヒューゴ・）裁判官
…… 108,122,124,323,386
ブラックマン（ハリー・）裁判官
…… 238,246,252,348
ブラッドリー（ジョセフ・）裁判官 …… 290
フランクファータ（フェリックス・）裁判官
…… 64,256,260,309
フリーダム・ライダー …… 324
ブレディ拳銃暴力防止制定法 …… 36,37
ブレナン（ウィリアム・）裁判官
…… 75,76,78,79,81,158,259,348
ブロッコリー論争 …… 160-162
分離教育 …… 307,308,312,313

成熟している社会の発展を示す
　品性という発展的な基準 ………… 62,63,83
成熟性 ………………………… 222,243,246
性的いやがらせ ……………………………… 333
正当な補償 …… 378,391,395,399,402,403,406
正当防衛権 ……………………………………… 376
政府と切り離せない捲き込み ……………… 382
積極的是正措置 ……………………………… 354
接収 …………………………………… 103,125,400
絶滅危機種保護法 ……………………… 239-241
狭く策定された ………………… 351,353,356
全員一致原則 ………………………………… 379
選挙区割りの問題 ………………………… 257
選挙権 ………………………………………… 296
宣言判決 ……………………………… 260,346
全国最低飲酒年齢法 …………………… 157,158
全国産業復興法 ……………………… 174,175
全国銃器法（1934）………………………… 42
全国銃制定法 ………………………………… 34
全国労働関係法（ワグナー法）……… 176,178
戦争権限法（1973）……………………… 104,184
戦争宣言権 ………………………………… 148,184
選択的な編入 ………………… 370,374,380,381
全部編入説 ……………………………… 369,371
全米有色人種地位向上協会（NAACP）
　………………………… 308,309,317-320,322
全米ライフル協会（NRA）… 33,37,46,47,51-55
争訟や事件 ……………………………… 221,253
ゾーニング ………………………………… 402
ソトマヨール（ソニア・）裁判官 …… 73,128

た

第一回連邦議会 ………………………………… 11
第一級謀殺 …………………………………… 370
待機期間 ………………………………………… 37
代替的職務慣行 ……………………………… 335
大統領
　…… 99-101,104,108,110,120,121,129-137,
　　148,149,151,184
　——大統領権限 ………………… 125,151,185
　——就任式 ………………………………… 9,201
　——弾劾審理 ……………………………… 113
　——特権 ………………………… 113,115,116
　——の権限 ………………………………… 107
　——の最高司令官権限 …………………… 104
　——の執行特権 …………………………… 116
　——の宣誓 ………………………………… 102
　——の法案承認権 …………………………… 21
　——の一般教書演説 ……………………… 129
大統領令 …………………………… 101,125,127
大統領令10925号 ………………………… 342
タイトルセヴン ……… 321-335,342,359-362
タイトルイレヴン ………………………… 329
第二級謀殺 ………………………………… 370
大陪審による起訴を受ける権利 ………… 378
大陸会議 …………………………………… 2,4
タウンゼンド諸法 ……………………………… 1
ダグラス（ウィリアム・）裁判官
　…………………… 108,228,236,246,260,394
直ちに疑わしい ……………………… 122,124
ウェブスター（ダニエル・）………… 170,210
タフト（ウィリアム・）大統領 ………… 134
タフト・ハートレー法 …………………… 125
弾劾裁判 …………………………………… 111
弾劾訴追 …………………………………… 114
弾劾罷免判決 ………………………………… 99
致死量の薬物の注射 ………………………… 69
懲罰的な没収 ………………………………… 87
懲罰的賠償 ………………………………… 87,88
直接的対間接的テスト …………………… 177
直接的な経済的損害 ……………………… 225
釣り合いの原則 …………………… 80,82,83
抵抗権思想 ………………………………… 3,32
停止命令排除法 …………………………… 160
ディスカバリー（証拠の開示手続き）…… 112
ディビス（デイヴィッド・）裁判官 …… 119
テキサス妊娠中絶法 ……………………… 251
敵性戦闘員 …………………………… 104-106
適正手続条項 … 368,371,373,379,391,401,404
敵性人 ……………………………………… 103
鉄道人種分離輸送法 ……………………… 292
テリコダム ……………………………… 238,240
電気椅子による処刑 ……………………… 66-69
填補賠償 ……………………………………… 88
統一民兵法 …………………………………… 32
当事者適格
　…… 221,223,226,227,230,231,233-235,238,
　　240,242,252,253
逃走の可能性 ……………………………… 91,92
統治二論 ……………………………………… 8

自然権思想 …… 7
実行性付与理論 …… 368
執行特権 …… 110,112,126
執行府 …… 105
実質的な影響テスト …… 177
実体的適正手続き …… 380
指定生存者 …… 99,100
私的法務長官 …… 228
司法上の収奪 …… 393
司法積極主義 …… 309
司法取引 …… 110
司法判断適合性
…… 220-222,243,246,248,255,259,265
司法妨害 …… 111
市民政府論 …… 7
市民訴訟条項 …… 241
ジム・クロウ法 …… 295-297
指名権限 …… 132,133,151
シャーマン法 …… 172
社会契約 …… 7
ジャクソン（ロバート・）裁判官 …… 123,179,226
集会の自由 …… 376
銃規制法 …… 28,33,34,181
銃規制論者 …… 33,55
宗教の自由活動 …… 376
州権限 …… 290,407
州憲法 …… 22,61
重罪事件 …… 90
州際通商委員会 …… 237
州際通商条項
…… 38,159,162,165,169,170,174-179,182,183,186,325
自由州 …… 281-284,297
銃製造業者 …… 28
州籍相違事件 …… 283
収奪 …… 396,398,391
州内活動 …… 183
自由入学方式 …… 314
州の直接的関与 …… 382
収用権行使 …… 401
銃乱射事件 …… 29,39
出訴期限法 …… 281
出版の自由 …… 371,376
上院と下院 …… 6,54,148,149
上院の助言と同意 …… 133,134,151
障がい者差別禁止法 …… 331,334
承継順位 …… 99,100
承認（批准） …… 16
情報公開法 …… 137
条約の批准 …… 151
植民地 …… 4,7,32,89,280,297
職務執行令状 …… 202,203,264
ショッピングセンター …… 383,387
ジョンソン（リンドン・）大統領 …… 325,342
信仰の自由 …… 221,371
人種隔離政策 …… 309,319,320
人種差別
…… 123,297,314,329,342,348,358,360,369
人種差別的取締り …… 138
人種差別的な制限約款 …… 389
人種的少数者 …… 342,343,346,353
人種的多様性 …… 354
人種分離政策
…… 290-295,297,307,309-311,319,325,327
人身保護法（1679） …… 89
人身保護令状 …… 91,105,106,117,118,120,281
真正な職業資格 …… 330
迅速な裁判を受ける権利 …… 378
新大統領の就任式 …… 102
慎重配慮的構成 …… 223
慎重配慮的当事者適格 …… 223
人頭税 …… 297
水質浄化法 …… 241
スカリア（アントニン・）裁判官
…… 37,44,72,85,242
スタンガン …… 47
スチュアート（ポッター・）裁判官
…… 74,78,79,81,109,234
スティーヴンズ（ジョン・ポール）裁判官
…… 38,45,47,71,93,106,405
ステイト・アクション …… 381,382,385,388-390
ストーリー（ジョセフ・） …… 120,212
スネイル・ダーター …… 239,240
スミス法 …… 91
座り込み …… 319
制限的不動産約款 …… 388,389
性差別事件 …… 358,369
正式事実審理 …… 90,112
政治的指名 …… 132
政治的問題 …… 222,231,246,248,254-259,262,265

…… 10,11,21,280,288,368,369,373,374,380
権利請願法（1628）…………………………… 89
権利宣言 ……………………………………… 62
権力分立 ……………………… 8,9,106,107,187
言論の自由 ………………………… 371,376,386
公開の銃殺刑 ………………………………… 65
恒久的差止命令 ……………………………… 239
公共的必要性 ……………………………… 123,401
公共の危険 …………………………………… 123
公共の福祉 …………………………………… 404
公共の用 ……………………………… 405,406
攻撃用武器禁止法 …………………………… 52
合憲性審査基準 ……………………………… 358
ゴーサッチ（ニール・）裁判官 …………… 50
公聴会 ……………………………… 150,151
公的機能 ………………… 382,383,385,387,388
公民権委員会 ………………………………… 328
公民権法（1875）……………………… 289-291
公民権法（1964）
…… 316,324,329,333,342,345,348,358-360,
382,389
公用収用 ……………………………… 395,400-407
合理性の基準（合憲推定）審査 …………… 128
合理的疑いを超えた立証 …………………… 168
勾留 …………………………………………… 93
勾留理由開示 ………………………………… 91
衡量テスト …………………………………… 113
コールファックス大虐殺 …………………… 40
個人強制加入条項 …………………… 159,160
誤審令状 ……………………………………… 166
国家安全保障局（NSA）…………………… 185
国家緊急事態宣言 ………………… 116,118,144
国教樹立禁止 ……………………… 227-230,375
コネチカット四人の司書 …………………… 187
コネティカット州ニュータウンでの銃乱射事件
…………………………………………………… 51
コモンロー ……………………… 65,89,106,394
コモンロー上の権利 ………………………… 232
雇用機会均等委員会（EEOC）……… 332,335
雇用機会均等法 ………………… 326,329,332
雇用差別訴訟 ………………………………… 325
コロンバイン高校の銃撃事件 ……………… 54
婚姻の選択の自由 …………………………… 300
近友 ………………………………………… 104,225

さ

サーシオレイライ
……… 17,46,48,50,70,81,106,112,175,231,
234,246,248,250,264,315,350,357,360
再建修正条項 ………………………… 21,286,369
最高機密文書 ………………………………… 108
最高司令官 ………… 103,104,116,118,121,185
最高法規 ……………………… 167,201,203,294
財産条項 …………………………………… 229,230
財産の収奪 …………………………………… 391
再審 …………………………………………… 370
裁判所による意見 ………………… 41,48,74,108
裁判所侮辱 …………………………………… 114
裁判所法（1789）…………………… 89,202,203
裁判所法（1801）…………………………… 201
裁判を受ける権利 …………………………… 106
サザーランド（ジョージ・）裁判官 ……… 135
差し迫った損害 ……………………………… 242
差止め …………………………… 239,249,251
砂糖条例 ……………………………………… 1
差別的効果 ……………… 334,342,359,361-383
サマリー・ジャッジメント … 131,241,244,264
三権分立 …… 5,7-9,111,152,200,201,204,256
残酷かつ異常な刑罰
……… 61,62,64-66,69,74-78,82-84,86,380
ザ・フェデラリスト ……………………… 10,205
ジェイ条約 …………………………………… 212
ジェファソン（トマス・）大統領 …… 201,202
死刑
…… 61,62,64,66,68,72,74,76-80,82,89,379
死刑執行 ……………………………… 67,69-73,76
死刑の執行方法 …………………………… 65,68
事件性及び争訟性 ………………… 220,234,252
私権剥奪法 …………………………………… 288
時限法 ………………………………………… 39
自己負罪拒否特権 …………………………… 377
自己防衛権 …………………………………… 45
事後法禁止条項 …………………… 103,168,288
事実上の差別 ………………………………… 297
事実上の損害 ……………………… 232,234,242
支出権限条項 ……………………………… 155,157
至上法 ………………………………………… 203
私人間における差別 ………………………… 291
事前検閲 ……………………………………… 109

…… 40,47,67,77,81,88,105,123,249,293,288,289,291,298,300,311,345,346,348,350,351,353,357,361,368,370,372-374,379-385,388,396,401,403
——第一五修正 ………… 21,39,296,326,369
——第一六修正 ………… 25
——第二一修正 ………… 16
——第二二修正 ………… 101
——第一編 ………… 38,148,162,385
——第一編一節 ………… 150
——第一編二節 ………… 249,278
——第一編五節 ………… 249
——第一編七節 ………… 20,21,135
——第一編八節
…… 117,164,168,169,173,183,228,231,326
——第一編九節 ………… 25,118,231,278,280
——第一編一〇節 ………… 208,209
——第二編 ………… 185
——第二編一節 ………… 101,107
——第二編二節 ………… 102,132
——第二編三節 ………… 101,102,129
——第二編六節 ………… 101
——第三編 ………… 223
——第三編二節 ………… 215,220
——第五編 ………… 15-17,23-25,393
——第六編二節 ………… 166
合衆国執行法 ………… 40
合衆国銃器所持取締法 ………… 34
仮差止め ………… 71
カリフォルニア州憲法
第一編二一節（特権の付与禁止）………… 346
環境権訴訟 ………… 233
カンザス＝ネブラスカ法 ………… 282
ガンショー ………… 54
議員定数配分の問題 ………… 256
議会権限 ………… 7,121
議会の調査権 ………… 107,150
機密保持権 ………… 110
逆差別 ………… 343,345,347,355,359
逆差別事件 ………… 358
逆収用 ………… 395
強圧的諸条例 ………… 2
行政規制権限（→ポリス・パワー）
業務上の必要性 ………… 334
緊急事態 ………… 116,121
キング・ジュニア（マーティン・ルーサー・）
………… 35,316,318,321,326
ギンズバーグ（ルース・ベイダー・）裁判官
47,70,72,73,129,163,350,354,357,362,399
緊密な関係 ………… 383
グアンタナモ湾 ………… 104,106
クー・クラックス・クラン（KKK）………… 295
クオータ（割当）制度 ………… 345,348,351
区画整備条例 ………… 402,403
具体的被害 ………… 232
苦痛からの救済請願権 ………… 376
国の最高法規 ………… 166
組込み理論 ………… 368
クラーク（ラムゼイ・）裁判官 ………… 260,309
グライヤー（ロバート・）裁判官 ………… 103
クラス・アクション ………… 251,252,254,258
クリーブランドの小学校で銃の乱射事件
………… 35
クリントン（ビル・）大統領 … 111,113-115,138
軍の最高司令官 ………… 99
軽減的事由 ………… 77
警察官保護法 ………… 35
刑事弁護人をつける権利 ………… 379
刑罰の期間 ………… 84
刑務官 ………… 85
契約条項 ………… 207-210
ケーガン（エレナ・）裁判官 ………… 73
ケネディ（アンソニー・）裁判官 … 356,357,361
ケネディ（ジョン・F・）大統領
………… 35,324,325,341,342
ケネディ（ロバート・）司法長官 ………… 299,323
厳格な審査基準 ………… 353,356,358
権原 ………… 212
原告適格 ………… 225
現実の侵害 ………… 245
拳銃郵送禁止法 ………… 34
憲法会議 ………… 22,23,134,204,280
憲法起草者 ………… 9,32,62,119,204,214
憲法修正 ………… 16,17,23
憲法修正会議 ………… 20
憲法遵守義務 ………… 201
憲法制定会議 ………… 9,64,99,148
憲法の国教条項 ………… 127
憲法の番人 ………… 26
権利章典

事項索引

あ

愛国者法（パトリオット・アクト）… 184-186
アダム・ウォルシュ児童保護安全法
…… 167-168
アダムス（ジョン・）…… 201
アファーマティヴ・アクション
…… 341-345,352,355,358
アメリカ建国の父 …… 32,280
アメリカ自由人権協会（ACLU）
…… 127,186,187,299
アメリカ植民地 …… 3,279
アメリカ独立宣言 …… 12,32,279,280
アメリカ連合国 …… 5,285
アリトー（サニュエル・）裁判官
…… 46,48,71,358
アルコール・タバコ及び火器局（ATF）…… 35
アレインメント …… 92
違憲審査権 …… 200,205-209,211
異人種間の結婚 …… 296,299,301
一事不再理条項 …… 168
一般教書演説 …… 99,129
一般的福祉条項 …… 155
移民及び国籍法 …… 128
医療保険改革法（オバマケア）… 159-161,164
印紙条例 …… 1
ヴァージニアプラン …… 22,204
ブレナン（ウィリアム・）裁判官 …… 397
ヴィンソン（フレッド・）裁判官 …… 91
ウォーターゲート …… 109
ウォーレン（アール・）裁判官
…… 63,224,227,248,261,300,310,311
疑わしい分類 …… 358,362
訴えの利益 …… 247,262
英国議会 …… 148
英国の権利宣言 …… 61,89
大まかなつり合いテスト …… 399
オコナー（サンドラ・）裁判官
…… 105,158,351-352,405
オバマ（バラク・）大統領 …… 54,159
恩赦権限 …… 138

か

カースト制度 …… 293,344
カーター（ジミー・）大統領 …… 125,137
カードーゾ（ベンジャミン・）裁判官 … 370-371
外交特権 …… 135
外交問題 …… 203
解釈改憲 …… 26
会社町 …… 383,385,387
解任権 …… 133
可及的速やかに …… 313,314
加重的要因 …… 77,80-82
過剰な罰金 …… 87
課税及び支出条項 …… 228-231
課税権 …… 156
過大な保釈金 …… 61,89,90,380
学校区域銃規制法（1990）…… 36,180,181
合衆国憲法 …… 9,403
——第一修正
…… 11,40,108,187,225,227-229,,244,247,
368,371,375,385,387
——第一修正（信教の自由）…… 224
——第一修正（表現の自由）…… 186,246
——第二修正
…… 28,33,41-44,46,47-50,54,376
——第三修正 …… 376
——第四修正 …… 186,377
——第五修正
…… 92,105,106,370-374,377,378,391,393,
395,396,398,401,403,405,406
——第五修正の正当補償 …… 393
——第五修正（法の適正手続き）…… 284
——第七修正 …… 119,379
——第六修正 …… 119,168,373,378,379
——第八修正
… 62-68,70,71,73-79,81,83-88,90-92,168,
368,380
——第九修正 …… 11
——第一〇修正
…… 11,18,37,38,156,168,290,369,380,382
——第一三修正 …… 21,25,286-291,293,369
——第一四修正（平等保護条項）
…… 258,260,300,310,326,347,356
——第一四修正（特権及び免除）…… 287
——第一四修正（法の適正手続き）

McKeiver v. Pennsylvania 事件 …… 379
Meritor Savings Bank v. Vinson 事件 …… 333
Minneapolis & St. Louis R. Co.
v. Bombolis 事件 …… 380
Miranda v. Arizona 事件 …… 378
Myers v. United States 事件 …… 133
Near v. Minnesota 事件 …… 376
Newman v. State of Alabama 事件 …… 85
New York Times Co.
v. United States 事件 …… 107-109
Pace v. Alabama 事件 …… 298
Palko v. Connecticut 事件 …… 370
Parker v. Gladden 事件 …… 378
Peruta v. California 事件 …… 49
Plessy v. Ferguson 事件
…… 292-294, 307-310, 312, 316
Pointer v. Texas 事件 …… 379
Powell v. Alabama 事件 …… 379
Presser v. Illinois 事件 …… 41-42
Printz v. United States 事件 …… 37
Rabe v. Washington 事件 …… 379
Rasul v. Bush 事件 …… 106
Reitman v. Mulkey 事件 …… 383
Reynolds v. Sims 事件 …… 260-262
Robinson v. California 事件 …… 83, 380
Roe v. Wade 事件 …… 250
Roper v. Simmons 事件 …… 82
Schilb v. Kuebel 事件 …… 380
Shelley v. Kraemer 事件 …… 388
Sierra Club v. Morton 事件 … 232, 233, 236, 238
Slaughter-House Cases …… 287
Slaughter-House Cases 事件 …… 286
Solem v. Helm 事件 …… 84
South Dakota v. Dole 事件 …… 157
Stack v. Boyle 事件 …… 91
State Farm v. Campbell 事件 …… 87
Steward Machine Company
v. Davis 事件 …… 158
Steward Machine Co. v. Davis 事件 …… 156
Tennessee Valley Authority（TVA）
v. Hill 事件 …… 238
Thompson v. Oklahoma 事件 …… 82
Train v. City of New York 事件 …… 131
Trop v. Dulles 事件 …… 62, 75
Trump v. Hawaii 事件 …… 126
United Public Workers
v. Mitchell 事件 …… 244
United States v. Bajakajian 事件 …… 86
United States v. Butler 事件 …… 155
United States v. Cruikshank 事件 …… 39
United States
v. E. C. Knight Company 事件 …… 172
United States v. Lopez 事件 …… 36, 180-182
United States v. Miller 事件 …… 42
United States v. Morrison 事件 …… 182
United States v. Nixon, 418 U.S. 683 … 109, 113
United States v. Richardson 事件 …… 231
United States v. Salerno 事件 …… 92
United States v. SCRAP 事件 …… 237
University of California v. Bakke … 346, 347, 354
U.S. Department of Commerce
v. Montana 事件 …… 263
Valley Forge Christian College v. Americans United for Separation of Church and State 事件 …… 228
Walton v. Arizona 事件 …… 82
Washington v Texas 事件 …… 379
Weems v. United States 事件 …… 62, 63, 83
Wesberry v. Sanders 事件 …… 263
Wickard v. Filburn 事件 …… 178
Wilkerson v. Utah 事件 …… 65
Williams v. Florida 事件 …… 379
William J. Clinton
v. Paula C. Jones 事件 …… 111
Wolf v. Colorado 事件 …… 377
Woodson v. North Carolina 事件 …… 80
Youngstown Sheet and Tube Co.
v. Sawyer 事件 …… 124, 125

Table of Cases

Aguilar v. Texas 事件 …… 377
A.L.A. Schechter Poultry Corporation 事件 … 174
Argersinger v. Hamlin 事件 …… 379
Atkins v. Virginia 事件 …… 83
Austin v. United States 事件 …… 88
Baker v. Carr 事件 … 255, 257, 258, 260-262, 265
Barron v. Mayor of Baltimore 事件 …… 368
Baze v. Rees 事件 …… 69
Benton v. Maryland 事件 …… 372
Benton v. Maryland 事件 …… 377
BMW of North America, Inc. v. Gore 事件 … 87
Brig Amy Warwick 事件 …… 103
Browning-Ferris Industries v. Kelco Disposal, Inc.事件 …… 88
Brown v. Board of Education（Brown I）事件 …… 308-311, 316
Burton v. Wilmington Parking Authority 事件 …… 383, 384
Caetano v. Massachusetts 事件 …… 47
Cantwell v. Connecticut 事件 …… 376
Chicago, Burlington & Quincy Railroad Co. v. City of Chicago 事件 …… 378
Cohens v. Virginia 事件 …… 214
Colegrove v. Green 事件 …… 256-262
Dartmouth College v. Woodward 事件 …… 209
DeJonge v. Oregon 事件 …… 376
District of Columbia v. Heller 事件 …… 43-45, 48, 49, 376
Dred Scott v. Sandford 事件 …… 282-284
Doremus v. Board of Education 事件 …… 225
Duncan v. Louisiana 事件 …… 378
Edwards v. South Carolina 事件 …… 376
EEOC …… 328, 332, 335
Elk Grove Unified School District v. Newdow 事件 …… 225
Engblom v. Carey 事件 …… 376
Everson v. Board of Education 事件 …… 375
Ex parte Merryman 事件 …… 118, 119
Ex parte Milligan 事件 …… 118
Fisher v. University 事件 …… 355
Flast v. Cohen 事件 …… 227-231
Fletcher v. Peck 事件 …… 206, 207
Furman v. Georgia 事件 …… 74
Gibbons v. Ogden 事件 …… 169
Gideon v. Wainwright 事件 …… 379
Gitlow v. New York 事件 …… 376
Glossip v. Gross 事件 …… 71
Gratz v. Bollinger 事件 …… 352-355
Gregg v. Georgia 事件 …… 77
Grutter v. Bollinger 事件 …… 350-352, 354
Griffin v. California 事件 …… 378
Hamdi v. Rumsfeld 事件 …… 104
Hamilton v Regents of the University of California 事件 …… 376
Harmelin v. Michigan 事件 …… 85
Hawke v. Smith 事件 …… 17
Helvering v. Davis 事件 …… 156
Hollingsworth v. Virginia 事件判決 …… 20
Hope v. Pelzer 事件 …… 85
Hopwood v. Texas 事件 …… 349
Hudgens v. NLRB 事件 …… 383
Hudson v. McMillian 事件 …… 85
Humphrey's Executor v. United States 事件 …… 134
Hurtado v. California 事件 …… 378
In re Kemmler 事件 …… 66
In re Oliver 事件 …… 378
Kelo v. City of New London 事件 …… 404-407
Kennedy v. Louisiana 事件 …… 82
Ker v. California 事件 …… 377
Klopfer v. North Carolina 事件 …… 378
Korematsu v. United States 事件 … 122, 123, 128, 129
Laird v. Tautam 事件 …… 245
Louisiana ex rel. Francis v. Resweber 事件 …… 66
Loving v. Virginia 事件 …… 298-301
Lujan v. Defenders of Wildlife 事件 …… 240-242
Malloy v. Hogan 事件 …… 378
Mapp v. Ohio 事件 …… 377
Marbury v. Madison 事件 …… 200-204
Marsh v. Alabama 事件 …… 383-385
Martin v. Hunter's Lessee 事件 …… 211
Martin v. Mott 事件 …… 120
Maynard v. Cartwright 事件 …… 82
McCulloch v. Maryland 事件 …… 165-167
McDonald v. Chicago 事件 …… 45
McDonald v. City of Chicago 事件 …… 376
McGowan v. Maryland 事件 …… 224

あとがきと謝辞

アメリカ法の勉強をしていると、結局、憲法の問題に行きつく。何かと話題になるアメリカの政治についても、つねに憲法に行きつく。つくづく法律問題は憲法を中心として、権利と義務の中で議論されているのだなあと痛感する。アメリカ合衆国憲法自体は、この国の形成にかかる独立宣言や、すでにあった植民地の憲章（バージニア憲章）をもとに起案されたこの国の設立趣意書のような感じがする。

アメリカ憲法の授業は、ずいぶん昔に留学したミシガン・ロースクールで、Professor Donald H. Regan の憲法入門の講義や、Professor Lee C. Bollinger の憲法第一修正に関する授業が初めてであった。レーガン教授の授業は憲法解釈というよりも憲法的テーマの政治哲学的考察をおこなうものであり、どの解釈が妥当かでなく、自分のとる憲法的価値の選択をいかに正当化できるかを問う刺激的なクラスであった。ボリンジャー教授（グラッター対ミシガン大学事件――本書第11章参照――の当事者のボリンジャーさん）の憲法第一修正の授業は、たいへんダイナミックな授業で、合衆国最高裁の判決の意味と射程距離を明確に示すものであった。契約法であれ、不法行為であれ、議論の中にしばしば憲法的議論が出てくることがあり、アメリカ法全体に憲法が貫徹しているとの感覚は確信に変わってきた。両先生には、何年か後にミシガン・ロースクールに日本法の講義のために招聘してくれたり、ロースクール修了後もお世話になった。

本書の各章の基本的な構成は、その時のミシガン・ロースクールの時のノートが下敷きになっている。黄色いリーガルパッドにメモされた論点は、試験対策用であったが、今でも当時の授業のさまを思い出させる。いつかアメリカ憲法について自分なりに整理しようと思ってからずいぶんと年月が過ぎてしまった。

ノートは方向性を与えたが、実際には改めて一から重要な合衆国最高裁の判例を、歴史的、社会的背景の中で一つひとつ読み直し、翻訳し、判例で議論されている事項を理解するために法律雑誌（Law Review）の論文を読み、アンダーラインを入れ、それを日本語に翻訳し、ワープロに打ち込んでいった。翻訳作業は、和訳ができても意味が通らず、何度も読み返した。それをブラインドタッチのできない人差し指だけのタイピングで何時間も、何時間も机に座り、日本語の文章を作成していった。これは頭脳的作業ではなく、腰痛や右腕の腱鞘炎に見舞われるという非効率極まりない肉体的労働であった。

プリントアウトした原稿は、電車、地下鉄、飛行機の中、待合室、カフェで、赤青半分の色鉛筆で手を入れていた。他者からは人生に余裕のない人間に見えたことと思う。

書き上げた原稿は一冊の本にするには大部になりすぎ、ボリンジャー先生が第一修正条項の講義で一番時間を割いていた表現の自由や信教の自由などの章については割愛せざるをえなくなった。

これらの作業は、在外研究中の時間を利用して進めていたこともあって、各章のテーマに関する既出の日本語論文をくまなくあたることができなかった。たくさんの優れた先行研究があるにも関わらずそれらを参照したり、引用していないのはそういう理由による。重要文献の見落としについては甘受を願いたい。

本書の下原稿については、西村健さん、家本真実さん、松村歌子さん、竹部晴美さんから手助けをいただいた。とくに、竹部晴美さんは、自分の担当する大学の授業で私の元原稿を利用してくださり、それを踏まえた適切な感想をいただくことができた。お礼を申し上げたい。

本書は、アメリカ憲法に関するものであるため、憲法学の専門家から、とても貴重なご意見をいただくことができた。感謝したい。とくに、柳瀬昇さん、辻雄一郎さん、東川浩二さん、吉田憲さんからは、隅から隅まで丁寧に読んでいただき、間違いを指摘していただいただけでなく、専門的で有益なコメントをいただくことができた。膨大な原稿を読むという無理なお願いを聞いていただいたことと、コメントしてくださったことに心から感謝したい。

本書の原稿は、在外研究で滞在したニューヨーク大学（NYU, School of Law）で書きあげた。研究の場と議論の場を与えてくれた Professor Jerome Cohen, Professor Frank Upham, Professor Ira Belkin にお礼を申し上げたい。

現在私の所属する神戸市の三宮法律事務所の弁護士とスタッフの皆さんにはいつもながら暖かい励ましをいただいている。とくに代表弁護士の模泰吉先生にはお礼を申し上げたい。

最後に、本書の出版は、若いときからいつも私の研究を支え、応援し、鼓舞してくださった実務家の皆さんの励ましや好意的な評価がなければなしえなかった。この人たちのお名前を挙げて学恩に報いたいと思う。

青木正芳、赤沢敬之、今川忠、小川達雄、小川恭子、小川秀世、金井塚康弘、亀井尚也、北野幸一、児玉憲夫、坂元和夫、四宮啓、菅充行、諏訪部史人、高崎暢、立岡亘、田中秀雄、中山博之、松森彬、溝内有香、明賀英樹、森野俊彦、森谷和馬、山﨑浩一、脇田喜智夫、の各弁護士の方々。

最後に、日本評論社の串崎浩社長、編集部の武田彩さん、大東美妃さんの三人には本書の出版にあたりアドバイスと特別の配慮をいただいた、感謝したい。

著者

●著者紹介
丸田　隆（まるた・たかし）

1949年和歌山県生まれ。関西学院大学法学部、同法学研究科修了、ミシガン・ロースクール大学院修了（LL. M.）。法学博士。弁護士（兵庫県弁護士会）。

ミシガン・ロースクール客員教授、英国サセックス大学刑事法センター客員教授、ハワイ大学ロースクール客員教授、ハーバード・ロースクール客員研究員、コロンビア・ロースクール客員研究員、ニューヨーク・デイ・ピットニー法律事務所客員弁護士、甲南大学法学部教授、関西学院大学法学部教授、関西学院大学法科大学院（ロースクール）教授を経て現在、ニューヨーク大（NYU）ロースクール兼担教授。

専門は英米法（アメリカ法、比較裁判制度、陪審制度）。

著書に、『アメリカ陪審制度研究——ジュリーナリフィケーションを中心に』（法律文化社、1988年）、『陪審裁判を考える——法廷にみる日米文化比較』（中公新書、1990年）、『銃社会アメリカのディレンマ』（日本評論社、1996年）、『アメリカ民事陪審制度——「日本企業常敗仮説」の検証』（弘文堂、1997年）、『日本に陪審制度は導入できるのか——その可能性と問題点』（編）現代人文社、2000年）、『裁判員制度』（平凡社新書、2004年）、『現代アメリカ法入門——アメリカ法の考え方』（日本評論社、2016年）、翻訳としてヴィドマー＝ハンス『アメリカの刑事陪審——その検証と評価』（日本評論社、2009年）がある。
※本書掲載の写真は280頁を除き著者撮影。

アメリカ憲法の考え方（けんぽう・かんが・かた）

2019年４月30日　第１版第１刷発行

著　者——丸田　隆
発行所——株式会社　日本評論社
〒170-8474　東京都豊島区南大塚3-12-4
電話03-3987-8621（販売）——8592（編集）　振替　00100-3-16
https://www.nippyo.co.jp/
印刷所——精文堂印刷
製本所——難波製本

装丁／銀山宏子
検印省略　
ISBN 978-4-535-52396-8　Printed in Japan